内田祥哉は語る

内田祥哉は語る

権藤智之　戸田穣　編

都市的なるものへ 大谷幸夫作品集
長崎の教会
インテリア
建築設計資料集成
MARCEL BREUER
pier luigi nervi
住まいの伝統技術
Foster Rogers Stirling
Charlotte Perriand et le Japon
建築生産
NEXTEP

ご自邸にて 2017年

まえがき

この本は、建築学者・建築家内田祥哉先生に対する約二〇回のインタビューをまとめたものである。

内田先生は一九二五年東京に生まれた。父は東京帝国大学総長も務めた同じく建築学者・建築家の内田祥三である。内田は東京帝国大学工学部建築学科を卒業後、逓信省に入省する。小坂秀雄らの下で全国の電話局等の設計に携わった後、一九五六年に助教授として東京大学に戻った。東京大学に戻って以降は、建築構法学の成立にかかわり、それがやがて構法計画学やオープンシステム論へと発展して戦後日本の建築生産の工業化を理論づけ、多くの研究者を門下に輩出した。こうした研究、教育活動と並行して、設計活動も継続して行い、佐賀県立図書館、同博物館、佐賀県立九州陶磁文化館、NEXT21などをさまざまな設計者と共同で設計し建築家としても高い評価を得た。東京大学退官後も明治大学などで教育にかかわるとともに、日本建築学会長、日本学士院会員などを歴任し、その影響は建築構法分野にとどまらず、広く建築学全体におよんだといえよう。

こうした広範な活動をオーラルヒストリーとして記録に残したいと、建築史研究室の研究生だった戸田穣氏から誘われて構法分野の若手として二名でインタビューに参加した。インタビューは毎回ご自邸で行われ、われわれ二名に加えて内田祥哉建築研究所の平井ゆか氏も同席した。

インタビューは二〇〇九年から二〇一一年にかけて、一回二時間、月一回程度のペースで行われた。GUPについては追加で二〇一六年一二月にお話を伺った。他に図版や資料の調査にも伺い、短時間で色々とお伺いした内容もある。なお、第一回は戸田氏のみ、第一六回、第一九回は権藤のみでインタビューを行った。

本にまとめるにあたって、インタビューの記録を一二章に構成し直した。インタビュー日と主な内容、該当する章は以下のとおりである。

第一回	二〇〇九年六月一五日	生い立ちから大学時代まで（一章）
第二回	二〇〇九年七月三日	逓信省、電電公社（二章）
第三回	二〇〇九年八月一〇日	中央学園講堂、五人の会（二章）
第四回	二〇〇九年九月一四日	佐賀前期（県立図書館、青年の家、県立博物館）（五章）
第五回	二〇〇九年一〇月一三日	構法学のはじまり、ＢＥ論（三章）
第六回	二〇〇九年一一月二五日	学生運動（六章）
第七回	二〇一〇年一月一八日	ＫＪ部品、ＢＬ部品（七章）
第八回	二〇一〇年二月二二日	パイロットハウス、芦屋浜高層住宅（七章）
第九回	二〇一〇年三月二九日	構法計画学へ（七章）
第一〇回	二〇一〇年四月二六日	システムズビルディング（ＫＥＰ、ＧＯＤ、ＧＳＫ）（一一章）
第一一回	二〇一〇年五月二六日	木造へ（一二章）
第一二回	二〇一〇年七月二日	佐賀後期（有田町の作品群）（一〇章）
第一三回	二〇一〇年九月一日	武蔵学園（九章）
第一四回	二〇一〇年一〇月二五日	ＮＥＸＴ21（一一章）
第一五回	二〇一〇年一一月一九日	明治神宮神楽殿（一二章）
第一六回	二〇一一年二月四日	明治大学（八章）
第一七回	二〇一一年五月一八日	ご自邸（四章）
第一八回	二〇一一年九月二六日	在来木造（一二章）
第一九回	二〇一六年一二月一四日	ＧＵＰ（八章）

読み直すともう少し伺っておけばよかったと感じる内容もあるが、社会の大きな変化の中で試行錯誤をしながら研究、設計を進めてこられた実際を語っていただけたと思う。

各章の文章は編者の責任でインタビューを読みやすく再構成している。全て敬体に統一するといったことはせず、内田先生の語り口がなるべく残るように編集した。語り口のこともあり、たとえば、プレキャストコンクリートの略称はＰＣ（ピーシー）に統一した。

本文を読み進めるのに必要と判断した註釈は各ページに、出典を伴うものや量の多い解説は章末註としてつけた。図版は撮影者等可能な限り巻末につけたが、不足等あれば、ご教示いただきたい。巻末には把握できる範囲で設計の作品リストと簡易な年表をつけた。各章の最後には関連するテーマについて編者で分担してコラムを付けた。

内田先生は二〇二一年五月三日に永眠された。五月二日に九六歳の誕生日を迎えられた直後だった。本文については、ほぼ目を通していただけたようで赤が入った箇所の修正は反映した。出版までに時間がかかり、内田先生にはただ申し訳ないのみである。同時に貴重な機会をいただき、心より感謝申し上げたい。

編者を代表して　権藤智之

目次

第一章　大学まで

子供の頃の思い出は、土地に根を下ろす。下町と山の手の接する港区での幼年期。建築界の重鎮でのちに東京大学総長となる父内田祥三《よしかず》（一八八五―七二）と母美禰の次男として生まれた祥哉は、年の離れた兄祥文（一九一三―四六）と姉美柯（一九二〇―二〇二〇、のちの松下清夫夫人）がいたが、幼年期を叔母の下でひとりっ子のように暮らしたという。幼少年期の行動範囲、つまり遊び場は広く、長じても変わらぬ祥哉少年の好奇心と活力の旺盛さを認めることもできるだろう。列車に乗り練馬区の旧制武蔵高等学校に通った少年時代には科学への憧憬を強くした。そして戦時下、動員により学業もままならぬ中で過ごした文京区本郷での学生時代。学業の半ばには敗戦を迎えたが、その混乱の中にあっても彼らは学ぶことを手放さず、終戦直後に卒業した内田らの世代の第一歩は、そのまま日本の戦後への第一歩となるのだった。

生い立ち

まず、お生まれからお聞きします。そのころ、ご家族が暮らしていらしたのは麻布区新龍土町（現・港区六本木七丁目）ですね。

そんなの自分ではわからないけど（笑）、たぶん東大病院で生まれているんですよ。僕は小学校に上がるまでほとんど父とは別に暮らしていた。父方の叔母のところ、麻布の宮村町（現・六本木六丁目、元麻布二、三丁目にまたがる地区）にずっと住んでいました[1]。だから親父や兄のことは姉に聞かないとわからない。両親、兄、姉と一緒に暮らすようになったのは、西麻布に新しい家ができた後の小学校二年のときかな[2]。

父の設計した家はとてもよく覚えていますよ**図1**。僕の部屋はこの部屋です。ここは両親が寝ていました。それから、ここに父の書斎があって、一階は食堂です。みんな小さすぎて窮屈なんです。応接間はピアノを置いたきれいな部屋で、僕なんか入ると怒られた。大きな部屋はそれくらいです。三階には兄が住んでいた。僕の部屋はもともと姉の部屋でした。居候のようなかっこうで僕が戻ってきたので、姉は両親の部屋に一緒に住むようになった。

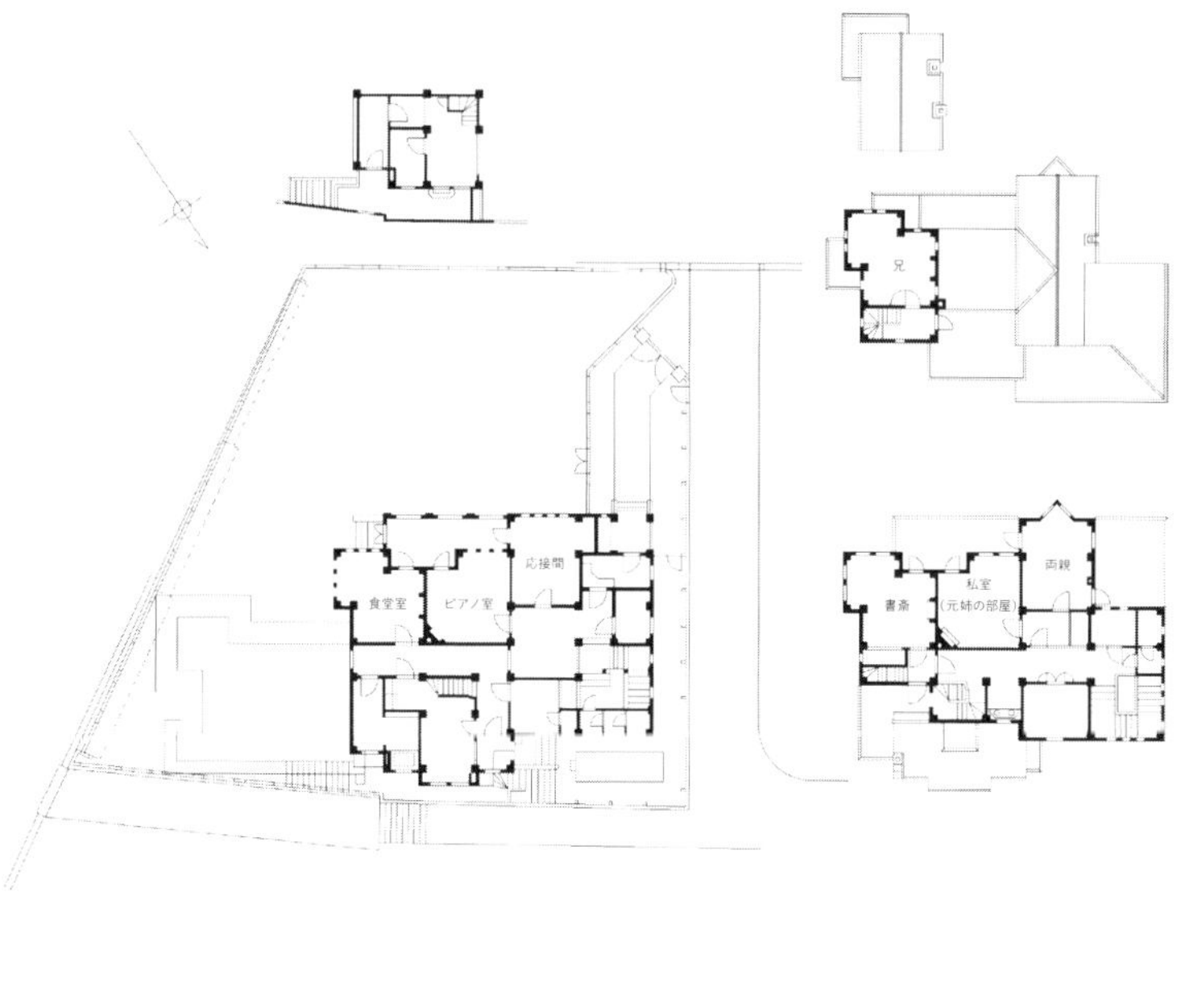

図1　内田祥三邸 間取り図

窓から見える病院の眺めがお好きだったとか3。

好きだったというより、ここからは病院しか見えない（笑）。欅の木があって、そのあいだから見える日赤（医療センター）の看護婦宿舎からはピアノの音が聞こえていました。

小さいころは、どういうふうに遊ばれていたんですか。

宮村町のころは兄姉と別に住んでいたから、ひとりっ子みたいなものです。子どもと遊んだ覚えがないから、近所に子どもがいなかったんじゃないかな。風邪を引いて寝ていることが多くて、あまり外に出なかった。身体が弱かったんですね。西麻布へ引っ越してからは、しょっちゅう遊んでいましたよ。毎日、学校から帰ってくると、道路で遊んでいた。俳優の渡辺美佐子さん★は、まだ小さかったけどこの辺に住んでいて、この前、久しぶりにお会いしました。

★ 一九三二― 女優。舞台、映画に活躍。映画では一九六〇―七〇年代の日活作品はじめ多数に出演。舞台は一人芝居「化粧二幕」が代表作。

笄尋常小学校のころ

笄《こうがい》小学校（一九〇七年創立。西麻布三丁目）へはこの地図ではこの道順で行くんです。この行き詰まりの横丁で、子どもたちが一年中遊んでいた。当時の遊びというと、めんことか縄跳びとか石蹴り。普通の遊びですよ。

それで、僕が二年生で入ったとき笄小学校は木造だったけど、鉄筋コンクリートに建て直す（一九三六年校舎第二次増改築落成）。このころ、東京都にはかなり優秀な技師さんがいて、笄小学校も立派な学校になります。建て替えのあいだは、麻中小学校というところを借りて授業をしていた。いまのロシア大使館（港区麻布台二丁目）のすぐ反対側で、六本木ヒルズを越えて飯倉のほうに行くちょっと手前にあった。一年半くらい、片道三〇分も歩いて通ったから、けっこう遠かったですよ。こっちの先生が全部向こうに行ったわけです。麻中小学校は空き家になっていたんじゃないかな。

笄小学校時代からいままでもつき合っているのは、NTTの田中正孝さん。小学校はずっと一緒で、彼は中学は日比谷高校、大学は東京工業大学の建築で、

NTT（当時・逓信省、後に電信電話公社）の建築でまた一緒になった。彼は僕が小学校のころのことをよく知っていますよ。彼の家が火事で焼けたときは、僕のうちから見えたんだ。田中とはしょっちゅう遊んでいて、石を投げたり悪いこともしました。さっきどこへも行かなかったって言ったけど、それはかなり違ってて（笑）。有栖川公園はまだ整備されてなくて、鉄条網が張られて入ってはいけなかった。そういうところに入って遊ぶ。あと、歩兵第三連隊、歩兵第一連隊★★という二・二六事件（一九三六年）を起こしたところの裏に、射撃場があるんですよ。そこは弾が外に出ないようにかなり高い土手があって、それを滑り降りるとすごくおもしろいの。もう体じゅう、泥んこになっちゃって、家に帰ったら叱られて。

二・二六事件のときは、ずいぶんよく音が聞こえましたよ。「どすん」とか「ぽかん」という音ね。まわりに戒厳令が敷かれましたから、直接見に行ったわけじゃないけれど、すぐ近くだったので「あの建物だ」という認識はあった。龍土軒★★★なんかは話題の中心でした。笄小学校の領域というのは、その前に市電が通っていたところが窪地の底で、その底道を走って青山三丁目まで行く。窪地沿いに、霞町（現在の港区西麻布一〜三丁目、六本木六・七丁目のそれぞれ一部にまたがる）から向こう側は、なんていうのかな……（ためらいがちに）貧民窟があるの。麻布にはスラム街がいっぱいあるんですよ。僕がいたところは高級住宅街だけど、それに接してスラムがある。笄小学校に引っ越してきて、卒業のときに上の学校へ行く人は半数。その残りのうち、半分は尋常高等小学校へ行って、あと半分はじかに就職する。そういうときに、クラスで五人くらいの人が、ほかの生徒にわからないように、生活補助をしたり、教科書を渡したり、制服を渡したりするんです。僕もクラスの世話をしていたことがあります。

昔のエッセイで礒先生のことについて書かれていますね[4]。

あの人は偉い先生だったと思うよ。先生のなかでは中くらいの歳だった。そういうスラム街の子どもたちは、うちへ帰したら勉強をしないわけですよ。そういう子たちを集めて、とにかくやらせる。僕らも多少遅れると、それと一緒に問題をやらされるわけ。先生は黒板にバーっと問題を書いて、あとは寝ているんだけどね。でも時間外にそういうことをやってくれた。われわれなんかは、うちに帰っても勉強する場所がある。それのない子らのためにやっていたんです。

僕は時によって、引き算ができなかったり、漢字が書けなかったりした。習い事は全然していなかった。父は歌舞伎が好きだったので時々連れていってもらっ

★★　陸軍歩兵第一連隊・第三連帯の駐屯地は、現在の東京ミッドタウンから国立新美術館・政策研究大学院大学のあたり。

★★★　当時麻布龍土町の歩兵第一連隊の正面にあったフランス料理店。文学者・画家のサロンとなったが、後に将校が集った。

たけど、いまでもあまり詳しくない。大学時代は人形浄瑠璃をよく観に行ってましたけどね。あれは高等学校の先生の影響だけど最近はそれも忘れちゃったかな。

旧制武蔵高等学校のころ（一九三七―一九四四）

その後、武蔵高等学校（一九二二年創立）に進学されます。お父様とお兄様は開成中学（一八七一年共立学校として創立）で学ばれたなか、武蔵に行かれたのはなぜでしょう。

受けたら入ったからですよ。試験が一番早くてね。もうあとは、絶対受けるものかって。やっぱり小学校でも試験勉強はそんなに楽しくなかったから。

武蔵のある江古田までは電車で通学していました。うちのあたりの人はみんな、恵比寿までバスに乗っていた。いまでも日赤から恵比寿行と渋谷行があるけど、あのころは渋谷行がなくて恵比寿に出たんじゃないかな。それで恵比寿から池袋まで山手線で行って、あのころは武蔵野線（一九一五年武蔵野鉄道池袋〜飯能間開業、現・西武池袋線）に乗り換えて江古田駅で降りるのが正規のルートなんです。でも武蔵野線の線路は、いまでもそうですけど、ほとんど目白まで戻ってくるでしょ。だから池袋の手前の目白で降りて、いまはない「上り屋敷」という駅（一九二九年開業、一九五三年廃止）までせっせと歩くんですよ。そうすると少し定期代が安くなる。

当時、あの辺はなんにもなかったよね。このあいだ有馬朗人さん★も言っていたけど、みんな学校に行くのに、平井聖さん★★も、お稲荷さんを抜けて、神社のなかを抜けて来ていたんだ。

当時の武蔵学園はとても厳しい学校で、スポーツ禁止だったそうですね。

それがね、ほんとは厳しくはなかった。美和ロックの前の社長、和氣清靖さん★★★は僕と武蔵で同級だった。和氣清麻呂の子孫だそうですけど。彼が、禁止さ

★ 一九三〇―二〇二〇 物理学者、政治家、俳人。原子核物理が専門。東大卒。東大総長、文部大臣などを歴任。武蔵学園学園長も務めた。

★★ 一九二九― 日本建築史。東工大卒。同名誉教授。昭和女子大学学長など歴任。武蔵学園卒業。

★★★ 美和ロックは錠前・鍵メーカー。不二サッシ製作所（現・不二サッシ）取締役技師長だった和氣一郎が一九三五年に創業した美和工業が前身。後に公団住宅の錠前指定メーカーとなる。

れている野球をやったんですよ。しかも、武蔵の近所の野球場を借りて、みんなからお金を集めてやったの。それが学校にわかってしまって、けしからんという話になって、それで退校になったのだと僕は思っていた。それがいま聞くと、和氣のおやじさんは不二サッシの技師長さんで、「そんなことで野球をしちゃいかんというなら、息子を辞めさせる」と言って、辞めさせちゃったんだと。だから退校になったわけじゃない。そのあと彼は府立第四中学校に行ったんですね。

　武蔵時代の同級生で建築関係に進んだのは三人いましたね。ひとりは前に建築研究所の所長をしていた白山和久さん。卒業してすぐに亡くなった霜田さん。彼のお兄さんは、デジタル時計の基礎原理をつくって文化功労者になった霜田光一さんです。それからもうひとり、マヤマさん。東北地方で建築の鉄骨業をやっていて、仙台あたりの構造の先生はみんな、よく知っていました。

　僕がいまでも親しくしているのは、イェール大学にいる玉河恒夫さん。彼は数学者です。彼がアメリカへ呼ばれて行ったときに、一緒に英語の勉強しようと言われてね。それがなかったら、僕は英語で挨拶もできなかったよ。

　それからこのあいだ、内田久雄さんが亡くなった。ここ二、三年、医科学研究所をテレビでよく見かけるけど、そのなかの微生物研究所は彼がつくったんですね。彼は化学の実験がたいへん上手で、僕は名字が同じだから名簿の順番も隣で、もっぱらそれに寄りかかっていた（笑）。

　東洋レーヨンにいる額田健吉さんは、いまでも元気です。東レリサーチセンターの社長をしていました。妹さんは額田やえ子さんという映画の翻訳をやっていた人で、このあいだ亡くなりました。映画の字幕（テロップ）を書くのは難しいんでしょ。戦後、それを最初にやった人だと思う。というのも、彼のおやじさんは額田六福さん（劇作家、小説家）といって、ヨーロッパ小説の翻案を書いたりしていた。代表作に『シラノ・ド・ベルジュラック』を訳した『白野弁十郎』があって、戯曲もたくさん書いている。やえ子さんもそういうところがよくわかっていて、映画の翻訳をやっていたんです。

　あともうひとり、名古屋の服部秀三さんがいて、この人は物理が専攻ですね。内田久雄さんのほかは、四人とも気象観測クラブを一緒にやっていた。いまはアメダスになってしまったけど、当時の武蔵は気象庁に指定された観測所のひとつだったんです。休みの日も交替で気象庁に報告を出す。それがあるから、まじめにやるんですよ。

僕らの話題の中心は、やっぱり数学や物理の話ですね。僕も、できたら数学や物理に行きたいなと思っていました。物理に行こうという人は、湯川秀樹さんに憧れていたんですね。玉河さんなんか、中学のころに高木貞治さんの『解析概論』を読んでいた。

建築については、兄とは一二歳違いますから、高校のころまでは話にならないね。大人と子どもみたいなものです。もともと、ぼくはあんまり絵を描かないんですよ。兄は絵を描いていましたね。父とも建築の話はほとんどしたことがないです。兄は、父からずいぶんいろいろと教わっていましたけど、僕は通じないからね。

建築に行く気がなかったわけじゃない。高校二年の三学期に盲腸炎で入院したものだから、試験を全部受けられなかった。一学期の試験は悪かったけど、二学期の試験は一所懸命やったから、一学期と二学期を足して三で割るという成績をつけられて、どうにか落ちないですんだんです。そのとき、ドイツ語の先生が病院まで来てくださって「君は落第しないですんだ」と。だけど成績は理科の卒業生の最末で。しかも、その年は大学に入学試験がなくて推薦入学。推薦入学は高等学校に順位がついていて、武蔵はわりと悪くない成績だった。そのなかでも「ラストで入れるところは建築しかないよ」と高校の先生に言われて、入っちゃった。

当時、建築学科なんてまったく人気がなかった[5]。やっぱり飛行機や造兵に人気があって、建築に行く人はほとんどいない。僕のクラスは、建築学科の募集人員が四五人で、第二工学部が十何人なんだけど、定員に満たなかったんですよ。だから無条件で入っちゃったんだけど、それを見た次のクラスは建築にいっぱい来たわけ。それを見た次の学年は建築をやめたから、また無試験と、そういう状況。

武蔵時代の印象的なエピソードはおありですか。

一番印象に残っているのは和氣さんが退学になった話で、あれはなかなかショックでしたよ。それから、やっぱり大東亜戦争がはじまって学校の雰囲気もすっかり変わった。ほとんど学校に行かないで、勤労動員が多くなりました。それはそれで、つらいこともあり、おもしろいこともありましたけどね。

勤労動員も全部は覚えていませんけど、一番長く行っていたのは戸塚にあった日立の工場です。ロシア人のバレリーナ、パブロバの家★が江ノ島と鎌倉のあいだにあって、そこがなぜか空き家になっていた。武蔵の僕たちのクラスは全員、そこに泊って戸塚まで通っていたんですね。

★　ロシア出身の亡命舞踊家エリアナ・パブロワが鎌倉七里ヶ浜に設立したバレエスクールのこと。「日本バレエ発祥之地」の石碑が立つ。

太田博太郎先生のころに、武蔵高校で関野貞先生を呼んで建築史講義が開講され、それが後に『日本建築史講話』（岩波書店、一九三九年）にまとめられたそうです。内田先生のころも大学の先生がいらしたことはありましたか。

それは平和なときですね。太田先生も僕よりちょうどひとまわり上です。だから太田先生のころは勉強していたんですよ。

大東亜戦争が始まったのが、高校の試験の準備をしていたときだから、中学四年の秋ですよね（一九四一年）。一二月八日。ちょうど試験の途中だったからね、興奮しました。あの前は、アメリカにずいぶんいじめられた。制裁とかといって、次から次へと周りの国と一緒になってね。このままでは石油はなくなるし、どうしようもないという宣伝がいろいろあった。それで戦争が始まったといって、みんなこう「パッ」となったような気がしていた時期です。

東京帝国大学のころ（一九四四―一九四七）

僕らのころは、みんな無試験で入っていますから、のびのびとしていましたね。勉強するなんていう雰囲気じゃなかった。授業も少しは聞いたことかありますけど、勤労動員をしょっちゅうやらされていました。麦刈りも田植えもしたし、本郷三丁目の消防自動車に乗ったり、便所の汲み取りもやった。被服廠《ひふくしょう》★★に毛布をかついでいったり。少し年長の人は研究的なことで勤労動員をやっていたと思いますけど、われわれはもっぱら労力です。

毎日ゲートルを巻いて学校へ行かなきゃならない。武藤清先生からは「おまえ、ゲートルがないぞ！」とか怒られて。厳しいよお、兵隊さんみたい。濱田稔先生★★★は僕の卒業論文の指導をお願いしたから、ずいぶんよくおつきあいしました。一桝悦三郎先生は亡くなってしまったから、あんまり……。星野昌一先生は大学を卒業してからさんざんおつきあいした。高山英華先生は、僕も都市計画をずいぶんお手伝いしたから、本郷の通りの屋台でご馳走になったり……。

★★　被服廠は、軍への被服品の調達・供給、貯蔵などを統括した機関。東京本廠は当時赤羽に所在。それ以前の被服廠跡が現在の横網町公園であり、伊東忠太設計の東京慰霊堂が建つ。

★★★　一九〇二―七四　都市防災、建築材料。東大卒。東大教授などを歴任。内田の卒業論文『火焔の性質に関する研究』の指導教官である。

助教授の方々は、昭和一七（一九四二）年第二工学部に移られますが、本郷にもいらしてたんですか6。

高山先生は都市計画を教えにいらしてました。実際、僕が講義を聞いたのは、平山嵩先生★、武藤先生、岸田日出刀先生、藤島亥次郎先生、濱田先生、渡辺要先生、関野克先生、高山先生くらいかな。何回聞いたかは別にしてね。小野薫先生、坪井善勝さん、星野さんの講義は聞いていない。当時は松下清夫先生や、太田先生はもう復員されていましたね（一九四三年復員）。

僕たちのころの主流は、藤島さん、武藤さん、濱田さんです。武藤さんと濱田さんはとにかく仲が悪かった。藤島さんは超然としていて……。それから平山先生は穏やかないい先生なんだけれど、そこにいた一桝先生は亡くなるし、その後、小木曾定彰さんも亡くなっているでしょ。なんか、おはらいをしたという話だけどね。

同級生では伊藤延男さんはいまでも元気（二〇一五年逝去）。それから大島隆夫さんは、戦争中は大学に配属将校がいて兵隊ごっこをやるわけだけど、そのときの隊長です。建築だけではなくて全体の隊長ですね。大坪昭さんは最近までつきあっていました。野村武一さんもいまでも元気です。それと丹羽篤人さんの元気さはすごい。丹羽さんは、最初金融公庫に行って、官庁を辞めてから韓国語の勉強をした。韓国人の留学生がひとり困ったときに僕も世話になりましたけど、ほんとに頼りになる人です。仕事のつながりでいうと、湯川優さんには本を預かってもらっていたし、平林博さんとはずいぶんよくつきあったんだけど早くに亡くなって。平林さんは、新宮殿の工事の総まとめをやっていて、そのことでぼくも何遍か行きましたけど、その最後に倒れてしまって。

あと先輩や後輩は、いまでは想像もつかないくらい交流がありました。ようするに、みんな家がないんですよ。いまの東大工学部一号館の彫塑室に畳を敷いて、みんな泊まっていた。稲垣栄三さんも家が焼けてしまったから泊まっているし。僕たちも遊びに行くところがどこにもないから、そこに行く。それで四人くらい集まったら麻雀を始めるわけ。それで授業までに終わるはずなんだけど、終わらないと次の授業までやる。それが限りなく続いていく。僕は麻雀はあんまりやらなかったけど、太田先生が強制疎開で家から放出されたカルム★★という弾を飛ばす遊びがあって、それはずいぶんやりました。それで朝から夕方までやってるとね、カルムの枠の角がどんどん減ってくるわけよ。それで「あの角は少し曲り方が違う」とか言って、帰るころにはだんだん調子がよくなって勝つようになるんだ

★ 一九〇三―一九八六 建築環境工学。東大卒。東大教授などを歴任。正倉院新宝庫や、科学技術館（松下清夫と）の設計も手がけた。

★★ あるいはカロム、キャロムとも。インド発祥といわれ類似のゲームは世界各地に存在する。ビリヤードの原型とも。日本では昭和初期に闘球盤の名で普及した。

けど、夜に家で寝て戻ってくると、夜通しやっている人もいて、また負けるわけ。ピンポンもやっていたね。

上下三年くらい、大谷幸夫さんのクラスから下は全員、知らない人はいないという感じだった。みんな勉強だけしているわけじゃないからね。でも飲みに行こうといったって、お酒があるわけじゃない。化学の友達のところに行って、エチルアルコールを間違えないようにもらってくる。だけどこれはおいしくないから、酢酸を入れて飲んだりね。それからダイナマイトがおいしいんですよ。砂糖がないころだから、あれは甘くておいしい。火薬の原料にはゼラチンみたいなのが入っているからかなあ。なんでも甘ければいいんです。

僕たちのクラスでは、ボスは下河辺淳さん★★★。みんなが五月祭（東大の学園祭）に何をしようかなんて考えているときに、「予算がこれだけあるんだけど、使わないか」とか、ぼそぼそっと言いに来るわけよ。どこか本部から予算をもらってきてね。入り口にゲートをつくったんだけどね、でも僕らはお金がないから紐でシェルをつくったんだけど、細くて見えないんだよ。雨が降って水滴がくっついてやっと見えるという、あわれな状況でした。

そういえば戦後、一年に一回、木葉会（東大建築学科同窓会）があって、なにも娯楽がないから、各学年が演劇をやろうという話になった。一年先輩、僕たちのクラス、その次のクラスと三クラスあって、第二工学部と本郷で六組できるわけ。みんなで囃したてながら、後でビールを飲むという会があった。僕も出演しましたよ。みんな、おしろいを買ってきて塗ったり。当時は男子学生だけだったから、女形に一番ぴったりなのは建築研究所の白山さんだったな。誰かがシナリオをつくるんだけど、話の筋は覚えてないなあ。それが三年くらい続きました。くたびれて止めたんだろうけど、毎年「来年はどうする？」なんてずいぶん考えていた。

建築学科に入られて、お父様やお兄様からなにか言われましたか。

僕が建築にしか行けないことがわかってから、兄がずいぶんいろんなところに連れていってくれた。建築を見に連れていくというよりも、展覧会とか講演会とか、いろんな会合にね。それでずいぶん知っている方が増えました。

父は、戦争中はそれどころじゃなかったし、戦後は僕が卒業する直前ですから、そういう暇はほとんどないでしょう。

一九四六年に堀口捨己先生が東大講師にいらして、先生も出席されたそうですが、その様子をお聞きかせください。

そのときはじめて、堀口先生にお会いしたんだろう

★★★　一九二三―二〇一六　都市計画。建設官僚。東大卒。戦災復興院、建設省を経て、経済企画庁では全国総合開発計画（全総）策定に貢献。国土事務次官などを歴任。

と思いますね。先生の名前は以前から知っていたので、ぜひこの機会にお会いしたいと。講義にきたのが三人か四人だったから、ゆっくりお話しができて、それ以来、堀口先生にはほんとうにいろいろお世話になった。みんな、なぜ講義に来なかったのか、よくわからない。起し絵図という一回の講義なので、系統的に茶室を語るような講義ではなかったと思う。

　伊東忠太先生の講義は毎週あって、伊東先生はひとりでも聴く人がいれば講義をなさる。だから誰かいなくちゃいけない。歴史研究室は、みんな交替で一番前に座る。講義は中国から西域の旅行の話でした。いまだったらパワーポイントだろうけど、当時はスライドもないから、写真を貼った紙を藤島先生の研究室の武田さんが講義の前に黒板に並べるわけです。それと伊東先生が達者な絵を黒板に描かれる。きっといい講義だったんだろうねえ。僕は二、三回しか出ていません。

卒業論文・卒業制作について（一九四七）

　卒業論文は、濱田先生が「炎の速さを知らないと、燃え移る時間の測定ができないので、速さを測れないか」というお話をされて、火焔をテーマにした。そのころはろくな機械もないから、手づくりの機械で測る方法を考えましょうと。でも、だいぶ失敗をしましたね。研究は、マグネシウムの粉を炎のなかに入れると、軽いから飛び上がるので、その飛んでいく速さを測る。そのために扇風機みたいなものをつくって、その後ろにカメラを置けば、羽根の回転する間隔で炎が次々と動くのでスピードがわかるはずだった。だけど、フィルムの現像というのは露出とかが難しいんですよ。せっかく撮った写真が一枚も写っていないとかね。あのころはフィルムも貴重だったのに、濱田先生がどこかから探していらしたものを「今回、全部だめでした」とか。

　当時は卒業論文に佐野賞というのがあって、濱田先生が評価してくれた。学生だから副賞はないんだけど、賞牌をつくるのにお金がかかるでしょ。それで費用がどんどん減っていって、それが尽きたときに佐野賞はなくなったはずです。

それから、戦争中は平山先生のところで音の研究のお手伝いをしていた。一、二年のころは、勤労動員の関係で軍事研究のお手伝いに割り振られて、平山先生のところの佐藤さんと一緒にやった。家に帰ってくると、アスベストだかロックウールだかがチクチクして、身体中がかゆくなっちゃって、それで音はやめようと。

いろんなものをひと通りやったんですよ。それで卒業論文では、まだ材料はやっていないからということもあったんじゃないかな。それと防火は父と兄もやっていたから、そういう誘惑もあったのかもしれません[7]。

これ**図2**を見るのは、提出以来はじめてです。ずいぶんよく描いてあるじゃない。丁寧に描いたね。こういうのが描けるようになったのは兄貴のおかげですよ。東京都の都市計画のコンペの手伝いを学生時代にやったし。ずいぶん手伝いをやらせてもらいましたから、それで描き方もわかった。

これは薄美濃紙に描いています。東大の正門前の鯨井さんという経師屋さん（鯨井表装店）のところで、紙を三枚貼ってもらうんです。薄美濃に描いたものの上に、もう一枚薄美濃を、あとで剝がせるような糊で貼ってもらう。それで影のところだけを切り抜いて、霧

図2　卒業制作

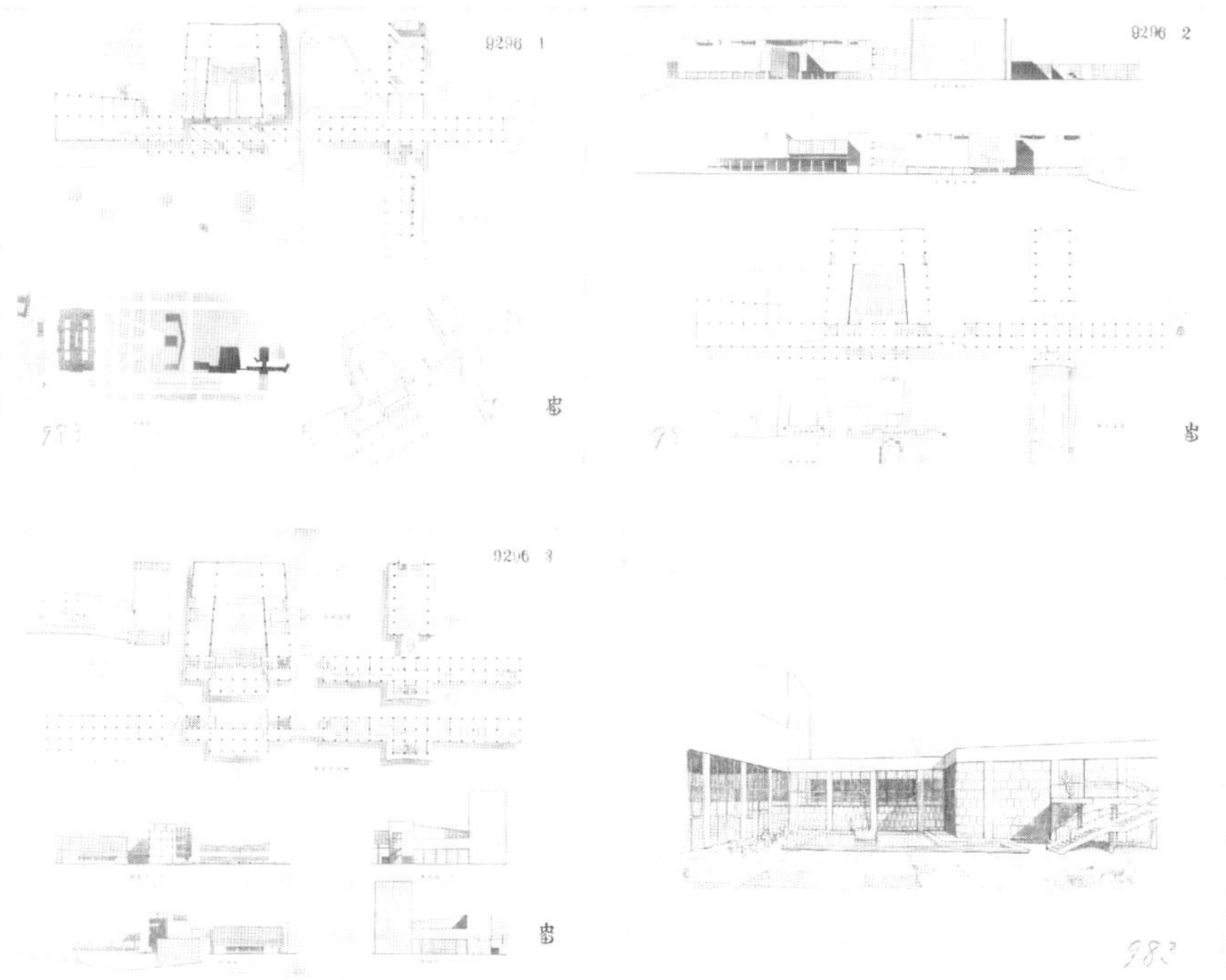

吹きをかけるんです。当時は丹下さんと兄貴が張り合っていたでしょ。薄美濃を使うようなコンペの技術はことごとく教わったわけ。

それからアメリカ文化センターにずいぶん通って本を写したんですよ。アメリカ文化センターに行くと、『Arts & Architecture』[8]や『Architectural Record』『Architectural Forum』が置いてある。もっぱら『Arts & Architecture』に載っていた、向こうの先端的な建築家たちが描いているパースをね。当時はコピーの機械がないから、一メートル一〇センチくらいの薄美濃を切って持っていき、それを置いて写してきた。あそこは何時間いてもいいんです。ガラスを通したときの描き方とか、パースの手法はそういうところで覚えた。

当時、日比谷の帝国ホテルの隣が東宝宝塚劇場で、その隣が三信ビル。その三信ビルと東宝の反対側のところに日東紅茶の建物[9]があって、そこにアメリカ文化センターが入っていた。日本の図書館だと書類をいっぱい書いて、やっと本が出てくるんだけど、あそこは手に取って本が見られるでしょ。だから学校にいるよりはずっといいという感じでしたね。同級生がいたかどうか思い出せないけど、あの頃は、大学も少なかったから、東大と東工大と早稲田と日大とか、アメリカ文化センターで会った人っていうのはかなりいるんですよ[10]。

戦前は外国の情報はまったく少なくて、最後がル・コルビュジエの作品集だったんじゃないかな。戦後はエーロ・サーリネンとかチャールズ・イームズといった人たちが、『Art & Architecture』に毎回登場してくる。その人たちの達者なパースが魅力的でしたよ。

よくみんな、こんな卒業設計ができたねえ★。大坪さんの《三つ池の共同住宅群》（辰野賞銀牌）はうまかったなあ。あの人は達者だったからね。

★ 戦中昭和一九年から昭和二一年まで卒業計画は提出されず、戦後最初の卒業制作であった。

終戦前後（一九四五）・空襲の記憶

三月一〇日はあまり記憶になくて、五月二五日のほうが鮮明ですね★★。僕はうちの屋根の上にいた。屋根の一番高いところにひとりで乗っていると、雨のように焼夷弾が落ちてくる。よくあたらなかったよね。僕のいとこは、家のすぐ下で焼夷弾にあたって死んでいるんです。近くに落ちてきたら、うちのなかへ入っただろうと思うんだけど、落ちてこなかった。

悲しかったですよ。小学校のころにその屋根の上から田中さんの家が燃えるのを見ていたけど、ああいうのとは全然違う。やっぱり燦々と降ってきて、全体がぼうぼうと燃えているでしょ。こういうことでいいのかしらと思ってね。あれで青山のところで大勢死んだし、僕より二年上の金子源太郎さんも亡くなった。青山の表参道は死体の山になったわけです。

うちは両親が東京育ちだから、疎開のあてがないんですよ。兄貴は、奥さんの実家が埼玉県の草加の少し先だったので、そこに奥さんと子どもは疎開していた。うちは鉄筋コンクリート造だったから疎開しなくてもいいだろうと。焼け出されて家のない人がうちに幾人か住んでいましたから。

戦争が終わったのは、ほんとにうれしかったですよ。いままでさんざん憲兵や警察にいじめられて、ひどいめに遭っていたのから解放されてね。やっぱり、ずいぶんいやな思いをしているわけです。ほんとにもう、痛快。痛快と言っちゃいけないんだろうけど、うれしかった。

最後にひとつおうかがいします。先生、お名前をローマ字で書かれるときに、「ち」をchiではなくてtiと書かれるのは由来があるのでしょうか。

あれは先代がそうしているから、そうしている。それと、chiで書く人はいっぱいいるでしょ。だからtiって書かないとアイデンティティがなくなってしまう。メールでもtiにしておくと、ほとんどそれで大丈夫ですね。

★★　東京は幾度も空爆を受けたが、とくに一九四五年三月一〇日、四月一三日、一五日、五月二五日のものが大規模であった。

1　森まゆみ「黎明期の建築家たち（17）内田祥三（その2）——息女、松下美柯さんに聞く」『住宅建築』第三四一号、二〇〇三年八月号、一五一—一五四頁

2　内田邸は一九二六年着工、一九二七年に内部仕上げ未完成のまま入居。その後一年一室ずつ内部を完了していったとある。『内田祥三先生作品集』私家版、内田祥三先生眉寿祝賀記念作品集刊行会編、鹿島出版会、一九六九、二〇一頁

3　速水清孝「特集一 生き続ける建築6 内田祥三補遺 内田先生にたずねる」『INAX Report』第一七二号、二〇〇七年一〇月、七頁。「そんな中、ポツリと、『そう言えば、この書斎の窓から見える「公衆衛生院」（一九四〇）が一番好きだった』と言われた。（中略）続く言葉でその理由を、『隣の「伝染病院研究所本館」（一九三七）と合わさるとシンメトリーに見えないところが良いと言っていた』と聞いて驚いた」

4　内田祥哉「しょうがく1ねんせい」『造ったり考えたり』内田先生の本刊行委員会、一九八六、五二—五三頁（初出『電電建築』一九八〇年一〇月）

5　同年の入学である、当時水戸高校に在籍していた下河辺淳には、建築学科が一番倍率が高いという情報が入っていたという。建築学科は、学科試験に落ちた時にも言い訳がたつということで、第一志望の建築学科をそのまま受験した。蓋を開けてみれば、建築学科は倍率が高いという事前の情報によって、志願者が減ったために定員割れし、結果、無審査での合格となった。塩谷隆英『下河辺淳小伝 21世紀の人と国土』商事法務、二〇二一年、二八—三〇頁

6　昭和一五年の東京帝国大学工学部建築学科では教授に内田祥三、平山嵩、武藤清、岸田日出刀、藤島亥治郎、濱田稔。助教授に一桝悦三郎、星野昌一、高山英華、関野克。昭和一七年に東京大学第二工学部が新設され、小野薫、坪井善勝、星野昌一、渡辺要、関野克、高山英華がそれぞれ講座を担当した。『近代日本建築学発達史』日本建築学会編、一九七二年、一八二〇—一八二一頁

7　内田祥三の研究テーマのひとつに防火、防災があり、戦前から実大の木造家屋の火災実験を実施している。兄内田祥文も、戦時下の都市防災に関心を示して、『建築と火災』（相模書房、一九四二年）を出版し、終戦直後の一九四五年には『木造家屋外周ノ防火ニ関スル実験的研究』で学位を授与されている。竹内孝治ほか「建築家・内田祥文の「國民住宅」構想に関する研究」『住宅総合研究財団研究論文集』三六号、二〇一〇年

8　一九二九年に創刊された『California Arts & Architecture』を起源とし、一九四四年に『Arts & Architecure』に改称。ケーススタディハウスなどアメリカ西海岸の動向を紹介して注目された。一九六七年まで発行。

9　日東紅茶が一九三八年に開いた日東コーナーハウス。戦後GHQ民間情報教育局（CIE）が接収しCIEライブラリーを開設。竹中工務店の早良俊夫。『新建築』一九三八年一一月号、五十殿利治「CIE図書館と占領下の美術界」『藝叢』筑波大学芸術学研究誌、二九号、二〇一三年

10　アメリカ文化センターの思い出は『ディテール』連載「内田祥哉 三題噺」の第二話（第一六七号、二〇〇六年一月号）に、逓信省入省後《中央電気通信学園》設計の頃の話として出てくる。本連載は内田祥哉『ディテールで語る建築』（彰国社、二〇一八年）としてまとめられた。

Column1

一九二〇年代と先達たち

内田が生まれた一九二〇年代は、鉄とガラス、そしてコンクリートによる近代建築が一定の様式を獲得しようとしていた時期であった。一九一九年にはドイツに国立美術学校バウハウスが設立され、フランスではル・コルビュジエが建築、都市計画について次々と著書を発表していた。日本に目を向ければ、この過渡期という印象はより鮮明になる。一九一九年には辰野金吾（一八五四―一九一九）が、翌年にはジョサイア・コンドル（一八五二―一九二〇）が逝去。日本最初の近代建築運動といわれる分離派建築会の結成も一九二〇年だった。辰野の死は一九一八年から一九二〇年にかけて世界的な大流行をみせたスペインかぜによるものと言われるが、その死の直前に審査委員を務めた《国会議事堂》建設は、日本建築界にとっては悲願であった。一九二〇年に着工。完成するのはようやく一九三六年のことであった。

このあいだ一九二三年には関東大震災が発生。内田祥哉の父、祥三（一八八五―一九七二）は東京大学の復興計画に従事して多忙な日々を過ごすこととなる。一九二五年、祥哉が生まれる年に、《安田講堂》（東京大学大講堂）もまた竣工した。内田ゴシックとも呼ばれたそのスタイルは、片山東熊や辰野金吾による西洋建築の理解とも大きく異なる。細部には様式建築のニュアンスを生かしながら、分節された構造ユニットをストレートに表現しており、古典性と現代性をあわせもったヨーロッパの鉄筋コンクリートによる近代建築との同時代性について考えさせるところがある。内田はその後、文京区本郷・弥生キャンパスだけでなく、東京大学の各所のキャンパスに陸続と建物を実現していく。その多くはいまも現存しており、一五年ほどのあいだにひとりの建築家によってこれだけの建築群が実現した例は近代の日本にはおそらくない。様式の重要性というものが、たんに建築の装飾性としてだけではなく、街並みの連続性を守り、都市景観を形成するための規範としても理解されうる、日本の近代における稀有な達成と言えるだろう。

内田は兄祥文を介して知己を増やしたと述べているように、学生の頃から年長世代との交流をもっていた。本書のなかでも内田の口からは、同世代の建築家たちよりも、むしろさらに上の世代の名前があがることが多い。兄と同世代の丹下健三や、その上の前川國男は内田にとっては直接の先輩格であるわけだが、それよりもさらに上の世代、一九二〇年代に活躍を始めた建築家たちの名前を内田が口にするときには、ある種の憧れが伴っていたように思われる。堀口捨己（一八九五―一九八四）、吉田鉄郎（一八九四―一九五六）、今井兼次（一八九五―一九八七）、村野藤吾（一八九一―一九八四）といった一九世紀末に生まれた建築家たちである。内田との対話のなかに感じられる時代との距離感は、そうした先達との距離をより身近に感じていたからではないだろうか。

（戸田）

第二章

逓信省・電電公社

日本の近代建築史には様々な稜線を描くいくつもの山脈が連なる。学統に沿うものもあり、師の教えを奉ずるものもあり。いずれの尾根を行くかは、成り行きというところもあり、「就職」の情景は様々である。

一九四七年秋、内田は逓信省に入省する。明治政府において逓信省は、交通・通信・電気を司る近代化の先鋒を担い、その営繕部もまた建築の近代化に重要な役割を果たした。戦前には山田守、吉田鉄郎といった重要な建築家を擁し、彼らの設計した近代主義の建物は逓信建築と呼ばれる。戦後、通信を主として再興された逓信省は、小坂秀雄、國方秀男らを中心に、戦後の郵便・電信網の復興に努力していた。資材統制下の時局にあって、貴重な建設材料は、官庁営繕が設計する重要な施設に割り振られた。このような場所で内田の建築家としての最初のキャリアがスタートした。

逓信省は一九四九年には郵政省と電気通信省とに分割され、内田は電気通信省施設局建築部に配属される。郵政建築を代表する小坂秀雄、電電建築を代表する國方秀男の薫陶を受け、内田は地方の電話局・電報局の設計からスタートした。最初に手がけた盛岡電報局は一九五〇年に竣工。その後、金沢、松本など各地の電話局の設計・現場監理のために全国を行き来することになる。そのなかから電電公社時代の代表作、《名古屋第二西電話局》（一九五三、現・NTT西日本笹島ビル）や《霞ヶ関電話局》（一九五七、現・NTT霞ヶ関ビル）、そして《中央電気通信学園》（一九五〇―一九五七、講堂のみ現存、現・NTT東日本研修センター講堂）が誕生する。

官庁営繕という、建築主でもあり、また設計者でもある立場で、木造が仮建築、鉄筋コンクリート造が本建築と呼ばれた時代に、内田は鉄筋コンクリート造の最新のオフィスビルを手がける機会を得た。そして、《中央電気通信学園講堂》では鉄骨シェルの構造実験や音響実験などの先駆的な試みを行ったのだった。

逓信省入省

逓信省を就職先に選ばれた経緯を教えて下さい。

あのころは太田博太郎先生★が就職係で、「おまえはどこ、おまえはどこ」と決めるんです（笑）。僕はアトリエ事務所に行きたかったけど、そういうところは不景気になると酷い目に遭うからダメだと周囲に散々言われてね。うちはお金がなかったから役所に行こうと思った。逓信省と国鉄でずいぶん迷いましたが、大島隆夫君が国鉄に決まったので、もう迷っていてもしかたない。

逓信省の面接はあったのですか。

ありました。面接官は課長の小坂秀雄さん★★と中田亮吉さん★★★で、「なぜここへ来たのか」とか、「逓信省がどうしていいと思ったのか」とか聞かれた。いまのようにポートフォリオを見せたりはしません。あのときは「嫌なら来てやらないぞ」という態度だった。

東大からは一か所にひとりという配分なので、逓信省は僕ひとりです。二、三年後に第二工学部から高橋靗一《ていいち》★★★★が入る。東大の同期というのもいないです。

当時の組織はどのようになっていたのでしょうか。

設計課長が小坂さんで、係長が國方秀男さん★★★★★。設計係も二つに

★ 一九一二—二〇〇七 日本建築史。旧制武蔵高等学校出身。東大卒。東大教授、九州芸工大学長など歴任。武蔵学園長時代にキャンパス再開発に携わり、内田に設計を依頼した（第九章参照）。

★★ 一九一二—二〇〇〇 東大卒。一九三七年逓信省入省。内田入省時の設計課長。代表作に東京逓信病院高等看護学院（一九五〇）、外務省（一九六〇）など。

★★★ 一九一〇—二〇〇一 東大で松下清夫、小坂秀雄らと同期。逓信省を経て、電電公社建築局長などを歴任。大森第三中学校、目黒第一中学校の校長を内田に紹介した。

★★★★ 一九二四—二〇一六 東大卒。一九四九年逓信省入省。一九六〇年第一工房設立。佐賀県立図書館、佐賀県立青年の家、佐賀県立博物館を内田と共作した。大阪芸大などで教鞭を執る。

★★★★★ 一九一三—九三 東大卒。一九四〇年逓信省入省。内田入省時の第一設計係長。代表作に関東逓信病院（一九五六）、日比谷電電ビル（一九六一）など。

分かれていたそうですが。

第一設計係は電話局と電信局の担当で、僕と布施さんがいました。第二設計係は郵便局で野村さん。第三設計係はそれ以外の施設で斎藤さんがいた。この後、僕が電電公社に行くことになったのも、最初に第一設計係に入ったからで、これはもう有無を言わせないで上の人が選んだんでしょうね。

第一設計係は五、六人、少ないときで三、四人でした。僕らは普段は現場に行かないから、施工係にお願いする。施工係は怖かったなあ。図面を持っていくたびにしかられるんだ。

小坂さんと國方さんとの「設計会議」[1]では、係長さんたちが集まってそれぞれの案を「いかがですか」と見せる。全体で合議するというより、大学の製図講評みたいな感じでした。忙しいから、一回目でいろいろ注意をされて、二回目にそれを直すということで進んでいく。通常の設計では、係長さんが二〇〇分の一でせっせと図面を描いて、そこから僕たちがディテールをせっせとつくるという進め方でしたね。そのうちに、《中央学園》関連や《名古屋第二西電話局》**図1**や《江戸川電話局》**図2**、《霞ヶ関電話局》**図3・4・5**の設計は任せてもらいました。

勤めながらコンペもやっていましたが、これは夜に

図1 名古屋第二西電話局

図2 江戸川電話局

図3 霞ヶ関電話局

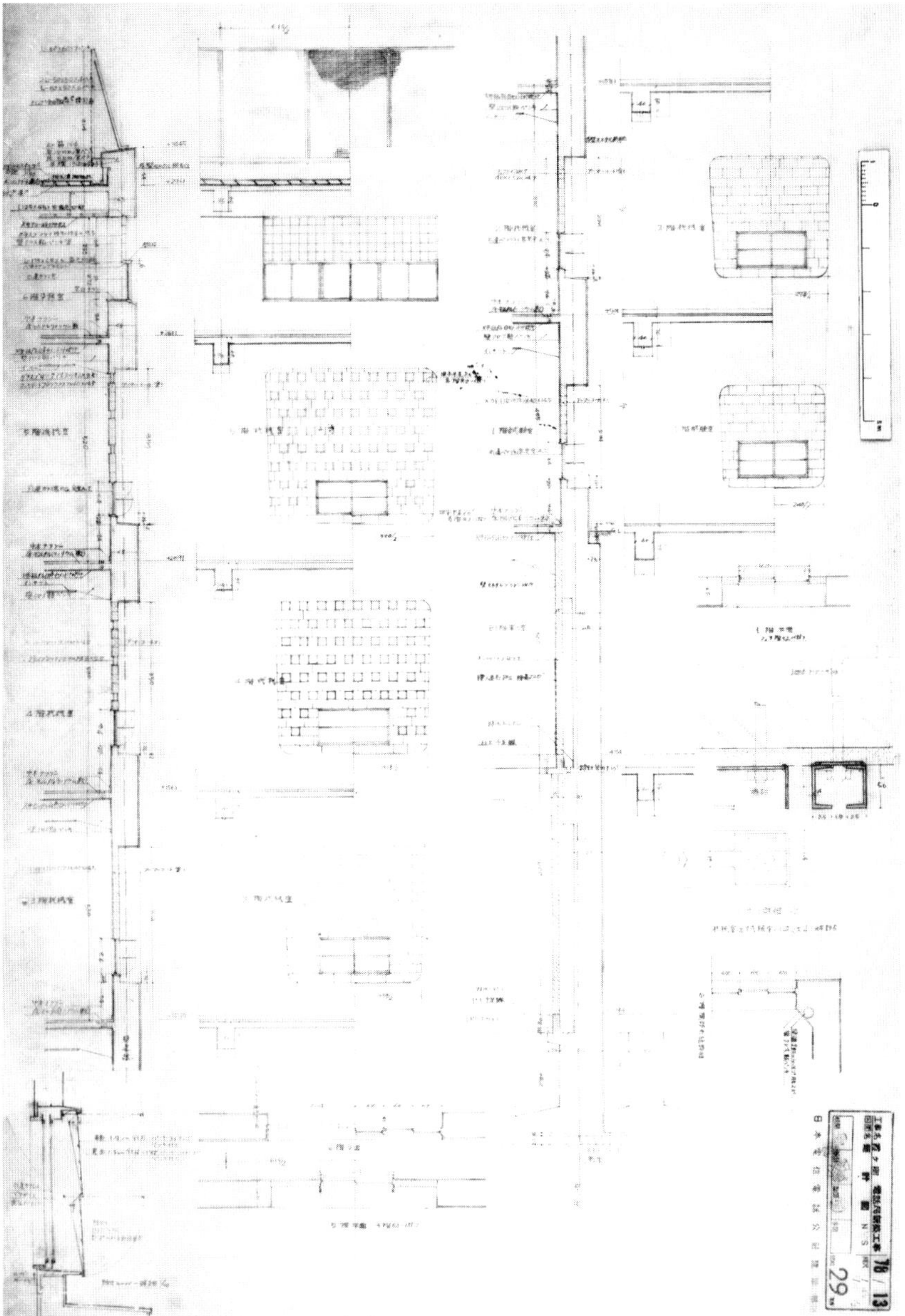

図4 霞ヶ関電話局 図面

やります。僕は西野範夫と大場則夫（一九五一年卒）と橋爪慶一郎（一九四九年卒）と四人で進めた★。僕たちはチンピラだから、仕事が終わるとパーッと外へ出て、それから一所懸命にコンペをやった。課長さんくらいになると会社でコンペをやるけど、僕たちは仕事があるから勤務時間中にはできない。小坂さんや國方さんは会社でもコンペをやっているから、「あれに負けちゃいけない」と頑張った。《名古屋放送会館》のコンペ[2]は、小坂さんも、それから丹下健三さんもやっていたから、わりと気分がよかった。橋爪君はそのあと、洞爺丸が沈没して亡くなってしまいました★★。

逓信省内ではデザインコンペ[3]を行っていたそうですが、どのようなものだったのでしょうか。

仕事がちょっと暇になると「デザコンをやろう」となって、小坂さんが課題を出して、それをみんなで設計して講評をもらっていた。どういう課題だったかは覚えていないから、まじめにやらなかったんだな。いまの『新建築』に載っているアイデアコンペとは違って、当時は余裕がないから、もっと深刻で現実的なものだったと思う。

★　名称は四人の頭文字からユーホングループとした（Utida, Hasizume, Oba, Nisino）。協働で名古屋放送会館・国立国会図書館コンペなどに挑む。

★★　一九五四年九月二六日の台風による海難事故。死者・行方不明者は一〇〇〇人を超えた。

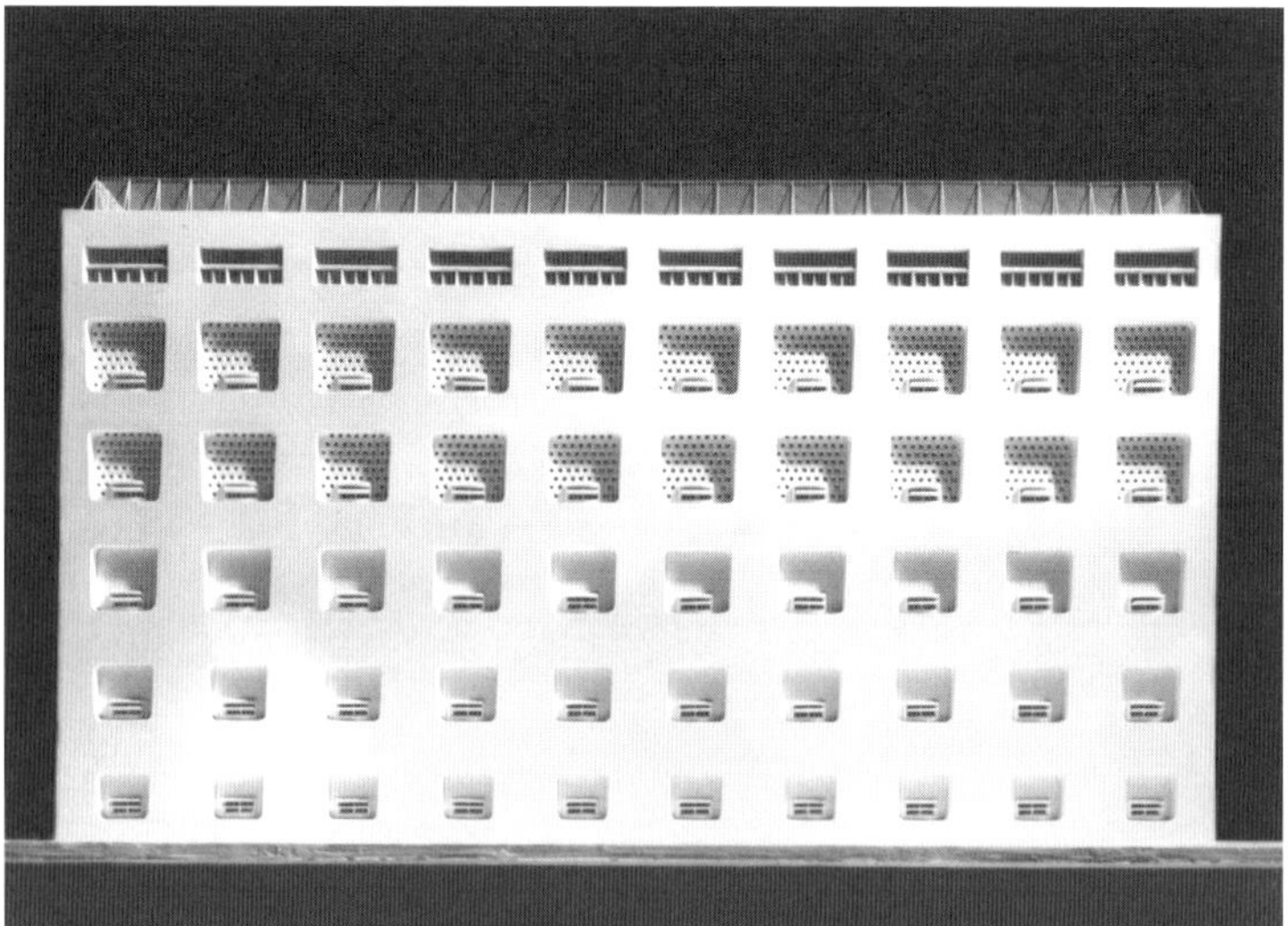

図5　霞ヶ関電話局 模型写真

逓信省・電電公社時代の設計

《霞ヶ関電話局》では一平米あたり一トンの機械を入れたとのことですが、この時代は通信設備もたいへんな進歩をした時代ではないでしょうか。

そういう重い機械が入るようになったのは戦後で、鉄筋コンクリートになってからですね。かつては中継所もほとんど平屋でした。《津島電話局》は二階に機械を入れたけど、まだ紐付きの交換機だった。台に丸い穴がいっぱい開いていて、交換士のお嬢さんが紐を相手の電話線のジャックに差し込んで「もしもし」とやっていた。その穴の数が、その地域で電話をもっている人の数なんです。

日本各地に設計されましたが、現場監理はどうされていたのですか。

現場を監理する人はずっと現場にいるんですよ。設計をしているあいだは東京にいて、僕も名古屋をやったり、松本をやったり。他に小杉、金沢、動橋《いぶりばし》というのはよく憶えています。三つの電話中継所を同じ設計で並べたら、ひと梁間、間違えて機械が入らない。「スパンがひとつ足りないんですけど」って(笑)。今なら笑い話だけど、大変だった。僕は、名古屋は現場に行ったので、一二月から翌々年の三月まで足掛け三年いた図6・7。現場ばかりを回っているベテランの人もいて、そういう人に教わりました。

当時は計画部門で計画資料を作成すると、施設部門が基礎資料を作成して、それが設計部門に下りてきて基本設計という流れだと聞きました。設計段階では上とどのような交渉があったのですか。

それは電電公社を辞めて、自分で設計をやるようになってはじめてわかったんですが、電電公社や郵政省の建築というのはオーナー自身が設計している。僕たちのような若い者はお金が足りなくなるとしかられますが、これぞと目をつけた建物は、予算を自分のどんぶりの中から出せるわけですよ。だから金沢の中継所のスパンをひとつ間違えたときでも、いちいちオーナーのところに出向かずに融通ができる。むしろ使うほうから「こういう広さにしてください」と依頼があって、こちらは「ではこれだけの予算をつけましょう」という感じ。予算をもっている設計事務所だから強い。僕は七年しかいなかったから、予算までは触っていませんけどね。

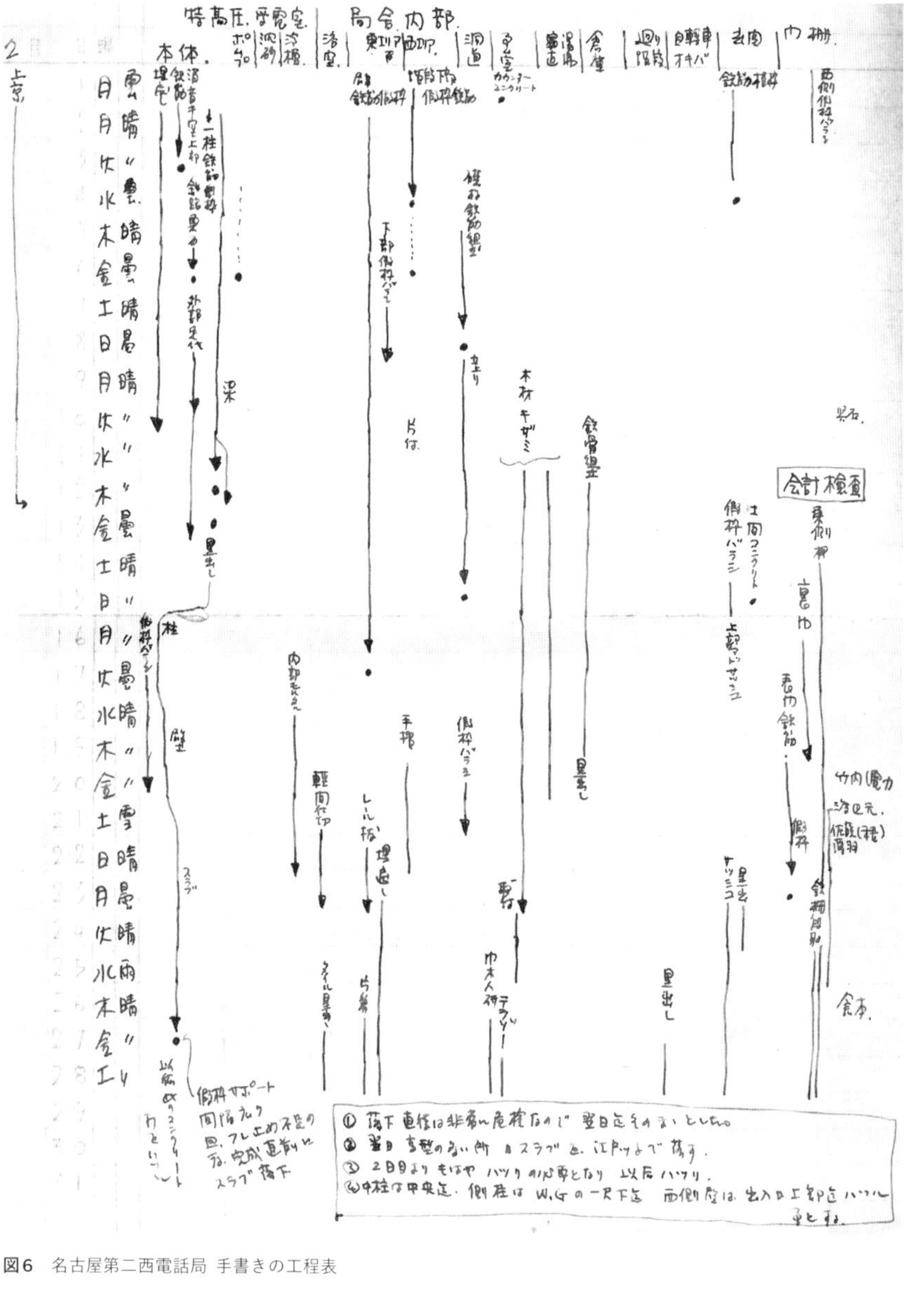

図6　名古屋第二西電話局 手書きの工程表

逓信省内での設計標準はどのように定まっていたのでしょうか。デザインの統一はありましたか。

逓信省の組織図にも標準設計室というのがある。たとえば電池室は仕様が難しいんです。電池から硫酸が出てあちこち傷むから、壁の仕様はアスファルトの防水シート貼りにして、広さはどのくらいとか。それを標準設計として決めていた。大蔵省や建設省の営繕と比べると、逓信省の設計の範囲が専門的で、電話局、電信局くらい。あとは宿舎ですからね。それに忙しいとはいえオーナーアーキテクトだから、そういう余裕はあって、「ここはこれを標準にしましょう」と。だからといって、こうしなきゃいけないということはありませんでしたが。

デザインについては当時の建築雑誌に、「小坂さんはどうやって逓信省建築を統制をしているのか」などと書いてあります。みんなが小坂さんのようにデザインをする。それは、やっぱり小坂さんのデザインがうまいんですよ。そのころのガラス割りは、（自邸のガラスを指して）ああいうふうに正方形に近く割るのが普通です。それを小坂さんは横桟を二本やめて、たてに三本入れる。そうやって細い窓を並べると、なんとなく小坂さんらしくなる。谷口吉郎さんもそうですね。そういうと小坂さんに怒られるかもしれないけど、誰が

図7　名古屋第二西電話局 施工風景

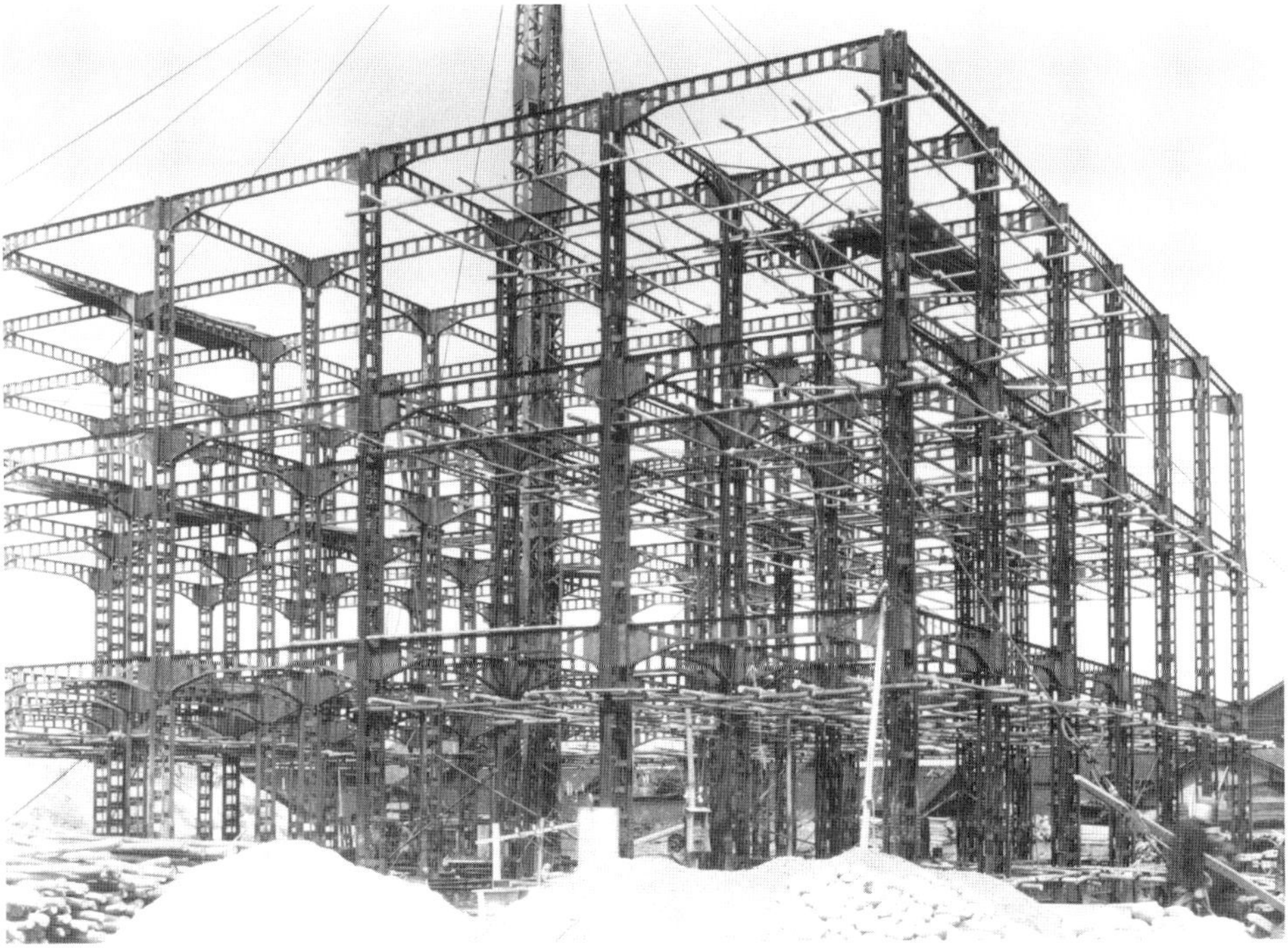

やってもうまくいく（笑）。だからみんな、真似をしたんですよ。

デザインについての資料はなくて、とにかく小坂さんが「うん」と言わないと通らない。《盛岡電報局》は、小坂さんの縦長の窓とは違った、横長の窓にしようとして散々苦労した。小坂さんもついに許してくれたけど、結果的には小坂さんのようにやったほうがずっとよかったと思う。

郵政省と逓信省が一緒だったころは、ディテールについては資料がありましたね。武田礼二★なんて「便所三年、階段五年」と言っていた。便所の図面を描けるまでには三年かかると。でもいま考えると、やはり階段が一番難しいし、おもしろいですね。それから矩計図では軒先がおもしろいけれど、いまはそういうおもしろさはあまりない。当時の逓信省のような木造建築を設計する機会はほとんどないですからね。

ＧＨＱが電信の復興には力を入れていたと聞きますが、設計にあたってアメリカからの情報はどのように入ってきたんでしょうか。

電話局に関しては、通信関係からの情報が入ってきて、「電話の機械は何センチごとに置きなさい」とか、型紙を与えられて「穴はこう開けなさい」という単純な指示に従って設計をしていた。それ以前は、さっき言った紐でつないでいる時代の次に、「無紐」という時代があった。それからジーメンス・ハルスケ式★★っていうのがあった。電話局とかみんなワシャシャシャシャシャっていう音がして、そういう時代がありましたね。

電話局と郵便局は、この時代からまったく違います。電話局は「機械様々」で、機械の隅に人間がいたりいなかったりですが、郵便局は人がすべてをやる。コンピュータのない時代ですから、郵便には炭酸紙（カーボン紙）を挟んで書いたりしたし、領収書も手書きでした。コピーの機械すらなかったと思います。

電話局はそのように、マトリックスでパッと繋がるのができてくる。もうひとつ電信局というのがあって、電報は戦前からかなり機械化されている。浅草の電報局から気送管というネズミの入るくらいの筒に電報を入れると、神田の電信局まで一分もかからずに届くんです。いまでもびっくりするような機械です。それはコンピュータが一般に普及するまでは、病院内でカルテを運ぶのに使っていた。いまでも地方に行くとあるかもしれない。

あのころは電電公社も郵政省もお役所ですからね。お客様ではなくて、お金を払いに来る人を溜めるところだから「客溜まり」などという。そうした研究は電

★　郵政省郵政大臣官房建築部の設計者。東京国際郵便局（一九六八）などを担当した。『近代建築』一九六八年一二月号

★★　一九二六年ドイツ、ジーメンス・ハルスケ社から輸入された日本最初の自動交換機。一九三四年に国産化され正式にH型交換機と呼ばれる。

★★★　一九一六―二〇〇三　建築計画。東大卒。東大教授などを歴任。機能主義的な建築計画を確立し、戦後の日本建築に大きな影響力をもった。父は国会議事堂設計者のひとりである吉武東里。

★★★★　吉武泰水ほか「建築諸設備の高さに関する研究　人体寸法の研究」『日本建築学会研究報告』二四号、一九五三年など。

電よりも郵政のほうが進んでいて、吉武泰水先生★★★、4の研究室の人たちが協力して、カウンターの高さなどを考えていった★★★★。いまの銀行の床は平らだろうけど、昔は段がついていて、中のほうが高かった。外側の客は立っていて、中の行員は座っている。いまは逆かもしれないけど(笑)。

中央電気通信学園宿舎

一九五〇年から、中央電気通信学園の一連の施設を設計されます。一四棟ある宿舎の配置計画も考えられ、吉武泰水の規模論5も参照されています図8・9・10。

僕はそれよりも、父がやっていたこともあって、同潤会を参照しました★★★★★。そのころ、日本の団地は非常に幼稚で、画一的に住棟を並べるだけだった。でも戦前には同潤会があり、ドイツのジードルングを規範にしていた。その例をたくさん見て、配置を考えたり、ずいぶん多くのエスキスをやりましたよ。同潤会のなかにコモンという広場がありましたが、それを適当につくれるようにしてね。

住棟配置は同時代の建築原論の成果も参照されたのですか。

建築に日影曲線6の影を落とすのは、この時代にはまだ経験がなかったと思います。それをやってみると、建物を西へ傾けると北側にも朝日が当たるということがわかった。これから後、小木曽定彰さん★★★★★★が日影曲線の研究を進めるようになります。(図を出しながら)これをものすごくたくさんつくったんですよ。こういう資料は会社に置いておくとなくなっちゃう(笑)図11。

《宿舎》は当時から『Architectural Design』などの海外雑誌に注目されました図12。

それと、朝日新聞の一九五一年二月二日の記事があります。派手に載ったものだから、翌日に役所に呼び出されてね。「おまえがやったように書いてあるけど、逓信省というところはひとりで建築をつくっているわけじゃないんだ」と、中田さんにこっぴどくしかられた。だから、僕は電電公社にいるあいだは、その建物で賞をもらったことは一度もないんです。

★★★★★　一九二四年に設立。内田祥三は同潤会理事を務めた。

★★★★★★　一九一三―八一　建築環境工学。東大卒。東大教授などを歴任。日照・照明を中心に建築環境工学の成立に貢献した。

図12　『Architectural Design』一九五二年二月号の記事

図9　中央学園クラブハウス 松苑亭

図10　中央学園宿舎 第3期

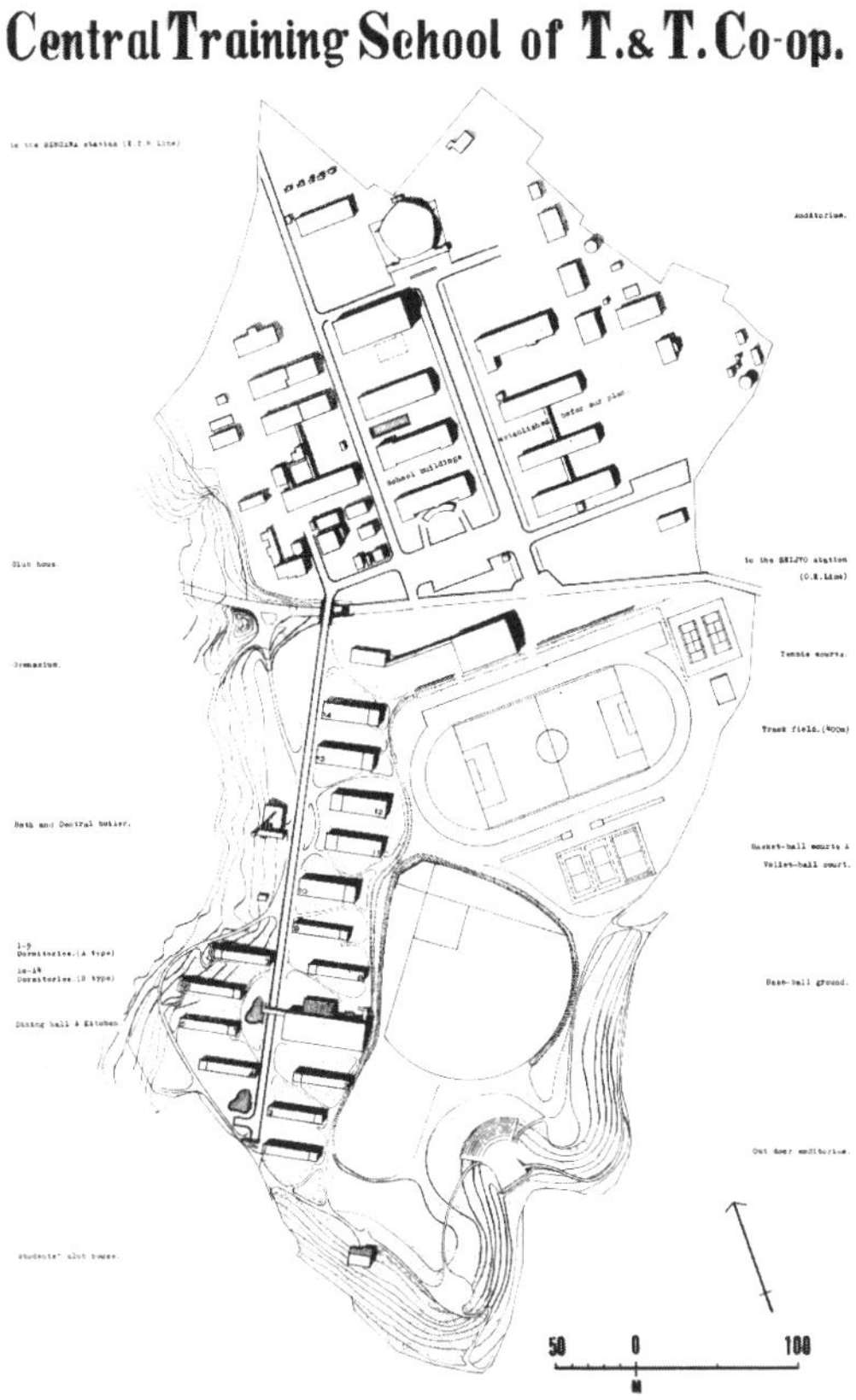

図8　中央学園 配置図

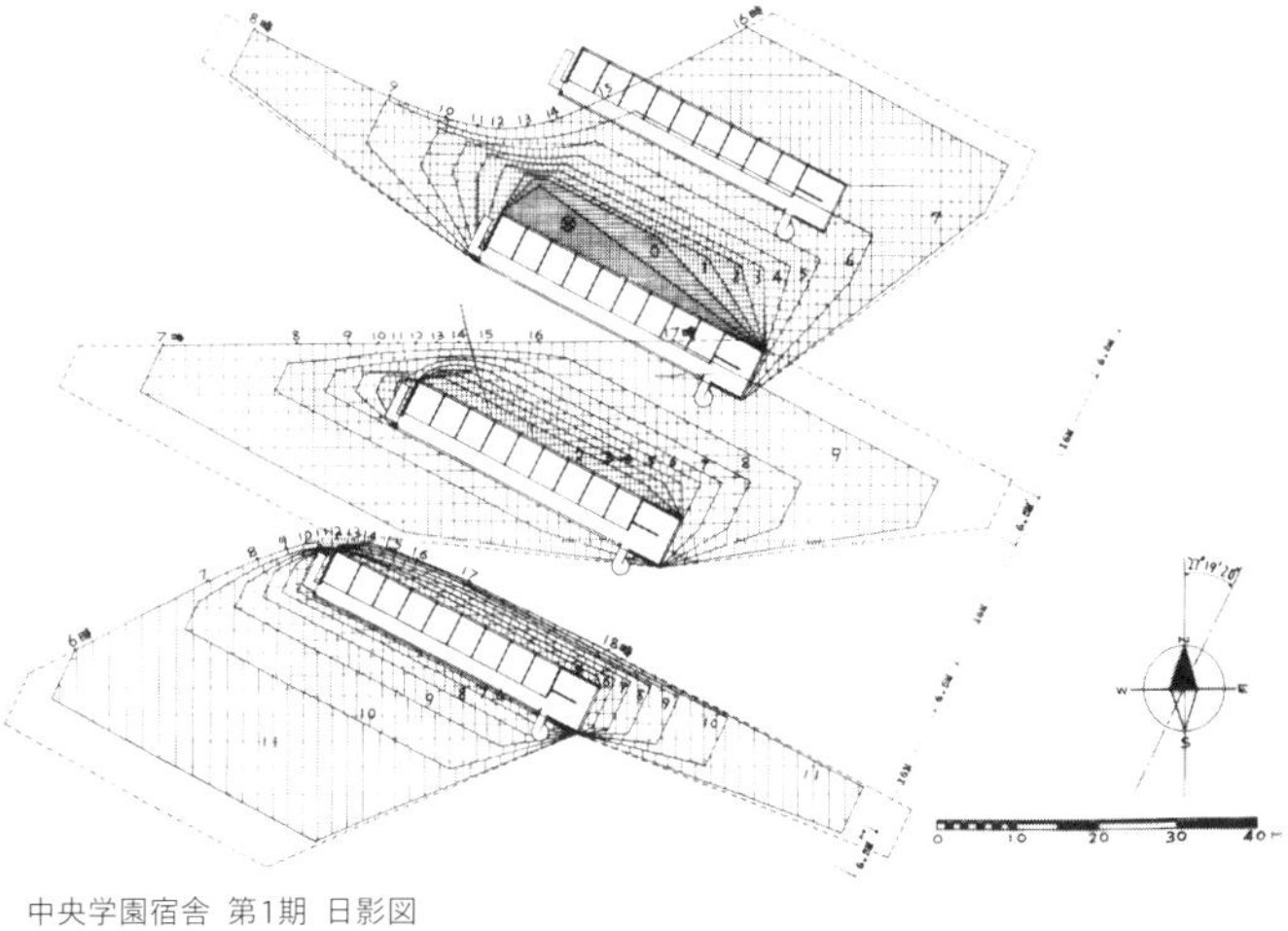

図11　中央学園宿舎 第1期 日影図

鉄筋コンクリート

《宿舎》では、第一期から打放しコンクリート仕上げを使われています。

《宿舎》について、藤森照信さんが「戦後初の打放し仕上げではないか」[7]と書いているけど、僕はそういう意識はあんまりなかった。戦前にはありますよね。

《リーダーズ・ダイジェスト東京支社》も《宿舎》と同じ一九五一年竣工で、打放し仕上げです。

《リーダーズ・ダイジェスト》も同じ年？　あれはヒノキの板か何かを使った、きれいな打放しですよね。ああいうのやりたかった。藤森さんは「ああいうのがあるから、わざと二×六版のパネルでやったんだろう」というけど、それほど意識はなかった。やっぱりお金がなかったからだと思うけれど。

そもそも、どうして第一期工事の《宿舎》をコンクリートと木造の混構造にしたのですか。

ル・コルビュジエ設計の《マテの家》★がかっこいいなと思っていたんです。あれは石積みですが、日本ではあのようにできないので、なにか半分だけ色や気配が違うものにしたかった。

逓信省では、角の型枠の寸法を変えて同じ幅に見せるといった工夫をされています。

ええ、ヒノキ板の打放しのときは必ずやりました。先日、藤森さんが『学士会月報』に「《九州大学》の壁が相じゃくりでできている」[8]と書いていたけど、われわれはみんな仮枠を相じゃくりでやっていましたよね。（図を描きながら）仮枠三枚で一面を納める場合、いろいろな方法があるけど、仮枠の跡の幅を同じにするには、別の幅の板がどうしても必要になる**図13**。そういうのを平気でどこでもやっていました。逓信省なんか、外壁の板張りを縦羽目で割っていくと、窓が開いている部分と開いていない部分とで板の幅が同じではなくなる。約数で割り切れないからね。それぞれの幅の板を別に注文する。しかも、窓のところでも相じゃくりの方法が違ったら、また別に注文したりする。そういう細かいことを、現場で原寸図を描いて、割り付けて、それから注文していた。そんなことをやっているから、打放し仕上げも同じようになってしまう。

鉄筋コンクリートをはじめて設計したのはどこですか。《津島電話局》（一九五一）か《名古屋第二西電話局》（一九五三）だと思うけど。《津島》は小さな電

★　一九三五年竣工。マテはフランス西部の村。現地調達可能な石材と木材によって建設された。

★★　木片に七、八ミリメートル間隔で釘を打ちつけ、モルタルにひっかき跡をつけた仕上げ。

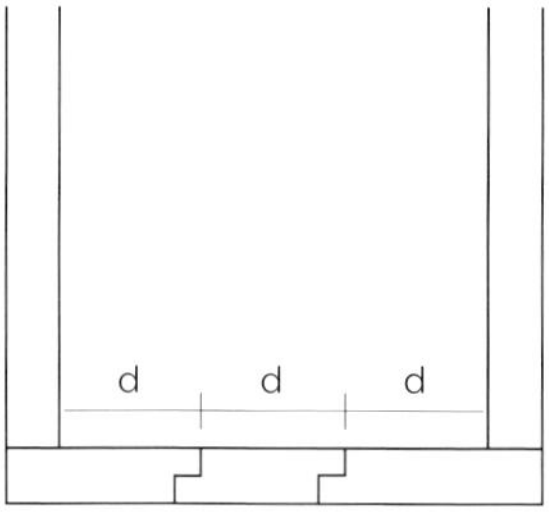

図13　相じゃくりの型枠。相じゃくりの型枠を使って型枠跡を同じ幅にするには、幅の異なる型枠とする必要がある

話局だから設計はあっという間にできちゃう。《名古屋第二西》は大きいからもう少し時間がかかっていて、ほとんど同時かもしれないですね。ほかに鉄筋コンクリート造では《江戸川電話局》があって、これも《津島》とほぼ同時です。《津島》は壊しちゃったけど、《江戸川》はどういうわけか残っていて今も働いている。あ、僕が鉄筋コンクリート造を最初に設計したのは《中央学園宿舎》ですね。あそこの便所です。

《名古屋第二西》では、コンクリートの仕上げに櫛目引き★★を使いました。東京駅の脇に昔鉄道省の建物があったんです。小さな建物で、なかなかいい格好だった。それが櫛目引きで有名で、流行ったんですね。あの頃、タイルは高くて貼れないけれど、左官屋さんはいくらでもいるから櫛目引きならできた。

ほかに新しい技術として、《宿舎》にハブマイヤートラス★★★を使われました。

風呂場と台所ですね図14。あの頃は、アメリカのカタログのなかにハブマイヤートラスがたくさん出てくる。それで、僕もぜひやってみたいと思ったけど、当時の逓信省には溶接の標準仕様がない。それで仕方なく、横河橋梁★★★★に教えてもらって溶接の標準仕様を新しくつくったんですね。おそらくこれが逓信省ではじめてでしょう。

図14　中央学園食堂・厨房

★★★　トラスの上弦材と下弦材の間をジグザグに折り曲げた鉄筋でつないだトラス。

★★★★　横河民輔が横河橋梁製作所として一九〇七年に創業。現・横河ブリッジ。

図15　中央学園宿舎　第3期

木造の《宿舎》はメゾネットのような断面ですね。

宿舎の断面は、第一期がフラット、第三期がメゾネットで、スキップフロアみたいに廊下が通る図15・16。

逓信省は全部、センチメートル単位で設計をしていました。しかも、これは宿舎だから違うかもしれないけど、電話局は柱がメーター制なんですよ。だから、図面に三メートルと描かれていれば、柱の芯々で三メートル。その頃、日本の建築は尺でやっていますから、九尺と三メートルでは三〇センチ近く違う。多くの人は、材木を切って刻むときに継ぎ手・仕口分が足りなくなるから、メーター制の梁のスパンは飛ばせないと思っていた。だけど、おそらく小坂さんがそれは足りると見極めをつけて、逓信省の建築は全部メーター制で設計している。それを知っているから、僕はいままでもメーター制で木造は設計できると思っています。木造の《宿舎》では、七〇センチメートルモデュールという奇妙なモデュールを使っていますからね[9]。

《宿舎》北側の立面がシンプルなのは、庇を出すお金がないからです。それから、先ほど木造の《宿舎》がメゾネットと言われたけれど、これはベッドが二段になっているだけで部屋はフラットです。つまり片流れ屋根なので、二階の奥は天井が高くて二段ベッドにできますよね。ただ一階も二段ベッドにしようとする

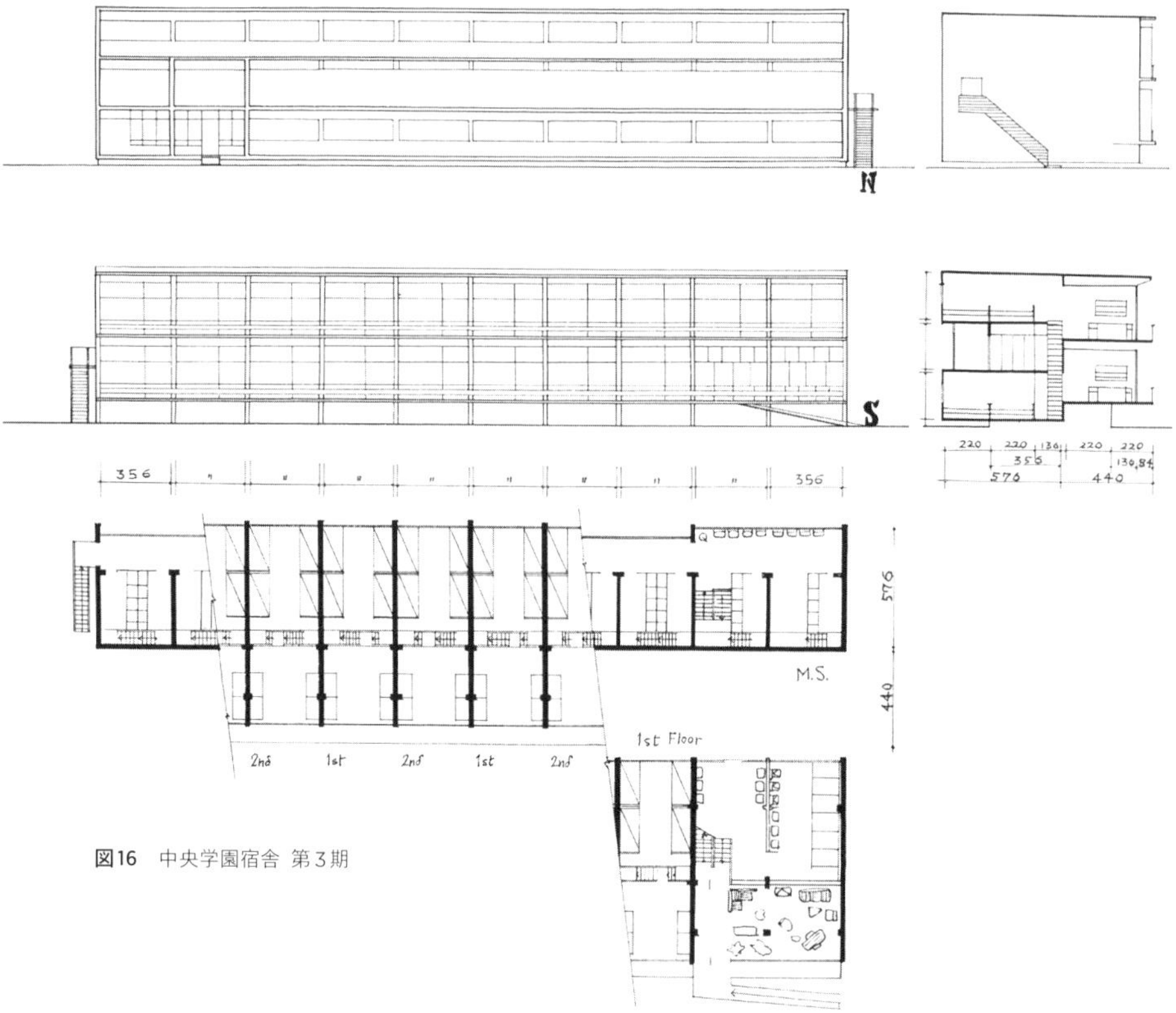

図16　中央学園宿舎 第3期

と上の段が窮屈だから、一階の天井をベッドのところだけ二階のベッドの面まで四〇センチ上げているんです。北側が七〇センチモデュールで、南面は四〇センチモデュール。このふたつが階高の二八〇センチで重なっている図17。

メゾネットやベッドを二段にするのは、やはりル・コルビュジエの模倣みたいなもので影響がある。それから、逓信省は手摺りが細いんですよ。小坂さんの手すりは細くて、絶対に横に線を入れずに縦に入れる。だから僕は違うことをやりたくて、横に入れる。前川國男さんの影響もあるかもしれません。

庇についても、「丹下、前川が上に向けていたから下に向ける」と[10]。

そうそう。《慶應病院》（前川國男設計、一九四八年）も《岸記念体育会館》（前川國男・丹下健三設計、一九四〇年）も、それから《紀伊國屋書店》（前川國男設計、一九四七年）も庇が上を向いているでしょ。ああいうのが流行っていたから、これは逆だという発想で、「日本ではこっちがいい」という説明は後からくっつけた（笑）。でもいまは、やはり南に下がっているほうがいいと、皆さん思っているんじゃないですか。

宿舎の外階段では手摺りを水平にしたブロイヤーの階段を模倣されて、実験もされたそうですが、それもやはり電電公社

Tokyo Central Telephone and Telegram Communication Traffic School

DORMITORY BLOCKS

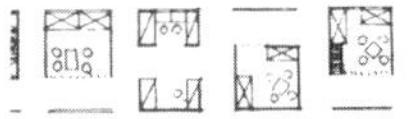

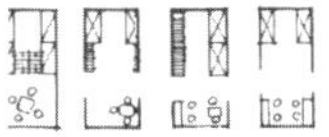

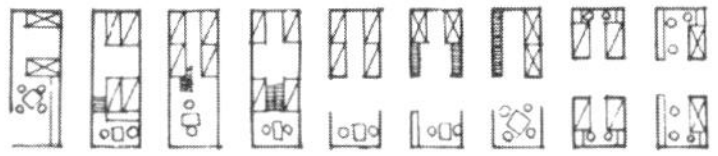

Above : south elevation of a dormitory.

Left : variations of the unit plan.

Below : section through a dormitory (courtesy "Kokusaikenchiku.")

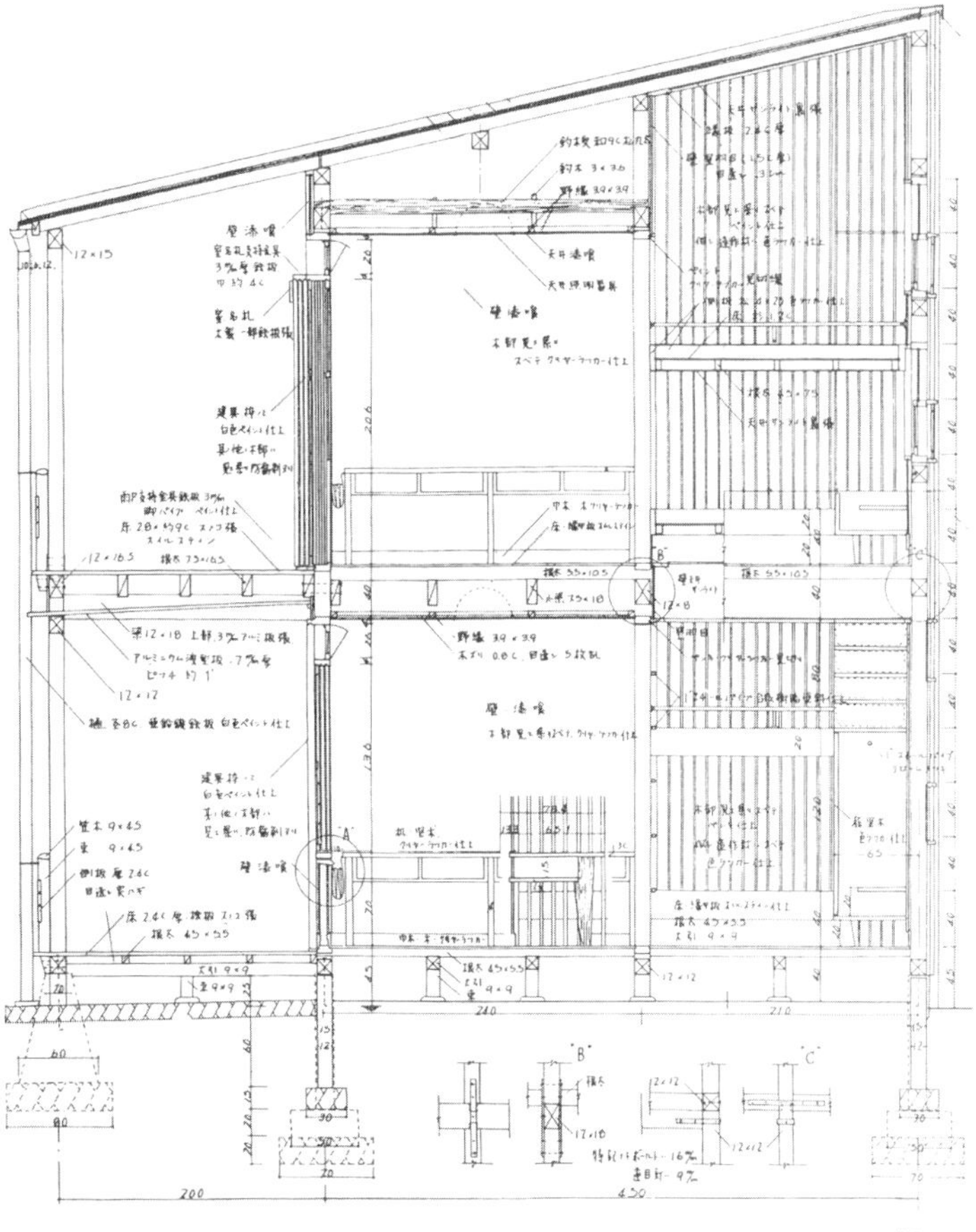

sliding doors are open ; all the rest

58

図17 中央学園宿舎 第1期 矩計図

だから可能だったのでしょうか？ 図18

そうでしょうね。どこかに余裕があって、「ちょっと手伝ってくれよ」と言うと、全く自主的に来てくれる人がいる。ブロイヤーの階段★の手摺りも最初はすごく太い材料だったのがだんだんと細くなって、《霞ヶ関》と《名古屋第二西》のブロイヤーの階段は非常にシャープになりました。写真を見ても、第一期工事のパイプはかなり太いけど、第二期は細いですね。

一九七〇年代まで丸い鋼管を曲げるのは難しかったと聞いたことがあるのですが、《宿舎》の螺旋階段の手摺りを曲げることは可能だったのですか。

この螺旋階段は、僕が詳しいことを知らなかったからできたんです（笑）。段板を真ん中のポールに直に溶接しているので、一段溶接するごとに真ん中の軸が曲がる。それを修正するのは大変だったんだけど、僕はそれがどのくらい大変かを十分に理解していなかった。いま、直に溶接なんてことをしたら、「何だお前、回り階段を知らないのか」と言われちゃう。

ここにある写真はみんな工事写真だから、国際写真★★が撮ったものですね。雑誌に出ている写真は平山忠治★★★の撮影です。《宿舎》のときは、平山忠治に散々怒られた。

どうして怒られたのですか？

図18　中央学園食堂 ブロイヤーの階段の実験

あの人はやかましいんですよ。あの当時、『新建築』のこの記事をつくっていたのは誰ですかね。川添登★★★★か三輪正弘★★★★★かな。とにかく「内田さん、一度、一緒に来て忠治さんに謝ってくださいよ」と言ってきて、朝、忠治さんがおかゆ食べてるところに謝りに行った（笑）。結果的にはかなり仲良くなったけど、はじめのころは、こっちはチンピラで、向こうは写真のベテランですから。何を謝ったのかよく覚えていないけど、なんか失礼なことをしたんでしょう（笑）。平山忠治は音楽が好きでね。丸い椅子の中にスピーカーを入れていて、お尻から音を感じていた（笑）。面白い人でしたね。

デザインの参照元

「いま建てるなら、全部の寮を一棟にまとめたと思う」と書かれていますね11。

《宿舎》を建てた当時は、木造がやっと鉄筋コンクリートになりかけた時代だったから、こういう建物になった。この後、MITのドミトリー《ベーカー・ハウス》（アルヴァ・アアルト設計、一九四九年）を見たときはうらやましかった。この《宿舎》も崖っぷちに沿うような敷地だったから、MITのようにくにゃっと曲がった平面に設計すればと反省していたときもあります。

当時は手に入る資料が限られているから、すべてに

★　マルセル・ブロイヤー（一九〇二―八一）がデザインした階段で、水平の手摺子の上に段板を置く。ブロイヤー邸II（一九四八）など。

★★　一九五一年設立の写真会社。電電公社の建築は工事写真などを含めて多く撮影している。

★★★　一九〇九―二〇〇五　建築写真家。『新建築』誌を中心に多くの建築写真を発表。著書に『民家』（一九六二）など。

★★★★　一九二六―二〇一五　編集者・建築評論家。早大卒。一九五三―五七年『新建築』誌編集長。メタボリズム、日本生活学会など多方面で活躍した。

★★★★★　一九二五―二〇一三　編集者・建築・インテリア・デザイナー。東工大卒。一九四九―五三年『新建築』誌編集長。五三年退社しRIA建築綜合研究所（現・RIA）に参加。武蔵野美大教授などを歴任。

目を通しています。いまは全部に目を通すのはなかなか容易じゃないけれど。このころ本格的な建築は、日本にはほとんどないし、ヨーロッパも荒れ果てていて、発信できるのはアメリカくらいだった。アメリカ文化センターに行くと資料が一式揃っていて、そこで見ていました。全部をくわしく見ているかは別として、みんなが同じものを見ていたと思う。非常に多くの人が、同じ建築に注目していたと思いますよ。

縁側を付けたのも《マテの家》からの発想ですか？

そうそう。やはり日本建築は軒の深さを出したいと思っていた。夏の日差しをなるべく避けて、冬の日差しを入れるのに都合がいい。

縁側については「大きな割合を占める廊下を通路のためだけに使うのは致命的だと考えた」と書かれています[12]、図19。

図19 中央学園宿舎 第1期
ファサード

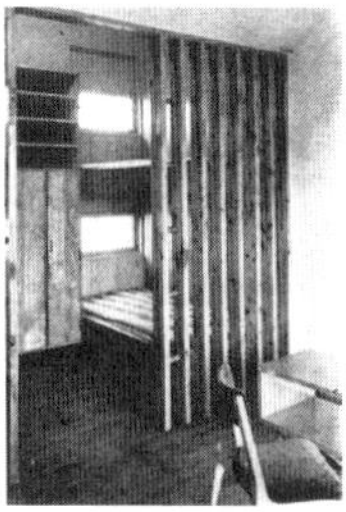

図20 中央学園宿舎 第1期
内観

そうです。二メートル幅の縁側を使って、お茶を飲んだりできるようにしたかった。三尺や一メートルという幅だと、すれ違うだけになってしまう。これは相当な贅沢ですよね。僕の家でも同じように使っていますが。

この設計で非常に評判が悪かったのは便所です。まだ洋風便器を使ったことがない人が多いのに、全部を洋風便器にしちゃったから、こっぴどくしかられました。でもこの《宿舎》ではずいぶんいろんなことをやっています。二段の上のベッドを支えるために、下のベッドから桟が立ち上がっているでしょ。その桟と、ベッドに敷いたマットの縞模様の幅とを、特別に注文して揃えた（笑）。こういうことをさせてもらえる時代だったんですよ **図20**。

中央学園講堂

あのころは、何をやるのも最初なんですよ。《宿舎第一期》を設計したころ、僕はかなり若かった（二六歳）から経験はない。でもコンペをいくつかやっていると、前川さんや丹下さん、小坂さんといった先端的な人たちと一緒に応募して、順位が上になったり下になったりするから、設計にはかなり自信があった。それでこういう仕事を任せてもらえたと思います。

《中央学園》では《宿舎》で最初の実施設計をしましたが、それから《講堂》までにほかの実施設計をずいぶん手伝っています。だから実施設計についてはそれほど心配はなくて、普通にやっていた。「大空間ははじめてだろう」と言われるけど、広島の《世界平和記念聖堂》コンペ★の設計のほうが少し先だったから、大空間にしてもはじめてではないんです。また電電公社の予算的には、そんなに大きな工事でない。大きな工事は課長さんや偉い人がやって、僕の仕事は手頃なもので、みんなの目につかないところで自由に設計できるという、きわめて幸せな設計でしたね 図21・22。

それから当時は、もしかするとこれが最後の設計じゃないかといつも思っているんです。つまり物資はないし、日本がいつ潰れるかもわからないような状況で、こういう仕事は二度とこないだろうと思っていましたからね。

オーディトリアムというのは、この時代にはシェルが非常に多い。戦後、最初にシェルでオーディトリアムをつくったのは丹下さんの《愛媛県民館》（一九五三年）でしょう。だから、丹下さんがコンクリートでやったから、僕はコンクリートはいやだとはっきり思っていました。また大きさがちょっと違うけど、コンクリートのシェルではエーロ・サーリネンの《MITクレスゲ・オーディトリアム》（一九五五年）★★がたいへん有名だった。それはある意味で五角形をしているので、とても参考になった。それから、コンクリートのシェルはやめると言っても、シェルにはかなり魅力があって、トラスでやろうという気持ちはまったくなかった。

これも一種のトラスですが、シュベドラードーム★★★のようにつくろうと考えた。でもこれも新しいものではないと悩んでいたところに、イギリスのモニカ・ピジョンさん★★★★、13が雑誌を送ってきてくれた 図23。そのころ日本ではとても入手できないような本だった

★ 一九四八年実施された戦後最初期の大型コンペ。応募案一七七案、一等該当なし。二等に丹下健三、井上典一、三等に前川國男、菊竹清訓ら。内田と大澤弘の共同設計案も佳作入選。最終的に審査委員の村野藤吾が実施設計を行い議論を呼んだ。

★★ 中央学園講堂に規模が近く、変則的な三角形平面に鉄筋コンクリートシェルで屋根をかけている。中央学園講堂で使われた浮き雲はMIT講堂から着想した。

★★★ 球面の頂部から下部へ伸びる経線と直交する緯線でできるグリッドのあいだに、同じ方向に傾斜した斜材を入れた古典的な骨組みドーム。

★★★★ Monica PIDGEON 一九一三―二〇〇九 イギリスの編集者・建築評論家。

図21　中央学園講堂 内観

図22　中央学園講堂 外観

し、ではこれでやろうと。それでシュベドラードームを解析できる人をいろいろ探しているうちに、巴組鉄工所の松下富士雄さんに行き当たった。『建築年鑑』の第一巻に、松下さんが設計した《八戸火力発電所貯炭場》★が載っています。宮内嘉久が編集委員長で、頑固な人だから、「ほかの人が何と言おうと、日本でいま、これが一番いい」という調子で、第一回の建築年鑑賞にしたんですよ[14]。

それで松下さんに「こういうのができますか」と聞いたら、「シュベドラードームでなくても、実験すればできるんじゃないか」と言ってくれたので、それでは一緒にやろうと。《八戸》はきちんと実験していたし、今でもたくさん残っている小中学校のカマボコ形の体育館、あれもみんな計算だけでなく実験をしていたんです。だから格好はどうでも、実験してやればできると。いまの構造計算もそれに近いよね。合理的な形がわからず、非合理で無駄な格好のものでも、計算の結果はちゃんと出してくれる。実験もそれに似たところがあるんです。解析ができなくても、荷重をかけて、歪み計を付けて測れば、部材の応力が全部わかるから、それで結果が出る図24。

だからあの時代の実験は、今でいうコンピュータ・シミュレーションができるようになったのと等しい。

図23『Architectural Design』誌一九五一年七月号ドーム・オブ・ディスカバリーの記事

★大林組設計・施工、一九五七年。青森県八戸市。構造設計は巴組鉄工所の松下富士雄。スパン四六メートルの鉄骨シェルの大屋根を持つ。

図24　中央学園講堂の実験

それ以前は、実験の方法がないから、図面上で解析ができないと建築構造にならないという時代だった。それがあのころ、歪み計を部材に貼ってどれだけの力がかかっているかがわかれば、どんな形のものでもある程度わかるようになったのだと思います。ピジョンさんの送ってくれた本に《ドーム・オブ・ディスカバリー》も実験をしたと書いてあって、模型実験をしている小さな写真が載っている。とにかくこれは根掘り葉掘り、端から端まで読みました。それで実験をしたということですね。

残響時間について

実験では、ここの残響時間は一秒以上、一秒に近い数字になっているんじゃないかな。残響の問題を、僕が一番最初に教わったのは吉田鉄郎さんからです。吉田さんは、残響の対策としてとても新しい方法があるというので、コペンハーゲンの放送局の話をしてくださった。それは当時はびっくりするような話で、ある部分の残響がワンワンと長くて困っているときに、壺をつくって、その入り口と内部のボリュームを調整すると特定の音を吸収する。それも多くが必要なのではなくて、部屋の隅に一か所、吊るしておくだけで、そこへみんな不要な音が吸い込まれる。そういう便利なものができたという話でした。それは能楽堂の床下に置かれた壺なども関係があるらしいと。吉田さんが書いた放送局の本に、その話が出ています★★。それまで残響というのは建物の形で制御する以外に方法がなかったんですよね。それがレゾネーターという小さな壺によって、自由な周波数を吸収できるようになった。

それを踏まえて、ロンドンの《ロイヤルフェスティバルホール》では、壁の板に穴を開けて、その後ろの空間の奥行きや面積で、自由に音を制御できると書いてあった。だからこれも使ってやろうとしたけど、こちらはなかなか手も足も出ないんです。もっと後には、石井聖光さん★★★が前川さんの《神奈川県立音楽堂》で使っていますけどね。それで僕は永田穂さん★★★★

★★　吉田鉄郎『放送会館建築』（新建築社、一九三八）

★★★　一九二四―　東大卒。東大などで教鞭をとる。日本音響学会会長などを歴任。神奈川県立音楽堂ではロイヤルフェスティバルホールを参考にしている。

★★★★　一九二五―二〇一八　東大卒。NHKに入社後、放送技術研究所に勤務。のち永田穂建築音響設計事務所（現・永田音響設計）設立。NHKホール、東京文化会館などの音響設計を手がける。

のところへ相談に行った[15]。永田さんは宮内嘉久と同級生なので知っていたんです。すると永田さんは親切に教えてくれたんだけど、NHK放送技術研究所へ行ったら、「何しに来たんだ。ここは研究所でいろいろノウハウがあるんだから、帰りたまえ」とか言って追い出された（笑）。

吸音する壁も何種類か使われています図25。そのうちのひとつは平行四辺形を二個組み合せた形になっていますが、あれはどういう意図だったのでしょうか。

あれはコペンハーゲンリブ★にしたいんだけど、予算が厳しいので少しでも安くつくろうとしたんです。あのころは音響に関して、コペンハーゲンをはじめとした北欧は関心が高く、技術も進んでいたのだと思いますね。そうでなければ、アアルトがあれほど音響のデザインをすることはなかったでしょう。

実験的に三種類の壁[16]を使われたのですか。

そうです。ただ、構造はきちんと実験をしましたけど、電電は音響実験室をもっていない。永田さんに依頼することはできなかったから、計算だと思います。あの後、《神奈川県立音楽堂》では石井聖光さんが実験をして、吸音周波数の数値が出ていたそうです。《中央学園講堂》のレゾネーターはそれほど精度が高くないと思いますね。

★ 音響効果を高めるため曲面加工された壁面、あるいは壁面に並べられたリブ・桟のような部材。

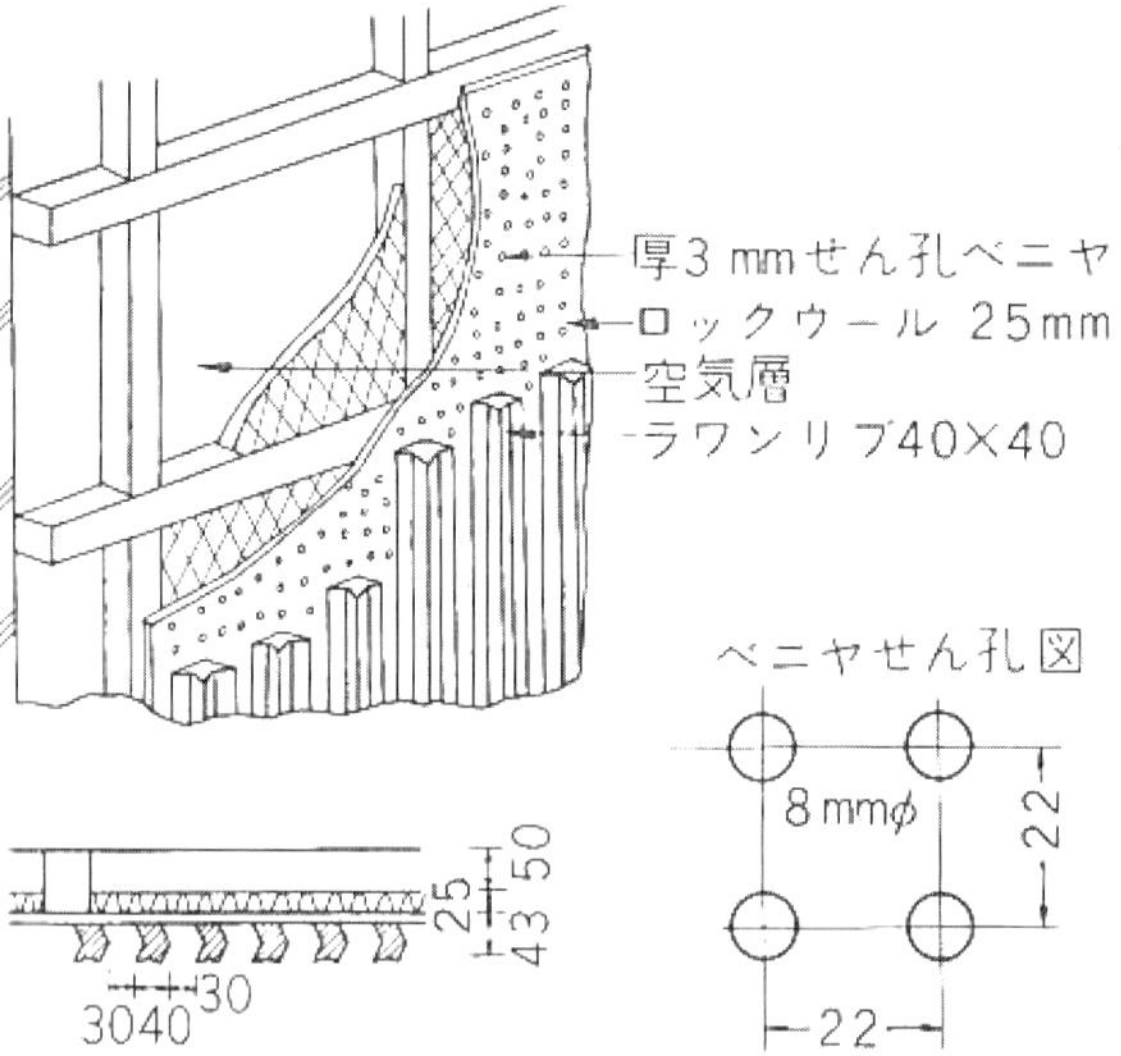

図25 中央学園講堂
吸音壁 ディテール

トラスについて

このトラスは面白いですね。下側のアングルは角度が振ってあります。

上と下でアングルの向きが違うでしょ。上は野地板を載せるから、T型にしないといけない。下もアングルを二枚にしようとしたら、一枚でいいと。そうすると当時は普通、こうなるんですよ（L型）。それはシンメトリーでなくなるから、具合が悪い。それでは、一枚で断面二次モーメントを大きくするには四五度傾ければいい。そうすると、上の鉄筋の溶接の開先をつくらないでいい。それでこうなった図26。

叩いてジョイントに挟み込むのもすごいと思いました。

四五度にするとジョイントがものすごく難しくなるでしょ。それが困るというので、叩いて平らにしたらどうかと。僕はこれはとてもいいと、いまでも思うんだけどね。

片方は開いて片方は閉じていますね図27・28。これは下がトラスじゃなくて、ハブマイヤーは一本だけで支えているところです。こうしたものは設計段階から考えていたのでしょうか。

現場ですね。現場に入るにしたがって、こういうのを決める。普通はここへガセットプレートをガシャガ

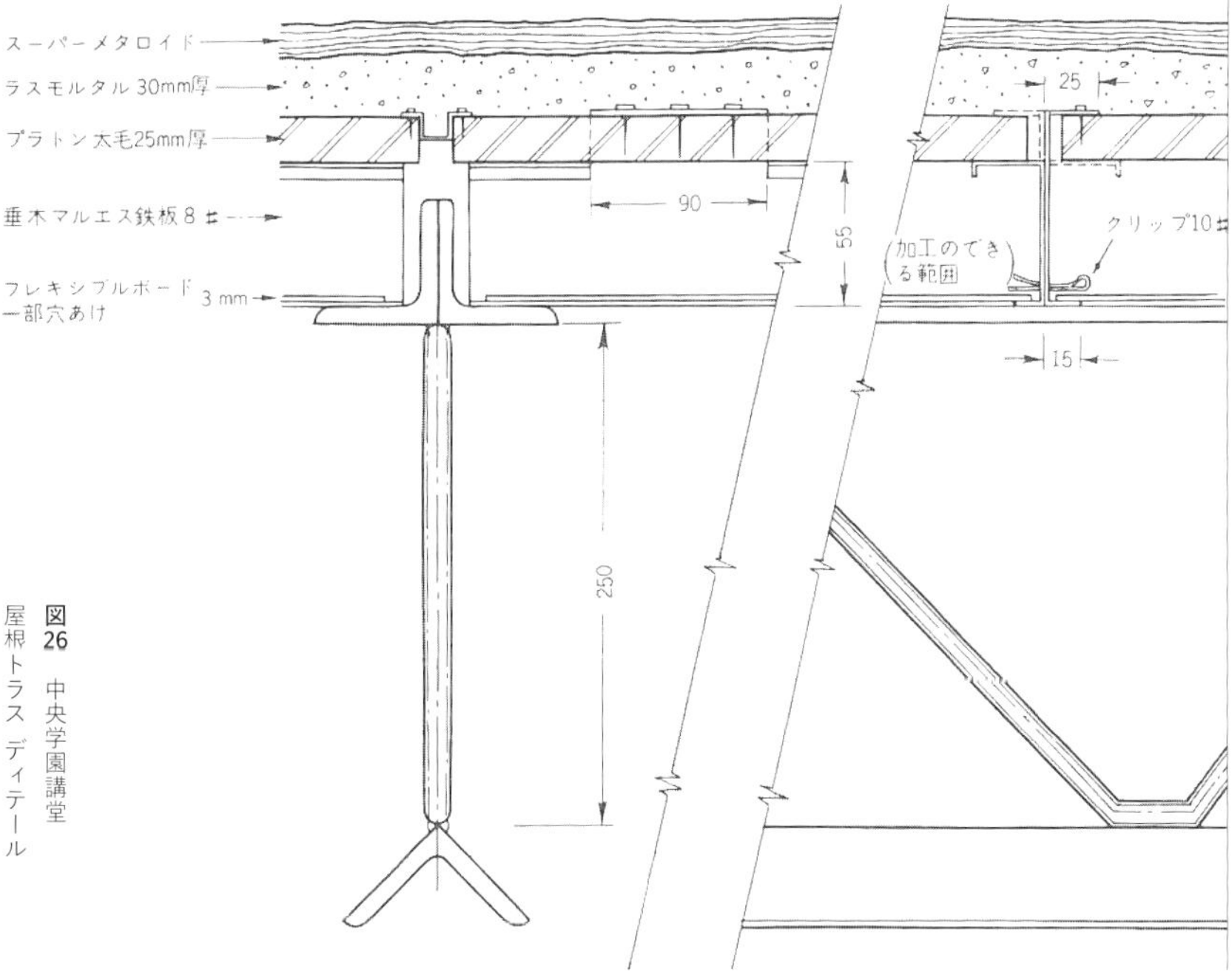

図26 中央学園講堂
屋根トラス ディテール

図27・28　講堂のトラス接合部
右は接合部でアングルを平らにし、左は閉じている

シャとくっつけちゃうんだけど、あれが嫌だから。なんとか説得してやるんです。このころは人手もそんなにビジーじゃないから。

バックミンスター・フラーが見に来て、「押出しで接合部をつくったらどうか」と言ったのはどの部分ですか。

それは、ハブマイヤー・トラスが六つ集まるところの話ですね。

フラーは二回来たそうですが、どういった経緯だったのですか。

最初は野生司《のうす》義章さん★が連れてきた。あの人は英語が達者だったんです。われわれは鬼畜米英の時代ですから、英語をしゃべれる人はめったにいないんだけど。それで、フラーが来るからそういうドームをやっている人はいないかというので、僕のところに来た。貞尾昭二さん★★という人も一緒で、彼はアメリカ生まれだけど日本人だから日本語もしゃべれる。貞尾さんと野生司さんと、それにわれわれの怪しげな英語で(笑)話をしていました。

フラーは建築界ではすでに有名でした。でも一般の世界では今日のように有名ではなかった。僕たちの間で知られていたのは、ダイマクシオン・カーという三輪自動車と、ダイマクシオン・ハウスというぐるぐる回る家です。ジオデシック・ドーム★★★のことはまだあまり知らなかったし、フラーもまだそんなにやって

★　一九一二―一九八七　東大卒。三菱地所設計部などを経て、千葉工大で教鞭を執る。『国際建築』誌編集部にも在籍。

★★　一九二七―二〇一九　アメリカ生まれ。コーネル大卒。フルブライト留学生として早稲田大に留学。一九六四年フラー・サダオ事務所設立。イサム・ノグチ財団ディレクターなどを歴任。

★★★　球面に同心の正二〇面体を投影して、球面を二〇の正三角形の投影線(測地線)で分割する。各々の球面をさらに三角形で分割していくことで、球面の測地線(ジオデシック)に近似した線分の集まりでドームを構成することができる。フラーが一九四七年に考案した。

図31　講堂のアルミ押し出しの把手

図32　講堂の把手と同じ断面の手摺り

いない。《フォード・ロトンダ》★★★がこれと同じころですよね。彼が最初に来たのは、僕が実験をしているころで、「アメリカではそういう実験はあまりやらないよ」という話をしていたから、設計はもっと後なのかもしれません図29。

入り口の廊下にかかっている庇の梁が、不思議な感じに見えたのですが図30。

それは不思議ですよ（笑）。はじめはトラスで、中央が膨らんだ張弦梁のような形だったんだけど、平らでももつという話になって。じゃあハブマイヤー・トラスのようにパイプにするかとなったけど、これは背が低いから、みんなでこれにぶら下がると垂れちゃうわけよ。だからぶら下がらないように、手で持つと痛いようにしたんです。

当時、ＰＣ構造は一般的なものだったのでしょうか。

いや、あのころにあったのは浜松町の停留所の柱です。いまでも一本か二本残っているそうですよ。僕、この前見たときに、これがそうかなと思うくらい端っこのほうに残ってる。大部分はやり直させられちゃった。それぐらい。あとはみんな鉄道の枕木ですね。ＰＣの枕木はもうできてた。それで建築で使えませんかとか言って、電電公社に言いに来たので、じゃあ屋根に使えるかなと。それはプレゼンテーションですよね。

★★★　フラーが、フォード・モーター創立五〇周年に建設した最初のジオデシック・ドーム。一九五三年竣工。

図29　講堂を訪れたフラー

図30　車寄せのＰＣ屋根

枕木と一緒で長いワイヤーを張っておいて、そこにコンクリートを打って鋏で線を切ってく。

把手や鍵にまでこだわられていますが、どうしてこんなに設計密度が高かったのでしょうか図31・32。

やっぱり全体として暇で穏やかだったの（笑）。

《講堂》を見学した際に、現在は週に一回程度しか使う機会がないとうかがいました。

そのおかげで残っているんですよ。もっと頻繁に使われていたら、いろんな問題が出てくる。もう少し使いやすくしようとか、改造しようという話になれば、たちまち壊されてしまうでしょ。

1 内田祥哉「内田祥哉 三題噺 第二話」『ディテール』第一六七号、二〇〇六年一月、三九頁

2 一九五一年一一月に公募、一九五二年二月末締切。二七五点が応募。四人は「電通省建築設計課（代表内田祥哉）」として望む。一等富田哲輔（大林組設計部）、二等郵政省建築部設計課（小坂秀雄・大沢秀行・山本宗夫）、三等一席東大丹下研究室（丹下健三・浅田孝・大谷幸夫・小槻貫一）、三等二席がユーホン・グループ。建築関係審査員は平山嵩・堀口捨己・吉田鉄郎。吉田鉄郎の寸評によれば「三等二席当選案は、スタジオ部の解決がまことに巧妙で申し分がなかったが、ただ事務室棟が西向きになったのは残念だった」。『国際建築』一九五二年六月号、六七頁

3 「私が、逓信省奉職時代には、設計課長の小坂さんが、暇をみて『デザコン』というのをされた。これはデザイン・コンペティションの略で、課題が出され有志が応募する。優秀な作にはささやかな賞が出されたようにおぼえている。『デザコン』が、いつごろ始まったのかはしらないが、ふだん事務的な設計をしているものにとって、大変ありがたい清涼剤であった」『建築』一九六二年三月号

4 内田は学生時代、吉武が「一番親しみやすい先生」だったと述べている。（内田祥哉「吉武先生の思い出」『吉武泰水山脈の人々』鹿島出版会、二〇一一年）。また、電電公社時代から内田は、吉武研究室の研究会LV（第三章参照）に参加しており、そのかかわりから八雲小学校分校の設計や『建築学大系三二 学校・体育施設』の執筆といった建築計画分野での仕事を残している。

5 吉武泰水の初期の研究業績として、数理統計的手法を用いた施設の規模決定方法論がある。内田は中央学園の浴場の設計に際して、吉武による住宅地の公衆浴場の規模算定の計算式を援用した。

電気通信省建築部「電気通信省、東京中央学園、食堂、浴場に就て：規模、構造、設備」『日本建築学会論文集』四三号、一九五一年七月、七〇―七六頁

一九五〇年には吉武泰水・大坪昭によって入浴施設研究が進められた。吉武泰水「浴場規模について」『日本建築学会研究報告』九号（一九五〇年二月、二四五―二四八頁）など。

6 太陽光によって建物の影になる部分を時間ごとに区分して描いた曲線。中央電気通信学園の建築群では同潤会を意識したコモンを設けるためサインカーブに沿って配置された。さらに永久日影の発生を防ぐため、建物は西へ二七度傾いて配置された。内田自邸（一九六一）も同様に一五度角度をふって配置されている。「三題噺 第六話」『ディテール』一七一号、二〇〇七年一月、三六頁

7 「一九四七年、東京帝国大学（現・東京大学）建築学科を卒業後逓信省に入る。当時の逓信省の建築は栄光の最後の時期にあたっていた。逓信省では戦後初の打放しコンクリートを実現し、また立体トラスのホールなどの先駆的作品を手がけている」

藤森照信「立てれば迷宮、開けばモダニズム 内田祥哉の『自宅』」『藤森照信の原・現代住宅再見3』二〇〇六年、TOTO出版、四〇頁

8 九州大学五〇周年記念講堂において型枠に相じゃくりが使われ、「平坦で目地のスムーズ」な型枠を実現したと述べた上で、「うまいことを考えた、とはおいそれとはいえない。たしかにこうすれば、ノロは外にはみ出さないが、小さな杉板の一枚一枚の端を削るなんて、その労力を思うとうんざりする。」と施工性の面から現在の日本や海外では考えられない施工法だと述べている。

藤森照信「七大学の〈建築〉⑤ 九州大学五〇周年記念講堂」『学士会会報』第八七六号、学士会、二〇〇九年五月、一一二―一一五頁

9 宿舎第1期では桁行の柱間が芯々で三・五メートル（トイレ部分のみRC造で五・五メートル）、梁間方向は居室が芯々二・四メートルと二・一メートル、縁側部分が芯々二・〇メートルである。

10 「三題噺 第六話」『ディテール』一七一号、二〇〇七年一月号、三七頁

11 山口高典、川西勝「中央学園電気通信学園旧学生寮の記録」『建築技術研究資料』、日本電信電話公社建築局標準設計室、五頁。一九八二年七月二六日に行われた内田祥哉へのインタビュー。

12 「設計者は平面計画で四人一部屋という単位を考えていくつかのバリエーションを検討していくうちに、サーキュレーションの役割をする廊下の処理が最も重要な問題であることを発見する。常識的には北側にもっていって各部屋のプライバシーを確保するところであるが、三〇％にも及ぶ面積を通路だけのためにさくのは致命的であると考え南側廊下にふみ切っている」。『現代日本建築家全集14』、三一書房、一九七二年十月、一〇七頁

13 ピジョンは、一九四六―七五年の間、『Architectural Design』編集部に在籍し、ジェームズ・スターリングやアーキグラムを特集。戦後のイギリス建築界で重要な役割を果たした。また戦後のCIAM再開やUIA設立にも貢献した。ピジョンが内田に送ったのは、中央学園宿舎第1期掲載時のこと。

14 八戸火力発電所貯炭場は、建築年鑑賞選考委員の投票の結果、香川県庁舎、大多喜町役場などを抑えて第1回建築年鑑賞に選出された。建築年鑑は宮内嘉久によって一九六〇年に創刊された。選考委員の一人として内田は、前掲の三建築は異なるジャンルの建築として並列に表彰すべきであり、八戸火力発電所貯炭場の単独受賞について「床、壁をもたないものがはたして建築の代表といえるのだろうか」と疑問を呈している。建築年鑑編集会議編『建築年鑑'60』美術出版社、一九六〇年、一一〇頁

15 『建築学大系40 鉄骨造設計例』（一九七〇）では、中央学園講堂の音響設計に際し、NHK技術研究所のほかに、船越義房（当時日建設計技師長）より指導を受けたとある。

16 「三種類の壁」とは、表面に木製リブが張られベニヤ有孔板の裏に空気層がとられたもの、表面にラワン板をスリットをつけて斜めに張ったもの、せん孔ハードボードを張り吸音率を高くしたもの、の三種類である。このうち木製リブは平行四辺形を二つ重ねたような断面をしており、内田が「コペンハーゲンリブをつくろうとした」と述べたのはこのリブを指す。

Column 2

戦後の若者たち

終戦前後に大学を卒業した内田祥哉の世代は、戦後復興を担うことを期待された。内田と同期の一九四七年卒業生には第一工学部に、のちに東京国立文化財研究所所長など要職を歴任した伊藤延男（一九二五―二〇一五）、国土庁長官を務めた下河辺淳（一九二三―二〇一六）が、第二工学部には建築家の大髙正人（一九二三―二〇一〇）、増沢洵（一九二五―九〇）などがいる。一級下の翌一九四八年卒業生には、第一工学部からは建築計画の青木正夫（一九二四―二〇〇七）、浦良一（一九二六―二〇一三）、建築史の稲垣栄三（一九二六―二〇〇一）、木村徳国（一九二六―八四）、建築家の早川正夫（一九二六―二〇一三）が、第二工学部からは建築家の嶺岸泰夫、建築史の村松貞次郎（一九二四―九七）らが出ている。一級上には建築家大谷幸夫（一九二四―二〇一三）というように多士済々である。内田と同年の卒業生は第一工学部三三名、第二工学部三四名。現在の東京大学工学部建築学科の定員は六〇名なので、規模としてはそれほど変わらない。ただ、大学進学率が一割に満たなかった時代のことであり、彼らの存在感は現在の比ではないだろう。

右にあげた同窓生のなかには建築家も多く、世代の近い大髙正人、増沢洵、嶺岸泰夫らと内田祥哉、そして篠原一男（一九二五―二〇〇六、一九五三年東工大卒業）をあわせて「五人の会」と呼んだのは宮内嘉久（一九二六―二〇〇九、一九四九年第二工学部卒）だ。その後の活動と現在の評価から考えると、五人でいったい何を話していたのか興味をそそられるのだが、内田の述懐からもどのような会であったのかは漠然としている。

やはり研究者は多く、こうしてみると内田、浦、稲垣、木村、早川と明治大学で教鞭を執った人間が多いことに気づく。明治大学工学部建築学科が一九四九年に創立されるにあたって中心的役割を果たした人物のひとりが堀口捨己（一九二〇年東大卒）であり、また神代雄一郎（一九二二―二〇〇〇、一九四四年第二工学部卒）がいた。早川が助手として着任するのが一九五二年、浦が講師となるのが一九五三年。木村は明治大学に着任するのは一九六五年のことだが、それ以前に一九四八年に新設された北海道大学工学部建築工学科に、一九五二年に着任している。稲垣栄三の最初のポストも、大学ごと新設された東京都立大学助手（一九五二）であり、内田よりも少し遅れて一九六〇年に東京大学に着任し、定年退職後に明治大学で教えた。

戦後の学制改革によって一九四九年には多くの新制大学が発足した。建築についてみても、旧制における高等工業学校が続々と工学部へと昇格あるいは吸収されて、大学と大学生、大学教員の数が増大した。学歴は平準化され、大学の大衆化が進んでいく時代だ。世代論による安易な類型化は慎まなくてはならないが、世代による時代との巡り合わせというものはあり、戦後の学制改革によって新設された大学のポストに、この世代の若い人材が供給されたといえるだろう。その後六〇年代から七〇年代にも大学の定員拡充に応じた人員増によって若手建築家が早い時期に教職を得て、いささか賑やかすぎるほどにさまざまな学統が形成されていく。

学制とこの世代の関係について特筆すべきは博士号の問題である。旧制学位のための論文提出は一九六二年三月で終了することになっていたため、工学部全体でも一九六一年度の工学博士の学位授与の件数については、その前後に比べてはるかに突出している。そのうち、歴史意匠、建築計画・都市計画分野だけに限っても五〇本を超える博士論文が提出されている。内田に近い世代はもちろんだが、芦原義信（一九一八―二〇〇三）、大江宏（一九一三―八九）、さらに市浦健（一九〇四―八一）のような年長の世代にとっても一九六一年度は最後のチャンスであった。「駆け込み」ともいわれる現象だが（第三章章末註9）、その成果はきわめて豊かであって、建築史だけをみても伊藤延男、村松貞次郎、稲垣栄三、伊藤鄭爾、鈴木嘉吉、神代雄一郎、山本学治、桐敷真次郎、大河直躬らが学位を取得している。そのなかにあって内田祥哉も孤立していたわけではなく、同年度同じく学位を授与された池田武邦、広瀬鎌二、池辺陽らとともにモデュール、部位部品をテーマとする一極を形成していた。

（戸田）

第三章

大学に戻る――ＢＥ論

一九五六年、内田は電電公社を辞し、東京大学工学部建築学科建築学第一講座の助教授となる。建築学第一講座で学ぶ一般構造とは「建築の一般教養」ともいうべき分野で、鉄筋コンクリート造や鉄骨造の主構造（躯体構造）ではない、在来木造を主とした定石的な建築設計を講ずるものであった。講座教授松下清夫のもとで左官、雨仕舞い、取り付け強度の研究からはじめたが、内田の科学的な精神は、それに飽きたらず、やがて独自の研究テーマを模索するようになる。

建築とは何だろうか。建築はどのようにつくられているのだろうか。あるいは、建築はどのように働いているのだろうか。このような問いに科学的に答えること。そのためにはまず、科学的な分析に堪えうる抽象化したモデルとして建築を記述しなくてはならない。内田の科学的、演繹的思考はそう結論した。

物の組立て方を考える立場から、吾々は『建物の各部は、空間の仕切りとして価値づけられている』と仮定し、『空間を仕切る道具をBuilding Elementと呼ぶ』ことにする。（内田祥哉、宇野英隆、井口洋佑「Building Elementの定義に就て」『日本建築学会研究報告』四八号、一九五九年六月、八一—八四頁）

内田の思考は明快であった。建築を環境制御装置として捉え、外部からインプットされる様々な環境因子が、建築各部をフィルターとして内部環境にどのようにアウトプットされるか。これを分析するために、内田はビルディング・エレメントという概念と、その記号化による建築の記述体系を編み出したのだった。

東大に戻る

一九五四年に東京大学の非常勤講師になり、構法研究、ＢＥ論をはじめるまでを、少しくわしくお聞きしたいと思います。まず、電電にお勤めをしながら東大に教えに行かれるようになったのは、どこからお話がきたのですか。

僕にはわかりませんね。最初は非常勤講師ですが、これは所属がなく、週に一回、製図を教えていました。そのときは電電は非常に喜んでくれました。ただ東大に専任で行くことになると、電電はあまり気持ちがよくない。まあ、もめてはいないけど、「君が行きたいなら勝手に行きなさい」という感じですよね。小坂秀雄さんはもう郵政の所属だから関係がなく、ご厚意もあってか、引き留めてくださった。中田さんとしては、辞めて出て行かれるのはあんまりいい気分ではない。

一番よく覚えているのは、ちょうど同じ頃、高橋靗一が辞めたんです。そのとき小坂さんからふたりですき焼きをご馳走になった。飯倉の坂の下、材料試験所という小屋の中でしたが、「お前たち、電電と郵政から出て行くけど、しっかりやりなさい」と言ってくださった。それは印象的で、高橋もきっと忘れていないですよ。

非常勤の製図で教えた内容はどのようなものですか。

あのころはコンペをしょっちゅうやっていましたから、その話をずいぶんしました。コンペのうえでは、丹下健三さんや小坂さんと対等ですからね。当時はまだそれほど建築を見ていないから、あまり知識はありませんけど。

先生はそれまでに、研究者として大学に戻ると考えたことはありましたか。

考えていなかったのですが、大学にはしょっちゅう行っていました。そのころ、街にはあまり行くところがなかったのと、吉武泰水先生の部屋がＬＶ★をやっていたので、毎週金曜日ほとんど出席していました。

松下清夫先生★★から、研究の道を勧められることはありましたか。

それは時々ありましたね。松下先生からも、吉武先生からもあった。ただ吉武先生にはお弟子さんがたくさんいたから、具体的な話はありません。ただたとえば、文部省から学校建築の話があったときとか、小木曽定彰さんが本を書くとき、高山英華さんのもとで丹下さんが都市計画の図面を描くとき、そんなときはお

★ フランス語で「les Vendredis」の略で毎週の金曜日の意。転じて金曜会などという。東京大学吉武研究室で毎週金曜日に開かれていた研究会。

★★ 一九一〇―二〇〇三 建築構造。東大卒。東大教授、東京理科大教授などを歴任。一般構法から高層建築の免震構造まで建築構造の発展に寄与した。妻は内田祥哉の姉、美柯。

手伝いに行きました。丹下さんのお手伝いをすると、ライスカレーが出るんです。われわれは外ではお芋くらいしか食べられないころですからね。丹下さんはわれわれとちょっとレベルが違って、貴族階級的なところがあった（笑）。そのころ、トレーラーバスというのが神田あたりを走るようになった。これはトレーラーの自動車を改造して、後ろのバスを引っ張るようにしたものです。いまから見るとひどいバスだと思うけど、丹下さんはそれに乗って自宅からやってくるというので有名だった。僕たち庶民は乗れません（笑）。

それから、大学にしょっちゅう行っていたもうひとつの理由は、大学の裏側に「スラム」があったからです。いまの製図室の後ろに彫塑室というのがあった。土木のほうにはみ出したところ。一号館の真ん中は、一階と二階を土木が使っていて、三階の真ん中とはみ出したところに建築の部屋がある。そこの彫塑室は、戦争直後は彫塑などやっていられないというので、軍隊の宿泊所のようなベッドルームができて、家をなくした人が住んでいた。そこへ遊びに行くんです。そこに稲垣栄三さんもいたし、藤島亥治郎先生も泊まっていた。僕が電電公社にいるあいだになくなりましたけどね。

一九五六年に助教授として東京大学に戻られますが、どのような経緯だったのですか。

僕は非常勤のころは吉武先生のところによく出入りしていましたが、最後は松下先生から声をかけられました。

一九五四年に『建築雑誌』の建築界回顧★を松下清夫先生とおふたりで書かれています。

覚えていないな。でもこれを読むと、カーテンウォールとか、ガラスブロック、アルミニウムサッシ、プレキャスト・コンクリートの話がありますよね。これは電電公社でやっていた最先端のことばかりだから、このへんはきっと僕が書いたんです。カーテンウォールはまだほかではやっていないし、アルミニウムサッシもようやくはじまったところ、ガラスブロックやプレキャスト・コンクリートは僕が電電公社で開発したものだから、それは間違いない（笑）**図1**。

非常勤に着任されてすぐにこうしたものが書けるのは、以前から構法的なことに関心をもたれていたのですか。

いや、そうじゃない。このころの一般構造は、設計ができることがひとつの条件みたいなものでした。当時は仲威雄先生がいなかったので、営繕課で設計をやっていらした松下先生が木構造の担当。武藤清先生が鉄筋コンクリート造でした。僕は木構造とあまり縁がなくて、材料・構法は現場を通して学んだ感じです。

電電で最先端の建設技術を身につけられたわけですね。

★「建築構造：ビルディング・コンストラクション（1954年建築界回顧）」『建築雑誌』一九五五年三月号、一五頁

図1　名古屋第二西電話局
ガラスブロック埋め込みPCの施工風景

ええ、そういうことしか書けなかったんです。

助教授になる際に、松下先生からは何を担当するように言われたのでしょうか。

一般構造です。あの頃は木構造が盛んでしたから、松下先生は木構造と一般構造の両方を担当していた。その前は、僕の父じゃないかな。そして、その上は中村達太郎さん。当時は講座制でしたけど、そうでない部分もありましたね。高山先生と濱田稔先生はひとつの講座だけど、高山先生が都市計画で、濱田先生が防火・材料です[1]。

一般構造を担当されることには何かこだわりはありましたか。

そんなの全然ない。一般構造は設計に関係があると思っていたから、そう不自然にも感じなかったけど。でもやっぱり設計のほうが面白いからね。研究というものに不安があったし、設計をやりながらというのが一般構造の筋だと僕は思っていました。

左官・雨仕舞い・取り付け強度

当初からビルディング・エレメント論や建築構法によって第一講座を脱皮させようとお考えだったのですか。

そんな気持ちは、さらにないですね。最初に考えたのは左官と雨仕舞いのことです。それはどちらも松下先生の研究の端にかかっているんですね[2]。

左官については中村伸さん★★がいろいろ指導をしてくれて、ものすごく面白かった。だから僕は、左官の研究を一生の仕事にしようかと思った時期もあります。

その後、雨仕舞いは東京工業大学の狩野春一先生★★★です。狩野先生が研究の委員長で、僕は松下先生から派遣されてお手伝いをしていた。松下さんはコンクリートの雨仕舞いはやっていない。これも、僕は一生の仕事になるのかなあと思った時期もある。

それから、松下さんに勧められて取り付け強度の研究[3]もやった。だから、そのときに手をつけられていない、穴を埋めるような研究をやっていたんじゃないですかね。

だけど、やはりもう少し基本的なことを考えておこ

★★ 一九一六―二〇〇一 東大卒。建設省建築研究所を経て、東京都立大で教鞭をとる。左官・コンクリート等建築材料学が専門。著書に『日本壁の研究』（一九五四）など。

★★★ 一八九六―一九八五 コンクリートを中心とした建築材料学が専門。東京工業学校卒。東京工業大学教授、明治大学教授などを歴任。

うと思った。それと大学院生が増えてくると、左官と雨仕舞いだけではなかなかテーマをさばききれない。それで、ビルディング・エレメント論をはじめたわけです。

雨仕舞いと取り付け強度とは、分野として……。

全然違うんですよ。だから、どれにしようかと迷っている期間です。いまの大学院生も、自分の研究や仕事を決めるまでにいろいろと迷うでしょ。そういう時代ですね。

左官研究の目的はコストダウンだと僕は思いますね。あのころのコストダウンは、手間暇を安くすることではなくて、いかにして材料をけちるか（笑）。

それまで電電公社で最先端の建築をつくってこられて、急に左官などに移られるとカルチャーショックはありませんか。

カルチャーショックはありますよ（笑）。電電でやっていたことは、そのころの研究とはかなりギャップがある。なぜかというと、世界的にはカーテンウォールが注目の的だったけど、日本でカーテンウォールをつくっているのは前川國男さんくらいしかいない。でも電電公社のなかでは、できないわけでもなかった。単価がいいから、やれるんじゃないかと思っていたわけです。

雨仕舞いにしても、電電公社は全部、防水層をつくっています。だけど、狩野先生が研究している雨仕舞いというのは、防水層の予算がとれないから、鉄筋コンクリートにモルタル塗りだけで雨仕舞いをしようといった哀れな話なんです。左官でも、電電公社はきちんと昔どおりにプラスターや漆喰を塗るけれど、一般社会と建築教育での左官の問題というのは、すごく泥臭いことになってしまう。だから、あまり楽しいという感じではなかったと思いますよ。でも、面白かったけどね。

筋の通った研究

ビルディング・エレメント論の着想は、海外から一気に建材が輸入されて、それをどう日本の在来構法と置換していくかがはじまりだった、と書かれています[4]。少し具体的にお聞かせください。

古臭い話だね。左官も雨仕舞いもやります、というのはなんとなく散漫でしょ。「一体、何の研究をしているんですか」と聞かれたときに、もう少し筋の通ったものをやって学生とも話をしたいと思った。それで、研究とはまったく関係なしに、「一般構造とは何か」という話を学生とはじめたんですね。

すると一般構造は、「一般」という言葉があまりよくない。岸田日出刀先生は構法という言葉を使っていて、松下さんもそれはよい言葉だと思っていた。では、「構法とは何か」というのをやろうと、毎日議論をしていました。

構法というのは、本当は構造なんですよね。人体構造とか、自動車の構造といったとき、骨だけではなくて、エンジンも入るわけだから。そうはいっても、あのころは武藤先生の構造力学が構造の代表で、話が通じないので別の言葉を考えた[5]。いまでもそうです。本当は構造なんだけど、世の中では構造という言葉が強度のことに偏って、誰でもそう理解しているでしょ。そのときに、構造というのはこういうものだとひとりが言っても、世の中に通じるわけじゃないからね。

「一般構造とは何か」という議論から、どのようにビルディング・エレメント論につながっていくのでしょうか。

それは、高等学校でサイエンスを徹底的に教わったことがあって、僕はそのころ、サイエンスとエンジニアリングの区別がなかった。建築もサイエンスだと思っていました。

サイエンスという言葉自身を深く考えると、ニュートンのサイエンスも実際はエンジニアのことですね。木村（俊彦）さんのお話だと、フランス語でシアンス（science）は幾何学のことだとか。だからサイエンスとは、われわれが考えるような純粋科学ではないかもしれない。しかし当時は純粋科学に憧れていましたからね。建築も純粋科学的な考え方が貫けるのではないかという気がしていた。工学とサイエンス、工学と自然科学との境目があまりよくわかっていなかった[6]。それはずっと考えていたし、いまでも考えているんですけどね図2。

吉武泰水先生の計画学は科学的なアプローチと認識されていたのでしょうか。

それもあるかもしれない。一般構造には拠りどころがない。それを何とか拠りどころのあるものにしたいという気持ちでしたね。そのころ、吉武先生の研究室の体系は本当にうらやましかった。学校建築のグループがあって、病院建築のグループもある。工場はなかったけど、住宅もあるでしょ。主に三本柱ですね。そういう人たちはテーマに迷いがない。いまはむしろ、学校だか住宅だかわからないものが出てきたから、いろいろと迷っているかもしれないけどね（笑）。そして吉武先生が先頭に立って旗を振っていらした。

でも僕は、吉武先生とは軸が違うね。吉武先生は用途から分けているけど、一般構造は用途から分けるという話にはならない。しかし雨仕舞いも用途によって違っていたりするから、なかなか難しいですよ。

計画学の用途や機能に対し、構法はモノから始まることを最初に強調していらして[7]、機能や空間といったことには触れられなかったですね。

それは吉武先生の反面教師的な影響かもしれない。

図2 科学と技術と芸術

僕はある意味で、吉武先生のやり方にかなり憧れていましたから、そこへ合流するのを避けたい、別の切り口を探さなきゃいけないという気持ちはありました。

モノと空間の関係についてはどうお考えでしたか。

設計のときは考えていましたけど、あまりそういうのが得意ではなかったのかもしれない。たとえば空間を考えると、ドームやアーチ、ロマネスクとゴシックとの違いといった空間把握が出てくるし、このごろはもっと複雑な空間がある。でも、そういうところはあんまりねぇ。僕はもう少しザッハリッヒに考えていたから、空間は用が足りればいいんだという方向にいっていたんじゃないでしょうか。

建築史の先生から聞いた話ですが、現在の東大構法研究室は、本を正せば中村達太郎の建築学第一講座から生まれたもので、「何でも屋」だと。そこからまず建築史が独立した学問として成立した。次に構造、次に計画、環境が成立して、残ったもののすべてが第一講座。つまり、建築学第一講座は、「建築のその他でありすべてである」と。

そうそう（笑）。本当にその通りですよ。

ただ、内田先生は科学的なアプローチで、その他すべてに形を与えたいと思われた。

そうです。間違っているのかもしれないけどね。

BE論の始まり

先生の学位論文（『Building Element の研究　構法の分析と綜合』一九六一年）を読む前は、ビルディング・エレメント論も部品化と同じように建築を部品に細かく分けて評価する流れだと考えていました。でも実際に読むと、部品ではなく、空間を構成する面ごとに分類・評価しています。後の部品化などと比べると、目的も違って、比較的空間を志向していると感じたのですが[8]。

うん。でも、スケール感がないですよ。床、壁、天井といっても、床は大きいのも小さいのもまったく対等だし、壁も階高が高いのと低いのとは区別しない。まあ、屋根面積が大きくなると樋の形が違ってくるから、まったく関係がないわけではない。でも原則的に屋根は屋根で、大小にかかわらず、真ん中と周囲があるくらいにしか認識していない図3。

だから、ビルディング・エレメント論は空間の広がりを意識していないと思いますね。その広がりを意識すると、大高正人さんのいう空間論になっていくんじゃないかな。それが吉武先生とは違った。僕も設計をするときは、そういうことを考えるんですよ。でもあのころの設計は余裕がないから、たとえば吹抜けなど

図3　BEの分類

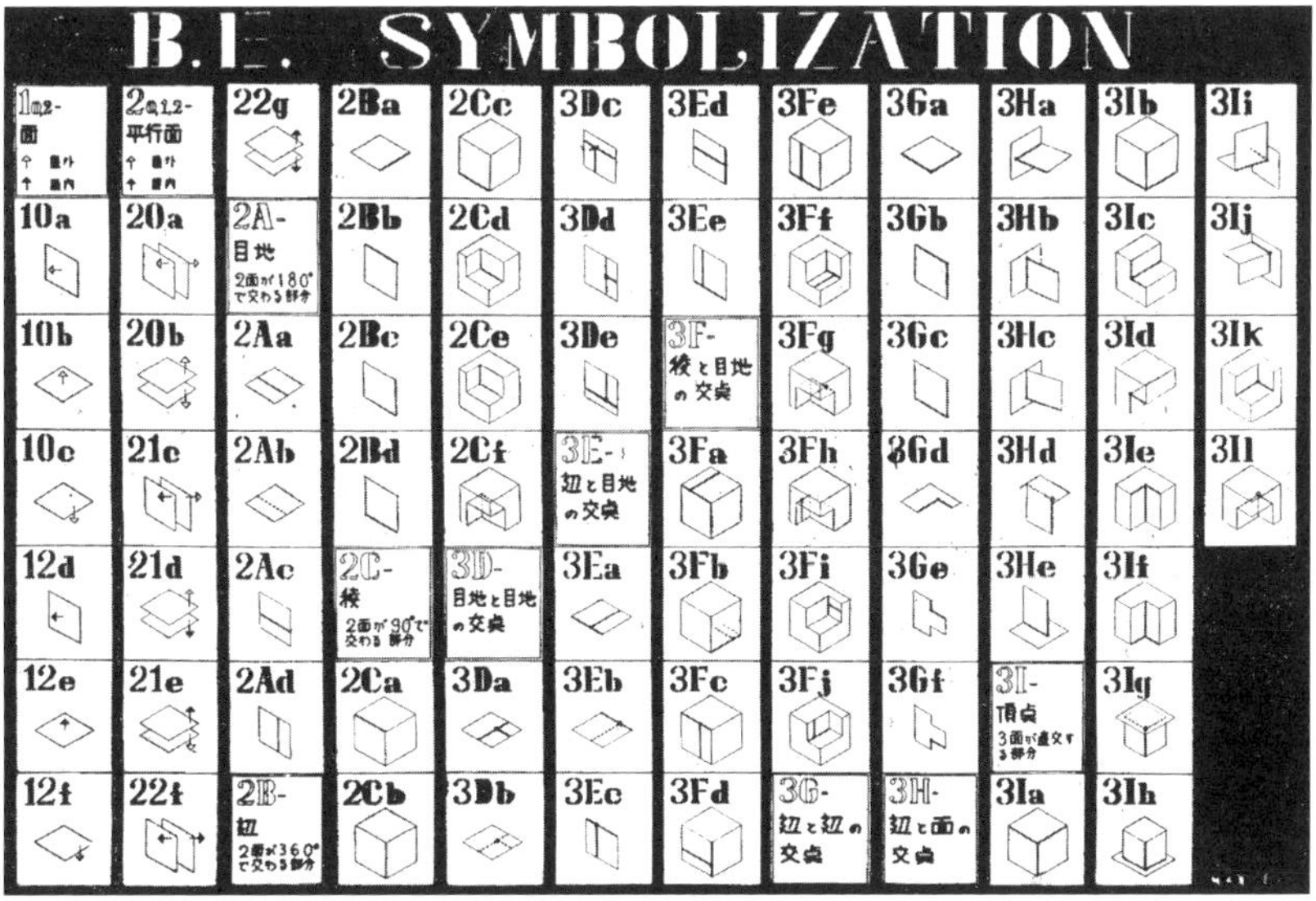

は贅沢の限りで、吹抜けがなくても仕事ができればいいという感じでしたね。

学位論文の苦労話はありますよ。学位論文というのは、受け取ってもらえなきゃ書けないじゃないですか（笑）。だからやっぱり、受け取ってもらえるときに書かないといけない。僕の前の先生たち、太田博太郎先生、吉武先生、小木曽先生からはしょっちゅう、学位論文を書けと言われていたけど、長いあいだ書かないでいて。それであるとき、期限がきて、みんな一斉に書いたんですよ[9]。僕もそのときに書いたように思いますけどね。

どうしても書くべき状況にならないとなかなか書けないし、いいものを書こうと思うといつまで経っても書けないから、やっぱり我慢して、書けるときに書いてしまわないといけない。そういうチャンスに書きました。あのころはワープロがないから、タイプでね。松下さんかその前くらいまでは、手書きでないと受け取ってもらえなかったんです。それも訂正があってはいけないから、訂正があったら一ページ全部書き直し。だからリーフノートなどで書いていた。

海外からの新材料・サイエンスへの憧れ

構法分野をはじめるにあたって、海外の文献は参照されたのですか。

外国の文献は、カタログ以外はほとんど手に入らなかったですね。材料がいきなり入ってきて、カタログがくっついてくる。でも職人はくっついてこないから、それを日本の職人がやるとうまくいったり、いかなかったり。そういう時代ですね。日本の職人が外国の材料を使う仕事というものに、われわれは知識がない。

簡単な例では、レンガが入ってきても、日本のレンガ工が積むと木造よりコストが高いわけですよ。そのかわり、ものすごく丁寧なものができる。逆に、ヨーロッパでレンガを積むととても早く安くできて、日本のような木造を向こうでやるとすごく高くなる。それで、彼らはレンガが安いといい、日本では木造が安いという。その違いが当時の僕にはわかっていなかった。

結局は、現場のコストで話が決まってしまう。外国のレンガを使って日本人のレンガ工が組み立てるのと、日本の木材を日本人の大工さんが扱うのとの比較ですからね。いわゆる外国の文献が役に立つような世界とはちょっと違う。

かつての日本は木造一筋だったから、一般構造は、下見板はこうで、屋根はこうですよ、と教えていればよかった。研究もそんなに必要ではない。ところが、海外から次々にいろんなものが入ってくると、「どれがいいですか」と聞かれたときに、「よいところもあれば悪いところもある」という話から、「では何がよくて何が悪いのか」という話になってくるんですね。しかもそれが時々刻々と変わっていくでしょ。亜鉛鍍鉄板がきたと思うと、アルミニウムが入ってくるとか。それも向こうではこうだと言われていても、日本ではなかなかそうはいかないとかね。

内田研では、そうした新しい材料の実験をしたのですか。

本当はしたいわけです。だけどお金がない。実験にはメーカーの力を借りなければならないし、一般構造の教室には実験機械がないんですよね。山田水城君★が苦労してつくった、真綿の上に板を載せてやるような雨仕舞いの実験装置があったくらいです10。濱田先生の研究室がコンクリートをはじめとした実験機械をもっていて、そうした研究では歯が立たない。

実際に確かめるという意味では、シポレックスを使った《鉢山住宅》★★、11のように実際に建ったものは特殊な事例でしょうか図4。

剣持昤★★★は勝手なことをしていたんです。家を建てる人を実験台に使う建築家がよくいるけど、そういうもののひとつですよ。

そうではなくて、研究のテーマは科学試験研究費でももらって、うちはこういう研究をやっていますというのを最初に出して、それにお金を出してくれるところを探すのが筋です。だけど、機械を買うようなお金は、一般構造の部屋には回ってこないんです。またお金をもらっても、どうやって使うかもよくわからない。まわりの研究室が非常にうらやましかったですよ。

原広司先生★★★★が、「研究室には様々な製品を企画する人が列をなし、先生の見解をいただいて、生産の場へ帰って行くのだった」と書かれていますが、見解のみだったわけですか。

そうそう（笑）。実験をする材料もないから、見解になっちゃう。そこで思いついたのは、コストの計算です。その計算がある程度できれば、助言ができる。材料のコストはメーカーはみんなわかっているから、問題になるのは手間のコストですよね。手間をどう計算

★　一九二九―二〇〇八　東大卒。松下清夫研究室助手から法政大学に着任。ヨット競技で一九六〇年ローマ五輪に出場。

★★　RAS建築研究所・東大内田研究室設計、一九六五年

★★★　一九三八―七二　東大内田研出身。綜建築研究所設立。規格構成材建築方式を提唱した。父は工業デザイナーの剣持勇。

★★★★　一九三六―　建築家。東大内田研出身。東大教授などを歴任。代表作に梅田スカイビル（一九九三）など。

原広司「内田賞の美学」『日本の建築を変えた八つの構法』内田賞委員会事務局、二〇〇二年

図4　鉢山住宅

するかを考えると、プレハブにしたほうがいいか、そうではなくて現場でやったほうがいいか、という話になる。

ビルディング・エレメントという言葉はどこからきているのですか。

あれは僕の聞きかじりでは、早稲田大学の田村恭さん★がビルディング・エレメントという言葉をよく使っていた。

田村先生の「Building Elementsの評価」★★という論文がありますね。

そうです。田村さんのほうが、僕より先に使っていた言葉です。田村先生とはしょっちゅう交流があって、材料の研究でもそうだし、学会でもつねに一緒でした。田村さんは外国の文献をよく読んでいました。だけど、Building Elementという言葉はなかなか通用しないんだよね。

BE論では、BEを黒と白の矢印で表現しています図5。壁や床といった一般的な呼称ではなく、記号化する発想はどこからでてきたのでしょうか[12]。

ビルディング・エレメントを取り上げたときに、壁や屋根という言葉では、断熱や遮音のことがわからないんですよね。屋根といっても、天井も含めないと屋根の断熱性能にならない。壁といっても、外側と内側

★　一九二五－二〇一六　早大卒。早大で教鞭を執り、プラスチックなど新しい建築材料や施工計画を専門とした。

★★　田村恭「Building Elementsの評価」『建築雑誌』一九五七年四月号、九－一六頁

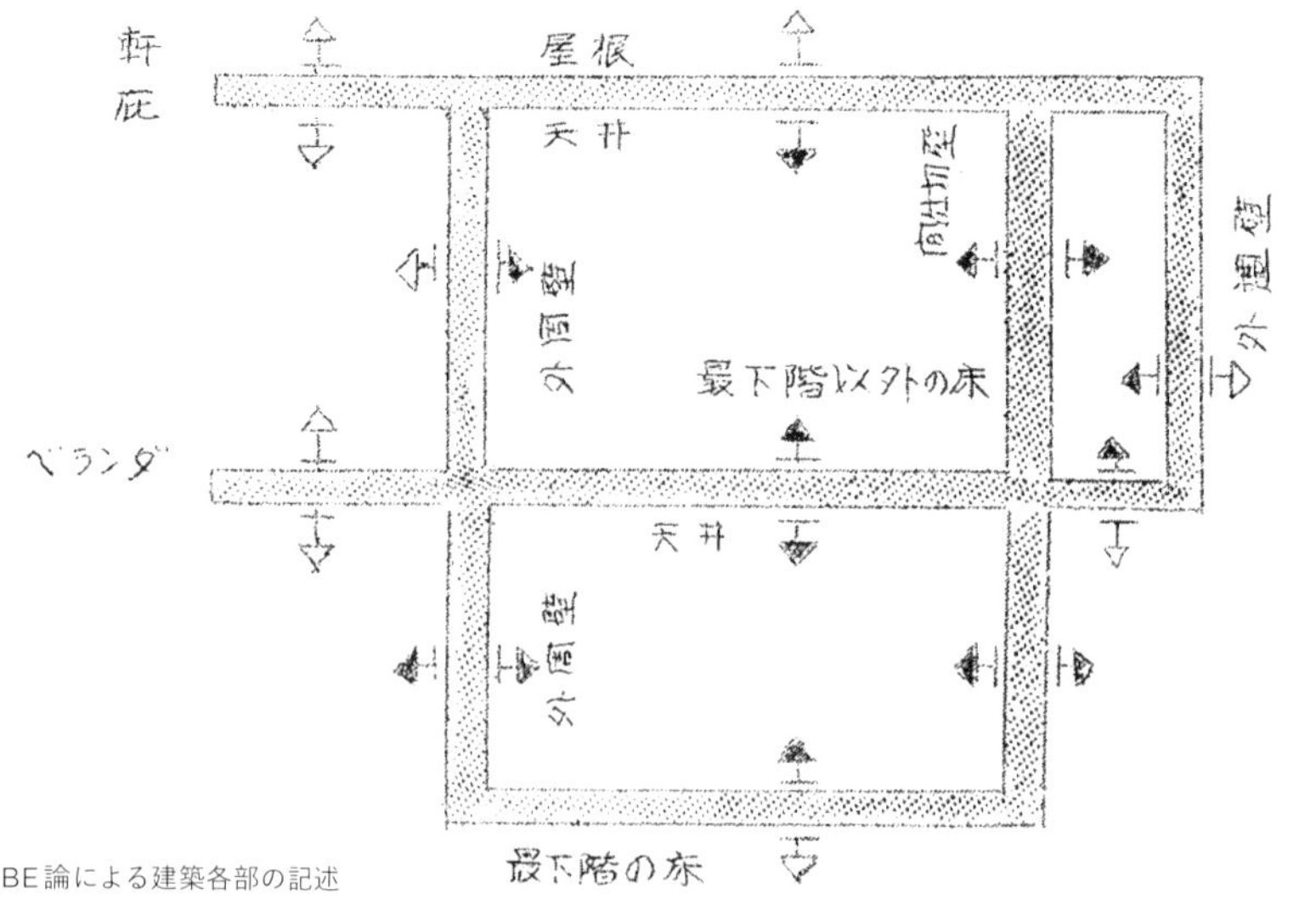

図5　BE論による建築各部の記述

の両方を含めなきゃいけない。「壁は下見板で」というときは外壁を指しているし、「壁をプラスターで」という場合はたぶん内壁のことです。そういう言葉を定義しておかないと、話が通じない。その作業をしているうちに、各階の床の断熱は、床と天井を合わせないといけないが、それには名前がないということで、ああいう矢印をつくったんです。いまはもう「床天井」とか「屋根天井」という言葉が通用しているでしょう。

BE論と環境制御

先生の博士論文を読むと、あるビルディング・エレメントに対して、環境から熱なり光なりの因子が作用して、そのインプットに対して、どうアウトプットするかという考え方をされています。ビルディング・エレメント論は、納まりや接合部といった単なるコンストラクション・メソッドではなくて、建築全体をどういった環境で実現させるかがテーマだったのでしょうか。

建築全体かどうかはわからないけど、各部構造の考え方に影響を受けています。ビルディング・エレメント論を研究していたころは、各部構造と同じように屋根と壁と床はバラバラに考えて、屋根をどうするか、壁をどうするかというところから出発していたと思いますね。それを全部合わせてどのようにするかは、設計の問題だと理解をしていた。それが生産論になると、箱にしてつくるか、パネルにしてつくるかを考えなきゃいけないから、それは各部構造とは違ってくると思いますけど。

それから環境の話になると、屋根と壁と床とバラバラでは考えられない。室蘭工業大学の鎌田紀彦君★★★はいま、そこを一緒にして研究していると思いますね。いまのような環境論がなくて、環境設計がない時代には、やっぱり環境論は屋根と壁はバラバラに考えるんだけど構法の問題だと思っていました。

「計画」というのはとても大きな言葉ですが、人のふるまいや用途、機能についての学問であった初期の建築計画学が一方

★★★ 一九四七― 東大内田研出身。室蘭工大着任後、北海道・東北を中心に木造軸組構法住宅の高気密高断熱化の構法開発に取り組む。

にあり、それに対して建築の部分、各部構造から出発した建築構法学が、建築全体のつくり方、そして室内環境まで広がっていったということですね。建築環境とビルディング・エレメント論との関係についてはどのように考えていらっしゃいましたか?

環境のことはあの頃、僕もわかっていませんでしたけどね、井上宇市さん★が戦後ずっと担ってきたと僕は思っています。それは人工環境論といった考え方で、日建設計の中に井上宇市さんのお弟子さんがたくさん育って成果をあげる。それに対して、平山嵩先生が、環境という言葉ではなく「原論」――原論という言葉も大きいね（笑）――という言葉で、外部からの気候みたいな研究をされていた。これはビルディング・エレメント論でいえば外部から作用する力に主力があった。それが音・光・熱と分かれていく。

それで、家の中へなかなか入っていかない。それに対してもうひとつ、斎藤平蔵さん★★や鎌田君たちによる循環器系のような研究がある。その考え方は、井上宇市さんの考え方とはまた違う。その両方のどこにも、ビルディング・エレメントの対環境政策は入ってこないんです。だから、壁や床の断熱係数はあるんだけど、実際の環境の計算は、そういうものを何となくまとめてやってしまう。そのときに、ペアガラスとかをひとつずつ取り上げる方法は材料分野にあるけれども、壁全体としての取り扱いは、部屋全体を扱っている人のところにもあまりない。だから、床・壁・天井の性能はビルディング・エレメント論でやらなきゃいけないと思っていた。

そんなわけで、ビルディング・エレメント論では、やっぱり窓と壁の区別はないんですよね。性能上の区別だけでね。室内環境論でいうと、建物全体がどうなっているかがわかればいいので、ひとつずつのエレメントがどうかはたいして問題にしていないのだと思います。もちろん足し算でわかればいいけど、なかなかそれではわからないから、むしろ最初に建物全体をとらえてしまう方向でいっていると思いますけどね。

★　一九一八―二〇〇九　東大第一工学部船舶工学科卒。陸軍、大成建設を経て早大教授などを歴任。建築設備設計の発展に貢献した。

★★　一九一九―二〇〇五　東大卒。建築環境・設備を専門とし、東大教授、東京理科大教授などを歴任。

BE論の限界

ビルディング・エレメント論を読むと、とにかく網羅的に把握しようとする意気込みを感じます。

そこが根本的に無駄であったと、僕は思っています。網羅的に把握する幻想の先っちょに、コンピュータみたいなものがあるんですよね。それで「コンピュータが動くようになれば」というのがあるんだけれど、僕はそれはもはや理想郷だと思っているし、理想郷ですらないかもしれない。

このごろ、雲の動きなどは全部計算で、かなり先のことまで予想しているでしょ。だからそういう大型のコンピュータを使えばできるかもしれないけど、今度は入れるデータを整備するのが大変。気象は観測点を増やせば精度が上がってくるけど、新建材などは次々と真新しいものが出てくる。そのあらゆるデータを揃えるなんてことは不可能に近いので、やめたほうがいいというのがいまの僕の考えです。

一九六〇年代の後半になってくると、BE論や性能論は鈴木成文先生などからも批判を受けるようになります[13]。当初は、網羅的な部品リストの性能表をつくれば、建物全体の性能も部品性能の総和でわかるとお考えだったのでしょうか。

そう考えないとはじめられないですよね。だけどインテグレートする方法について具体的な案があったわけではないです。床のデータがわかった、壁のデータがわかった、屋根のデータがわかった、ではインテグレーションするとどうなるかというシステムをつくっていたわけではない。あとはどこかでやってくれるから、床・壁・天井のデータを提供することがわれわれの仕事だと思っていた。

反応はかなり厳しかったですね。まず、ビルディング・エレメントなんて英語はないじゃないかという話からはじまって、何をやっているかわからないとか、批判はいろいろありました。

いまはデータがどれほどあっても、根っこからひっくり返されるようなデータが次々と出てきます。伝統的な建物のように継続しているものの場合にはデータの整理ができる。でも自動車にしても、今日はエンジンだけど、来年からはモーターになるという話だと、データはまるっきり違ってしまうわけだからね。そういうのに追いついていけるようにデータを整備するのは容易ではない。それは意味がない。むしろ、モーターになったらそのときにデータを整備したほうがずっと効率がいい。

その後、構法計画や生産論にシフトしていくきっかけは、ある種、限界をみたということですか。

そう。たとえば、プレハブ会社を見ていると、われわれのようにばかばかしい量の仕事をこなして、ひとつひとつ新しい製品をつくるわけではないんです。行き当たりばったりなところもあって、飛び飛びに探りを入れながらやっていく。それで失敗することもあるけど、早くできることもある。つまり、そう簡単にトータルはつかめないと考えるようになったんですね。やっぱり、その場に応じてその場のことを考えるほうが効率がいいと思いますね。設計をやっていても（ビルディング・エレメント論との）乖離のほうが多いですからね。ビルディング・エレメント論の理想郷が間違っているのではないかと、だんだんわかってくる。設計のときにビルディング・エレメント論で床や壁をつくろうとしても、そんなのは不可能に近いでしょ。新しい材料を使おうとすると、そのデータはなくて、コストの問題も大きい。

当初は、研究者人生でビルディング・エレメント論をずっと続けていくイメージだったのでしょうか。

最初はそう思っていました。コンピュータの理想郷が破綻するまではね。

でも、やっていくうちに性能の種類は増えてくるし、ことに耐久性などというのは、どうやって測っていいのか、材料によって違うでしょ。それを全部尽くして耐久性を決めるなんてばかなことをするよりも、目的をもっと絞ってやるほうがずっと早いとわかるようになって……。それまでは信じていたんだな。

1　関野克によれば、一八七七年創立の東京大学を、一八八六年に改組して発足した帝国大学工科大学には当初造家学三講座が設けられたが、当時は専門分化が未発達であり、講座の内容や担当も不安定だったという。それが安定するのが一九〇五年で、建築学第一講座（建築一般構造）を中村達太郎、第二講座（建築計画）を塚本靖、第三講座（建築史）を伊東忠太が担当した。第一講座は一九一九年まで中村が務め、一九二一年からは内田祥三が第一講座の教授となる。昭和初年には内田祥三が建築学科の中心となり、建築原論（担当平山嵩）、都市防空（同濱田稔）などの新講座を開設。一九四二年第二工学部設立時には都市計画講座（同高山英華）も発足させた。「第十一編建築教育　第三章建築教育の開始と教育の発達変遷」『近代日本建築学発達史』日本建築学会編、一九七二年一〇月、一八一五―一八二一頁

2　松下清夫教授の退官を記念した著作『建築生産・各部構造』（鹿島研究所出版会、一九七〇年）の序文で松下は、昭和一八年三月に東京大学建築学科助教授に着任して以降、「わが国は極度の貧困に陥っていたので建物の保守が行なわれず、雨漏りを始めとする基本性能の劣化・耐力低減・変形・変質等建物の耐力に関する問題が重要視される場面も出て」きたことと、「生活そのものも苦しい時代があり、研究費も皆無に等しい状態であったので、費用のかからぬ研究」として、雨仕舞など防水の問題や建物の耐久性に関する調査を行ったと述べている。

3　建築を異なる材料の組み合わせと見なし、「一つの材料を他の材料に取り合わせた時の接着の強さ」を対象として行われた研究（松下清夫、内田祥哉、和泉正哲「取付け強度に関する資料（その1）」『日本建築学会研究報告』第三一・一巻、一九五五年五月など）。

4　海外から多様な新建材が導入され、BE論の着想につながったという発言・記述はいくつか見られる。一例として内田祥哉「『構法規定』から『性能規定』へ『国産材木造』から『外材木造』へ」『建築雑誌』二〇〇〇年一一月号、三四―三七頁

5　「一般に構造とは人体構造・骨格構造等の用語が示すように、ある視点から見た関係づけを述べる言葉であるが、建築では『構造』というと力学的関係を把らえた力学的構造と解する向きが強い。したがって、建物の組立て方における建築の構造を述べるためには、むしろ別の用語である『構法』を用いて混同を避けることにする。」内田祥哉ほか「構法計画の体系について――構法の位置づけとその構成」『日本建築学会大会学術講演梗概集』一九七三年一〇月、五四九―五五〇頁

6　「私が受けた中学・高校の教育には、素晴らしいサイエンス至上主義が盛り込まれていたので、サイエンスとサイエンティストには限りないあこがれをもっていました。ですから、私が学問として建築の研究に着手した時の第一歩は、建築学をサイエンスらしくとらえ、解析しようとしたのです。それが、私のビルディング・エレメント論のつもりです」内田祥哉「建築構法計画に関する一連の研究および設計活動による建築界への貢献（日本建築学会大賞）」『建築雑誌』一九九六年八月号、八八頁

7　内田は、学位論文『Building Elementの研究 建築構法の分析と綜合』の冒頭で、建築学における従来の四分類に対する、Building Elementという分析方法の新しさを説明している。従来の四分類とは、学校、図書館、事務室と言った建築の目的別の分類（建築計画学）、木造建築、鉄骨建築など骨組の材料による分類（建築構造学）、左官工事、木工事、土工事など職種別分類（建築施工学）、木材、石材など建築材料の原材料的分類（建築材料学）であり、これらに対してBEは「建築物として、出来上がったものを、部分別に分類する方法」として位置づけられている。

8　学位論文の中で、Building Elementは空間を仕切る道具として定義されている。人間を含めて熱や光、水などの作用因子が外部空間から作用する際に、屋根や外壁といったBuilding Elementを通じて内部空間にどのような変化が起こるか（あるいは起こらないか）がテーマとされた。

9　論文博士のみの旧制学位は一九六二年三月で終了したため、一九六一年度には駆け込み学位申請と呼ばれる現象が見られた。齋藤安俊「工学の博士学

位記――大正・昭和・平成――」『学位授与機構研究紀要』第七号、一九九八年三月

10　雨仕舞いの実験装置とは、山田が松下らと取り組んだ木造壁体の乾燥速度に関する研究で使われ、板貼りやモルタル塗りを再現した小型の壁体を濡らし乾燥速度を測る装置である。松下清夫、山田水城、中村襄「雨仕舞いに関する研究その一二――木造壁体の乾燥速度について」『日本建築学会研究報告』一九五四年一〇月、四九―五〇頁

11　一九六五年に東京都渋谷区鉢山町に建設されたシポレックス（軽量気泡コンクリート）を壁・床に用いた鉄骨二階建ての集合住宅。社員用の住宅として旭硝子が発注し、ＲＡＳ建築研究所と東大内田研究室が設計。規格寸法をそのまま用いるなど量産化を意図した設計がなされた。『規格構成材建築への出発――剣持昤遺稿集』（綜建築研究所、一九七四年）

12　ビルディング・エレメントは二つの空間の仕切りであり、それぞれの空間が外部の場合は白い矢印、内部の場合は黒い矢印で記号化した。つまり、内外面を合わせた外周壁は白い矢印と黒い矢印の組み合わせで表現される。また、壁体や屋根、床の表面のみを表す二分の一ＢＥは白か黒の矢印一つで表現される。

13　鈴木成文「性能論の限界」（『建築雑誌』一九七一年五月号、二八〇―二八二頁）では、住宅に限っても、住民によって求める性能の質や住空間のあるべき姿が大きく異なるため、物理的・肉体的な指標に加え感性的・精神的な要素も含めた総合的な指標づくりは困難であると批判されている。この批判の対象は、新しい材料・構法を在来構法に置き換えていく当初のビルディング・エレメント論よりも、一九七〇年代前半のパイロットハウスや芦屋浜高層住宅などにおける部分の性能を総合した建築全体の総合評価と考えられる。

Column 3

一九五〇年代の建築学

内田祥哉が大学に戻り学問と向き合うこととなった一九五〇年代、日本の建築学はどのような課題に取り組んでいたのだろうか。一九世紀、日本において建設の近代化を進めようというときに、輸入された大学制度においては、設計教育に付随するものとして構造をはじめとする建設技術が講じられた。そのようないまだ経験的で未分化な総合知としての建築家教育から、それぞれの分野が発展し漸次独立していくこととなる。歴史もまた、建築設計のための教養のひとつであったが、伊東忠太（一八六七－一九五四）『法隆寺建築論』（一八九三）、関野貞（一八六八－一九三五）『鳳凰堂建築説』（一八九五）から建築史学が成立していく。その後、洋行から帰朝した佐野利器（一八八〇－一九五六）による『家屋耐震構造論』が一九一五年。続いて一九一九年の都市計画法と市街地建築物法の制定にも佐野は貢献をなし、斯界においても建築構造学、都市計画学の基礎的な研究が進められていくこととなる。一九二三年の関東大震災ははからずも、この二つの分野の理論と実践を推し進めることとなった。

都市計画においては高山英華が一九四八年「都市計画方法論概説」（『日本建築学会学術講演会講演梗概集』昭和二三年度・第三回）において、都市計画の方法論を科学的な理論のもと体系化することを説いている。高山がここで強調するのは都市をどのように認識し、構成するかであった。ここで高山があげる都市の三つの概念が密度、配置、動きであった。翌四九年には博士論文『都市計画より見た密度に関する研究』を提出し、一九五二年には「都市計画の方法について」（『都市計画』第一号）で自らの方法論をまとめている。高山も中国大陸の満州国の都市計画に参加していたが、この時代のヨーロッパの影響の濃い都市計画は、近代主義的・機能主義的なイメージを提出していたけれども、やはり幾何学的で実体的な都市認識に留まっていたのではないだろうか。

建築行為の技術的、定量的な側面が精緻化・理論化されていくなかで、建築設計における合理的な記述可能性を追究したのが吉武泰水（一九一六―二〇〇三）の建築計画学である。一九五六年に提出された博士論文をもとに、一九六四年に出版されたのが『建築計画の研究――建物の使われ方に関する建築計画的研究』（鹿島出版会）だ。たとえば、どれくらい施設が混むかという視点から施設規模を数理的に算定する手法を考えた「施設規模の算定について」（『日本建築学会論文集』一九五一年二月）という論文がある。その方法論は、第一に施設の利用過程を空間的、時間的に観察、分析すること。そして第二に、その調査結果を確率論的な数学的モデルとして考えるというものであった。「あふれ率」という概念も有名だが、吉武の研究には学校や映画館における所要便器の個数というものもある。吉武の研究の重要概念をあげるとすれば規模、配置、平面ということになろうか。吉武計画学は建築類型ごとに合理的な平面計画を追求する施設計画においても発展し、強い影響力をもった。吉武の方法論は、実際の建築空間と、その使われ方とのあいだの齟齬を明らかにし、次の設計行為に反映させるという、循環的なフィードバックの方法論を提示するものだった。

　内田の建築構法、BE論もこのような文脈において考えたい。建築あるいは都市を科学的に認識すること。つまり目の前に存在する物理的な実体とは異なる相にある、人間のふるまい、あるいはそれらが群となった社会活動にまで遡って、建築あるいは都市を考えること。このような抽象化の傾向が、この時代、それぞれの分野がまだ若かったころのモチベーションではなかっただろうか。これらの先達に対して、内田の建築構法学の主張は、人間の側からではなく、建築の各部がどのように働いているのか、その性能とはどのようにとらえられるかという、物の理《ことわり》からアプローチすることにあったと言えるだろう。

（戸田）

参考文献

・中島直人『都市計画の思想と場所：日本近現代都市計画史ノート』東京大学出版会、二〇一八年

第四章

自邸

建築家がどのような家に住まうか。施主でもあり設計者でもあるという立場は自由なようにも思える。建築家の自邸ともなれば、それはひとつの実験ともなれば、またひとつのマニフェストともなるだろう。わたしたちは、そこには建築家の思想が結晶化されているだろうと期待する。とくに一九五〇年代は住宅の時代でもあった。戦後の四二〇万戸といわれる住宅不足のなかで、公団・公営住宅が建ち並ぶ一方で、歴史に残る数々の住宅作品が発表された。切妻屋根の木造平屋、漆喰塗りという内田自邸は、声高にマニフェストを唱えているようには見えない。けれども、ここには内田がよく使う言葉「主張」がたしかにこめられている。日本の近代住宅史のなかに、この住宅はどのように位置づけることができるだろうか。

内田祥哉はこの住宅に多くの来客を迎えてきた。裏手にある板間の玄関から入れば、庭へ向かった台所を中心に、東に子供室と水まわりが、西に畳敷きの和室と寝室・書斎が続く平面計画。ひとめでわかるようなモダンな生活空間の新しさも、構造表現の華々しさもここにはない。けれども、どこにもこわばったところのないこの住宅は、内田祥哉という人物と、その建築に対する思考とを率直に表現するものとして住宅史に個性的な位置を占めている。ひとたび内田がこの家についで語りだせば、ケーススタディハウスからの影響や、吉武研究室で学んだ建築計画の試行錯誤、あるいは身体的な感覚から導きだされた独特の寸法とモデュラーコーディネーションといった内田の設計作法が明かされていく。

経緯

エスキス図1は敷地が決まらないころに描いていたから、空想的なものです。それが急につくらなきゃならなくなって、大急ぎでまとめました。建築って、つくるときはみんな、忙しいんだよね。お金がたくさんあれば、じっくり考えて、「つくったり壊したり」という話になるんだけど（笑）。八条宮さん★ほどお金がないから。だからつくったままで、玄関前に増築したのと、それの具合が悪くて壊したの以外にはほとんどさわってないですね。

先生はご自邸ができる前はどちらにお住まいだったんですか。

恵比寿のビール工場跡が再開発されているでしょ。あそこの「動く歩道」を降りて広場に入る左側の角、加計塚小学校★★の隣のアパートに住んでいました。当時はアパートというものがまだ少なくて、わりと早い時期のものだったと思う。

エスキスを繰り返してきたのが、一九六〇年になって、急に設計が実現することになったのはどういった事情ですか。

家内が結核で入院したのと、次男の喘息のことがありました。貨物を積んだ蒸気機関車が黒煙をポッポと吐いて山手線を通るわけですよ。石炭を燃やしてるから、それがよくないという話を聞いた。それでもう少し空気のいいところへ引っ越そうと、土地を探していました。そうしたら、うちの父がここを使っていいと言ってくれたので、引っ越してきたんです。

もともと、内田祥三先生[1]の賞金で買った土地とうかがいましたが、何の賞金ですか。

三菱本店のコンペ★★★です。

ここの建蔽率は一〇パーセントで、僕が引っ越す前はもっと低かったかもしれない。周りは何もなくて、林のなかに、どこでもいいから建てろと言われました。あまり手前に建てては申し訳ないと思って、配置を決めています図2。

先生は電電公社では最先端の材料、技術を使いRC造の建築を設計していらしたのですが、東大に移られて、今度は一般構造という建築の定石的な構法をどのように科学的に捉えるか、改良していくかというボトムアップ的な立場に移られた。そうした最先端の建築技術と在来構法の合理化・科学化というテーマの間で、ご自邸の設計はどのように位置づけられるのでしょうか。

迷い道のなかでつくったようなものですね。逓信省

★　一七世紀に桂離宮を二代に渡って造営した八条宮智仁親王・智忠親王父子。

★★　一九一九年創立の区立小学校。渋谷区恵比寿四丁目。

★★★　内田祥三は学部卒業後、大学院に戻るまでの三年ほど三菱合資地所部（現・三菱地所）で勤務した。

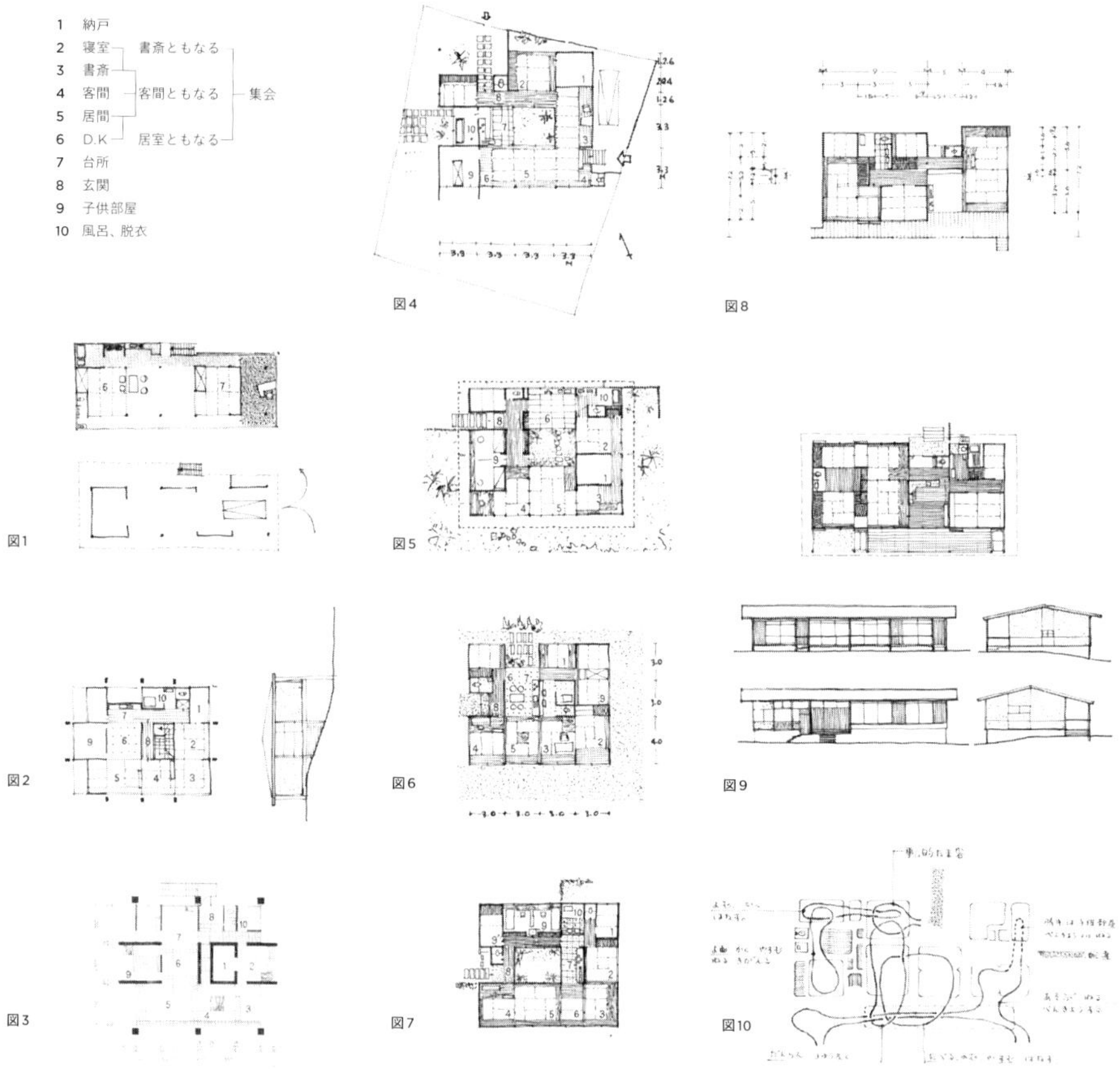

図1 自邸 エスキス

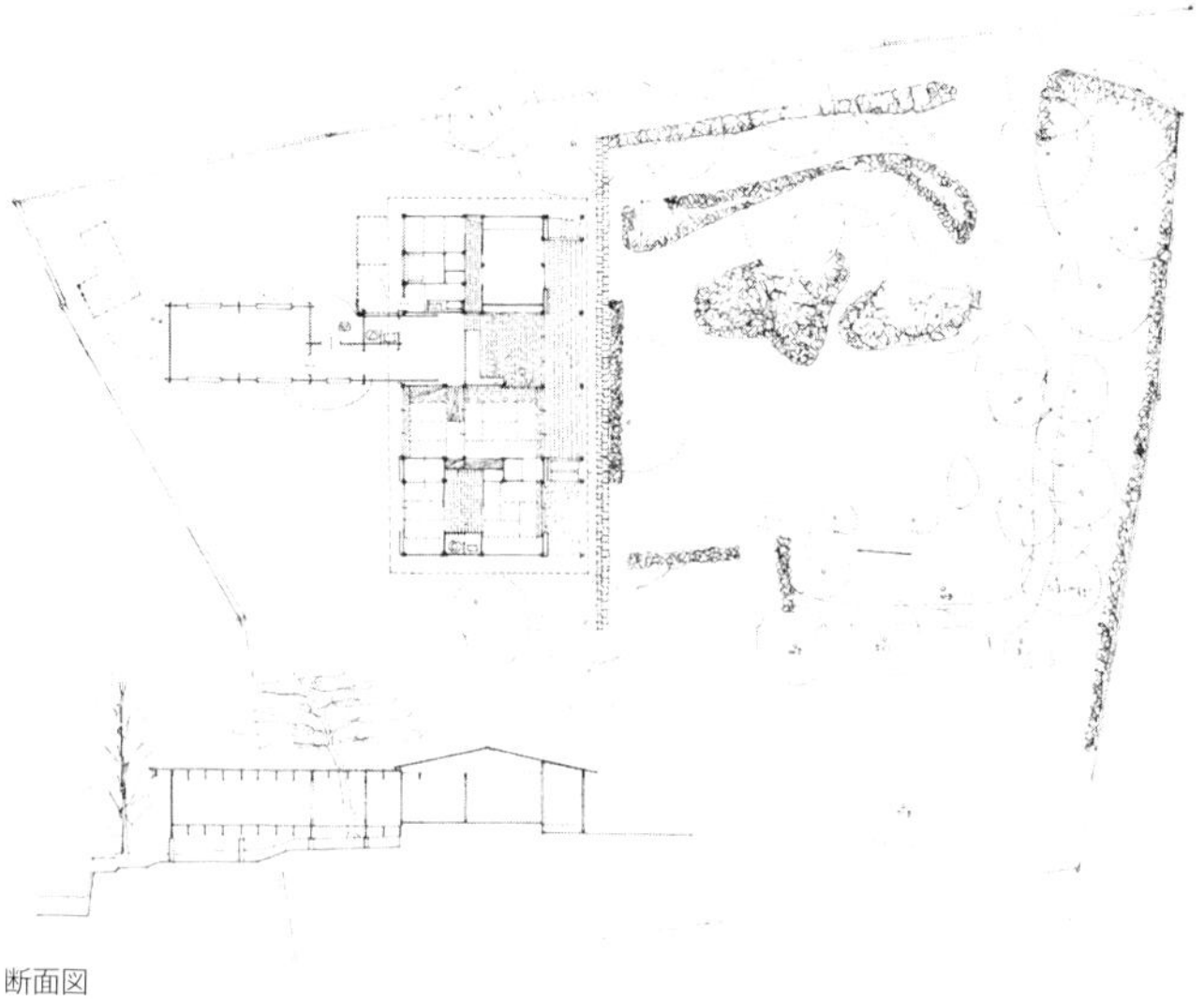

図2 自邸 配置図・平面図・断面図

では、世間の人たちよりも単価の高い建築を設計することができて、建設会社も非常に優秀な人が担当してくれて、最先端の材料が使えた。だから住宅もそういうレベルでつくりたいという気持ちはありました。だけど予算からいって、そうはいかない。あのころの木造はかなり単価が安かったので、それ以外には考えられなかった。鉄筋コンクリートを使えるのは基礎くらいという感じでしたね。

この家は、《中央学園宿舎》くらいの単価でできたと思いますね。逓信省では、《霞ヶ関電話局》や《中央学園講堂》を設計したし、《名古屋第二西電話局》はずっと前です。当時は、鉄骨鉄筋コンクリート造さえ社会の先端としてはあったわけだから、鉄筋コンクリート造の住宅くらい大したことはなかったと思う。だけどわが家にとっては、それは望むべくもない。そのころに鉄筋コンクリート造の自邸を建てたのは菊竹清訓さんですね。彼の《スカイハウス》(一九五八年)はかなり早かった。

このあいだ、木造禁止決議★、2についての資料をまとめていたんだけど、この家を建てたのは禁止になる前で、国産材が豊富にあった時代ですね。それから、佐藤秀工務店★★という、いまでは望めないような優秀な大工さんの集団に応援してもらったおかげで、いろいろと教わることができました。

佐藤秀について話すと、僕が東大で最初に授業をもったクラスに佐藤芳夫君がいるんですよ。僕はそのころ、佐藤秀工務店なんて名前も仕事も知らなかったんだけど、佐藤君が、うちは工務店ですという話をしていて、うちで建ててもいいですよと言ってくれた(笑)。あのころは、大手の建設会社に頼むわけにいかないんです。どこでも逓信省の仕事が残っているようなところがあって、何となく迷惑をかける。佐藤秀工務店ならそういう縁がなくて、しかも佐藤秀三さんは素晴らしい人だったから、そのあたりをきちんと押さえてくれた。財布だけはたたけば、家が建つという感じでした(笑)。なかなかああいう工務店にめぐり会うチャンスってないですよ。

佐藤秀工務店からは木造についていろんなことを教わりました。だいたい、木造をどうやって設計していいのかわからなかった。しかし木造の手順というのは、図面を描いておくと、われわれの知らないことは全部、大工さんがやってくれる、と教わりました。ここの壁は竹木舞なんですよ。そのころはプラスターボードを貼りたかったけど、お金がないからそうなった。いまそんな壁をつくろうとしたら高価だけどね。そんなの僕は全然知らないけれど、ちゃんとひとりでにできて

★　一九五九年九月の伊勢湾台風の被害をうけて日本建築学会では、同年一〇月二五日に、いわゆる木造禁止を含む「建築防災に関する決議」を可決した。

★★　住友総本部営繕課出身の佐藤秀三が一九二九年創業したのがはじまり。秀三の次男にあたる芳夫は、内田研初期のOBである。

いた。佐藤秀三さんも図面を描いてくださったしね。

佐藤秀さんに言われて変えた部分というのはありますか。

それはいっぱいありますよ。たとえば柱の太さなど、僕は四寸と決めたら四寸に統一するのが当然だと思っていたけれど、佐藤秀工務店は大事なところは四寸五分にするとか。そうやっても支障がなく建築はつくれるというのを教わったんじゃないかな。洋風の設計でそんなことをしたら、途端に納まらなくなるでしょ。

研究の話に戻ると、あのころは、住宅の設計と研究とは僕のなかでまるでリンクしていなかった。住宅の設計は、丹下健三さんの《自邸》とか、篠原一男さんやみねぎしやすおさんの設計した住宅を見ていて、建築家の仲間のひとりとして考えたルートです。むしろ研究に近いのは逓信省で設計していた建築だけど、それは鉄骨や鉄筋コンクリートで材料が違いますからね。

リンクしているとすればモデュールです。モデュールは逓信省のころからさんざん考えていたし、先ほどの木造禁止を決めた学会の大会は、モデュールの大会なんですよ[3]。大会のテーマは建築モデュールをいくつにするかということで、武藤清委員長の委員会ができていた。僕のほか、池田武邦さん★、清水の久良知（丑二郎）さん★★、池辺陽さん★★★、広瀬鎌二さん★★★★、田辺員人さん★★★★★といった人たちで、モデュールのことをカッカとやっていたわけです。そういうなかで建築の設計をしたから、鉄骨でも鉄筋コンクリートでも木造でも、モデュールについては共通感覚がある。

でもこの家は、モデュールについては迷いに迷っていた時代のものですね。支離滅裂とは言わないけれど、今ならちょっと違うモデュールでつくったと思います。

学会でモデュールを議論されていたときは、鉄骨造か木造かなど関係なく、純粋に機能や空間といった面から考えていらしたのでしょうか。

そうです。ビルディングエレメント論も、鉄筋コンクリート造だからビルディングエレメントがどうなるという考え方ではありませんでした。モデュールも、鉄筋コンクリート造だろうとなんだろうと、モデュールはひとつ、そういう感じでしたね。

★ 一九二四― 建築家。海軍兵学校卒業後、出征。戦後東大卒業後、現・山下設計に勤務。一九六七年現・日本設計設立に参加。

★★ 一九〇一―一九六七 東京帝大卒。清水建設勤務。土質工学会（現地盤工学会）会長などを歴任。

★★★ 一九二〇―一九七九 東京帝大卒、東大教授、建築家。立体最小限住宅や建築設計・生産の合理化に取り組む。

★★★★ 一九二二―二〇一二 建築家。武蔵高等工科学校卒業後、井上工業などを経て、武蔵工大（現・東京都市大）教授。鉄骨造のSHシリーズが有名。

★★★★★ 一九二七― 東京帝大卒。『国際建築』編集部などを皮切りに評論家として活躍。九州芸工大、東京家政学院大で教鞭を執る。

平面計画

この住宅の魅力を考えると、縁側も単なる細い廊下とは違って、生活の場となるように広さを決めているように思います図3。そうした身体感覚や、あるいは襖に貼った銀の紙や取っ手といったマテリアル、部品。ご自邸は、こうした数値だけではない面に魅力があるように感じます。

縁側の広さに関しては、当時の住宅公団が設計するベランダの狭さに、非常に圧迫感を感じていました。あのころ、公団はすでに九〇センチモデュールで設計をしています。ただ、構造壁の厚さは最初、八センチなんですよ。いまでは想像もつかないけど、林昌二さんの《掛川市庁舎》でも七センチですからね★★★★★、4。九〇センチモデュールで、九〇センチの縁側から八センチを引くと八二センチです。しかしコンクリートの壁厚が一〇センチになり、一五センチになると、狭くてどうにもならなくなっていくし、生活がなくなる。それを一メートル二〇センチや一メートル五〇センチに広げることも考えられるけど、やっぱり二メートルとか一間にするとグッと気持ちがよくなる。

一間で素晴らしいと思ったのは吉村順三さんの住宅ですね。吉村さんの住宅はお金持ち向けだけど、それに憧れて《中央学園宿舎》は二メートルの縁側をつけたんです。すると今度は、あれが僕の身体の基準になって、住宅でも壁がなければ、二メートルの縁側をつけられるんじゃないかと思うようになった。屋根と床だけならそんなにお金はかからないしね。

ただ、雨がかかって床板が傷むことは非常に心配しました。《中央学園宿舎》の床も傷みましたから。でも、わが家の縁側は二メートルの先に六〇センチの庇を出したせいか、あるいは大勢の人が使わないせいか（笑）、五〇年経っても、ごく一部を一度張り替えただけですね。

縁側の椅子は奥村昭雄さん★★★★★★の椅子だけど、家のなかに入れたら、障子が破れちゃうんだよ。襖を張り替えたら、もう家のなかに入れない（笑）5。

先ほど、ご自邸の設計が同世代の建築家との仲間意識に軸を置いているというお話がありました。《スカイハウス》や篠原一男の住宅など、同世代の建築家の仕事からインパクトを受けたことはありますか。

僕は同世代の人たちより、堀口捨己さんや谷口吉郎さんのほうを向いてましたね。堀口さんはわりと親し

★★★★★　日建設計で林昌二が担当した旧掛川市庁舎（一九五六、現存せず）。

★★★★★★　一九二八―二〇一二　建築家。東京美術学校卒、東京芸大教授。OMソーラーを考案したことでも有名。

かったから、建物ができるたびに押しかけていた。谷口さんも何かつくると特別にご案内をいただくことがあって、ひと言言うと三〇分くらい説明してくださることが多かったです（笑）。

それから僕はアンチテーゼとしては前川國男さんだし、アンチテーゼではないほうも前川さん。前川さんの《紀伊國屋書店》（一九四七年）は、木造らしく見せないように庇を出さず、しかも張りぼてに見せないように格好を工夫しています。僕は吉田鉄郎さんから、庇がなければ雨仕舞いはダメだと聞いていたから、庇のある建築をつくる。すると反・前川のようになるんだけど、全部がそうじゃなくて、小坂秀雄さんのような細い線が嫌だから前川さんの真似をしようとかね（笑）。

谷口さんについては、数寄屋建築や茶室建築に精通してる方だなぁと思っていました。僕の谷口さんの評価は、まず第一に《藤村記念堂》（一九四七年）で、冠木門とその後ろのところ。僕はあれで、谷口さんは木造建築に造詣の深い先生だと認識しました。それから次に慶應義塾大学の《萬來舎》（一九五一年）★、6を見ても同様に感じます。鉄筋コンクリート造では慶應の日吉校舎にもきれいなのがありますね。ただ、金沢の谷口さんの建物を見ると少し印象が違うと思ったりもします。

★　谷口吉郎が設計した三田キャンパス《第二研究室》の一階に、イサム・ノグチが設計した談話室。ノグチ・ルームとも。

図3　縁側

住宅面積

先ほど《スカイハウス》の話がありましたが、一九五〇年代の建築家の住宅だと、増沢洵の《コアのあるH氏の住まい》が一九五三年に完成しています。増沢洵の《最小限住居》（一九五二年）や池辺陽の《立体最小限住宅》（一九五〇年）などもご自邸よりは少し時期が前ですが、ああいった最小限住宅への意識はありますか。

戦後の住宅は一五坪からはじまりますが、その前に三〇坪という時代があるんですよ。兄貴の話では、戦争中は三〇坪に制限されて、それでは狭すぎて住宅が設計できるだろうか、などと言われていた。そのころまでは、建築家は大きい家しか設計しなかったのだと思います。《前川國男邸》も三〇坪だけど、あれは我慢をさせられて、せめて中二階か吹抜けに余裕をとっておこうということですよね。

それが戦後になった途端、一五坪になるわけ。それじゃとても設計できっこないけれど、一五坪のなかで続けるうちに、少し経ったら三〇坪がつくれるようになった。そうしたら建築家は、こんな広い家が設計できるようになって幸せだと。だから価値観は変わってきていて、戦後の三〇坪は広いし、戦前の三〇坪は狭い[7]。

戦後、日本は四二〇万戸の住宅不足から始まったので、公団や公営住宅はかなり狭い面積で設計していたと思います。それが徐々に広くなっていく時代ですよね。

それは公務員の給料と一緒でね。公務員は、民間の給料が上がるレベルに合わせていかないといじめられるから、民間と調子を合わせる。住宅も民間に合わせていたのだと思いますね。

それが日本の成長のなかで、結果的には無駄だったといまは思っているんです。ヨーロッパとか普通の国は貧富の差があるでしょ。だから、上の層によい建物を供給していくと、全体の所得が増えるにつれて、以前に上の層に供給した住宅が下の層へスライドしていく。収入が斜めに分布してると、高いところだけ供給してやれば、所得が増えるにつれて、下の層がそれを使えるわけね。それはまったく無駄がない。しかし給料でも住宅面積でもみんなが同じくらいで平らになってると、同じ層に合わせて給料や面積を決めますよね。全体の所得なり生活水準が上がっていくと、前に供給した住宅は全部ダメになるでしょ。いまのテレビや携帯電話も新しいものが出ると、日本人全員がそれをバッと買って、古いものが全部ダメになる。

あれは、社会主義の国と一緒です。自転車にヘッドライトがついていない時代に、それをつけることが決まると、中国なんて一気に十億のヘッドライトがつく。だけど翌年から、その工場は不要になってしまう。そういう無駄があると思う。それで、ソ連や東ヨーロッパの公務員住宅は一気に古くなってしようがないんだけど、ここでまた全員のためにつくると、それがまた全部、時代遅れになってしまうのではないか。もう少し傾斜をつけるとか、部分部分をつくっていって全体が徐々に上がっていくようなシステムにしないとね。生産体制としては非常に無駄だと思います。

ご自邸の面積、広さについてはどのようにお考えになっていたんですか。最初はピロティのある住宅もエスキスされていますが図4。

これは理想ですよ（笑）。でも、これも三〇坪くらいじゃないかな。僕の思想のなかには、大きな家がいいということに対して多少の疑問がある。それは戦後、吉田鉄郎さんのおうちに行くたびに、ミニマムウォーヌング★という運動が戦前にあったことをうかがった。戦争が厳しくなってドイツでも大きい家が建たなくなったこともあるかもしれないけど、小さい家は座ったまま何でもできるから便利だとか、大きい家は不便だ

図4　自邸 エスキス初期のピロティ案

という考え方があったそうです。そんなこともあって、小さくて便利な家を設計したいと。居間は広くてもいいんだけど、風呂場や書斎などはあまり手の届かないところにものがあると不便じゃないかと考えていました。

吉田鉄郎さんのほかに、平面を設計するにあたって影響を受けた建築家はいますか。

岸田日出刀さん★★の家は不思議な間取りなんですよ。和風の家を建てていらして、どこがいいんだか僕らにはわからないんだけれども、これはいいんだという神秘的な講義をなさる。それはこちらにも伝わって、そういうプランをつくってみたいと思っていました。

昔、日本に来たある外国の人に、研究のテーマはなにかと聞いたら、日本建築のラビリンスを研究すると言うんですよ。日本の畳の部屋はどこがどこに通じているのかがわからなくて、迷路に見えるらしい。僕が、岸田さんの家のプランに魅力を感じたのもそういうことかもしれない。ようするに、日本の住宅には廊下がないんです。廊下を極端に減らして、部屋と部屋とのつながりでサーキュレーションをつくっていく。そこがおもしろいのだと思っていました。

ご自邸のエスキスを見ても、小さい部屋が連続していて、一室空間や吹き抜けといった方向には向かいませんね。

吹き抜けもやってみたいと思いますよ。だけどなかなかできないからね。この家は表側が公共空間で、裏側と分けている。これは『Arts & Architecture』にマルセル・ブロイヤーの住宅がたくさん載っていたのを参考にしました。ブロイヤーは生活空間とそうでないところとを分けて、真ん中に玄関をつける。スケールは向こうのほうが全然大きいんだけどね。

東西を壁で塞いで、南北に開口部が並んでいるのはどういった意図からでしょうか。

それは徒然草ですね（笑）。でも実際に、南側をちょっと開けて奥の書斎をちょっと開けると、風が抜けていく。なかの襖を開け閉めしても風の流れが変わって、すごくうまくいくんですよ。

南側の全面に縁側を回さず途中で終わっているのはなぜでしょうか。

丹下さんの家は完全にシンメトリーでしょ。ああいうのはやりたくない（笑）。それから堀口先生が、シンメトリーは日本建築ではないと言うんです。日本の神社建築も宮殿も、全部シンメトリーなんだけどね。だけど、江戸時代以降の数寄屋はシンメトリーではなくなる。そこを堀口さんは評価してるわけだから、シンメトリーには絶対にしない。それでも、骨格はシステマティックにきちんとつくりたいから、いろいろと苦労するわけです**図5**。

★　ドイツ語のMinimum Wohnung。戦間期にドイツで議論された「最小住居」のこと。

★★　一八九六―一九六六　建築家・建築学者。東大卒、東大教授。東京オリンピック施設特別委員会委員長などを務める。自邸は千葉県市川市にあった。『岸田日出刀』（相模書房、一九七二年）。

図5　自邸　南側外観

モデュール

シンメトリーを外すという意味では、棟木も梁間七メートルの両端から三メートルと四メートルで中心から外れていますね。梁間方向がメーターモデュールなのはどういった理由からでしょうか図6・7。

梁間も本当は何とか三〇センチモデュールにしたいんだけど、そうするといかにも狭いんですよ。それでメーターモデュールにしました。逓信省はみんな、メーターモデュールで設計していたからね★。佐藤秀三さんはメーターモデュールでは材木に無駄が出ると言うんだけど、しかし実際にやってみると、ちゃんと規格の寸法でできるんです。これは佐藤秀に無理を言ってつくってもらったところです。

モデュラーコーディネーションについて見ると、部屋の間の板を敷いた部分がダブルグリッドのようでおもしろいと思いました。その部屋の間の部分が、立面ではちょうど戸袋になっているのもおもしろいですよね。

これはある意味では廊下なんです。でもそれだけの用途ではなく、収納にも使う。それから、ここ（子供室前の廊下）は気に入らない。

吉武泰水研究室の本★★の前書きを浦良一さん★★★から頼まれて、こんなことを書きました。戦後、学校建築の標準設計を鉄筋コンクリートでつくるための委員会ができて、そのころ僕は電電公社でたくさん設計をしていたので、吉武先生から図面描きに参加しろと言われたんです。それで出てみると、遠藤新さん★★★★が図面を見ていきなり、「この図面はダメだ、廊下は絶対につくっちゃいかん」と二本の指で机を叩いて怒っている（笑）。机が割れるか、指が折れるかという勢いで、みんな唖然としていた。それで吉武先生が、遠藤先生の事務所を一度見せてくださいと言って、遠藤さんの事務所に行った。そうしたら、遠藤さんが設計しているのに廊下がいっぱいある（笑）。すると、これは廊下ではありません、と言われたそうです。生活があれば廊下ではない、生活がないものは廊下だと。

僕はそういうのを経験しているから、廊下はつくりたくなかった（笑）。それでこっち（居住部分、西側）は成功したんだけど、ここ（子供室の前）は、どうしても廊下ができちゃった。

南北に二段というのは最初のエスキスからですか。

これは日本の四つ間どり、田の字型プランですね。

★　内田祥哉「三題噺第五話　高飛びのバー・虫の居どころ・ターンチェック」『ディテール』一七〇号、彰国社、二〇〇六年一〇月

★★　内田祥哉「吉武先生の思い出――筑波大学へ転任される頃まで」（『吉武泰水山脈の人々』鹿島出版会、二〇一一年）

★★★　一九二六―二〇一三　建築計画学。東大卒、吉武研究室出身。明治大学教授などを歴任。農村計画を中心に建築計画学に寄与した。

★★★★　一八八九―一九五一　建築家。東京帝大卒。フランク・ロイド・ライトの計画に参加。自身の作品に《甲子園ホテル》など。

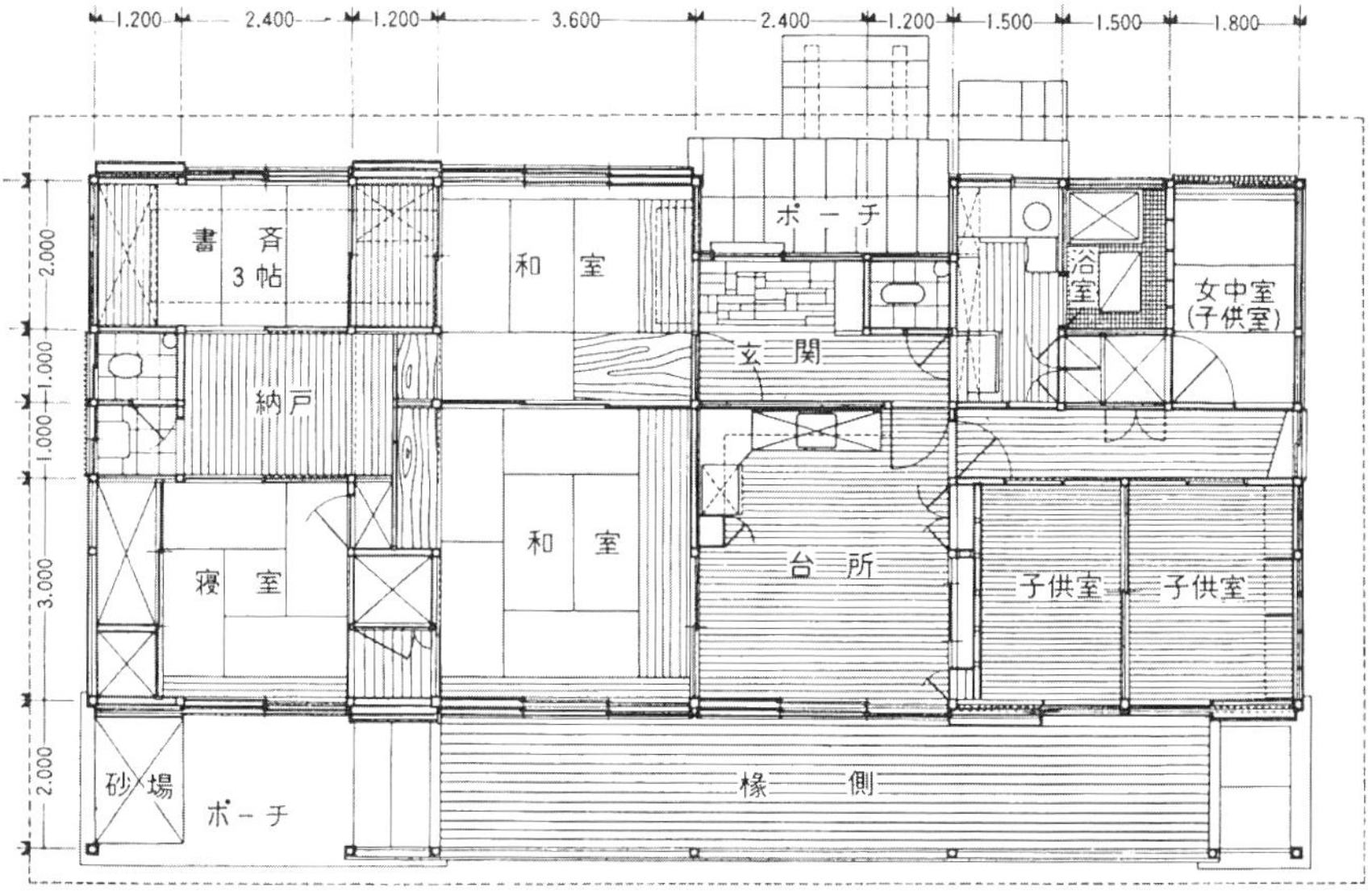

図6　自邸 平面図

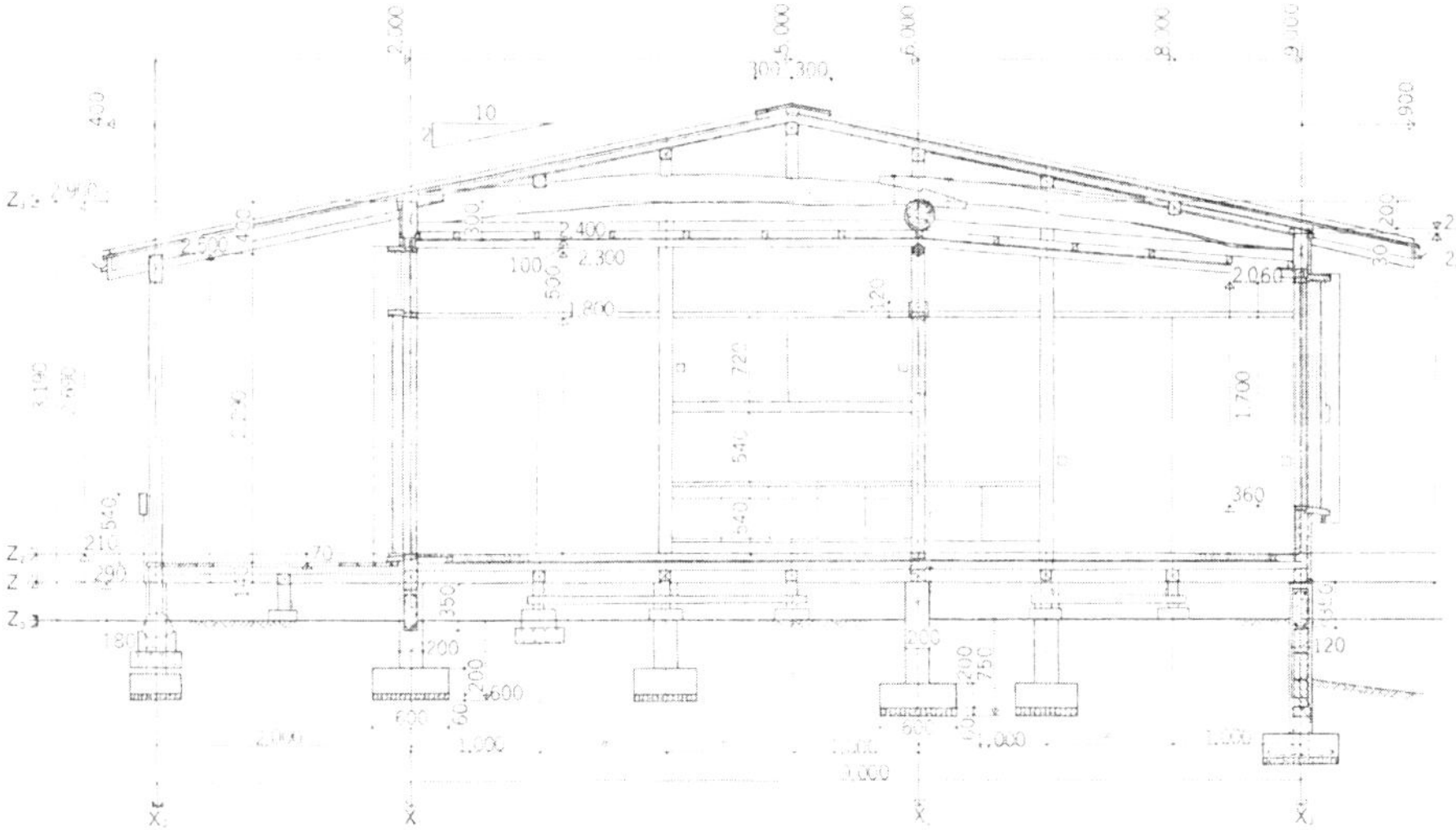

図7　自邸 断面図

岸田さんの家も、何となくこういう格好をしているんです。プランを見ただけでは、どこがつながっているのかわからない。壁と襖の違いがよくわからないというプランのつくりかたです。

子供室の前は行き詰まりでしょ。その意味でも、この廊下はよくないんだな。はじめのほうのエスキスでそういう廊下がないのは、遠藤さんの影響ですよ。でも、外に出ないで郵便が取り出せるのはいいでしょ。

先ほど、迷宮性という言葉が出ましたが、本当に部屋同士がつながってるのは二部屋だけで、ほかはつながり方がすべて違うような気がします。

そうね。茶室とその隣の水屋と、それから控えの間と広間とつながるあたりも、廊下なしでつながっていくでしょ。

ご自邸の前年に《山田邸離れ》も建てられています。広縁と廊下で囲まれた中に一〇畳の和室があり、床の間は八勝館桜の間（堀口捨己）の逆勝手です。《山田邸離れ》とご自邸との関連性はいかがですか。

《山田邸離れ》が後じゃない[8]？　だって《山田邸離れ》はDφモデュールを使っていて、ここはDφができる前だから[9]。

《山田邸離れ》でDφが完成したと書かれていますね★、[10]。

そうです。だって、Dφは《山田邸離れ》のためにつくったようなものだから。ここ（自邸）が一二〇〇と一〇〇〇で混乱しているので、なんとかして統一したいと思っていました。佐藤秀工務店は、なんとかかんとか言っても、僕の言うことを聞いてくれるんですよ。だけど一般の家になると、モデュールなんてものを振り回して単価が高くなるのは困るわけです。それで、普通の寸法で誰もが使えるようなモデュールをつくらないといけないという話になった。ここの家はこっちがお金を出すんだから、何とかなる。

逓信省と同じでお金をもってる人が設計するシステムですよね。一二〇〇（東西）と一〇〇〇（南北）の二つのモデュールを使っていますが、この二つの違いについてどのようにお考えですか。以前、どこかで日本の建築は小さいスケールだと六進法で、大きくなると十進法になるとおっしゃっていました。

一二〇〇と一〇〇〇じゃ全然違うし、相性がよくないと僕は思う。一二〇〇と一〇八〇、一二〇〇と九六〇は相性がいいんだけどね。だから一〇〇〇でやるならば、それなりに別のことを考えないといけない。《NEXT21》は七二〇〇という寸法を使っていて、あれは一〇〇〇では割れない。

もうどうしようもなくて、急いでやってしまった感じです。だから一二〇〇と一〇〇〇というより、一〇〇〇と九〇〇で考えていますね。三六〇〇を三つに割

★「Dφシステムについて」『国際建築』一九五九年一月号

図8　畳の横にある板の部分

れば一二〇〇だし、四つに割れば九〇〇でしょ。一〇〇〇が九〇〇に相当するわけだから、どちらかといえば一〇〇〇より一二〇〇のほうが狭い。

一メーターモデュールくらいでつくると、昔の京間の広さが出るんじゃないかな。ただ、一メーターでやると、なかの割り具合が難しい。それで、《山田邸離れ》は一メーターのなかに九六センチをはめ込んで、きちんと四センチずつ余らせて、柱間はメーター制、畳は九六センチにした。それはそれでうまくいくから、ここもそうしたかったですね。

襖も一メーターの巾です。堀口先生は「縁は細いほうがいい、利休は七分」と言っていたし、栗が好きでした。それで、僕も真似をして栗を使ったら歪んでいます。やっぱり杉のほうがいいですね。

九〇〇や九六〇という理論的によい数字がありながら、それをそのままご自邸に使われないところに、設計と理論は別という姿勢が見えるような気がします。

それもあるかもしれないけど（笑）、うまく使えなかっただけじゃないかな。

畳は九〇〇×一八〇〇に統一されて余った部分には板を敷いて納めていますが、いまなら畳を最後に調整するものとして使うだろうと書かれています11。ここではその調整を板でされているのがすごくおもしろいと思います図8。寸法が決まったもので埋めていくという設計の仕方ですね。

あの板はどこかの博覧会に使った板で、やっぱり切って使っているんです。そういう意味では畳と一緒ですね。でも、考え方としてはそうだけど、実際には（設計時の）寸法に合わせて切っていると思います。

板の場所をつくった理由は箪笥を畳に置けないからと書かれています12。土間をつくった理由も玄関が靴でいっぱいになるといったり、何といいますか目的が具体的ですよね（笑）。

箪笥は後からつけた理屈ですね。割り切れないところは残しておこうと。いまでもここを土間にしたいんですよ。

増築

一九七四年に玄関北側に子供室と玄関ホール、便所、洗面所を増築しています。これは田中文男★考案の校倉構法が使われています。和小屋の強みは増築していけるところとつねづね先生はおっしゃっていますが★★、増築を和小屋の軸組でやらなかった理由は何でしょうか。

だからうまくいってないでしょ（笑）。増築も和小屋ならもっとうまくいったと思います。校倉にしたのは、田中文男さんがたまたまそれに凝っていたからですね。あのころは珍しかったから。田中さんとはここではじめて会ったくらいです。

それで三八条認定★★★までされていますね。

はじめは出すつもりは全然なかったんだけど、救仁郷斉さん★★★★が見つけて、あれは日本建築じゃないとか言い出すから、それで、三八条認定の第一号になっちゃった。

校倉の増築部分については、ご家族が大変批判的だったと書かれています★★★★★。

冬は寒いんですよ。家内に言わせると、外気と室温が一緒だと。確かにヨーロッパのログハウスも日本の校倉も寒いからね **図9**。

★ 一九三二―二〇一〇 棟梁。伝統建築の修理・調査のほか、新築も手掛けた。眞木建設を設立。

★★ 内田祥哉『日本の伝統建築の構法 柔軟性と寿命』市ヶ谷出版社、二〇〇九年

★★★ 法令では対応できない技術に対する個別の大臣認定。

★★★★ 一九二五―二〇一一 東大卒。建設省に入省し、住宅局長などを歴任。

★★★★★ 『住宅建築』二〇〇三年九月号

図9 校倉の増築部分

1　内田祥三については『内田祥三先生作品集』（鹿島研究所出版会、一九六九年）、ならびに『東京大学史紀要』（東京大学資料の保存に関する委員会編、東京大学史資料室）第一九号から二六号（二〇〇一―二〇〇八）に全八回にわたって掲載された「内田祥三談話速記録」に詳しい。この談話は、作品集編纂のために企画され、聞き手は村松貞次郎が務めた。

2　伊勢湾台風をうけた日本建築学会の対応については『建築雑誌』一九五九年一二月号「伊勢湾台風災害と本会の動き」を参照のこと。九月二六日の発災後、建築学会では一〇月一三日の理事会にて伊勢湾台風災害調査特別委員会の設置を決定。一九日には日本学術会議に対し包括的な災害対応研究を進めるため、学術会議内に「日本災害対策研究会議」の設立を求める「災害の基本対策確立のため機関設立に関する意見書」を提出した。これをうけて学術会議では十月二三日「防災に関する総合調整機関の常置について」の提案が可決された。その報は折しも京都大学にて大会開催中であった会員のもとにもたらされ、一〇月二五日大会参加会員の緊急集会が開催され、「建築防災に関する決議」が参加者約五〇〇名の満場一致で可決されたという。

3　一九五八年にモデュールについての議論が活発になった背景には、計量法の施行による、一九五八年十二月三一日限りでの尺貫法の禁止があった（土地、建築については一九六六年三月三一日まで猶予されていた）。建築学会では、すでに一九五六年に建築設計計画規準委員会下に建築モデュール分科会が置かれていたが、このメートル法実施を控えて、一九五八年八月に「メートル法と建築モデュール委員会」（委員長武藤清）を設置。『建築雑誌』一九五八年一〇月号では「メートル法と建築モデュール特集」が組まれたこともあり、直後の大会パネルディスカッション、また「建築モデュールの研究に関して」を主題とした設計計画系研究協議会は広く関心を集めることとなった。パネルディスカッションでは竹山謙三郎、西山卯三、池辺陽、丹下健三が講演。司会は大江宏。研究協議会は、池辺陽を中心に進行したとの西山夘三の報告がある（『建築雑誌』一九五九年二月号）。

4　『新建築』一九五六年一二月号。一九九六年竣工の新庁舎も林が担当した。

5　本書裏表紙の縁側に、奥村昭雄による椅子が見える。

6　谷口吉郎が設計した第二研究室の建物は二〇〇三年に取り壊された。萬來舎は、二〇〇五年竣工の法科大学院のための新校舎の屋上に移設され、隈研吾によって萬來舎継承空間として再建された。

7　戦時下の建築資材の不足により、一九三九年商工省令「木造建物建築統制規則」が定められた。これにより一般の建物については、床面積百平米（約三〇・二五坪）を超える場合には地方長官（東京府では警視総監）の許可が必要となった。一九四二年竣工の《前川國男邸》もこの時代の建物である。その後、一九四三年には、「木造建物建築統制規則」と、「鉄鋼工作物築造統制規則」（一九三七年商工省令）とを束ねるかたちで「工作物築造統制規則」が一九四三年に定められて規制が強化され、木造建築は一五坪まで制限されることとなった。こうした統制は戦後、いったん解除されたが、変わらぬ建築資材の供給不足を受けて、一九四六年五月「臨時建築制限令」によってふたたび新築住宅の面積は一五坪以下とされた。《前川國男邸》は一九七三年に一度解体、保存され、一九九七年に江戸東京たてもの園に復元された。（岩松準「昭和初期の統制時代のコスト」連載建築コスト遊学18『建築コスト研究』八〇号、二〇一三年、四七―五二頁、小野浩「日中戦争期の東京における労務者住宅問題――統制経済化の住宅市場」『立教経済学研究』第六〇巻二号、二〇〇六年、七一―九七頁）

8　山田邸離れ（Y氏邸離れなど記載される場合もある）の竣工年について、一九六一年とする文献も複数見られるが、『国際建築』一九六一年二月号に一九六〇年一二月竣工とあり、本書は一九六〇年としている。自邸については一九六二年とする文献も見られたが、『現代日本建築家全集14』など一九六一年竣工とする文献が多く、内田研究室に保管された資料にも一九六一年五月竣工との記載が見られ、本書では一九六一年とした。なお、本章図1の九番目のエスキスについて一九六一年二月四日と記載があることから、少なくとも竣工は一九六一年以降のことである。Dφモデュールを使用した山田邸離れが後とする内田の発言は、自邸のエスキスがDφモデュール考案以前から繰り返されてきたことを指す可能性もある。

9　DφのDはDesimal（十進法）、φはギリシア文字のFにあたり、フィボナチ数列のFからとったもの。Dφモデュールの考案については、「ルナール数のように限られた数値を、十進法で展開し、しかも2倍や3倍の系列があって、フィボナチの面白さも楽しめるものを作ること」をめざしたと述懐している（内田祥哉『建築生産のオープンシステム』彰国社、一九七七年、第9章）。結果として、Dφ数表は2倍、3倍、5倍の系列を備えるものとなっている。

10　「この建物にはDφnumbersを適用した。というよりは、むしろ、この建物のためにDφnumbersができた、ということをつけ加えておきたい。

私が関係する以上、寸法を整理したかった。しかし、それまで使っていた、モデュロール系のものでは、自分は満足しても、人に押しつける勇気がなかった。何としても、ポピュラーな数値でMCをする必要にせまられ、Dφnumbersができた。」（『建築』一九六一年一月号）

11　内田の自邸については多くのところで取り上げられているが、『住宅建築』二〇〇三年九月号に詳しい。そこでは畳と板の対比に言及されているが、のちに刊行した『建築生産のオープンシステム』で第6章、第7章を割いて述べているように、部品と部品の接合は、内田の大きな関心事であった。とくに硬い部品と軟らかい部品、強い部品と弱い部品の対比は、内田のオープンシステム論におけるサブシステム間の関係性を考える上で、実際的かつ重要な問題であった。

12　「あの頃は箪笥を畳の上に置いていたので、そこだけ畳を取り替えられず困る、という話がありました。それを理由に、板敷きの場所があれば、家具を動かさなくても畳替えができるという理屈でつくったのです。」（『住宅建築』二〇〇三年九月号、一八頁）

Column 4

手摺り

構法の専門家が建物を訪れると、目地や角の納まりなど部位や部分ばかり見ることになる。内田が設計した建築について、その工夫や特徴がわかりやすい部位の一つは手摺りである。

初期の代表作である中央学園講堂では手摺りをアルミニウムの押し出しで型から制作した。講堂玄関ドアの取っ手は手摺りと同じ押し出し材を短く切って縦に使ったものである。顕本寺本堂で鴟尾と宝珠を兼ねた棟飾りで納めたように、あるいは武蔵学園守衛所で一つの型で円錐と切妻屋根を構成したように、型や形を転用・兼用して使うのは内田の好むところである。同じく逓信省、電電公社時代の建築や東大工学部一号館図書室増築でも使われたのが、ブロイヤー型の階段である。平行四辺形の手摺りに横桟が入り、その横桟に段板が載ったシンプルな構成の階段であり、これも手摺りの桟を段板の支持材として兼用したものとみなせる。

金属の手摺りとして、佐賀県立博物館ではアルコアビルから着想を受け、アルミニウムの引張り材（電線の継ぎ手）を手摺りに用い、端部はアルミのキャストで制作している。佐賀県立九州陶磁文化館や武蔵大学では、大井工場に依頼し鉄やステンレスをたたいて手摺りを製作した（赤目たたき）。大井工場は銀座にあった装飾金物の工場で、アントニン・レーモンドや吉村順三らの金属装飾や暖炉など手がけたことで知られる。特に九州陶磁文化館では幅の広い平らな手摺りと、細い棒を折り曲げた手摺りが大井工場でつくられ、どちらも熱した金属を叩いた跡を残した仕上げとなっている。

佐賀県立図書館の吹き抜けを囲む手摺りには龍村の布地を張り、同じく龍村の織物は自邸にも使われた（古代裂）。織物の使い方を堀口捨己に学んだ内田は、原澤邸の襖にも布地をパッチワークのように張った。佐賀県立図書館のようなパネル状の手摺りを展開したものとして、佐賀県立青年の家では屏風状の手摺りを考案し、同じく吹き抜け上階部分を囲むように配置した。プレファブリケーションの弱点である運搬性は屏風のようにパネルを折りたたむことによって克服し、同じく弱点であるパネルの誤差吸収はパネルを角度をもって展開し自立させることで目立たなくさせた。

構法的に何か工夫をしようとすると、転用、乾式、プレハブ、工業化材料といったキーワードに収斂していく。内田の手摺りはこうした理論にのりながら、それをシンプルに見せるよりも、手仕事的な趣向も凝らす点に独自性がある。逆に言えば、構法的な工夫のレパートリーは限られているからこそ、工芸的な付加価値が必要なのかもしれない。そうした意味でも構法の研究者は同じところばかり見ているのかもしれない。

（権藤）

参考文献
・「特別企画内田祥哉の自宅」『住宅建築』二〇〇三年九月号
・内田祥哉『ディテールで語る建築』彰国社、二〇一八年

第五章 佐賀前期

自分の名前と結びついた場所をもつ建築家は幸いである。その都市、地域、場所の形成に建築家が深く結びついた例は、日本の近現代建築史のなかに、いくつもあげることができる。内田祥哉にとっては佐賀県だ。その仕事は、佐賀市を中心とした一九六〇年代（佐賀前期）と、有田町を中心とした一九八〇年代（佐賀後期）の二つの時期に分けることができる。

佐賀前期の仕事は、内田にとっては電電公社を離れ、大学での研究に打ち込むなかで訪れた、公共施設設計の機会であったが、自前の設計事務所をもっていたわけではない内田は、逓信省の同僚であった高橋靗一を誘った。二人の共同で、佐賀県立図書館（一九六二）、同県立青年の家（一九六七）、同県立博物館（一九七〇）が生まれ、このうち図書館と博物館は、佐賀城公園に位置し、坂倉の市村記念体育館（一九六三）とともに、佐賀の文化的中心を形成している。

仕事の依頼は、佐賀出身であった夫人の縁で、当時の佐賀県知事池田直の知己を得たことによる。佐賀城址を文教公園とする構想を抱いていた池田は、県立図書館の建設に際して、国立国会図書館設計競技で入選を果たした、この若い建築家に関心をもった。電電公社時代からいくつかのコンペで入賞を果たしていた内田は、いわば期待の若手のひとりだった。戦後日本の地方行政による公共空間の建設において、政治家と建築家の果たした役割を考える上でも歴史的な事例であろう。また高橋にとっては、第一工房設立後の実質的なデビュー作ともいえるものである。共同設計のあり方は戦後様々に模索されたが、内田はユーホン・グループによる設計競技参加にはじまり、高橋との一連の共同を経て、以後も、多くの教え子と共同で設計を行っていくことになる。

戦後に現れた鉄筋コンクリートによる日本的な表現の系列のなかに、掉尾を飾るように現れた図書館の佇まいと、巨大なキャンチレバーが宙に羽根を広げたような博物館のメガストラクチャー。両者のあいだに、日本における近代主義の建築が、戦前の学習・受容期から戦後の展開期を経て、おおいなる飛躍を遂げたことを見届けることができる。

青年の家

佐賀県で設計したものでは《佐賀県立青年の家》が一番いいですね。僕が一所懸命にやったのは《佐賀県立図書館》と《青年の家》です。逓信省時代はひと月にいくつというペースで設計をしていたけど、《図書館》は高橋靗一さんとはじめて一緒にやった仕事で、お互いに外に出てから最初のものだからとても緊張していた。その次の仕事が《青年の家》です。《佐賀県立博物館》は学生紛争にぶつかったものだから、僕は現地に行きたくても行けなかったんですよ。紛争で徹夜したり三日泊まったり、まあそっちは本職だからね(笑)。だから仕事が途切れ途切れになって、粘り強く頑張ることができなかったんです。

《青年の家》の本館はほとんど僕が設計して、講堂は高橋さんがやった。これもいろいろと意見の違いはありました。

もともとここには小さな川が流れていて暗渠になっていたから、その上に建てようと考えた。建物のなかに水を流すなんて当時はあまりなかったと思いますけど、流したくてしょうがない(笑)。それから裏の北側はほとんどがみかん畑で、とてもきれいだった**図1**。

図1　佐賀県立青年の家

裏庭は何もなくて平らでした。下のほうに池があったから、そこを掘った土を盛り上げたのかもしれない。その平らなところに建てるのが普通でしょうが、それを残して斜面の使いにくいところに建ててました。

この池のふちに堀口捨己先生に茶室をつくっていただこうと思って、高橋さんと一緒にご案内したことがあります。そうしたら、「ここは茶室には向かないな」と一蹴されちゃった（笑）。こちらは「はいっ」と言って、佐賀城のふちのところに《清恵庵》★を建ててもらいました。堀口先生が実際に設計をしてくださり、早川正夫さん★★が監理をしてくれた。茶室の敷地は茶室の面積の二倍くらいあればいいと僕は思っていたけど、そうじゃないんだな。堀口先生によればその一〇倍くらいいるそうです。重要なところは安井杢工務店★★★が施工しました。

僕がつくったスリッパかけの中では、これが一番優れていると思う図2。いまだにちゃんと使われているでしょ。青木正夫さん★★★★が大学院のころに学校建築の論文[1]を書いているけど、当時は上下足の履き替えがごちゃごちゃだったんですよ。上足を上足置き場に、下足を下足置き場に置くから、下足を取りにいくには裸足にならなきゃならないし、上がるときは裸足でスリッパを取りにいくことになる。青木さんは逆に

★　堀口捨己設計、一九七三年。リコー三愛グループ創始者市村清の遺志により、佐賀県立博物館の附属施設として夫人の市村幸恵より寄贈された。

★★　一九二五―二〇一三　数寄屋建築設計の第一人者。明大堀口研の助手であった。

★★★　元禄元（一六八八）年京都に創業した施工会社。桂離宮など文化財建造物の保存修理も手がける。代表作に京都迎賓館（二〇〇五）など。

★★★★　一九二四―二〇〇七　建築計画学。東大吉武研出身。九州大教授などを歴任。内田との共著に『住宅と都市の話』（彰国社、一九五二年）、『建築学大系三二　学校・体育施設』（彰国社、一九五七年）など。

図2　青年の家　玄関のスリッパ置き場

「下足のところに上足置き場があって、上足のところに下足置き場があればいい」という論理をつくって、いまでも小学校・中学校はそれで実に整然としているんです。それを知っていたから、スリッパ置き場を下足のところに置くことにして、取りやすくて裏が見えなくて置きやすいものをと考えてつくりました。

　この針金の曲げ具合は高橋さんが考えた。その後、いつ行ってもこう架かっているということは、具合がいいんです。裏を合わせて差し込むのは、ほかでは見ないでしょ。それで互い違いにしたのには、自転車置き場の思想★★★★★がある**図3**。これは傑作だと思っています。スリッパの色がさまざまだともっとおもしろいかもしれない。

　そのころ、出目地を斫《はつ》れるようになりました**図4**。でも予算がなくて出目地をたくさんつくれないから、全体に黒くなりすぎちゃった。妥協せずにもっと細かくして、溝の幅が狭いくらいのほうがよかったと思う。出目地を斫るのはわりと簡単で仕事は楽なんです。仮枠を取って、コールタールみたいな真っ黒いペンキ塗って、それから斫ればいいんだからね。幅を少し広く取りすぎたのがいけない。

　内井昭蔵さん★★★★★★が甲府の近郊に《東京ＹＭＣＡ野辺山高原センター》をつくっています。その床目地を黒く塗っていて、なかなかきれいなんですよ。そのころから、みんなが目地を黒く塗るようになったんだけど、なにしろ手間暇とお金がかかる。全部を塗ってから斫ったほうが楽です。僕も《佐賀県立博物館》で塗ってみたけど、手間がかかる上に半年くらい経つと白くなってしまう。《青年の家》は徹底的に黒くしようとペンキをごってり塗ったおかげで、黒くなりすぎちゃったんですよ。

図3　名古屋第二西の駐輪場

★★★★★　名古屋第二西電話局の駐輪場。ここで内田は一台おきに自転車の角度を変えることで上下方向にハンドルの位置をずらし、さらに向かい合わせに自転車を並べることで、狭い面積に多くの自転車を立体的に並べることに成功した。

★★★★★★　一九三三―二〇〇二　早大卒。菊竹清訓の事務所に勤務後独立。桜台コートビレジ（一九六九）、皇居吹上御苑新御所（一九九三）など。京大等で教鞭を執る。

傾斜地に沿って床をつくり、その上に宿泊施設を浮かす構成はどのように発想されたのですか図5・6。

山の上からの景色を考えたのと、池の反対側から見たときに地べたにくっついているのは具合が悪いと思ったんです。この建物はしゃれているでしょ。半階のスキップフロアは斜面の勾配を上がるのが実感できて、また（振り返ると）逆にはるか彼方の景色まで外が見通せる。

　ここは男女が一緒に入るから、寝室は分かれてないといけない。でも男が多くなるときと、女が多くなるときがあります。それで、女の人の部屋に行く赤い階段と、男の部屋に行く青い階段とを両端につくって、真ん中の仕切りを動かせるようにしました。便所は両側に置いています。

五段の上がり框は、ブルーノ・タウトの《日向別邸》（一九三

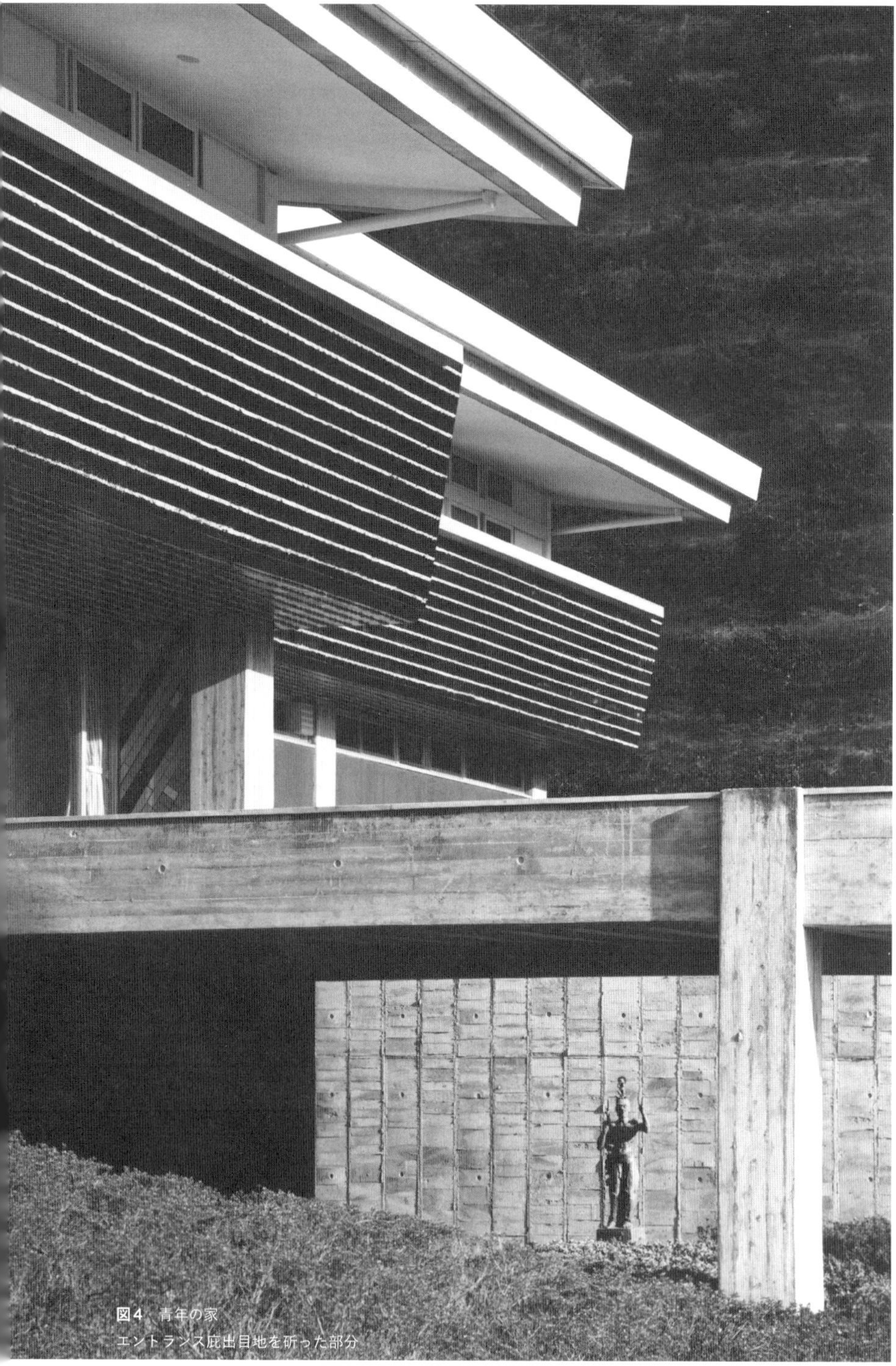

図4　青年の家
エントランス庇出目地を斫った部分

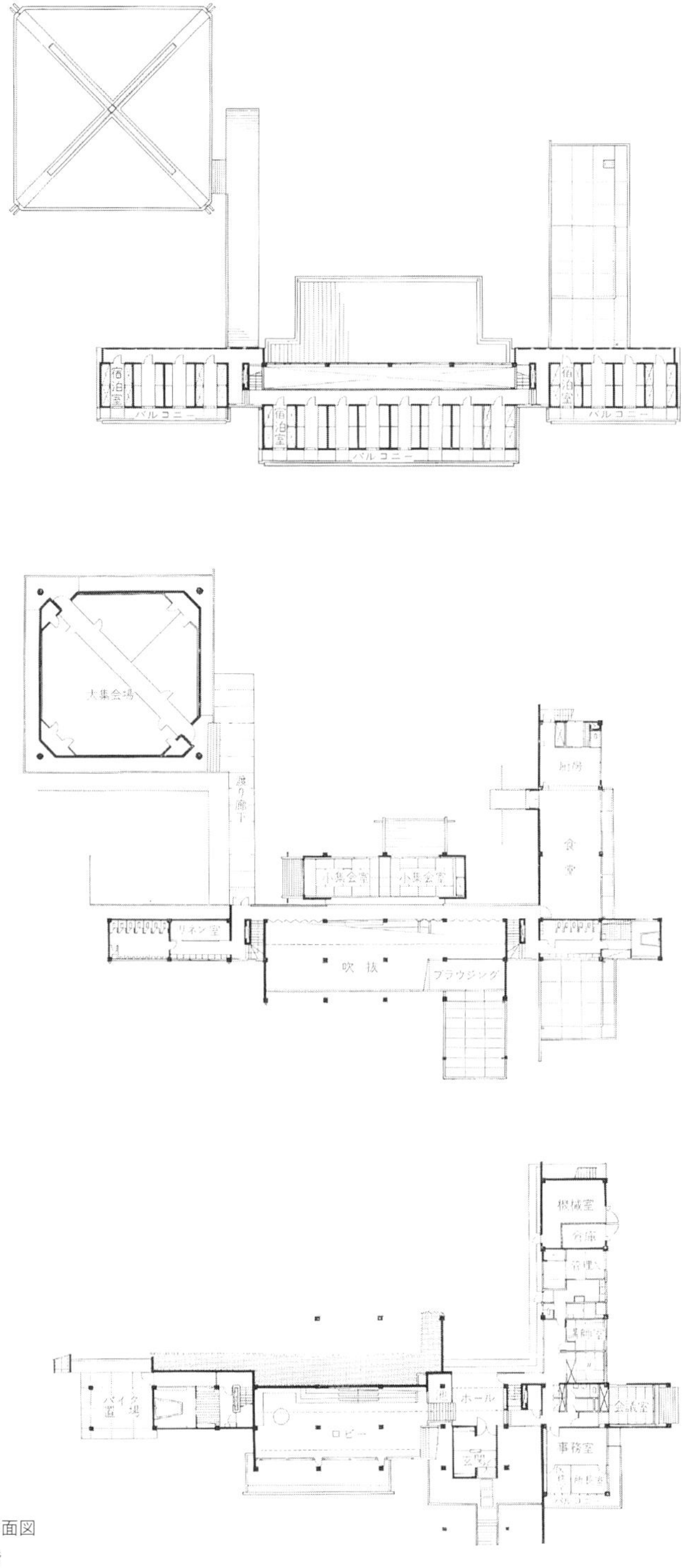

図5　青年の家 平面図
下から1階2階3階

六年）に似ていますね。

そうそう。僕もこのあいだあれを見たけど、階段がついているから和風とも洋風ともいえない。ここは青年の家なので、この階段を利用して講義をしたり談話をしたりするのに使えるだろうと思いました図7。

もうひとつ話したいのが屏風の手摺り図8。手摺りの既製品は取り付けるのが大変で、電電公社ではさんざん苦労した。僕はプレハブをやっていたから、手摺りをそれでつくれないかと思ったわけです。屏風にしておけば、折れ曲がり角で水平長さが決まるから、ビスで下に留めれば現場はほとんど手間がかからない。これはなかなかいいと、いまでも思っていますよ。建築って寸法がぴったりできていないものだから、広げて合わせてビスで留めてしまえばいい。

この左右の壁画は僕がつくりました図9。このころはまだ有田との接触がなかったけど、佐賀県の産物といえば有田タイルなんですよ。それで《図書館》のころから有田に通っていた。まあ（内田設計の建物に限らず）東京の建物もみんな有田のタイルでつくっていたんだけど。有田に気楽に行って、岩尾磁器★などの工場の中を見せてもらうと、売れ残りのタイルが山と積んである。それで、ありあわせタイル張りというのをやるわけです。

図7　青年の家　五段の階段

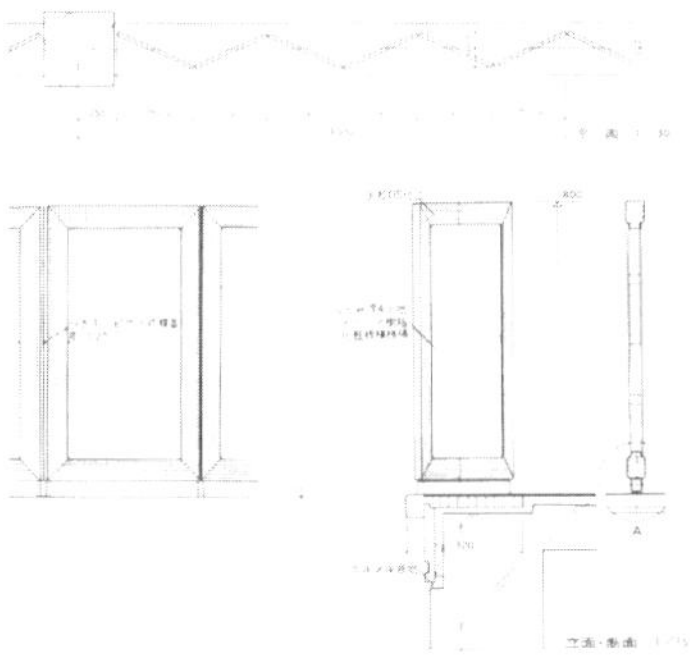

図8　青年の家　手摺り

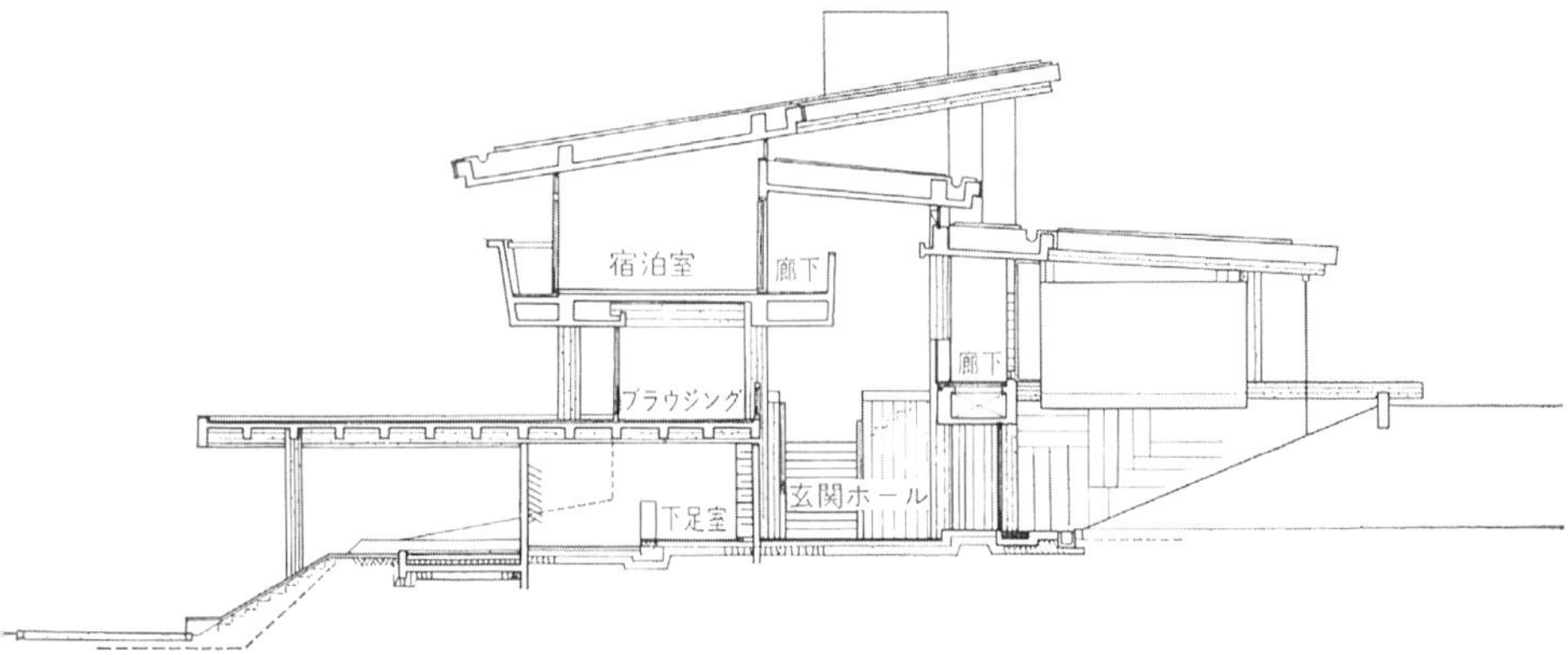

図6　青年の家 断面図

それから玄関の飛び石に使っているのは、レンガのような厚くて白いタイルです。白磁であの大きさなら、炉に使うようなすごく高級なもので、その余ったのをもらってきました。そういうものはほかではなかなか手に入らないから、いいんですよね。

（写真を見ながら）ずいぶん汚れちゃったね。屋根の色はグレーか銀色にしたかったんですよ。日本の瓦はみんなグレーだからね。瓦はもともとが土だから茶色で、それをなんとかして古来黒くしているわけです。ところが屋根の鉄板は茶色しかなくて、「黒ならできます」と言われた。それで、亜鉛鉄板の素地と黒を混ぜれば遠くからはグレーに見えると思って、一枚か二枚おきにした。みんなはみっともないと言って大反対したんだけど、貼ってみたら誰も縞模様とは気づかない。三井所清典君★★もそれを見ていて、後々まだらで縞模様の屋根をつくっていました**図10**。

図9　青年の家
ロビーのタイルレリーフ

★　一七二〇年代創業の佐賀県の磁器メーカー。建築用磁器タイルは一九五九年より製造。

★★　一九三九—　東大内田研出身。芝浦工大で教鞭を執るとともに、アルセッド建築研究所設立。佐賀県立九州陶磁文化館、武蔵大学図書館などで内田と共同設計。

図10　青年の家 全景

佐賀県立図書館

《佐賀県立図書館》は『設計製図資料2―S県立図書館』（日本建築学会編、彰国社、一九六八年）に取り上げられ、数多くの建築学生が製図演習の題材として取り組みました。

《佐賀県立図書館》の格好を見ると、ベランダや梁が出ていて、丹下健三さんの《香川県庁舎》（一九五八年）の感じがしますね。一番早くこういうかたちをつくったのは日建設計の《掛川市庁舎》2 でしょう。その影響があったのだと思います 図11。

《図書館》の設計は、国立国会図書館コンペ（三等、UHONグループ）を見た佐賀県知事から直接、依頼があったと書かれています★、図12。

それは、僕の家内の父★★が佐賀の出身でね。当時の佐賀県知事は池田直さん★★★。池田さんが会計検査院の事務総長をしていたときに、義父が会計検査院長だったんです。それで池田さんが佐賀県知事になったとき、「そういう知り合い関係でよろしくお願いします」と。僕は「設計料をきちんといただけなきゃダメだよ」とか偉そうなことを言っていた（笑）。池田さんが「わかりました」とかいう話になって……（笑）。

当時、第一工房を設立して間もない高橋先生をお誘いになっ

★「一九五四年の国立国会図書館のコンペで僕はたまたま三等になったのですが、その後に、佐賀県知事から図書館の話が来たわけです」（内田祥哉×内井昭蔵「研究者の眼と建築家の眼」『INAX REPORT』一三五号、一九九八年六月）

★★ 山田義見　一八九九―一九九一　佐賀県出身の官僚。東大卒。大蔵省入省後大蔵次官などを歴任。一九五九―六三年会計検査院長。

★★★ 一九〇一―八五　佐賀県出身の政治家。東大卒。会計検査院入庁後、事務総長などを歴任。一九五九年から七九年の五期にわたり佐賀県知事を務める。

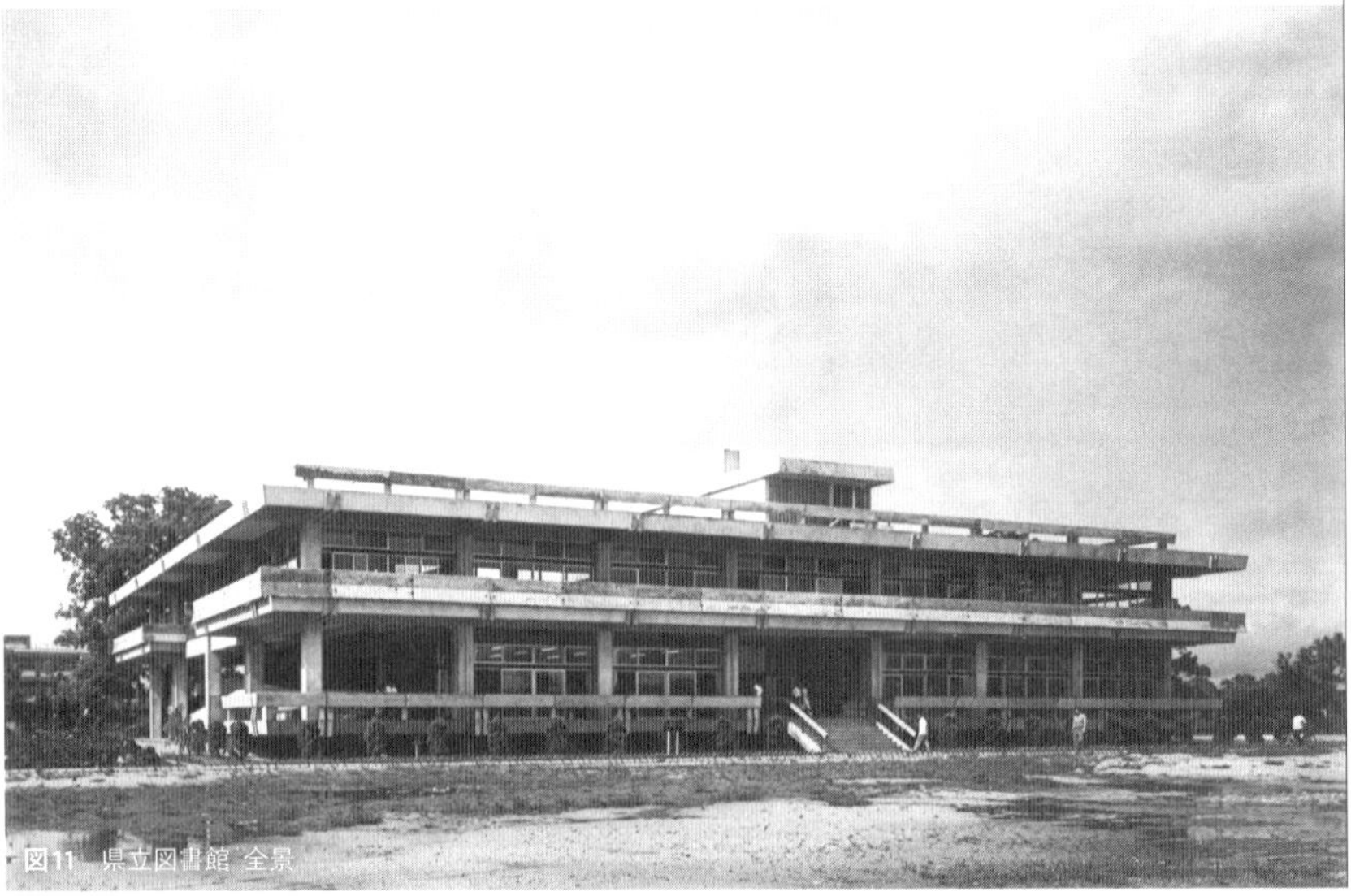

図11　県立図書館 全景

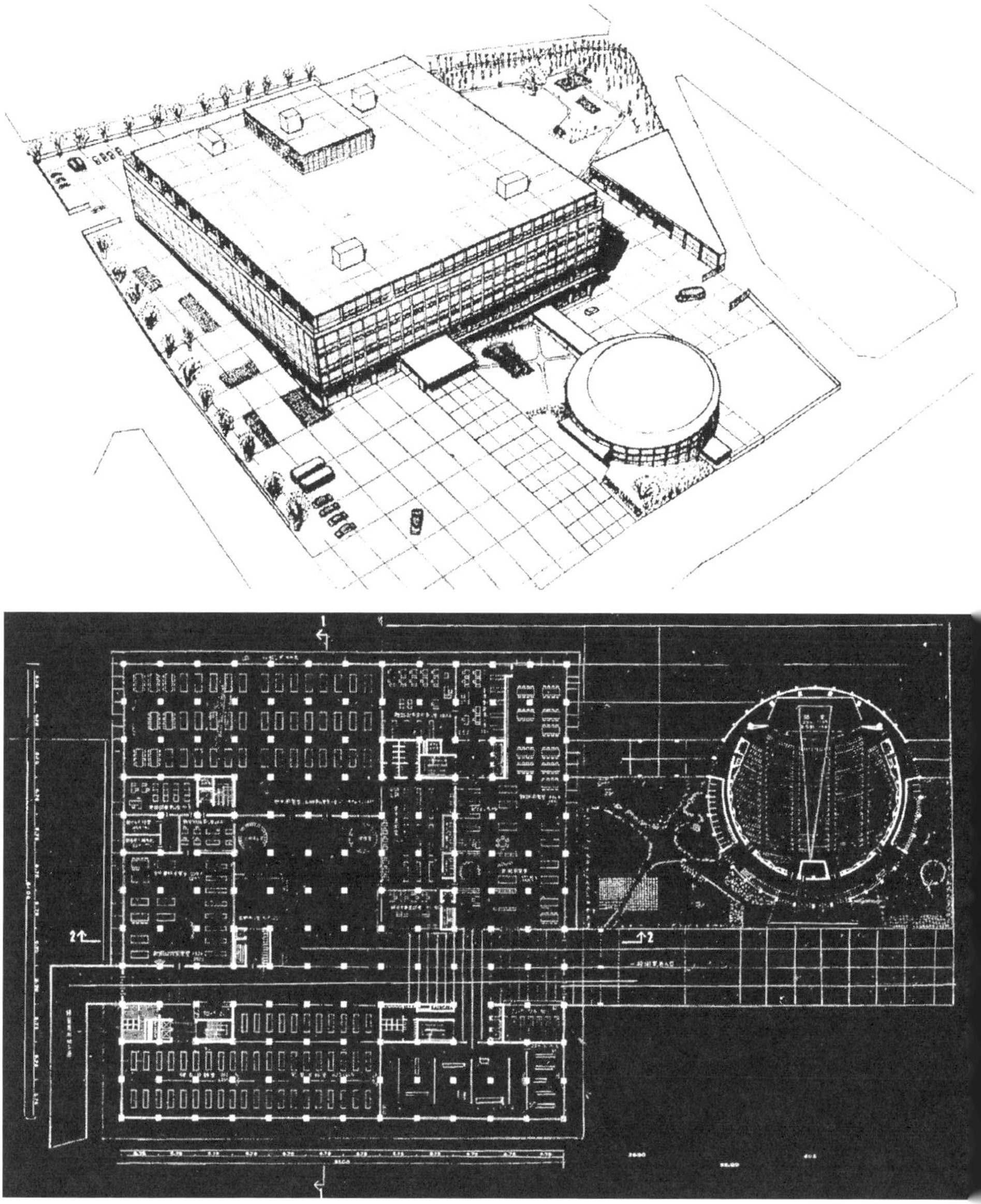

図12　国会図書館 コンペ案

たのは……。

僕は大学で丹下さんとかを見ていたから、大学で仕事をするのはいろいろ問題があることは痛いほど知っていた。だから外に事務所がなくちゃいけない。池田さんに最初、「僕がひとりで仕事するわけじゃないから、設計料をきちんとくれないと良い設計はできません」、それから「第一工房という友達がいるから、一緒にやりましょう」と言ったら、両方ともOKしてくださったからもう何にも言うことはない。

高橋さんも独立してから仕事がないし、僕とは同期みたいなものだから、一所懸命やってくれるんじゃないかと。やっぱり仕事のない人と一緒にやるほうがいいですよね。第一工房の事務所は市ヶ谷にあって、六畳一間くらいのところにスタッフがふたりいた[3]。中に知事さんと僕と高橋さんが座ると、ほかに座るところはない。そういうところへ知事さんを案内してやっていたんですよ(笑)。

《図書館》はもう、高橋さんと一緒に泥んこになってやりました(笑)。講堂は高橋さんがひとりでコツコツと設計した。佐賀市の真ん中に松川屋★という古い旅館があって、そこに泊まり込んでやっていたんです。いまのおかみさんは、そのころ娘さんでね。当時、佐賀には一週間に一回くらいは行っていたかもしれない。電車ではちょっと行けないから、飛行機ですね。

プランはふたりで一所懸命考えましたよ。図書館の人も、これが壊されないのは使い勝手がいいからだと言ってくれている。ひとつは、こういう小さな図書館は、利用者の動線と図書館員の動線が表と裏で貼り合わされていて、しかも先でお互いに接してなくちゃいけない。それから新聞は二四時間、開いてなきゃいけない[4]。その警備はまじめに考えるとものすごく難しかったんです。それがいまだにうまくいって、戸締まりもできる。そういう点では《博物館》のほうは、あそこの具合が悪い、ここの具合が悪いと(笑)。

入り口も公園側だけなら楽なんです。だけど都市全体を見ると、北側にも入り口があったほうがいい。北側に橋を架けてもらおうと思っていました。知事さん、なんでも言うことを聞くから(笑)。まあ、そこまでしなくてよかったのかもしれない。

全国各地で図書館ブームだったけど[5]、先行する図書館があってその真似をすればいいという時代ではなかったんですね。だからプランも何もかも手探りでした図13。

中央の階段まわりはアアルトの《ヴィープリ図書館》★★を意識されたのでしょうか図14。

そうだと思います。《ヴィープリ》とアスプルンド

★ 創業一八五三(嘉永六)年の旅館。旅館としては二〇一〇年に閉業したが、創業時の建物は旧松川旅館として現存。

★★ アルヴァ・アアルト設計、一九三五年、ロシア・ヴィヴォルグ市

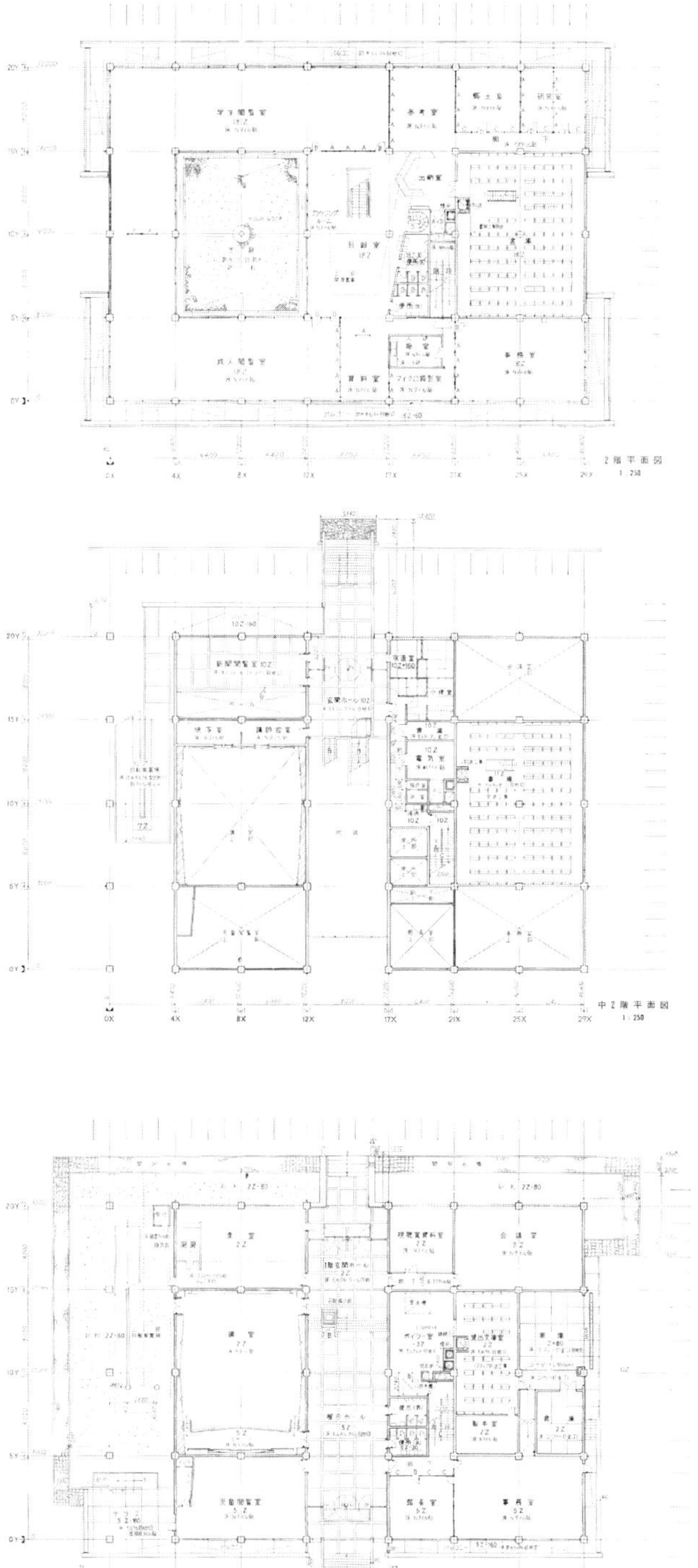

図13 県立図書館 平面図

の《ストックホルム図書館》★はあこがれていたし、イメージにありましたからね。この階段は僕がやったけど、凝っているでしょ。玄関の階段のタイルや手摺りは高橋さんですね。得意中の得意。

それから屋上になんだかわけのわからないものがあります。ししおどしです。真ん中の棒から水が噴き出すと、風向きによってパタンパタンとアトランダムに音が出ます図15。その羽根の色が五種類くらいあったんですよ。日時計にもなるように考えていました。これをつくったのは、図書室が暑いから屋上に水をまきたいということがひとつ。それから図書室って静かだから、ランダムな音でも出したほうがいいかなと。それではじめは動いていたんだけど、そういうのが動かなくなって、直すのに予算をくださいと言っても通らないね。ベアリングも使っていないから壊れるものではないんだけど、錆びつくと動かなくなるのかなぁ。

この手摺りの布地は龍村★★。京都の西陣織、絹織物では日本で最高級です。正倉院御物の復元もやっている。これも絹でつくると高いんだけど、おそらくそうじゃないからわりに安い。龍村を知っているのは、ここにある芳名帳★★★が龍村の布地なんですよ[6]。これは利休梅で、利休がお茶の袱紗や仕覆に使う布地を模様にして、堀口先生が起こし絵図のカバーにした。そ

図14　県立図書館　階段周辺

★　グンナー・アスプルンド設計、一九二八年

★★　龍村（現・龍村美術織物）は、一八九四年初代龍村平蔵が京都に創業した織物業者。

★★★　内田祥哉自邸の芳名帳。来客があると内田が墨をすって来客に書かせる。

図15　県立図書館屋上の噴水

れで余った布地を僕がもらって芳名帳をつくった。中の紙は起こし絵図の紙なんです。《ある離れ》★★★とか、《原澤邸》★★★★、図16、《大木邸》★★★★★でも布地を使いました。

　堀口さんは座布団をふすまに貼ったりするんですよ。座布団を長い間使っていると、四隅が切れてくるでしょ。そのほころんだものを貼ると金箔のような感じになる。堀口さんにはおもしろい話が限りなくあって、床の間には帯地を貼るのがいいと。帯地はこういう布よりまた一段と高級ですね。それで、帯地を次から次へと貼っても、メインのところだけでも貼りきれないわけです。そういうときは一反物の耳、名の入った普通は切り落とすところを使う。そうすると「これは一反使いましたよ」ということになる。そういう知恵をいただいたりしました。やはり数寄屋的思想ですよね。

《図書館》ではモデュラーコーディネーションなどの構法的アプローチはされたのですか。

　当時、住宅や《中央学園講堂》をひとつずつモデュラーコーディネーションでやっていたけれど、《図書館》は第一工房との共同ですから、僕の思い通りにいかないところもありました。それで、《図書館》の設計は一九六〇年からで、僕の家が一九六一年だから、当然、《図書館》でもDφを使っているものだと思っていた。ところが昨日、図面の中の寸法をよく見たら、八〇センチモデュールだったのでびっくりした[7]。世の中はあのころ八〇センチモデュールでしたから、その影響もあったのだと思います。

　僕の家は九〇センチに近い、一メートルと一メートル二〇のモデュールです。一番最初にDφモデュールを使ったのは、《ある離れ》という、僕の義理の父の家の離れです。あの家をつくるためにモデュールを開発したようなものですね。

★★★　山田邸離れ　一九六〇年

★★★★　一九七四年　内田祥哉・鎌田紀彦・佐藤秀工務店設計

★★★★★　一九八七年　内田祥哉・大庭慶雄設計

図16　原澤邸　襖

佐賀県立博物館

《佐賀県立博物館》は一九七〇年竣工です。ちょうど学園紛争のころで、高橋靗一と木村俊彦★との共同でした図17。

三人で合意したのは、この十文字の部分を在来工法にして水平力をとり、そのゆがみ直しとして事務室の一画を固めて、あとはプレキャストコンクリートでいきましょうということです[8]。だから各階でみんな平面が違うでしょ。ああいうところは高橋さんが自由自在にやったから、木村さんはよく対応してくれたよね。それと住友建設★★はＰＣではトップの会社で、たまたま佐賀に根をもっていたこともあって立派な仕事をしてくれました。

この十字形は、僕がこうしようと言うと高橋さんは違うこと言うし、その逆もあってなかなかまとまらない。やっとのことでまとまったと思って、僕が紛争から帰ってくるとまた違う話になっている、ははは（笑）。何度もそういうことを繰り返しました。

木村さんは平面についてはあまり言わない。このあいだ木村さんを偲ぶ会で、磯崎新さんが「僕は木村俊彦さんからあまり『できない』という話を聞いたことはないんだけど、《水戸芸術館》の三角形★★★のときは、

★ 一九二六―二〇〇九 建築構造家。東大卒。前川國男建築設計事務所、横山構造設計事務所を経て、木村俊彦構造設計事務所設立。内田とは、佐賀県立博物館のほか、ＮＥＸＴ21、明治神宮神楽殿で共同。

★★ 佐賀県立博物館の施工は松尾・住友建設共同企業体。

★★★ 磯崎新設計、一九九〇年。「三角形」とは、水戸市政一〇〇年を記念した高さ一〇〇メートルの塔のこと。正四面体が螺旋状に展開。外装はチタン製正三角形パネル、内部は大口径パイプ軸材を鋳鋼によって剛接合で固定している。

図17 県立博物館 全景

さすがに困ったと言ってくれた」と話していた。

木村さんとの仕事は《博物館》がはじめてですね。大学を卒業して間もないころからつきあいはあって、話はよくしていました。それまで僕は、電電公社の人に構造をお願いすることが多かった。《青年の家》の構造は高坂構造設計事務所の高坂清一さん★★★で、電電公社の出身です。

『建築文化』一九七一年三月号の対談や『建築知識』一九七一年七月号を読むと、プランはH型で木村俊彦さんに説明して、L型になったと思ったら、急にクロス（十字）が出てきたと書かれています[9]。

そういう感じですね。僕は、筋が通ったような格好にしないといけないと考える。高橋さんはもう少し感覚的でしょ。だからなかなか意見が一致しない。本当に最後のぎりぎりになって、十字形が出てまとまったんです。僕が知らないうちにこんなになっちゃったかとびっくりしたよ（笑）。

難しいのは、基礎の不同沈下をどう評価するか。もともと地震がくれば液状化するようなところで、木村さんは柱の下を全部梁でつないでいるんですよね。全体がなんとなく、杭にも地面にも支えられている。近くで不同沈下が起きているところもあって、地震が起きたらどうなるかはよくわからない。博物館だから免震にしようという意見もあるけど、地盤からするとその必要はないという意見もある。下が液状化すれば免震効果があるという話もあった。

それから柱の位置を決めるのはほんとに大変でした。上下階で貫通しているわけだけど、各階で都合のいい位置があって、しかもスパンがランダムでしょ。どこへ通したらいいかを考えるのは苦労がありました図18。

十字柱は大高正人の《千葉県立中央図書館》★★★★と同じプレグリッド[10]ですね図19。

そうそう、基本的にはあれと同じです。あれが木村俊彦さんの最初の十字柱かな。十字柱については、梁の交差点の下に柱をつけると、支持するところ（柱の周囲の四本の梁）が四つでしょ。柱をこの真ん中（梁で囲まれた正方形の中央）でやると、ここの梁（柱から正方形の各辺に垂線を下ろした短い梁）は、ここより太い梁を渡すことができて、四つの支点（正方形の四頂点）に力がかかる[11]。そこで力が分散するというのが木村さんの意見です。柱を交差点におくと、（格子を構成する）四本の梁を太くしなければならない。これ（格子の中央に柱）だとここ（柱から格子の各辺におろした垂線）を太くすれば、あとはみんな同じ梁成で納まると。

柱が点ではなくこの格子を面のように支えていて、支える梁が四本から八本になると。

★★★　東大卒。松田平田・電電公社を経て高坂構造設計事務所設立。電電時代は、内田設計の霞ヶ関電話局を担当。

★★★★　大高正人設計、木村俊彦構造設計、一九六八年

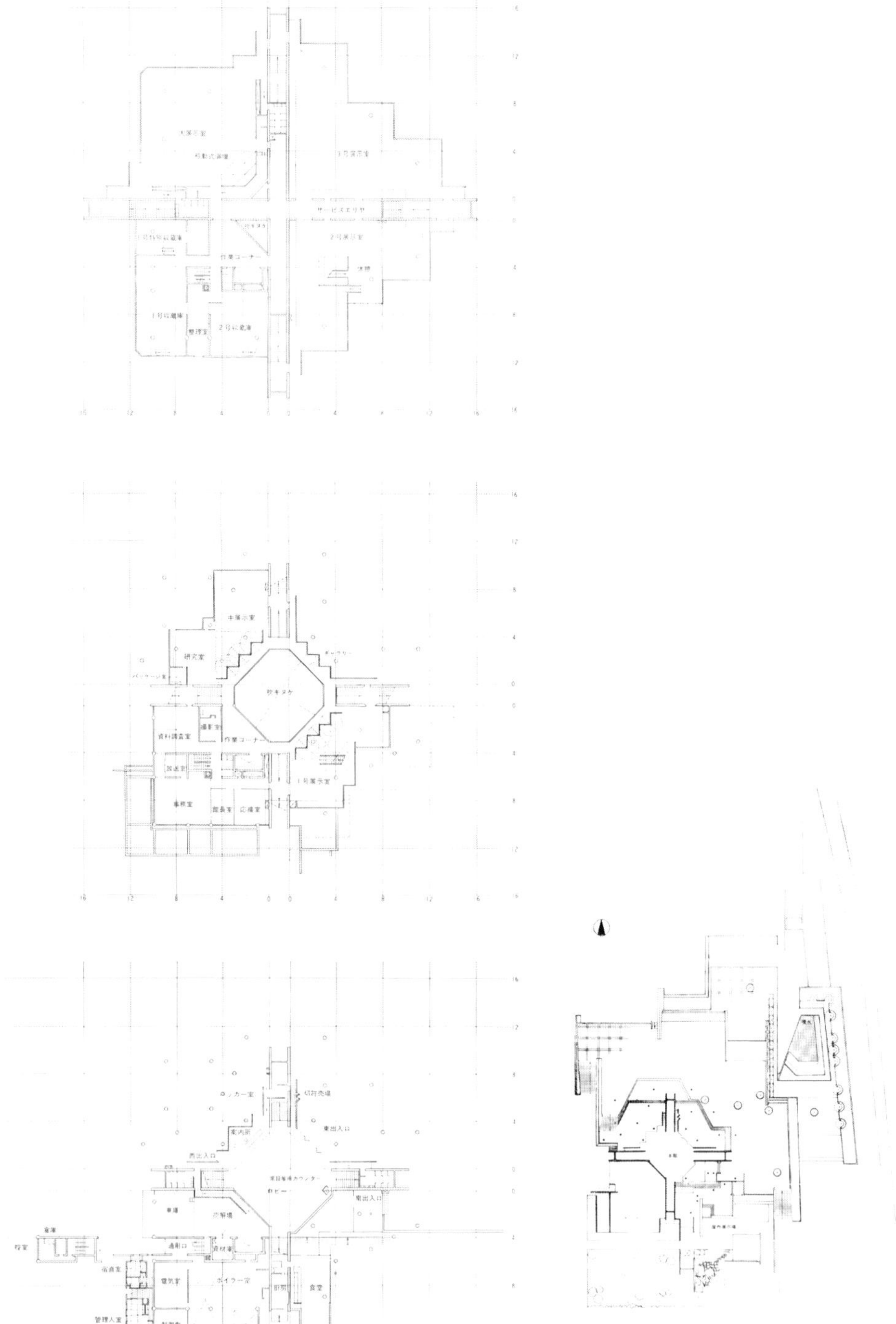

図18 県立博物館 配置図・平面図

図19　県立博物館　プレグリッドの施工

そうそう。フラットスラブで板にしてしまえば、もっとわかりやすいかもしれない。その後、僕が明治大学で立体トラスをつくったときも、柱は支点で支えるとすぐに壊れてしまうので支点の間で支えるようにしました。

階段の手摺りの発想は、ピッツバーグの《アルコアビル》★です。窓が中軸回転で、オープンジョイントにゴムのチューブが入っているものですね。はじめてアメリカに行ったときに《アルコアビル》をゆっくり見せてもらった。アルミが使えるところにはできるだけ使ってショールームにしようというのが、アルコアの考えでした。洗面台もアルミで、内部の配線も銅を使わずにアルミにしている。手摺りもアルミの引っ張り材でつくっていたんですよ。その技術のオリジナルは、電力を送る電線です。銅よりもアルミのほうが軽いから、鉄塔の距離を大きくとって数を減らせるというのでアルミの継ぎ手が開発されていた。その継ぎ手を使って手摺りをつくっていました。それならできるはずだと僕が言ったら、アルミを電線に使う技術は日本にもすでにあって、それを使ってくれた。だからこの部品は既製品です図20。

二本の手摺りや天井のパネル割は高橋さんの設計です。こんなに細い鉄骨の梁を二枚合わせるのだから、

★　ウォーレス・ハリソンとマックス・アブラモビッツ設計、一九五二年。アメリカ、ピッツバーグにあるアメリカ・アルミニウム社（ALCOA, Aluminum Company of America）の本社ビルとして、アルミを至るところに用いた。とくに薄いアルミ板を型押しして強度をもたせたアルミパネル製カーテンウォールが有名。（『新建築』一九五二年一月号）

図20　県立博物館　アルミ手摺り

びっくりしますよね。無垢ですからね図21。

エントランスの陶板画は高橋靗一さんご自慢の水谷エミさん★の作品です。どういう模様がいいですかという話から、単純なのがいいでしょうというので、円になったんですね。あとのデザインはお任せしました。それから石棺は拾ってきたんですよ。このころは出土品は佐賀ではゴミだったんです。これはちょっともったいないし、きっと貴重なものだから博物館に入れましょうと言って[12]、持ってきてあった。その後、吉野ヶ里遺跡も出たし、昔からちゃんとやっておけばよかったよね。

佐賀県立博物館で一九七〇年度日本建築学会賞を受賞されますが、使用者の評価などは聞かれましたか。

収蔵庫を（三階と）高いところに上げたのは、かなり問題でしたね。あそこは湿原帯で、有明海のムツゴロウやワラスボのいるようなところだから、ちょっと上げなきゃいけない。でも上げすぎたために、床が抜けそうだとかずいぶん苦労している。この間から、木村さんのお弟子さんの松本年史さん★★に耐震補強を頼んでいるんだけど、松本さんがまた丹念に「ここが危ない」「あそこが危ない」と根掘り葉掘り（笑）。

それからスラブが四センチで薄いんですよ。雨のかからないところはいいけど、雨漏りはひどくて悩まされました。わりとすぐにはじまって、学会賞のころから漏っていたかもしれない。雨漏りはPCの継ぎ目からもあるんだけどね。博物館の中の柱をつたって雨が落ちてくるのを、ガムテープを貼って漏斗のようにして下にバケツが置いてある。そのバケツがすぐにいっぱいになる。

雨漏りの原因は、屋根全体が動くのもあるし、スラブが薄いから水が溜まるとたわむんですよ。たわみを防ぐためにモルタルを打って逆向きに支えてある。それが荷重になって、またたわむという悪循環。三井所さんに行ってもらって、屋根を剝がしたらそういうことがわかった。これは上に何か塗ってもダメだからと、三晃金属★★★の福来光男さんにお願いして、ステンレスの鉄板を敷くことにした[13]。三晃金属がステンレスの屋根をつくるのははじめてだったので、いろいろと研究をしました。ステンレスでふたをするだけでは、中に空気がたまって持ち上がってしまうし結露する。だから水蒸気の抜け穴をつくる。シームする機械もはじめて輸入した。それが一回目の屋根の大修理（一九八二年）で、雨漏りはピタッと止まりました。それまでは生きた心地がしなかった。これがシームの機械図22。

それから外壁のカーテンウォールはPCなので、いまのALCとは留め方が違います。ALCは荷重は有

図21　県立博物館　三階梁施工

★　有田で活動した美術家。高橋靗一設計の大阪芸術大学第一期でも共同している。

★★　一九五一―　東京芸大卒。木村俊彦の事務所勤務後、松本構造設計室設立。NEXT21の構造設計を木村俊彦の事務所と担当した。

★★★　一九四九年、山口県に創業の金属屋根の製造・施工会社。

★★★★　坂倉準三設計、一九六三年。佐賀県立図書館、博物館とともに佐賀城公園に位置する。清恵庵と同じく市村清寄贈。折板構造の外周壁とRC造シェルの屋根が特徴。

利だけど、アンカーごと抜けてしまう可能性があって留め方が難しい。ハウスメーカーもＡＬＣの壁を留めるために特殊な金物をいろいろ考えています。ＰＣはコンクリートだからしっかりしている代わりに、変形になかなかついていけない。このころはカーテンウォールがまだ日本に定着していない時期なんですよ。いまならカーテンウォールの接合部は層間変位に対して動くようになっているけど、これはただ取り付けてあるだけだから直すのは容易じゃない。そんなことは夢にも思わなかったから、どうしたらいいかと心配しているんです。

図22　県立博物館　防水工事

三階の一画に小さな講堂があります。

当時は佐賀に講堂がなかったんです。向かい側の坂倉準三さんの体育館★★★も講堂に使えるんだけど、いくつあっても足りない状況でした。それで博物館にも小さな講堂がほしいと[14]。

このころは各地に博物館がなくて先駆けの時代だから、博物館の収蔵庫はこうあるべきだといった話はひとつもなかったですね。いまから見ると搬入口が小さいでしょ。それが数年経った《九州陶磁文化館》のときには、文化庁にごっそりと博物館の資料があった。収蔵庫の湿度はどのくらいにしなければいけない。夕方に入ってきたトラックが荷物を下ろしきれないときには、外側にセキュリティのふたをしてトラックごと薫蒸し、翌日にガスを外へ出してからこっちの窓を開けなさい、とかね。いろんなことが言われるようになってくる。でもこのときには、そういうことは何にもなかった。

1　上下足の論文とは、吉武泰水・金子勇次郎・青木正夫・杉森格「上足・下足の範囲と限界線について　そのⅠ〜そのⅢ」『日本建築学会研究報告』（一九五三年三月）のこと。小中学校四五校の調査を元に上下足の履き替え境界や下駄箱の位置について論じられている。

2　掛川市庁舎について内田は「近代和風のような様式的和風」とは異なり、「柱梁が和風建築の組み方をしている」機能主義の中での和風だと述べている。（内田祥哉「林昌二とその作品」『林昌二の仕事』新建築社、二〇〇八年）

3　高橋靗一氏の佐賀県立図書館に関する回想によると「第一工房の所員全員計五人を初代ブルーバードに乗せて、関東一円の図書館を巡り歩いた思い出が消えない」となり、所員はもう少しいたようである。（高橋靗一・第一工房『高橋靗一／第一工房１９６０―２００５』ＴＯＴＯ出版、二〇〇三年）

4　二四時間開いていたかは不明であるが、『建築文化』一九六三年三月号に「新聞閲覧室は、休館時も利用できるよう正面入口に接して設け、管理上の便利さを考え、受付・宿直室と面するように計画した」とある。

5　戦後には図書館・美術館・博物館はじめ各都道府県に多くの公共施設が建設された。都道府県立図書館としては、神奈川県立図書館・音楽堂（一九五四年、前川國男）、東京都立日比谷図書館（一九五七年、東京都建築局・高橋武士）、大分県立図書館（一九六六年、磯崎新、現・アートプラザ）、千葉県立図書館（一九六八年、大髙正人）、岩手県立図書館（一九六七年、菊竹清訓、現・もりおか歴史文化館）、島根県立図書館（一九六八年、菊竹清訓）などが有名。ほかに東京経済大学図書館（一九六八年）、日野市立中央図書館（一九七三年）などの鬼頭梓による一連の図書館建築があった。

6　内田自邸居間の襖にも龍村の古代裂が貼られている。これは、まだ学生であった原広司を連れて出かけたパーティ会場で、「あまりにカジュアルな装いに招待客と気付かれず丁重に追い返され」たあとに立ち寄った龍村で購入したもの。（『住宅建築』二〇〇三年九月号）

7　佐賀県立図書館は、正面入り口から奥行方向が八〇〇〇、その直交方向が六四〇〇、中央のみ八〇〇〇のグリッドで設計された。『設計製図資料２―Ｓ県立図書館』には「この図書館はＸ、Ｙ方向については一・六メートルを、Ｚ方向については三二センチメートルを単位としたＤφモデュールを使った」と書かれている。Ｄφは第四章参照。

8　佐賀県立博物館の構造は、主に階段が入る十字部と南西側の事務所などの部分が現場打ちＲＣ壁式構造、他の展示室部分はプレグリッドのＰＣ構造、三階天井は鋼板梁である。「ゆがみ直し」とした事務室は一階ピロティの南西側を指す。

9　十字型のプランが出てきた経緯について「編集：どのへんで十文字になったわけですか？
内田：最後の一瞬だね。
高橋：行き詰まって、クロスでゆこうかということでしたね。その前に漠然としてＬ型があった。そのとき非常に印象に残っているのは、こういう地盤の悪いところでは、バランスのとれた構造にしないと制約が大きくなるだろうということを木村さんから言われましてね。」（内田祥哉、木村俊彦、高橋靗一、山本学治の対談『建築文化』一九七一年三月号）

10　千葉県立図書館の構造設計は木村俊彦。木村がプレグリッドシステムを採用した最初の建物。プレキャストコンクリートの十字形部材を並べた格子状のスラブと、十字型の柱からなる構造システム。ポストテンションをかけて一体化したスラブを吊り上げ、柱が梁で囲まれた格子中央に入るよう配置し、柱とスラブもポストテンションで一体化する。千葉県立中央図書館は二・四メートルグリッドであるのに対して、佐賀県立博物館は二・〇メートルグリッドである。また千葉ではテーパーの付いた十字柱を用いたが、佐賀では円形の柱が使われている。型枠も、千葉では鋼製型枠であったが、佐賀では型枠の打設回数を多くするため、コンクリート製の型枠が用いられた。（渡辺邦夫監修『Space Structure 木村俊彦の設計理念』鹿島出版会、二〇〇〇年）

11 プレグリッドシステムでは、柱上部にディスクと呼ばれる十字形ユニットが取り付く。これによって柱は四本の梁で囲まれた正方形全体を支えることになり、梁交差部に柱が取り付き周囲の四本の梁に荷重が分散される場合に比べて梁成を抑えることができる。プレグリッドシステムでは、梁を中空式、半中空式などに分けることで梁の外形を統一している。（前掲書）

12 入り口ホールの石棺について内田は、「帯隈山神籠石の最南端から南に八〇〇メートル程の所に低い独立丘があり、その一つに熊本山がある。そしてこの南峰の開発の際に船型石棺が発見された」と述べている。なお、石棺上部にはトップライトが設けられている。（『ＳＤ』一九七一年三月号、鹿島出版会）

13 佐賀県立博物館の防水改修工事では、防水の確実さと軽さ、複雑な屋根形状への対応からステンレス防水工法が選ばれた。特に県立博物館では、四方に張り出した十字形の部分が大きな樋のようになるため屋根形状の複雑さが課題となった。ステンレス防水では内田も述べるようにステンレスの薄板同士をシーム溶接する。（『日経アーキテクチュア』一九八四年一一月一九日号）

14 竣工から一五年ほど経った佐賀県立博物館の現状を伝える記事でも、地方都市の博物館には公会堂的機能も求められていたのではないかと指摘されている。

「美術展示場としての用途さらには、公会堂的機能までもが、この博物館に求められた。さすがに公会堂の役割は担いきれなかったが、三階大展示室の一隅に据えられた移動ステージにその形跡が残っている」（「有名建築その後　佐賀県立博物館」『日経アーキテクチュア』一九八四年一二月一七日号）

Column 5

地方都市の戦後

内田祥哉が高橋靗一とともに、佐賀県の図書館、博物館などを手がけた一九六〇年代ころまでには、各地方自治体での公共建築建設ラッシュがあった。戦後復興のなかで、新しい公共建築の誕生は、新しく明るい時代の到来を予感させるものだった。まだ地方の大学における建築教育が充実していなかった時代に、多くは東京の大学（それも数は限られていた）を卒業した建築家たちに、地方自治体の首長は、戦後民主主義と地方自治とを象徴する建築を期待したに違いない。県庁所在地でもなければ木造二階建てがせいぜいだった地方都市において、鉄筋コンクリート造の建物が突如として降り立ったような様は、古代日本の仏教寺院か、中世ヨーロッパのカテドラルに比すべきものであったろう。

内田と佐賀県との縁は間接的なものだった。当時の佐賀県知事池田直（一九〇一―八五）は、地方自治に転じる以前、会計検査院に奉職し、そのあいだ検査官（のち会計検査院長）を務めていたのが内田の岳父にあたる山田義見（一八九九―一九〇一）であった。山田は大学卒業後、大蔵省に入省。大蔵次官まで務め上げたのち、日本勧業銀行、ついで会計検査院に転じていた。池田、山田とも佐賀の出身である。

建築家と地方都市との密接な関係では、丹下健三（一九一三―二〇〇五）と広島市、今治市、そして香川県との関係がまず思い起こされる。東京大学のプロフェッサー・アーキテクトという地位の高さだけでなく、今治市で育ち、広島高校に学んだ丹下を迎えることは、地方都市にとっても特別な意味をもったことだろう。地方出身で東京大学や早稲田大学といった大学に学んだ建築家が、縁の都市の公共建築を手がけるという構図は多くある。村野藤吾（一八九一―一九八四）と八幡、坂倉準三（一九〇一―六九）と羽島、谷口吉郎（一九〇四―七九）と金沢、前川國男（一九〇五―八六）と弘前、武基雄（一九一〇―二〇〇五）と長崎、増田友也（一九一四―八一）と鳴門、大髙正人（一九二三―二〇一〇）と三春、千葉、菊竹清訓（一九二八―二〇一一）と久留米、山陰、磯崎新（一九三一―）と大分。もっと若い世代でも、毛綱毅曠（一九四一―二〇〇一）と釧路、高松伸（一九四八―）と島根など。

一九五〇―六〇年代に話を戻せば、これら公共建築の計画と造形とは、そのまま市民と地方行政、文化との関係性を空間化することにほかならなかった。ところが、戦後の市民社会を象徴した地方自治体の公共施設も、近年、建物の老朽化、耐震性の問題が指摘され、また市町村合併による行政機能の統廃合によって取り壊される建物もある。世の趨勢ではあるが、その時代の形と空間が失われていくとすれば、それは戦後の起点である戦争の記憶もまた薄れていくということに他ならないだろう。なかには地域の文化的、歴史的な遺産として活用の方向が出されたものもある。佐賀においては、すでに《青年の家》は存続が危ぶまれていたが、博物館については、隣接する県立美術館（安井建築設計事務所設計、一九八三年）が佐賀県生まれの吉岡徳仁の手によってリニューアルされ、博物館と一体化した活用が模索されている。（戸田）

第六章

学生運動

日本の近代建築の歴史は、職能を巡る運動史でもあり、またときに建築関係者たちは——市民のなかのひとりとして、あるいはみずからの職能をかけて——、より広い政治的な運動に参加していった。そのような「運動」からは、距離を保っていた内田であったが、はからずも六〇年代という大きな時代の渦に巻き込まれていくことになる。学生運動だ。無論、内田の立場は運動の主体としてではなく、彼ら学生たちに対峙した教員としての立場であった。この経験が内田のなかに大きな痕跡を残したことは、一九八六年二月二四日東京大学本郷キャンパス工学部一一号館で行われた最終講義の冒頭で、内田みずからあえて述懐していることにもうかがえる。とはいえ、一九六五年から学寮委員を務めた内田の口から語られる、ことのはじまりは牧歌的なものであった。

年に数度の委員会に出ればよいというのではじまった内田の学寮委員としての活動は、しかし、すぐに慌ただしいものになっていく。一九六五年三月にはアメリカがベトナム北爆を開始し、翌六六年山本義隆らを中心にベトナム反戦会議が結成され、後の東大闘争全学共闘会議（東大全共闘）に連なる動きが生まれてくる。一九六二年には東大で大管法（大学管理法）闘争、そして一九六六年にはインターン制度廃止を目指す青年医師連合が結成されるなど、東大紛争の芽が生まれつつあった。そして一九六八年三月医学部学生に対する大量処分を契機として、事態は安田講堂へと収斂していくことになる。

内田は紛争後も、人文・社会科学系の教員らとともに大学改革の原案作成に従事するが、運動の発端から収束までの一連の経験が、内田のなかに大学と学問のあり方について、組織と人間との関係について、深い洞察をもたらしたことは想像に難くない。

建築運動との距離感

先生は最終講義を収めた本の序文で、学生運動の経験が芦屋浜のコンペの審査に生きたというお話をされています[1]。

そうそう、それは大変でしたよ。こういう本もあります（『学問における価値と目的』★）。これは紛争の直後にかかわりました。宇沢弘文先生★★たちと一緒にね。

もっと以前にはＮＡＵ★★★や五期会★★★★、[2]があったけど、僕はそれと距離をとる一方で、学生運動には大きくかかわっていました。ＮＡＵは高山英華先生や、僕の兄貴のジェネレーションなんです。だから聞きかじってはいるんだけど、仲間に入れてもらえるような年齢ではなかった。僕なんかが入るのはちょっと厚かましい感じでした。その後の五期会は同じジェネレーションです。でも僕がいたのは「五人の会」★★★★★、[3]で、これは思想もなくて、ただ集まっているだけ（笑）。

五人の会では、宮内嘉久が左寄りの思想をもっている。あのころの知識人はみんな、左がかっている感じがありましたね。僕は仲間に入れてもらえないというより、入らないでフラフラしていたわけです。吉田鉄郎さんや山田守さんもそうですね。堀口捨己さんは違っていて、思想的に右か左かというのとはぜんぜん異質な先生です。藤岡洋保さんの堀口研究★★★★★★を読んでもそう感じる。僕はそういう先生とつきあっていました。ＮＡＵには入らないけれど、個人的には西山夘三さん、丹下健三さん、池辺陽さん、神代雄一郎さんたちとつきあっていましたよね。

★　竹内啓編『東京大学教養講座 第二巻 学問における価値と目的』（東京大学出版会、一九八〇年）。内田は「建築と建築学」を執筆。

★★　一九二八―二〇一四　経済学者。東大卒。アメリカで教鞭を執った後東大に着任した。

★★★　新日本建築家集団（New Architect's Union of Japan）一九四七年六月に、建築文化聯盟、日本民主建築会などを統合して結成。戦後建築界の民主化を掲げた。

★★★★　建築研究団体連絡会の所墾・現代建築史研究会の一部の会員と、大谷幸夫・大髙正人らが中心となって一九五六年六月結成。

★★★★★　一九五四年に編集者宮内嘉久が、篠原一男、増沢洵、みねぎし・やすお（嶺岸泰夫）、大髙正人、内田の五人について名づけたもの。

★★★★★★　藤岡洋保『表現者・堀口捨己——総合芸術の探求』中央公論美術出版、二〇〇九年

学生運動とのかかわり

東大紛争については最終講義の本などに書かれていますが、一九六〇年安保とのかかわりはあったのですか。

六〇年安保のころは、僕は学生運動とまったく関係がなかった。だいたい、ああいうのは不得意なんだよね。原広司君は得意だったし、僕の研究室には本多昭一君★という活動家がいたから、彼らは活躍していたのだろうけど、研究室ではそういう話はほとんどありません。原君と本多君は傾向が逆だったから、話し合うこともなかったと思う。それでも、研究室ではつねに一緒に仕事をしているという平和な時代でした。

安保紛争は家のテレビで観ていて、原君が捕まらなきゃいいな、なんて思っていた（笑）。本多君にはちゃんと情報が入るから、そういうところに行っても警視庁の柵を巧みに避けて生還してくるわけですね（笑）。宮内康君★★は柵の内側と外側を間違えて、警察のなかに入っちゃった（笑）。そうはいっても、笑い話程度に全部収まっていました。だから一九六〇年代初頭は、学生運動というものをまだわかっていなかった。現実的になるのは東大の学寮委員をやってからですよね。

先生は一九六五年から全学の学寮委員を務められます。

★ 一九三九— 建築構法。東大卒。京都府立大などで教鞭を執る。新建築家技術者集団に参加。著書に『近代日本建築運動史』（松井昭光監修、二〇〇三年）。

★★ 一九三七—一九九二 建築計画・建築批評。東大卒。一九六八年東京理科大着任。翌年設計工房設立。著書に『風景を撃て——大学一九七〇—七五 宮内康建築論集』（相模書房、一九七六年）、『怨恨のユートピア 宮内康の居る場所』（井上書院、一九七一年）

★★★ 東京大学唯一の女子学生寮。港区白金の東大医科学研究所とに聖心女子学院の裏手にあった。二〇一〇年に閉寮。

そうそう。当時、寮は八つあって、駒場寮、三鷹寮、追分寮、豊島寮、井の頭寮、向ヶ丘寮、田無寮、それから聖心女子大の白金寮★★★を抜かすわけにはいかない。

当時、小木曽定彰さんという環境の先生が学寮委員をやっていた。小木曽さんはわりと世渡りが上手な人なんです。それである日、「僕は学寮委員ができたときからもう七～八年やっているので、そろそろ代わることにした」という話を教室会議で聞きました。それで工学部からは僕が行けというんです。建築の先生が辞めたのに、どうしてまた建築の先生が行くのかと聞いたら、工学部でいろいろ議論して、寮の問題だから建築の先生がひとりはいないといけないという話だった。工学部代表の学寮委員にまた建築から選ばれることになって、一番若くてなんにも仕事をしていないのがつかまったんですよ[4]。

それで小木曽さんに何をすればいいのかと聞いたら、年に一度か二度の委員会に出ていればいいという話でした。ところが最初の委員会に出たら、次の委員会はもう一月後だという。それはまず医学部に問題があって、もうひとつは駒場寮にいろんな問題がある。駒場寮は東大本部ではなくて教養学部の管轄で、そちらにも学寮委員がいるんです。だから駒場寮はいろいろと権利を主張して、教養学部を一歩二歩と後退させて、いろいろと獲得しているわけ（笑）。本部のほうは穏やかな寮が七つあって、文部省の官僚である学生部長がキチッと治めている。

大変なのは白金寮でした。これは東大にひとつだけの女子寮で、駒場の学生と本郷の学生が一緒に住んでいるわけ。そこへ駒場の学生の応援団が来て、大学の拘束をうち破るには白金寮が天下分け目の戦いだと。教養学部で獲得した権利をここできちんと守らせないと、本部から圧力を受けて差ができていると。

天下分け目の戦いといってもくだらない差なんだよ。たとえば、お茶碗代が一〇円以上高いとかね。お茶碗代というのは、お茶碗が割れたときの補修費用は学校がもつんだけど、学生にも少しもたせないといたずらに割るからという担保です。そのお金が駒場とほかの寮とで差があると。それから帰りの時間に差があるとかね。それをひとつずつ丹念に駒場の学生が拾い上げて、白金寮の人に「お前、これを言わないのはおかしいじゃないか」と。その主張に学生部長が応えきれなくて、「先生、ちょっと来てくださいよ」という話になる（笑）。それで駒場の学生と話をします。

その細々とした話だったのは二か月くらいです。三か月めくらいから、一月に一度の学寮委員会が一週間に一度になり、二度になり……。だから、その寸前に小木曽さんはちゃんと感知して辞めたんだ（笑）。こっちはそんなことは知らないから、そのなかに突っ込まれちゃった。

学寮委員は各学部からひとりずつ出ていて、全部で七人か八人。法学部は憲法の先生で、憲法とはどういうものかを僕ははじめて教わった（笑）。薬学部は教授が一〇人もいないのに、学部代表はあらゆる委員会に送らなければならないから、ひとり二役くらいやっていてかわいそうだった。工学部は僕が当たったら残りはみんな平然としていればいいけど、それとはわけが違う。

そこではじめて知ったことはずいぶんありますよ。先ほどの憲法の先生には、学部の自治はどういうものかを延々と教わった。大学の自治で一番大事なのは教授会で、国でいう国会みたいなものである。それをどこどこの大学は学生に見つかるからといって学外でやったけれど、あれは一体なんだと。僕は外でやってもいいと思っていたから（笑）。彼によれば、国の憲法を決めるのに国外で開会するなど考えられないし、自治は自治体のなかできちんとやらなければならないと。

大学の自治が問題になったのは人事権なんです。そのもとは、京都大学の先生が辞めさせられたときに、大学が団結して自治を獲得した★。それ以来、大学の先生は文部省がクビにできなくなった。ところがよく調べてみると、法律上はクビにできるんだな。それを質さないことで、自治を獲得していると言ってきたわけです。僕は工学部にいたからそんなことに全く関心がなかったんだけど、大内兵衛さんの森戸事件★★などの勉強をずいぶんしましたよ。だけど僕の父が総長をしていたときの学徒出陣などを見ると、自治なんてあり得ないよね。それから東京大学で一番最初に学生運動が大っぴらにできたポポロ事件★★★がある。そんな勉強をしていたんです（笑）。

学寮委員会の最後は凄まじかったですよ。かつての木造の御殿（旧山上会館）で、八つの寮の学生としょっちゅう団体交渉をする。唐牛健太郎★★★★のように、学生運動家として新聞に名の出ている最先端の連中もいるしね。唐牛なんてかっこいいんだよ、こんな細いズボンを履いていて（笑）。それから民青もいるしね。どこにそんなお金があったのかわからないけど、彼らは「いま駒場からバス三台で応援団がこっちに向かっています」とか言って、なんやかやと時間を引き延ばすわけです。そのうちにバスが来ると、まわりの扉を閉めて帰れないようにして、スピーカーを付けてガンガンやる。

だけど毎週やっているから、話がわりと通じているわけだね（笑）。しょっちゅう会っているような連中には、お茶を飲ませたり、タバコを吸わせたりと。まだ安田講堂に火がつく前ですけど、工学部でもめているのは学寮委員がだらしないからじゃないかという話になって、絵を描きながらお茶碗代がいくら上がったからこうなったとか説明をしました。毎週の教授会で、工学部の三〇〇人の先生を相手に彼らの関心のなさそうな話をした時期もありましたね。それで、僕が学生運動のベテランだと間違えられたんですよ。それがもう運の尽き（笑）。

それから学寮委員会が週に一度くらいになってくると、長年委員をやっている人たちは嫌になっちゃった。これは過激すぎるというので、全員、新しい先生に代わったわけ。だけど建築は早めに代わったものだから、僕だけは代わらせてくれない（笑）。最後は委員長代理までやらされ、あまりの過労に耐えかねることを認めてくれたらしくて、やっと代わってもらえたんですよ。あのころは本当にひどかった。

それでちょっと休息していたときに、大河内一男さん★★★★★が安田講堂に閉じ込められてギュウギュウや

★　一九一三―一四年に京都帝大で起こった澤柳政太郎総長と学部教授会との対立事件（澤柳事件）。教官人事権が教授会の専決事項であることを国に認めさせ、大学における教授会自治を確立した。

★★　一九二〇年東京帝大経済学部助教授だった森戸辰男が学部機関誌に発表した無政府主義に関する論考により起訴された事件。同僚で同誌の編集を務めた大内兵衛も起訴。両名とも有罪となった。

★★★　東大ポポロ事件。一九五二年東大公認のポポロ劇団公演時に、学生が私服警官に暴行を加えた事件。大学の自由・自治を学問的な場に限定する最高裁判断をもたらした。

★★★★　一九三七―八四　五六年北大に入学し、五八年全学連中央執行委員、翌年委員長に就任し、六〇年安保闘争を牽引。

★★★★★　一九〇五―八四　経済学者。東大卒。一九六三―六八年の東大総長。六八年一一月一日東大紛争の責任をとって辞任。

られた。僕はなんの役もなかったけど、大河内さんは外の様子がわかってないから、中に入ってなにかしようと思ってるうちに、安田講堂を占領されちゃった。すると情勢が一変して、各学部長が辞めるわけです。工学部長は土木の先生だったけど、向坊隆さん★★★★★になる。向坊さんは僕が毎週学寮委員の説明をしていたのを見て、学生運動のベテランだと思って学部長補佐に指名するんです。一番上が電気の岡村（總吾）さん★★★★★★、二番めが僕、三番めが総長をやった吉川弘之さん★★★★★★★、その次が高橋（秀俊）さんでした[5]。

それで呼び出されて、その途端にもう家に帰れないんですよ。それで教授会です。片目を怪我している船舶の先生がいて、「来るときにはスパイがいると思って、ちゃんと道を曲がっていかないと危ないぞ」とか言ってね（笑）。そのころは教授会を学内でやるような状況ではなくて、開く場所も転々と変わった。憲法の先生ももうお辞めになっていました。教養学部なんかでやったら学生にすぐに捕まっちゃうからね。今日はあそこ、明日はあっちとかね。

そうすると東京大学は本当にたくさんの施設があって、面白いところがいろいろあることがよくわかった。僕が総長選挙に参加したのは中野の海洋研究所★★★★★★★★です。それから工学部長会議をやったのは、渋谷の児童会館★★★★★★★★★の向かい側。そんなところに東京大学があるなんて夢にも思わなかった。そのときの話だと、二三区で東京大学がない区はない（笑）。

教授会の議題はすべて、紛争をどうやって切り抜けるかという話でした。そのころ僕は学部長付でしたから、学部長についていくと、経済学部かどこかの部屋に全学の学部長の先生がゴシャゴシャっといました。向坊さんや、このあいだ亡くなった大内力さん★★★★★★★★★★もいた。僕はそのころからネクタイをしてなかったから、「内田君はネクタイをしてないから、つかまれなくていいねぇ」と言われて（笑）。だけど、みんな深刻な顔をしていましたよ。

当時の建築学科で学生運動やっていたのは、やはり内田雄造★★★★★★★★★★★だね。それと玉眞郁雄★★★★★★★★★★★★という太田博太郎先生のところの学生がいて、いま鎌田醤油の社長をしている。彼らは大学院の試験を受けさせてもらえないと誤解していたんだ。こっちは受けさせるつもりでいたのにね。それでこちらが会議をしようとすると追いかけてくるんだよ。先生たちはみんなバスに乗って、彼らは自家用車に乗って、高速道路を上がったり下りたりして東京中を追いかけっこしていた（笑）。よくあんなお金があったね。

おもしろかったよ。鈴木成文さんなどはよく知って

★★★★★　一九一七―二〇〇二　工学者（応用科学）。東大卒。東大紛争時の工学部長。一九七七―八一年東大総長。

★★★★★★　一九一八―二〇一三　工学者（電子工学・通信工学）。東大卒。東大工学部長などを歴任。

★★★★★★★　一九三三―　工学者（機械工学）。東大卒。一九九三―九七年東大総長。

★★★★★★★★　一九六二年東京大学に附置された全国共同利用研究所。東京都中野区南台。

★★★★★★★★★　大谷幸夫設計、一九六四年。皇太子成婚記念事業として旧梨本宮邸後に建設。二〇一二年閉館。解体。

★★★★★★★★★★　一九一八―二〇〇九　経済学者。東大卒。東大紛争時の経済学部長。一九八六年内田らが中心となって「木造建築研究フォラム」が発会した際に記念講演を行った。

いる。建築で全学的な学生運動に参加していたのは内田雄造と玉眞と、宮内もやっていたんだろうけど。だいたいみんな、まじめな人たちです。彼らのおかげで、東大広しといえども外から人を入れなかったのは建築学科だけだと僕は思います。あとはもう悲惨な状態で、みんな各大学の旗を立てていたものね。工学部の中にも各大学がいたけど、建築だけは最後まで占領されなかった。他学部の学生が入ってきたときも、ちゃんと内田雄造や玉眞が支配権をもっていたからね。だから建築学科で鍵が壊れたとかドアが傷ついたとかいっても、機動隊が入って彼らが壊す以外にはないと思っていた。それはもう絶大な信頼関係があった。

　当時の学科長は梅村魁先生★。だから梅村先生が最後まで中にいたんだけど、内田雄造と玉眞に肩を押し出されて、「先生、出て行ってください」とか言われて玄関から出た。

　どこまで正確かはわからないけど、おもしろい話はたくさんある。そのへんの記録を一番持っているのは川上秀光★★なんだ。川上君は全学の広報委員長をするくらいに、全共闘と民青のビラを完全に全部拾い集めて持っているわけ。だから先生たちもびっくりするくらいの記録です。やっぱり都市工学科って、そういう市民活動をつかまえるのはお家芸なんじゃないかな。それでいま全体がどういう思想でどう動いているかを考える。法学部の先生たちも川上君を頼りにしていました。

　一番有名なのは高山英華先生。高山先生はいつも紛争の最先端にいて、全学連がいるところには必ずいた。「見学連」って（笑）、先生ご自身が言っていたんじゃないかなぁ。やはり都市工学科はそういう社会情勢をつかまえなくちゃいけない。モノじゃなくて、人を見ている。「見学連」は何人いたかよくわからないけれど、高山先生は服装も際立っていて、一番よく見えるところにいつもいました。

最終講義の本で大学改革案の総長選挙制度を担当したと書かれているのですが、これは具体的にはどんな内容だったのでしょうか。

　報告書がありますよ。第一次報告書といって、これを書かないと辞めさせてもらえない。分厚いから大変で、僕は死ぬ思いで書きました。総長には権限がないから、もっと権限をもたせたらどうか、それが無理なら拒否権くらいもたせたらどうですか、と加藤一郎さん★★★に言いました。加藤さんには笑われたけど、まあ、あちらは法律の大家だからね（笑）。（総長制度専門委員会の）メンバーは農学部、法学部、東洋文化研究所、教育学部からひとりずつ。でも法学部や経済学部の先

★★★★★★★★★★★★　一九四二―二〇一一　都市計画。東大卒。東洋大学教授などを歴任。まちづくりから広く社会問題にも取り組む。

★★★★★★★★★★★　二〇一九年没。香川県坂出市の鎌田醤油は、一七八九年鎌田宇平太が創業。

★　一九一八―九五　建築構造。東大卒。東大教授などを歴任。一月十一日、工学部による建物封鎖に抗議した学生が、建築学科、土木工学科のある工学部一号館に入った。封鎖は一月十八日に解除された。

★★　一九二九―二〇一一　都市計画。東大卒。東大教授などを歴任。都市計画家としてだけでなく、都市計画史研究にも寄与。

★★★　一九二二―二〇〇八　法学者（民法）。東大卒。東大教授。一九六八年紛争当事の法学部長兼総長代行。一九六九―七三年総長。

生は、このくらいのものを一晩で書いちゃうんだなぁ。
原稿三〇枚、昨日一晩で書いたとかね。

東大紛争のころは、佐賀の博物館を設計したい時期ですよね。

そうそう（笑）。その最中にこういう苦労をしていたんですよ。こういうことを苦労してやって、だんだん慣れてくると、全然図面が描けなくなった。それまではわれわれにもっともふさわしい仕事は、写真や図面の説明を書くことでした。ところが当時つきあっていた人たちは、字で書いて、字で表せないものだけを図で描く。嫌々図を入れているわけね。そういうのに慣れてくると、字で書けないものを図にすることしかできなくなって、定規で線を引くことになじまなくなる（笑）。もう一生、図は描けないのかと思っていたんだけど、あるとき図を描きだすと、今度は字が書けなくなっちゃう。図と字は一緒にかけないんだということがよくわかった。

（安田講堂の占拠が）一月一九日に終わったとき、僕は建築の教室にいました。安田講堂の上のほうにまだホースの水がかかっているんだけど、とにかくもう警察が入っていましたね。それで一番驚いたのは、ある三年生が「先生、紛争は終わりました。明日から授業をしてください」と言うんだなぁ（笑）。先生はみんな、唖然とした覚えがある。ああいう学生もいたんだよ。

安田講堂から追い出された後も、教養学部なんかは（学生運動家が）いっぱいいたからね。それから幾日かたって、井の頭線に乗ってるときに、駒場の門の外でいっぱい学生が捕まってましたよ。なかなかすっきりとは終わらなかったよね。僕は総長制度のまとめをやらされたけど、東京大学がこの報告書をつくることで、方々の大学（で残っている学生運動）も収まるという儀式なんです。それで、ほかの大学から東京大学の報告書はいつできるんだとか聞かれる。

その後は、組織運営などでこれだけ密度の濃い時間はもうなかったのでしょうか。

ないですね。でも普通は工学部にいても、建築の先生くらいしか知らないでしょう。今の大学の先生たちも、何か事件でもなければ工学部とあまり接触はないと思う。僕はこのおかげで全学の先生と知り合ったからね。

当時、お父様は、自分が設計した建物（安田講堂）がそういう舞台になったことに感想はおもちでしたか。

ああ、それは平然としていました。火が出ても、元に戻すのにそれほど手間暇はかからないと確信していたらしい。躯体は壊れていないと、あくまで建築的に見ていたんでしょうね。実際、元よりかなりきれいになっちゃった（笑）。木造の民家の補修とかでも、よれよれになっているのがきれいになっちゃうでしょ。だから壊れかかっている家というのも、素人が思っているほど壊れてはいないということじゃないかな。

紛争のその後は鈴木成文さんがよく知ってますよ。僕が本部を引き上げてからは、鈴木さんが入れ違いに加藤さんのところへ行って総長補佐をした。全学集会が神宮外苑のラグビー場で開かれたころ★から、鈴木さんがずっとその任にあった。僕もときどき駆り出されて、伝令をお手伝いしました。

★　一九六九年一月一〇日、紛争解決のために国立秩父宮ラグビー場にて約八〇〇〇名の学生を集めて行われた「東大七学部学生集会」。

1　内田は安田講堂の攻防後に作成された、大学改革案のなかの総長選挙制度を執筆することになる。その際に文系の教員たちと改革案を起草した経験が、『パイロットハウス・芦屋浜』という住宅建設の国家的超大型プロジェクトの審査に当たった時に、その心構えに影響があったと思っている」と述べている。（内田祥哉『住まい学大系／051　建築の生産とシステム』住まいの図書館出版局、一九九三年）

2　当初からのメンバーである村松貞次郎によると、五期会の名は、辰野金吾らを第一期、佐野利器・内田祥三らを第二期、岸田日出刀・前川國男らを第三期、丹下健三・大江宏らを第四期とし、自らを第五期と定めたことによる。（村松貞次郎「『五期会』編年史」日本科学史学会『日本科学技術史大系第一七巻』第一法規、一九六四年）

3　「その会は、はじめ篠原一男（清家清研究室）と、みねぎし・やすお（嶺岸泰夫＝池辺陽研究室）とが、雑誌〈モダン・リビング〉の仕事を通じて知り合い、増沢、大高正人、内田祥哉に声をかけて一九五四年に始まったもので、いずれもぼくと同年輩の、まだ駆け出しの建築家たちである。たとえば、内田が電々公社で担当した霞ヶ関電話局が出来たといっては皆でそれを見にゆき、廻り持ちでその日は篠原の住む駒沢の都営住宅にあがりこんで歯に衣きせぬ意見を言い合うというふうだった。増沢の設計した新宿・風月堂ができてからは、店の主が彼の伯父さんという縁故を頼りにほとんど毎週金曜日夜にはその一隅をコーヒー一杯で占領して、伝統論など議論の花を咲かせていたのである」（宮内嘉久『建築ジャーナリズム無頼』晶文社、一九九四年、再版：中央公論新社、二〇〇七年）

4　「建築の専門家が一人いた方がよいと言うのであったが、建築に関係のある問題はほとんどなく、学生の自治と大学の管理との対立の中で、権利の奪い合いに終始し、常に紛争の火種を抱えていた」（内田祥哉『建築の生産とシステム』住まいの図書館出版局、一九九三年、八頁）

5　高橋秀俊（一九一五―八五、物理学、東大卒）は、内田にとっては武蔵高校の先輩でもある。ただし岡村の回想では学部長補佐としては甘利俊一（一九三六―、数理工学、東大卒）の名が挙げられている。（岡村總吾「向坊隆第二代会長を偲ぶ」『EAJ NEWS』No.88、二〇〇二年一〇月号、日本工学アカデミー）

Column 6

近代建築の転回

内田が学生運動への対応で学内に釘付けになっていた一九六〇年代は、建築と都市だけでなく「近代」そのものがさまざまな水準で批判された時代である。日本建築史においては、一九六〇年の世界デザイン会議におけるメタボリズムの提唱が時代を画するものとして特記される。メタボリズムに先行する存在として重要なのが、イギリスとヨーロッパ大陸の建築家たちによるグループ、チームXである。彼らの主張を約言してしまえば、それは近代主義を主導してきたCIAM(近代建築国際会議)への批判であり、一九二〇年代のル・コルビュジエの言葉「住宅は住むための機械」に表現された建築―機械モデルに対する批判、一九三〇年代にCIAMが『アテネ憲章』として成文化した機能的都市モデルへの批判であった。チームXは、ウェブ(蜘蛛の巣)、クラスター(房)、ステム(茎)などとのアナロジーによる都市―有機体モデルを提示した。それは機能による都市のゾーニングという平面的な線引きを否定して、都市のもつ複雑で立体的な重層性を主張するものだった。メタボリズムも新陳代謝の名のとおり、セル(細胞)をキーイメージとした有機体イメージや、グループ・フォーム(群造形)による集合体イメージを提示した。いずれにせよ、彼らの思想は工業社会の批判ではあるがたんなる否定ではなく、むしろさらなる科学技術の発展を前提としている。工業化社会から情報化社会へと移行する時機をよくとらえた過渡期の思想といえるだろう。

丹下健三やメタボリズムとその世代の建築家たちは大阪万博を皮切りとして、沖縄、筑波、神戸、大阪と開催された博覧会という都市イベントを舞台として実験的なパヴィリオンを設計した。また各地のニュータウン開発や都市再開発にも参画し、地方の公共施設にはじまり、民間の商業施設も手がけて、やがてはナショナル・モニュメントを実現するなど戦後日本の経済成長と国土開発とともに進んできたといってよい。菊竹清訓の九州国立博物館(二〇〇四)と黒川紀章の国立新美術館(二〇〇六)は、そのような世代のモニュメントとしてとらえることもできるだろう。

　こうした国家の趨勢と相伴う建築家の展開を遅れてフォローしながらも、続く世代は異なるフィールドを模索していた。彼らの先導となったのは、伊藤ていじ（一九二二―二〇一〇）である。伊藤を案内に、日本の伝統的な集落、民家を二川幸夫（一九三二―二〇一三）が撮影した『日本の民家』全一〇巻（一九五七―一九五九）を刊行。一九六三年には磯崎新らと都市デザイン研究体を組織して『建築文化』（一九六三年一二月号）誌上に「日本の都市空間」を発表（一九六八年に彰国社より出版）。そして一九六六年にはアメリカのオレゴン大学が金沢幸町で行った調査を『国際建築』誌上に紹介するなかで、伊藤は「デザイン・サーヴェイ方法論考」を発表する。デザイン・サーヴェイはある種の流行となった。神代雄一郎（一九二二―二〇〇〇）や宮脇檀（一九三六―一九八）のサーヴェイが有名だが、たとえば篠原一男（一九二五―二〇〇六）も金沢の調査を行っている。メタボリズムの建築家たちのようなビッグプロジェクトに参加する機会の限られた大学に職を得たプロフェッサー・アーキテクトたちにとって、実務とは離れた、アカデミックな対象として日本の伝統的な空間が新たなフィールドとして見いだされた。

　国土開発・都市再開発と日本再発見。この二つの大きな時代の動きに、大学行政に翻弄された一九六〇年代の内田は無縁であったようにもみえる。しかし佐賀県立博物館をみれば、それがメタボリズムと同時代にあってもっともダイナミックな構造―空間システムの表現になっていることは間違いない（それはさまざまな建築家の構造を担った木村俊彦という存在によるものでもある）。一方で、GUP後期で展開した集団設計の試みや街並みへの関心だけでなく、システムズ・ビルディングのモデルとして見いだされた日本の大工が担う木造の世界の再発見があった。それは都市建築のもつ規範性への注目であり、定型がもちうる多様なものの統一への志向でもあった。内田は都市や空間について多くを語らず、つねに建築を主語にして語る。前衛とも伝統とも距離を保ちつつ、しかし中道にあり不易を求める姿勢によって、つねに時代のなかにあった。

（戸田）

第七章

構法計画・工業化とのかかわり

建物は環境制御のための装置であるという前提のもとに、その空間的な構成を記号によって記述することをめざしたビルディング・エレメント論の着想は、抽象化されたモデルとしての建築と、具体的なモノの世界とを架橋するかに思われた。けれども「建築の構成方法」の科学化・理論化をめざした建築構法学は、やがて行き詰まりを迎える。当初、設計のための方法論として考案された建築構法学は、ＢＥ論と性能論による二本立てだった。一方に建築の部位ごとに要求性能を洗い出し、他方に建築材料ごとの性能表を整備して、両者を照らし合わせるところに、ある合理的な構法が見いだされる。けれども性能論の定量的、悉皆《しっかい》的なアプローチはダイナミズムに欠け、戦後の建築生産の急速な変化にはとうてい追いつくことができなかった。

この時期の内田の思考は、設計論から生産・開発論へと大きく展開し、建築構法は構法計画へと脱皮をはかることとなる。その背景には、新建材の登場とそれを支える業界団体の活動や、住宅メーカーの勃興という建築生産にかかわる画期的なできごとがあった。とはいえ内田の研究は、そうした流行のなかにも不易を見いだすところにある。建築構法を設計論としてみるならば、内田の初期の構法決定論は、エレメント単位の性能の分析と、その性能の足し算であった。もちろん設計は足し算では成立しないし、実際には部位と部位、材料と材料をどのように繋ぐかという問題が生まれる。またカタログ的であった性能論では、新しい構法の開発という視点が抜け落ちていた。こうして個々のエレメントへの関心から出発した「建築の構成方法」の問題は発展的に解消され、開発、生産、流通を可能にする「システム」の問題へと引き継がれる。建築生産の成り立ち、つまり生産システムのルールを明らかにすることができれば、構法そのものを計画することができるのではないか。建築設計の問題も、生産システムという基盤から再検討されることになるのだった。

構法計画へ

BE論からはじまって構法論と性能論に発展した構法分野で、一九七〇年代に構法計画がどのように起こったのかをお聞きします。

ビルディング・エレメントがどうして構法計画に変わったのかは、あまりよくわからないですね。いまから考えると連続的な感じがする。でもある時期には「ビルディング・エレメント論はもうやめよう」と思っていましたから、BE論と構法計画とは違うものだと考えていたのでしょう。

ビルディング・エレメント論は、素材や要素へどんどん突き詰めていくんだけど、そうするほどに設計と乖離していく。たとえばプレハブは建物全体を扱っていますから、ビルディング・エレメント論をどのように足し合わせたら建築になるかを考えざるをえないんだけど、それはなかなか難しい。壁だけの家もあるだろうし、屋根と床だけの家もあるかもしれない。単なる足し算では成立しないというのは、設計をする人はみんなが感じている。分析だけではうまくいかないというのが、ビルディング・エレメント論と構法計画の一番離れたところだと思います。これは僕の頭のなかの話ですね。

それとは別に、構法研究をはじめたころ、ビルディング・エレメント論を建築学会で発表しようとすると、どこで発表していいかがわからない。一番最初は建築材料で発表していたけど、そこでは性能と構法がどうかみ合うかという議論はまったくやらない。そうかといって建築計画では、農村建築とか学校建築の話をしていて、ビルディング・エレメント論とは完全に離れている。どこにもいくところがない。それが、構法分野をつくらざるをえなかった一番大きな動機ですね。そっちのほうがむしろ大きかったのかもしれない。

いまでも境界領域の学問が困るのは、そのときどきで聞いている人が全然違うからいちいちはじめから話をしないといけない。それから大学院生の論文など業績をまとめようとしても、あちこちに出ていると、「あなたは何をやっているんですか」という話になっちゃう。

それをなんとかしようと、はじめは材料にいったけれど、どうも居心地が悪い。それで計画にいったら寛容に受け入れてくれたので、では構法計画だという感じですね。「学問的にどう変わってきたのですか」と聞かれたとき、「僕の頭のなかでこう考えた」と答えたのは後でつくった話なのかもしれない。

産業界とのかかわり

産業界で最初にかかわったのはハードボード協会ですか。

そうだと思いますね。そのころ澤田光英さん★、1から、ハードボード★★を輸入してその指導書をつくりたいという話があった。貧乏な日本にあっては、大変ありがたい研究費をいただいたわけです（笑）。ハードボード協会という名前もややこしくて、硬質繊維板協会★★★、2。

それまで、ハードボードを何に使っていたかというと、ラジオのキャビネットの裏に穴が空いているでしょ。あれがそうです。もうひとつは、東海道線の列車の裏張りに使われていました。日本ではまったく建築に使っていなかったから、少し単価の高い材料だったのだと思う。

委員会を開くときは、研究室にもハードボード協会にも人が集まるような部屋はないので、部屋を借りていました。八畳くらいの和室にみんな集まって、あれこれ相談をして、自分が責任をもてそうな範囲のことを書くわけです。

ハードボードでまずやるべきこととして、施工の前に湿らせなさい、と聞きました。製造過程の最後に乾燥した状態で出てくるから、外気の湿度に合わせてから使うように、と言われたように記憶しています。

それで、ハードボードを釘で留めるんだけど、日本は貧乏だから、なるべく端まで使わなきゃいけない。それで、縁に釘を打って取れたりしたら、メーカーが弁償させられて困るから、「縁から何ミリ離して釘を打ちなさい」とか、非常にプリミティブなことをやりました。いまだったら、会社がそういうマニュアルをつくるんでしょうけどね。少し日本的な判断を加えて、

★　一九二一―二〇一一　建設官僚。東大卒。一九四八年建設院入省。住宅建設課長、住宅局長などを歴任し戦後の建設行政に活躍。

★★　硬質繊維板。木材などの繊維を接着剤と混合し熱圧成型した木質ボードのひとつ。

★★★　一九五三年繊維板工業推進協議会として発足。五七年日本硬質繊維板工業会に改組。一九七七年に現組織名に変更。

日本ではこういう使い方はしないとか、逆にこういう無理な使い方をされそうだとか、考えて書くわけです。ハードボードって、いまでも見たところは、非常に頑丈で硬くて立派でしょ。

松下清夫先生の研究室にはそうした依頼がよくきたのですか。

そういう材料は、ほかにはいかないでしょ。武藤清先生★★★のところはダメだし、平山嵩先生★★★★のような環境の分野でもない。あとは濱田稔先生★★★★★のところだけど、そのころは左官と防火、モルタル塗りの研究で忙しかったから、そういうわけのわからないものは引き受けない。そうかといって、丹下健三さんや岸田日出刀さんには……(笑)。結局、一般構造というのは、方ぼうで専門化されたものの残りみたいなものでね。シビルエンジニアリングのなかで残っているものが土木になっているような、そういう感じですよ。

松下研でも実験などはされたのでしょうか。

実験はしなかった。一般構造の研究室は実験装置がまったくない。だって、釘を端に打って引っ張るにしても、けっこう特別な機械が必要じゃないですか。それに一般構造の実験というのは、釘を打ったときにどのくらいの荷重で抜けるかということではなくて、しばらく使っているうちにはずれてくるという話でしょ。大規模な建物が壊れるとかいう実験ならともかく、ハードボードの端をくっつけるなんて実験には、メーカーはあんまりお金を出してくれないんですよ。「アメリカはこうやっています」と言うと、「まぁ、そうかな」という感じの時代でしたね。

《中央学園講堂》にもハードボードを使われていますね[3]。

そういう知識があるから、穴をあけて使ったんです。普通の合板は穴をあけると、ささくれちゃうでしょ。だけど、ハードボードはもともと密度の高い材料だから、きれいな丸い穴があく。その当時、レゾネーターには絶妙な材料でした。

ハードボード協会の次に、軽量鉄骨協会★★★★★★にかかわられます。

軽量鉄骨協会は、川崎製鉄★★★★★★★がコールドフォーミングの機械をアメリカから輸入して研究をはじめるにあたって、ほかにスタンダードができたら困るというのが、発足の大義名分ですね。あのころは富士製鉄が参入せず、八幡製鉄と川崎製鉄が軽量鉄骨の開発をすることになってひと段落します★★★★★★★★、[4]。

当時、電電公社では軽量鉄骨など相手にしていなかった。「軽量鉄骨のようなちゃちな材料は」と思っていたから(笑)。でも、断面が非常に細くて、わりに強度があるでしょ。だから《講堂》をつくるときには、とても魅力的だったんですよ。

★★★　一九〇三―一九八九　建築構造学。東大卒。東大教授。柔構造研究に取り組み霞が関ビル(一九六八)など初期超高層の構造設計を手がけた。

★★★★　第一章参照

★★★★★　第一章参照

★★★★★★　日本軽量鉄骨建築協会　鋼材倶楽部を母体として一九五五年設立(六八年解散)。公営住宅を中心に勃興期の軽量鉄骨系プレハブ建築の普及に努力した。

★★★★★★★　一九五〇年GHQにより製鉄業の再編が行われた。日本製鉄は八幡製鉄と富士製鉄に解体(その後、新日鉄との合併を経て現・日本製鉄)。川崎重工業からは川崎製鉄(現・JFEスチール)が独立した。

★★★★★★★★　日本における軽量形鋼の製造は一九五五年から。

軽量鉄骨というのは、アメリカでもヨーロッパでも、何百種類という断面があります。L型は、ホットロールでは角の内側が丸い形になるけど、コールドフォーミングでは角の外側が丸くて、中が直角になる★、5。これをチャンネル（C型）にすると、ホットロールではゲージは外—外を測ることに決まっている。ところがコールドフォーミングだと、内側も正確にできるから、中に入れ子にしようなどと考えられるわけ。そういうのが、アメリカにもドイツにもある。

一番ややこしいのは、S字型です。測るべきは外—外だという人と、内—外がゲージになるべきだという人がいる。そういうとき、ヨーロッパは二種類つくるんですよ。外—外がラウンドナンバーになっているものと、内—外がそうなっているものとね。

だけど、日本はお金がない。二種類つくって、どっちが売れるかわからないのは嫌だから、できるだけ一種類にしたい。結局、既製品としてはチャンネル（C型）しかつくっていない。こういうS字型があると本当は便利なんだけど、非常に難しい。それで、モデュラーコーディネーションの話になってくるんです図1。

コールドフォーミングの機械は当時、長さにすると、二〇メートルくらいあってね、その中に十数段から二〇段くらいの機械がある。チャンネル（C型）をつくるときは、最初に端だけ曲げるんです。その次に中央を、サイドを曲げるのと逆にむくらせておくと、あとで両サイドを曲げたときに平らになる。そういうノウハウがあるわけ図2。

★ 熱間圧延と冷間成型。金属の加工方法。

★★ 軽量形鋼のＪＩＳは原案が一九五六年に作成。一九五七年ＪＩＳＧ３３５０（建築構造用冷間成形軽量形鋼）が制定された。

★★★ 第四章参照

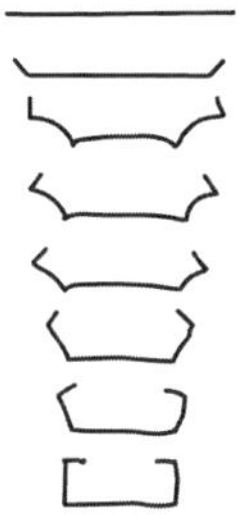

図2 リップ溝形鋼の成形

コールドフォーミングは新聞社の印刷機よりは小さいくらいの大きな機械で、途中のゲージは非常に高価なものです。だから、メーカーはたくさんの型をつくるわけにはいかない。そこで、共通にＪＩＳを決めてください、それを会社同士でやるとケンカになるから委員会で決めてください、という話になる★★、6。

そうして、ある程度ＪＩＳが決まって、どう使うのがいいかとか、天井はこうしようとかと言っているときに、富士製鉄も参画して広瀬鎌二さん★★★に依頼した。それで広瀬さんが委員長で、その下で僕たちが進めたんですね。富士製鉄の断面を決める話は、松下研究室ではなくて、広瀬さんから僕のほうにきた話です。

（資料を見ながら）こんな機械ですよ図3。こういうところをずーっと通ってくると、平たい板がだんだんコの字になって、屋根パネルは二六段ある。それでこういうのができるわけ。最後はこういうかたちにしておいて、隣同士をパチンパチンとはまるようにする。どこから曲げていくかも大切で、あとから曲げられなくなるところは最初にやっておく。

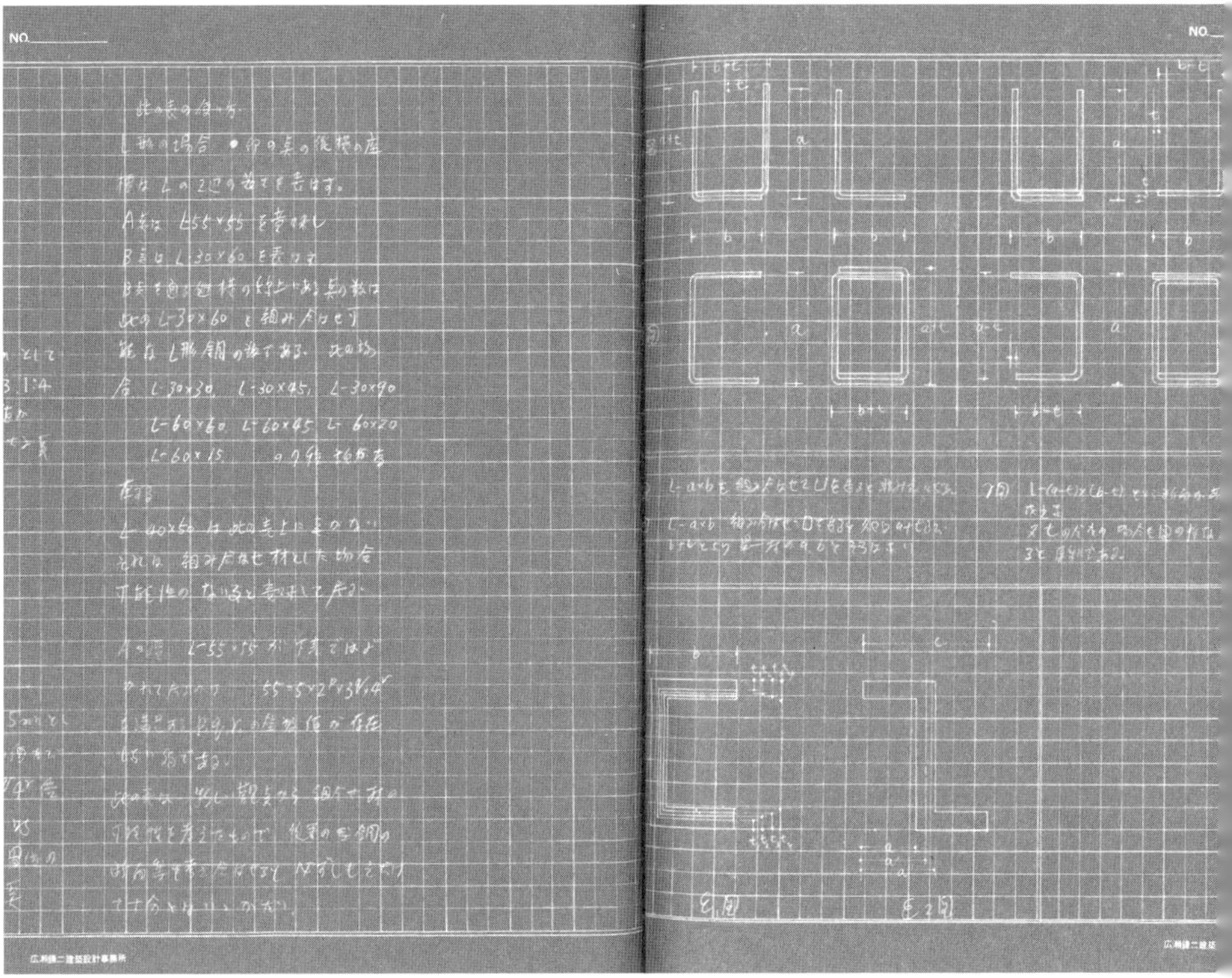

図1　軽量形鋼の断面に関する検討

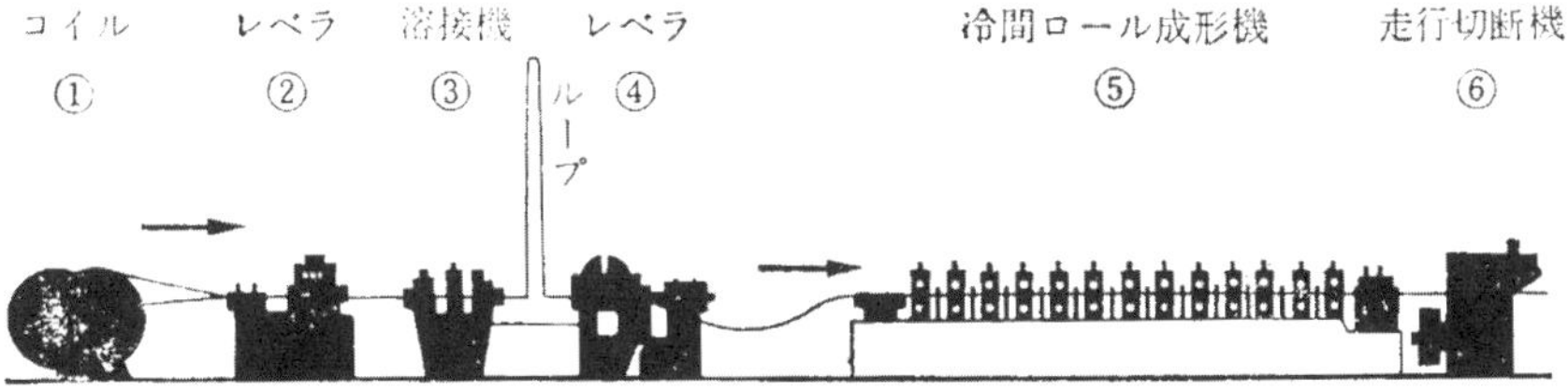

図3　軽量形鋼の成形過程

軽量鉄骨協会の中で、公営住宅標準設計例作成委員会（委員長松下清夫）などにも幹事として参加されていますね。

そう、東京都のね。その前に、田辺平学さん★のプレキャストコンクリートをもとにしたトヨライトハウス★★、7を、建設省住宅局の澤田光英さんと金子勇次郎さん★★★が量産公営住宅★★★★、8に使ったところ、わりとうまくいって全国に普及した。それを見た軽量鉄骨協会が、同じプランで同じ面積のものを、同じ単価でつくろうとしたんです★★★★★、9。

それはコンクリートのほうでつくったパネルを軽量鉄骨にも使えるようにということですか。

いや、それはまったく別です。ただそう考えるのも無理はなくて、田辺さんのプレコンは柱・梁構造なんですよ。木造建築をもとにして、柱・梁をつくり、コンクリートの板を入れる構造です。ところが、トヨライトハウスはパネルを大きくして、パネル構造にしてしまった。だから、外観は同じように見えるけど、田辺さんのプレコンとは似て非なるもの。軽量鉄骨のほうはもう一度、柱・梁構造に戻しているからね。

軽量鉄骨造について当時の文章10を読むと居住性が不安だと書かれていますが、その点はどう考えておられたのですか。

やっぱり、寒いでしょ。それと僕は予想していなかったけどけど、結露がひどいんですよ。東村山に鉄筋コンクリート造の量産公営住宅を建てたのと並行して、鉄骨造の量産公営住宅も建てた。この鉄骨造もメーカーが何社かあって、標準設計に合わせてそれぞれ、同じプラン、同じ面積、同じ単価で設計した。それで、一年くらい経ったとき、冬に雨が漏るというんですよ。バケツに何杯分もジャージャーと、しかも雨が降ってないときに漏るって（笑）11。

でも、当然なんだよね。屋根は鉄板一枚なんだから。下でストーブを焚けば、その鉄板で結露するけど、水は天井に溜まるから当分は見えない。それがバサッと落ちてくるわけですよ。それで公営住宅の鉄骨屋はみんなこりごりして、やめちゃった。われわれも公営住宅に当たれば喜んで入るという時代だったけど、コストは徹底的に安くしたからね。ようするに、鉄筋コンクリートのトヨライトハウスに匹敵する安さでなければいけない。

軽量鉄骨協会とかかわるなかで、ご自身の研究にフィードバックされたことはありますか。

部位別積算★★★★★★、12ですね。それは公営住宅を使ってやった。たとえば、コンクリートと鉄骨の性能を比較するときに、部位ごとのコストでも比較する。軽量鉄骨は、屋根にどのくらい、壁にどのくらいお金がかかっているのか。屋根にお金がかかっているなら、二階建て、

★ 一八九八―五四 建築構造学。東大卒。東工大教授などを歴任。後藤一雄とプレキャストコンクリート柱梁構造の『プレコン』（一九四八）を開発。

★★ 壁式構造・乾式工法のプレキャストコンクリート造住宅。

★★★ 建設官僚。東大卒。建設省入省。建築生産企画室初代室長、住宅生産課初代課長などを歴任。澤田光英の後継として建築工業化を推進した。

★★★★ 戦後、不燃化・工業化を意図して設計された低層公営住宅。

★★★★★ 軽量鉄骨による量産公営住宅は、一九六四年度から六六年度までに六九一戸（すべて二階建て）が供給された。

★★★★★★ 澤田光英が考案した建物の部位毎に計算する積算方式。

★★★★★★★ プレハブ建築関連企業の業界団体。プレハブ建築懇談会と量産公共住宅推進協議会が母体となり、一九六三年に設立された。

三階建てにしたほうがいいとか、壁にお金がかかっているなら、平屋のほうがいいとかという話がある図4。

建設省では澤田さん、金子さんと叱咤勉励して部位別積算をやっていた。僕たちはBE論からの積算をずいぶんやっていて、「BE別積算」で発音がなんとなく似ている(笑)。結論としては、壁はコンクリートにしたほうが明らかに安くて性能もいいわけ。屋根は、さっきのように結露しては困るけど、鉄骨のほうが安いかもしれない。

いまでもそうですけど、日本の請負制度は部位別積算ではなくて工事別積算なんですよ。コンクリート工事がいくら、左官工事がいくら、屋根工事がいくらと、実際に下請けに渡すには工事別積算がないと進まないから、ゼネコンは工事別積算さえあればいい。しかし設計段階では部位別積算が必要になる。だから、工事別積算をもとにして、部位別積算をどうやってつくるかと考えていました。

一方で、プレハブ建築協会★★★★★では部位別積算が受け入れられていた。それは、プレハブ建築協会は標準設計をつくるのがおもな役目だから、どういう屋根がいい、どういう壁がいいというのを各社にまたがって積算しなければならない。それで部位別積算という話が出てくるんですね。

（G表）　公団57—TN—3K—4型（2階建6戸1棟延80.7坪）

部位別 / 工事別	A 仮設	B 基礎	C 主体構造	D 屋根	E 天井	F 1階床	G 2階床	H 外壁	I 戸境壁	J 間仕切壁	K 外部開口	L 内部建具	M 階段	N 雑	O 付帯設備	合計	坪当	比率
1. 仮設工事	120,000	-	-	-			-		-	-	-	-	-	-	-	120,000	1,487	3.1
2. 土工事		41,162	-	-	-			-	-	-	-	-	-	-	-	41,162	510	1.0
3. コンクリート工事	-	160,400	-	-		22,200							-	-	-	162,600	2,263	4.8
4. 鉄筋工事	-	89,600	-	-			-					-	-		-	39,600	490	1.0
5. 鉄骨工事	-	-	762,850	(237,500)	-	-	-	(57,000)	(171,000)		-	-	-	-	-	762,850	9,453	20.0
6. 木工事			-		46,680	113,480	75,100	115,700	65,100	267,150	55,180	-	42,300	-	-	780,690	9,674	20.5
7. 屋根工事	-	-	-	125,625	-		-	-	-				-	5,805	-	131,430	1,629	3.4
8. 金属工事	-		-	-	-		-	-	86,500				-	92,160	-	128,660	1,594	3.3
9. ボード工事	-	-	-	52,200	54,280	-	-	127,960	52,010	82,830	-				-	369,280	4,576	4.7
10. 木製建具工事	-	-			-	-	-		-	-	109,500	169,400		-		278,900	3,456	7.3
11. 硝子工事			-	-			-		-		40,910	7,040	-	-	-	47,950	594	1.2
12. 左官工事		5,040				10,089	-	17,300	87,772		-			1,617		121,818	1,509	3.2
13. 塗装工事		-	13,650		12,240	4,560	-	6,000	630	43,680	14,600	14,800		9,920		120,080	1,488	3.1
14. 雑工事			-	-		19,200	37,800					-	-	241,800		298,800	3,708	7.8
15. 電気工事	-		-	-		-	-		-	-		-			132,000	132,000	1,636	3.4
16. 給排水衛生工事						-	-						-	-	250,200	250,200	3,100	6.5
合計	120,000	246,202	776,500	177,825	113,200	169,529	112,900	266,960	242,012	393,660	220,190	191,240	42,300	351,302	382,200	3,806,020	47,162	100.0
坪当り	1,487	3,051	9,622	2,204	1,403	2,100	1,399	3,308	2,999	4,878	2,728	2,370	524	4,353	4,736	47,162		
比率	3.15	6.47	20.40	4.67	2.97	4.45	2.97	7.01	6.36	10.34	5.78	5.04	1.11	9.24	10.04	100%		

図4　軽量鉄骨住宅の部位別積算

行政による開発プロジェクト——パイロットハウス

一九七〇年ころからは行政が主導してパイロットプロジェクトと呼ばれる技術開発コンペが続きます。パイロットハウスでは住宅建設工業化の提案を募り、先生は審査委員として審査結果の総論も執筆されています。

パイロットハウスは、誰が企画したのかわかりません。でもこの時代、一番権力を握っていたのはお役人だから、トップの澤田光英さんが指示をして、金子勇次郎さんが直下で指揮を執っていたのはたしかですね。ちょうどそのときアメリカでオペレーション・ブレークスルー★、[13]がはじまりますが、その刺激を受けてパイロットハウスができたのか、アメリカと日本でそういうものが同時に起きたのかは、いまひとつはっきりしない。

パイロットハウスの試行建設★★、[14]からはどんなことを感じられましたか。

戸建は、市販されているものよりはずいぶん進んだ感じでよかったと思っています。ただその後、そのとおりにはなっていないですね。よいものを開発したからといって、それを量産して同じものがたくさん建つのもいいかどうかわかりません。

★　一九六九年アメリカ策定された住宅建設一〇カ年計画。

★★　「パイロットハウス技術考案競技」では入選案一六社一七案すべての試行建設を実施した。

図5　三井造船のパイロットハウス

図6　モジュラーハウジング

図7　ハートコアユニット

内田研究室でまとめた試行建設のレポートもあります。

これ図5は三井造船15ですけど、なかなか現場に運んでこないんですよ。ほかのところは五、六階まで建っているのに、基礎しかない。「これで間に合うのかしら」とか言っていたら、一週間で積み上がって、みんなびっくり。でも、つないではいないんだよ。それでみんな唖然とした。

オペレーション・ブレークスルーに多かったモジュラーハウス★★、16に近いですよね。

そうですね。だけど、オペレーション・ブレークスルーにこんな太い鉄骨を使ったのはない。そこは地震があるとないとで本当に違っていて、向こうはとにかく積んでそのままじっとしていればいい図6。

全体的な印象として、期待していた以上の斬新な提案はありましたか。

それはなかった17。みんな在庫を多少変えるというやり方でしたね。ただ松下電工がつくった設備ユニット（ハートコアユニット）18、図7はなかなかよいもので、林雅子さん★★★もこれなら買ってつくりたい、と評価していました。

★★　主にアメリカでみられるプレファブ化された住宅（生産）の名称。工場で生産された箱型のユニットを組み合わせて住宅を構成する。

★★★　一九二八―二〇〇一　建築家。日本女子大卒。内田と同じくパイロットハウス審査委員会専門委員会委員を務めた。

設備ユニット試作競技

パイロットハウスの前に、住宅ではなくて設備ユニットの試作競技がありますね。先生は、七分科会のうち試作分科会および評定分科会の主査を務めています。

それはいろいろ思い出があるんだなぁ。僕が設備ユニットを思いついたのは、それよりはるかに前でね。一番印象に残っているのは、リチャード・ノイトラ★★★★、19の設備ユニットです。アメリカでそういうものを一所懸命にやっていたのは、なんといってもノイトラだと思う。

ノイトラは、あまり有名ではないけれどプレハブもつくっているし、僕は「裸のユニット」図8と名づけた、カバーのかかっていない、配管・配線だけのユニットをつくってアメリカ西部の住宅で使っていたんです。

そういう「住宅の機械」みたいなのをやっていたのは

★★★★　Richard Joseph NEUTRA、一八九二―一九七〇　オーストリア出身のアメリカの建築家。住宅を中心に工業化にも取り組む。

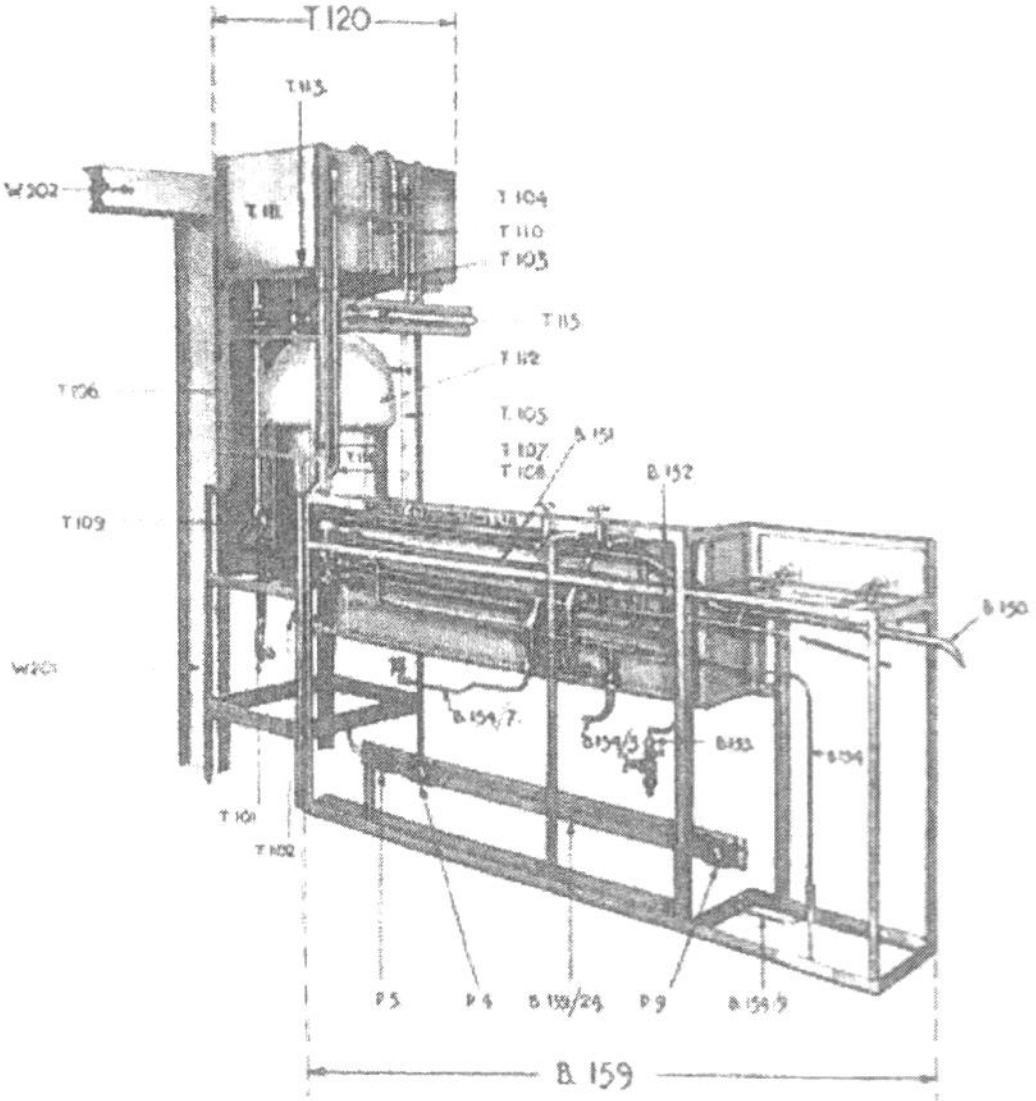

図8　裸のユニット

フラーとノイトラで、僕は戦後間もないころからアメリカ文化センターに行ってはそのコピーをとっていました。

　僕が設備ユニットを本格的に最初につくったのはＧＵＰ４★ですね。ＧＵＰ３にも出てきますが、ＧＵＰ４とＧＵＰ３はややこしくて、「４」のほうが先にやっているんです。ＧＵＰ４は欧州石炭鉄鋼共同体のプレハブコンペに応募しようとしてはじめた。それがきっかけで設備ユニットをつくらなきゃいけないと思い、ＧＵＰ３が終わった後から、ユニットだけの試作をしたくていろんな化学会社にアプローチした。

　ところがそのころ、東大に力がないというより、僕に力がなかったんでしょうけど、会社に行くと片っ端から怒られるわけですよ。学者が遊ぶのに付き合えない、と言うんです。説明も聞いてもらえなくて、憤然と席を立って帰ってきたことがある。

　僕が最初にヨーロッパにプレハブを見に行ったとき、ヨーロッパはすでにみんな、設備ユニットを使っているんです。ノイトラの設備ユニットは、アメリカのものだからかなりしゃれた格好をしているけど、ソ連のハバロフスクあたりのものは、「設備ユニットとは、こんなにみすぼらしいものか」と思うくらいのものです。鉄骨アングルのフレームで、フレキシブルシート一枚、

★　第八章参照

その中に便所がひとつあるだけ。それをスラブの上に置いて、壁を置いて組み立てていく。だから、東欧圏では戦後、設備ユニットはずっとつくっていた。僕たちはノイトラからニュースをもらっていたけれど、それは普及していない。本当に大量生産をしているのはヨーロッパで、そういうのを日本ではなぜやらないのかというので、僕は企業を説得できると思っていたんです。

そんなわけで、試作をするにも資金がないし、科学試験研究費はそういうものに出てこない。それでしょうがないから、模型で配管をつくった。

それを手伝ってくれたリーダーは塚越功君★★や三井所清典君★★★で、実際に手づくりをしてくれたのは伊藤邦明君★★★★。僕は実際に設計をしていたから、配管の設計というのは図面にろくに描いていないと知っていた。配管は実物大でつくってみて、現場にもち込んでつながるかどうかを試してみないとわからない。施工のときにねじを入れられなくなったりするというところまで、過剰に考慮して設計しないとね。それで大学でモックアップをつくった。

ずっと後に、《香港上海銀行》★★★★★、[20]の設備ユニットを日本でつくったとき、竹中工務店の現場に行くとムービングテストをやっていた。工場でつくったものを現場に取り付ける際、廊下を通らなくちゃいけないとか、扉を越えなきゃいけないとか。大きな格好につくってしまうと入らないから分解するとか、配管が傷んだときにリムービングするテストまでやっていると聞いた。やっぱりこういうこともやっている人がいるんだなぁと感じましたね。

そういうのはなかなか実現しないという印象があった。企業もそんなことに付き合っているよりは、売れるものをつくったほうが得だという時代で、悶々としていました。そんなときに、松谷蒼一郎君★★★★★から、設備ユニットを建設省の研究でつくらないかという話があって、それはもう渡りに船だからとすぐに乗ったわけです。建設省も何か次の手を打たなければならないときで、それがうまく合ったのだと思います図9。

ユニット試作のスケジュール[21]はかなりタイトな印象を受けました。

まず、建設省は年度予算で進めているということですね。もうひとつは、企業はわれわれがいろいろ言っても聞かないけど、建設省が招集をかけるとすぐにやるから、勉強をしはじめた。そういう意味では、建設省がのっかってくれたおかげで動き出した。

性能発注では、求める性能をどう表現するかという発注条件づくりが重要だと感じました。たとえば、設備ユニット試作の設計条件として「子供の使用が可能なように十分考慮する

★★　一九三九―　建築・都市防災。東大内田研出身。慶応大教授などを歴任。

★★★　第五章参照

★★★★　一九四一―　建築家・建築構法。東北大卒。東大院内田研修了。東北大教授などを歴任。

★★★★★　ノーマン・フォスター設計、一九八五年

★★★★★　一九二八―　建設官僚・政治家　東大卒。建設省住宅生産課長、住宅局長、参議院議員などを歴任。設備ユニットコンペ、芦屋浜設計競技、ハウス五五などにかかわる。

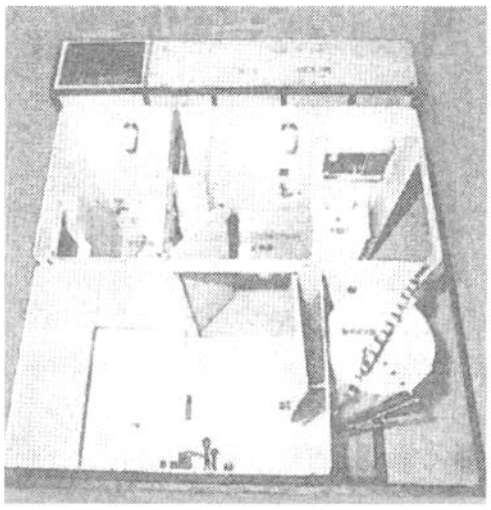

図9　設備ユニット試作例

こと」や「床はすべらないように配慮すること」など、メーカーの自主的な開発を促しています。

それにはかかわりました。こういう企画をやるから発注条件を決めろと。パイロットハウスのときはそれほど印象がないけれど、設備ユニットのときは「こういう質問がきたけど、どうしたらいいでしょうか」としょっちゅう聞かれた。いまでは「手摺りの高さ、いくらにしたらいいですか」などと建設省に聞きに行くばかな建築家がいる。それは「落ちなければいいですよ」でいいはずなのに、「何センチにしたら落ちません」と答えるわけです。だから、「もっと性能的な答えをしなさい」とずいぶん言いました。

たとえばＫＪ部品★[22]では、スチールの会社はスチールの部品にしか、アルミの会社はアルミの部品にしか応募できない。だから、「今度の設備ユニットは鉄ですか、アルミですか」という質問がくる。「そういうばかな質問はやめてください。鉄でもアルミでも、いいものならいいんです」と答える。そうすると向こうは困って、建設省に何度も聞きに行くわけ。それで、「錆びなければいい」とか「水が漏らなければいい」とか、建設省が答える。その応答は建設省の人とずいぶんやりとりしました。

それで試作をすると、「こんなバラエティがあっていいのか」と驚かれた。いままでＫＪ部品というのは、規格、寸法、材質とみんな決まっていて、同じものができると思っていたのが、性能発注でやるとこんなに違ったものができると知って、メーカーはびっくりするわけです。それからは、性能発注について基本的な質問はこなくなりましたけどね。

それがしばらく経って、部品センター（住宅部品開発センター、現・ベターリビング）でＢＬ部品★★[23]の認定が定常業務になってくると、蛇口の水の出方にしても、「使える分、出ればいいですよ」という話が、「一分間に何立米出ればいい」とだんだんになってしまう。この時代から見ると、いまの性能発注はずいぶん固くなっていると思う。

先生はどこかで、性能発注は「男同士の約束」と書かれています[24]。

そう、根本的にはね（笑）。「任せたよ」と言って、「いいですよ」と応えるのだから、江戸時代の請負制度みたいなものだと僕は思っています。

もうひとつ、金子勇次郎さんは「性能発注の特徴は、競争させるところにある」と書かれています[25]。つまり、技術提案をどれだけ集められるか、そこで競争させられるか、だと。

性能発注でないと、鉄とアルミの競争、鉄と木の競争はできませんからね。

★　公共住宅用規格部品の略。公団住宅、公営住宅、公社住宅共通の住宅部品として開発された。

★★　優良住宅部品認定制度によって認定を受けた住宅部品。ＢＬ(Better Living)マークが貼られＢＬ部品と呼ばれる。

芦屋浜

一九七三年の芦屋浜コンペでは審査専門委員長を務められました。芦屋浜コンペは、兵庫県芦屋市の敷地に計三四〇〇戸の複合的な高層集合住宅団地を提案する大規模なものです。

芦屋浜は提案競技だから、設計にはほとんど触っていない。審査委員としてかかわっただけです。真ん中に川が一本流れていて、それをどう扱うかということくらい。実際に企業と一緒にやることはなかったと思いますね。

十数案が入選したパイロットハウスと比べると、ひとつの提案を選ぶのは大変だったのではないですか★★★。

そう、大変だった。ただ幸いにして、最優秀とほかとの差がかなりはっきりしていたから、そんなに難しくはなかった図10・11。

第一位となったASTM案（A：芦屋浜、S：新日本製鐵、T：竹中工務店、高砂熱学工業、M：松下電工、松下興産）の評価を読むと、現行法規に触れる点が比較的少ないとなっています。ほかの提案はどういうところが引っかかったのでしょうか。

ほかは、いたるところで引っかかったんじゃないかな。でも多少は引っかかっても、法規を直せばいいと

★★★ 内田祥哉「ビルディングシステムの評価とそのチェック方法——芦屋浜コンペの場合——上」『建築技術』一九七四年二月号

図10・11 ASTM案

図12 芦屋浜コンペの総合評価

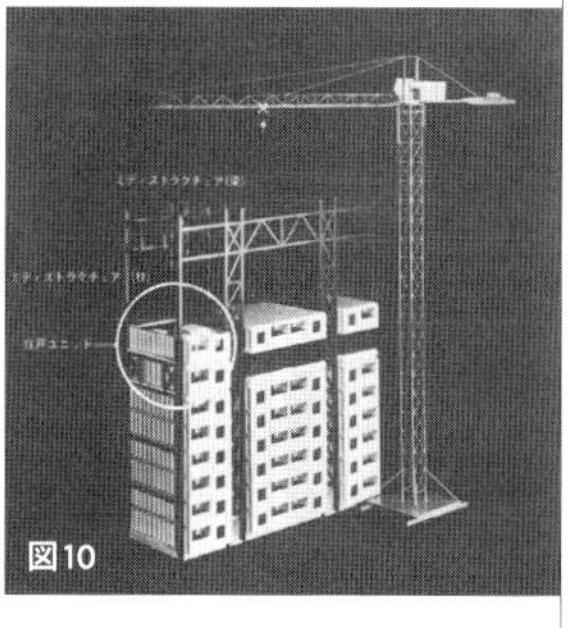

図10

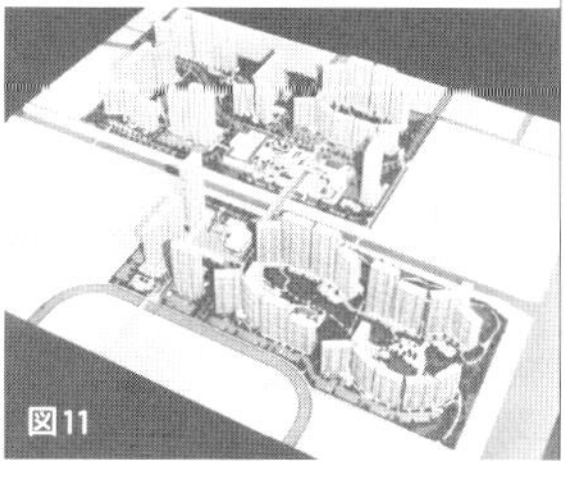

図11

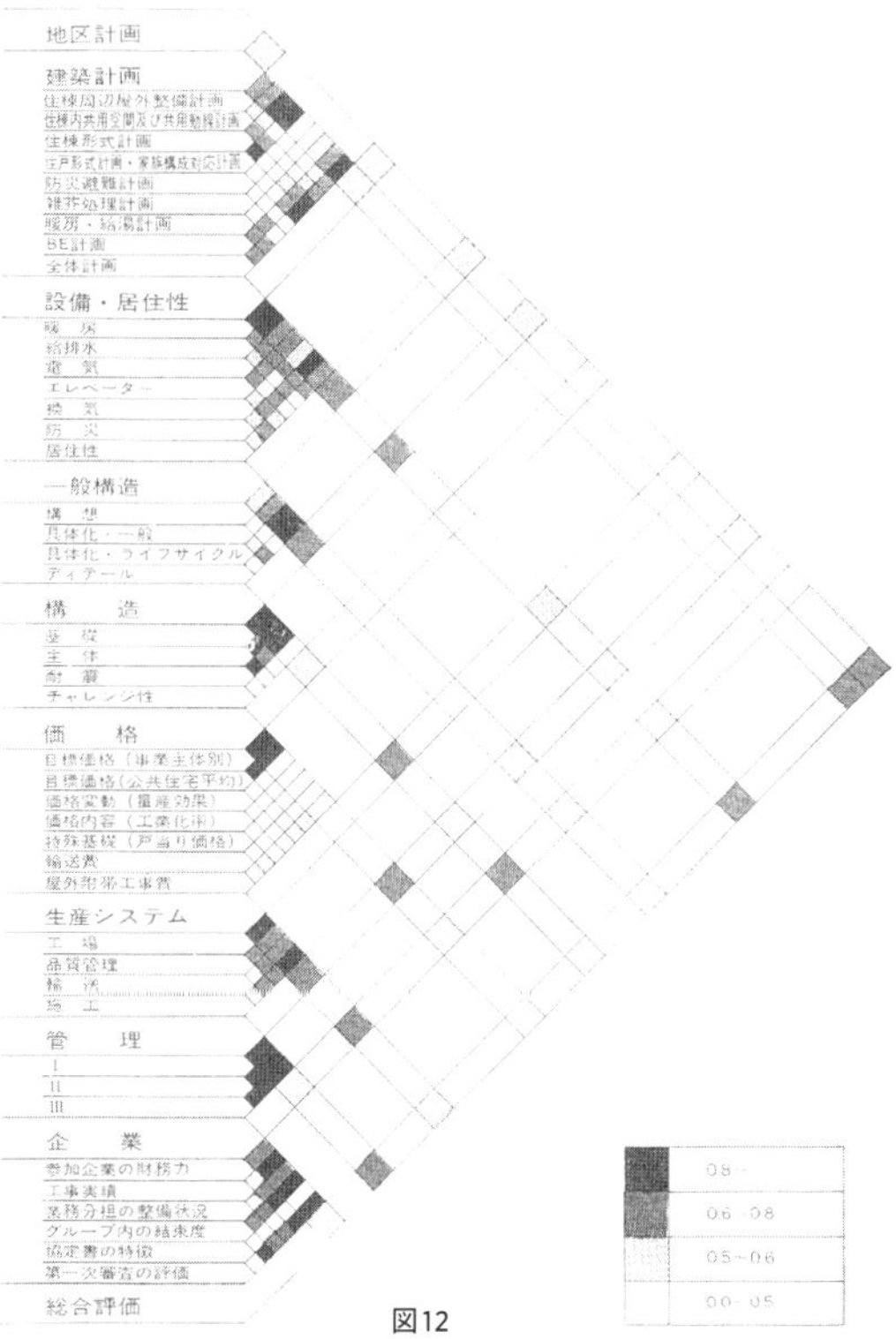

図12

いう感じもありましたから。

竹中工務店（ＡＳＴＭ）の提案は優れていたと僕は思いますよ。鉄骨が途中で切れていたりするけど、あれはいざとなったら簡単に解体して移築できる。プレキャストコンクリートで完璧にできているからね。壁構造でも、日本の木造建築のレベルに近いことができると思う。

パイロットハウスと芦屋浜で、どちらが大変でしたか。

パイロットハウスははじめてだったから、審査は大変でしたね。芦屋浜は同じようにやればいいという感じがありました。

パイロットハウスは十数件を選べるので、芦屋浜のほうが大変かと思っていました。芦屋浜は、性能ごとに分類・評価してグレーディング（性能間での重みづけ図12）すればいいと。

そうそう。だってパイロットハウスまで、建築界ではこういうコンペはなかったでしょ。それができると、「施工者が最初から決まっているコンペとは何だ」とか、「こういうコンペは建築家を圧迫する」とか、いろいろ言われましたね。

当時、先生は建築家協会の機関誌である『建築家』のインタビュー★を受けています。編集部から「建築家というのはもう少しアンチテクノロジーのムーブメントにこそ使命を考えるべきだということになるわけですね」と言われていますね。

いまなら、僕ももうちょっと強気に言い返すかもしれない。芦屋浜コンペの成り立ちのひとつはコストなんですよ。どんな会社が集まってもいいけど、コストを保証する体制でやりなさいと。建築家協会にはそれがカチンとくる。それは設計施工でないとできないからね。設計料が正確に払われていないんじゃないかとか、やたらと騒ぐわけです（笑）。

同じ記事で、パイロットハウスの三井造船のことだと思いますが、「技術的には建築をつくれるが、技術者はこれが建築なのか悩んでいる」[26]と、先生がおっしゃっています。

つくっている人はみんな、そうかもしれないね。三井造船を指揮していた春木（文彦）君★★、[27]は、いまでもわりと元気で、すごくおもしろい人なの。彼は「建築家なしでこういうものをつくって、建築になるだろうか」と心配していたのかもしれない。床ができ、壁ができ、天井ができるけれども、それで建築になるかしらって。それはなかなかよい質問かもしれない。セキスイハイムの人たちも、そういうことをおそらく考えていたと思いますよ。

「そういう悩みに対してサジェッションするのが建築家の役割で、それは組織に入った建築家ではできない。だから、そこに建築家協会の意味がある」と先生はおっしゃっています。

だいぶ甘ったるいことを言っているね（笑）。

★ 内田祥哉「インダストリアリゼーションの波と建築家の職能」『建築家』一九七二年秋号

★★ 一九四四— 三井造船株式会社でパイロットハウス技術提案競技にかかわる。現在アーキノック一級建築士事務所。

建築家と工業化

工業化と建築家について、当時の軽量鉄骨協会の専務理事だった保科（治朗）さんが、「昭和一〇年代から戦後に、プレモスはじめプレハブ住宅の取り組みがいくつかあって、それが一度、下火になった後なので、委員を依頼しても躊躇されて苦労した」28と書かれています。あのころ、住宅のプレハブ化は建築家や一般の人たちにどういうふうに受け止められていたのでしょうか。

時代を戦前まで遡っていいですか。プレハブリケーションに対する考え方が、戦前と戦後直後と一九七〇、八〇年代ではかなりずれがあるんですよ。戦前は、市浦健さん★★★、29、土浦亀城さん★★★★、30、蔵田周忠さん★★★★★、それから前川國男さんといった先生が、とにかくバウハウスに憧れていた時代。プレハブ化は建築家の憧れの的で、建築家はみんな、ジャン・プルーヴェ★★★★★★のようなことをやるんだという勢いだった。

ところが、戦前の人たちがそれを実行したかというと、市浦さんも土浦さんもつくるものは非常にプレハブのように見えるんだけど、それは表面の仕上げだけでね。将来、プレハブができたらこういうかたちにしたいというのを、在来構法で実現したのが戦前のプレハブ。それが戦後、実際にプレハブをやらなきゃならなくなって、最初につくったのは前川さんです。だから、プレモス★★★★★★★、31はかなりプレハブに対する憧れをもってつくったのだろうと思います。プレハブを設計するといえば、建築家はみんな大喜びで飛びつく時代があったわけ。

ところが、実際に積水ハウスやミサワホームがはじめてみると、コストやメンテナンスばかりが問題になって、建築家がデザインするような仕事がなかなかこない。そうこうしているうちに、プレハブがかなり量産されて市場に出てきた。

そうなると、建築家は今度、プレハブに反対をするわけ。その理由は、プレハブは建築家の仕事を奪っていると。それは前川さんがやっていた時代には想像もつかないような逆転劇なんですよ。

このころ、広瀬鎌二さんや池辺陽さん★★★★★★★★、内田先生を含めて、そういった方向を目指した建築家もいらっしゃいました。しかし、前川、市浦が戦前にもっていたプレハブへの憧れが、どうして一九六〇年代には全体に共有されなくなったのでしょうか。

★★★　一九〇四―八一　東大卒。戦中戦後に住宅営団、戦災復興院、鹿島建設などを経て独立。戦後の公共住宅建設に貢献。

★★★★　一八九七―一九九六　東大卒。渡米しライトのタリアセンに入所。帰国後、大倉土木（現・大成建設）勤務を経て独立。

★★★★★　一八九五―一九六六　工手学校（現・工学院大）卒。分離派建築会に参加。武蔵高等工科学校（現・東京都市大）教授などを歴任。

★★★★★★　Jean PROUVÉ　一九〇一―八四　フランスの建築家・工業デザイナー。鉄やアルミニウムによる規格化・工業化に貢献した。

★★★★★★★　一九四六年から五一年まで製造された木製パネルプレハブ住宅。

★★★★★★★★　第四章参照

どういうことなのかな。前川さんや広瀬さんの仕事に対して、建築家が反旗を翻したことはないと思います。プレハブ会社が、設計も含めて独自の生産手段でつくりはじめたときに、建築家が怒り出した。

もうひとつには、世論の動きがある。一般世論は最初、プレハブ建築はダメだと言ったんですよ。学校建築でプレハブ校舎というと、父兄は全員が反対する。実際にプレハブ校舎は、夏は暑いしよくないわけです。現場小屋みたいなものだからね。それで、「プレハブ校舎はあそこが悪い、ここが悪い。早く鉄筋コンクリートの本格的校舎を建ててくれ」ということになる。

ところがプレハブ住宅はそうではなくて、永遠《とわ》の住まいになる。そこが同じプレハブでも、学校と住宅では世の中の人がまったく違ったセンスをもっている。それが同じプレハブという言葉で語られることの不自然さすら、一般の庶民は感じていなかった。

それで、建築家はどうとらえていたかというと、校舎のプレハブに対してはあまり批判をしない。あれは仮設だから、将来、鉄筋コンクリート造になるというので容認していたのだろうと思う。ところがプレハブ住宅は、これこそが将来の住宅だとメーカーが売り出し、しかも建築家は排除している。だから建築家は非常に反対して、僕たちがパイロットハウスや芦屋浜に協力したときの風当たりはすごく強かった（笑）。

プレハブ住宅と内田研のつながりは、いつごろからはじまったのでしょうか。

あの頃はビルディング・エレメント論をやっていて、それとは別にモデュラーコーディネーションに一所懸命取り組んでいた。将来の研究テーマを探しているときに、プレハブ会社から相談を受けたわけです。その話を聞いているうちに、これは研究のテーマになるんじゃないかと思って、風当たりとかと関係なく、とにかく現場を見ることからはじめました。

そういう流れでGUPをやったり、大野勝彦さん★のような人も出てくるわけですね。

そうだと思います。あのころはもう、建築家協会はプレハブに対して魅力を感じない時代になっている。このあいだ来日したカナダのロジェール★★とか、ベルギーのアングルベル★★★などはいまだに戦前の建築家のイメージがあって、デザインをプレハブ会社に売り込もうとしますね。ところが、日本のプレハブメーカーにはそんな気持ちは全然ないでしょ。僕も、プレハブメーカーから直接、この研究をやってくださいというのはなかったですね。メーカーと一対一でやったのは、大野勝彦くらいで。

ヨーロッパのプレハブを見ていると、ジャン・プル

★ 一九四四―二〇一二 東大卒。内田研大学院生時代の一九七〇年、積水化学工業と共同でセキスイハイムを開発した。

★★ Roger-Bruno RICHARD 一九四一― カナダの建築家・建築学者。モントリオール大教授。

★★★ Jean ENGLEBERT 一九二八― ベルギーの建築家・建築学者。リエージュ大名誉教授。

ーヴェは生産しているけど、バウハウスの人たちはちょっと道楽的なところがある。雑誌では建築家が主軸になっていても、実際に建つものはツーバイフォーや煉瓦造がメインですよね。

だけど日本のプレハブは、日本の社会全体のなかで需要・供給のバランスをとらないと、会社として生きていけない。そこからいろんなことを教わったんだろうと僕は思いますけどね。

建築とシステム

先生は、ビルディング・システムという言葉で芦屋浜の評価方法[32]を述べています。建築を、生産まで含めたシステムとして広くとらえていく考え方は、いつごろからでてきたのでしょうか。

部位別の考え方がある程度行き詰まったから、システムを考えはじめたのだと思いますけどね。部位別でバラバラなのを積み上げて建築になるかというのは、三井造船が「床、壁、天井をつくって建築になるか」と心配したのと同じような感じで（笑）。

それから、大工さんのことを考えるとやはり一式請負が良いわけで、パイロットハウスもそうですよね。このへんがシステムが必要だと考えはじめるきっかけだったかもしれません。一式請負を英語でどう訳すのかわからないけど、たぶんシステムだろうと僕は思っている（笑）。

大工などの在来構法を、ひとつの生産システムとして意識されたのはいつごろですか。それまでは工業化という方向に専念してこられたと思うのですが。

それは、建築家協会からしょっちゅう批判をされているうちに思いついたのかもしれない。春木君たちが「ものはつくっているけど、建築になるかしら」と思っていたのと同じように、僕自身も、「工業化を進めていって、建築になるか」という心配はなきにしもあらずでしたからね。建築家協会の人たちはそれこそが建築だと思っているから、それとのせめぎ合いのあいだに、システムというのを思いつくようになったのかな。

しかし切実なのは、積算や工期ですね。積算もトータルコストだから、ビルディング・エレメントの積算と工期を足し合わせてもなにかが抜けている。そこに必要なのはやっぱりシステムなんです。その次にビルディング・エレメントから大野勝彦のような部品化になると、もうちょっと空間に近くなるけど、でも部品を集めて建築ができるかというと、そうもいかない。だからオープンシステムになるには、部品がオープンになるだけではなくて、システムが必要だということになるのかもしれない。どのように思いついたのか、いまははっきりわかりません。

最終講義も「システム」になっていますね。

そう。システムって、なかなか言い逃れがうまくできる言葉だから（笑）。

構法論に性能論を組み合せると、角とか、床と壁との継ぎ目、壁と壁との継ぎ目というのは非常に重要な部分ですね。そういうところから気密が漏れてしまうわけだから、断熱を本気で考えるには、箱としてとらえないと性能がきちんと出てこない。性能論を通じて、ビルディング・エレメントの破綻というか、ひとつのまとまった空間構成にいかざるをえなかったのだろうと思います。

性能論でよく議論していたものに、床スラブに梁のついたT型スラブがあります。それは床スラブだと考えると。それからダブルTがあるでしょ。これもいいわけなんだ。だけど、コの字型のスラブを載せて、それで一つの面を外壁に使ってるのはなんだなんて議論がはいってくると、スラブの中に壁が入ってるじゃないかと。それで、壁のコストと床のコストとどこで分けたらいいかとかね（笑）。それから、デッキプレートなんか使うと、仮設のサポートのコストは、デッキプレートを支えるサポートとしてちゃんと計算できるんだけど、ダブルTスラブのように仮設のいらないもので、しかも天井が吊れる時には床天井として捉えたほうが簡単じゃないか。床天井と捉えると、端っこに来たときの外壁はどうなるかとかね。新しく入ってきた学生さんなんか困るわけですよ。慣れてる人はどっちでもいいじゃないかみたいになるんだけど（笑）。

つまりビルディング・エレメント論というのは、概念としては非常にすっきりしているんだけど、現場では困っちゃうことがいっぱいある。

今のお話を聞いていると、『建築生産のオープンシステム』の中にも書かれているバイパス部品と似ていますね[33]。バイパス部品は、開発の細分化・固定化を防ぐためのものですが、ＢＥ論をいかに補正するかという見方もできますね。『建築生産のオープンシステム』は一九七七年に出版されていますが、オ

ープンシステムは、ＢＥ論の延長線上にあるものなのでしょうか。

それは難しいですけどね。ＢＥ論でこういう本は書けません。このころは建築のデータなんて、十年どころか、二、三年ももたず、一瞬にして役に立たなくなる。いまもそうかもしれないけど。そんなもので論文を書くのは癪だから、もう少し耐久性のある論文を書きたいと思っていた。当時はコストの問題が大事だったから、コストと性能との関係を考えたけど、それも構法が変わるとくるくると変わっていく。労賃と材料費でコストが決まるのに、労賃だけがどんどん値上がりするとそのバランスが崩れるから、構法自体も変わってくるわけです[34]。そこへ揚重機や運搬機が投入されると、構法そのものがコストを伴って流されていく。それで流されないものを論文としてはつくりたいというのが、オープンシステムをやりはじめた一番大きな動機です。

それで、流されないものは何かといえば、モデュラーコーディネーションではないかと思った。プレハブをやりながらそれを使おうとしたとき、モデュラーコーディネーションはオープンシステムのためのものだと感じたわけですよ。それで、オープンシステムとモデュラーコーディネーションが結びついた。でも、そもそもモデュラーコーディネーションはデザインのためのものとして僕はやっていたので、それが建築生産性と結びつくなんてことは夢にも思っていなかった。それができたので論文が書けたし、本も書けるんじゃないかと思ったわけです。

1　澤田光英は、戦後四二〇万戸の住宅不足と言われるなか、住宅生産の工業化・部品化による住宅生産の産業化や、住宅公団の住宅団地開発などに関わる。一九七四年建設省退職後は、日本住宅公団理事、日本建築センター理事長などを歴任。『わたしの住宅工業化、産業化の源流物語』（日本建材新聞社、一九九七）。構法に関する技術開発を顕彰する内田賞委員会委員も務めた（『日本の建築を変えた八つの構法』内田賞委員会事務局、二〇〇二年）。

2　『創立五〇周年記念誌——木質ボード時代の創生に向けて』日本繊維板工業会、二〇〇七年五月

3　ホール最後部の映写室壁面はもっともエコーの原因になると考えられたことから、せん孔ハードボード（内側に空気層とロックウール）が使われている。『建築学大系40　鉄骨造設計例』（彰国社、一九七〇）

4　新日本製鐵編『戦後の鋼構造建築と建築用鋼材の発展』（一九七七）によれば、中之島製鋼（現・日鉄建材）が軽量形鋼の製造を開始したのは一九五五年八月である。他社においても社史によれば、川崎製鉄は一九五七年四月より、富士製鐵は一九五七年五月より、軽量形鋼の生産を開始している。『プレハブ建築協会二〇年史』（プレハブ建築協会、一九八三年）の八幡製鐵高木氏の回想によると、一九三七年にストリップミルの工場を建設したが技術的な課題から生産に至っておらず、戦後、USAアームコ社の指導により、大量生産が可能になった。

5　ホットロール（熱間圧延）は熱した金属をローラーの間に通して成型する方法で、H型鋼など重量鉄骨に用いられる場合が多い。たとえば、ホットロールで上からローラーで押さえつけてC型鋼にする場合、ローラーで押さえつける入り隅部分は角が丸くなる。これに対してコールドフォーミング（冷間成型）でC型鋼をつくる場合、常温の鋼板を何段階も折り曲げて加工する。そのため角が丸くなるがRは小さく、鋼板の厚みもほぼ一定であるため、内田が述べるようにC型鋼の幅を板の内法とすることができる。

6　矢島詠子ほか「戦後の我が国の鉄骨構造の発展に関する研究」その1—4『日本建築学会大会学術講演梗概集』一九九七—九九年

7　プレコンの施工性を向上させるため壁式構造・乾式構法に改良したプレキャストコンクリート造住宅。屋根は木造であり、一九六〇年のトヨライトハウスB型からは、薄肉リブ付きPC版が使われた。開発は一九五〇年にトヨタ自動車から独立したユタカプレコン（豊田の一文字を取りユタカ。現・トヨタT&S建設）と東京工業大学教授の加藤六美によって進められた。PC版接合部も、従来のモルタルから、パッキンを挟んだボルト接合に変更し乾式化をはかった。

8　量産公営住宅実施要綱（一九六二年に局議決定）に基づき供給された量産公営住宅は、躯体構造システム、小屋組システム、内装システムの三つのサブシステムに分割され、躯体はプレキャストコンクリートの中型パネル、小屋組は軽量形鋼、内装は木質・窯業系ボードで生産された。同六二年には、複数の内装メーカーによって日本住宅パネル工業協同組合が設立されており、日本のシステムズビルディングの先駆けともいえる。なお内田が指摘しているキーストンプレート屋根の結露については澤田も指摘している。（澤田前掲書註1）。量産公営住宅に関しては内田祥哉『建築の生産とシステム』（住まいの図書館出版局、一九九三年）にも詳しい。

9　プレハブ建築協会編『プレハブ建築協会二〇年史』（プレハブ建築協会、一九八三年）より。これはプレキャストコンクリート造の量産公営住宅を参考に、軽量鉄骨協会が軽量鉄骨を躯体として開発したもので、連棟型の公営住宅を建設するなどしたが、量産には至らなかったことを東郷武が指摘している（東郷武「日本の工業化住宅（プレハブ住宅）の産業と技術の変遷」『国立科学博物館技術の系統化調査報告第一五集』国立科学博物館、二〇一〇年）。内田は日本軽量鉄骨建築協会が作成した「軽量鉄骨プレハブ公営住宅標準設計例」（一九六三）において、軽量鉄骨プレハブ公営住宅標準設計書作成委員会幹事会主査を務めている。なお、それ以前にも公団住宅や公営住宅に軽量鉄骨が用いられている。

10　日本軽量鉄骨建築協会の専務理事を務めた保科治朗が『鉄骨造プレハブ住宅について』（日本軽量鉄骨建築協会、一九六二年）に寄稿した「プレハブ住宅企業化の問題点」においても、仮設事務所などで鉄骨プレハブの需要が伸びていると述べる一方、これを住宅に適用する上での課題として居住性の向上、乾式工法であることによる材料の重複、工場生産における高精度が求められるための労務費の高さの三点をあげている。

11　この話は東京街道団地（一九六二年九月竣工、現在の東大和市、東村山駅から一駅の小川駅の西方約一五〇〇メートル）を指すと思われる。屋根にはキーストンプレートが用いられた。キーストンプレートの結露に関しては『プレハブ建築協会二〇年史』（一九八三年）にも「採算を度外視して工事を実施し、事態を迅速に処理した」とある。

12　通常の積算が仮設工事、土工事などと工事別に集計されるのに対して、部位別積算では、工事費を工事ごとに並べるのに加えて、屋根、壁といった部位毎に金額を分割し足し合わせることで部位ごとに工事金額を算出する。澤田も部位別積算について「設計者のためのコスト管理用の積算方式」と述べている。（澤田前掲書註1）

13　オペレーション・ブレークスルーを推進したHUD（住宅都市開発省）の長官は、アメリカンモーターズ出身のジョージ・ロムニー（George Romney）であり、自動車と同じように、住宅も工業化によって一〇年間で二六〇〇万戸の住宅建設を目指すとした。オペレーション・ブレークスルーでは二二のコンソーシアムが選定された。内田はオペレーション・ブレークスルーの視察について、「日本のパイロットハウスから見た米国のオペレーション・ブレークスルー」（『学士会月報』一九七二年四月）にまとめている。内田は、パイロットハウスと比べて、住宅団地の開発計画に重点があること、ユニオンの存在が職人を使わないユニット化を促進していること、を指摘している。時期を見ると、パイロットハウスがオペレーション・ブレークスルーに影響を受けたというよりも、二つは同時進行である。澤田はオペレーション・ブレークスルーの視察が芦屋浜の提案競技に影響を与えたと述べており、オペレーション・ブレークスルーにおける都市問題への関心に影響を受け、都市レベルの芦屋浜提案協議につながったとも考えられる。（澤田前掲書註1）

14　これらの試作は、千葉県稲毛海浜ニュータウンと高島平団地、大阪泉北ニュータウンに建設された。稲毛海浜ニュータウンのみ共同建てとなり分譲された。内田研究室でまとめた試行建設のレポートがある。『GLASS & ARCHITECTURE』（綜建築研究所、一九七二年五月号）

15　パイロットハウス入選案のうち、三井造船を除く一五社は工業化住宅の生産において実績のある会社であった。三井造船の提案は、ブロック造船の技術を用いた大型ユニット（三一五〇×二六七〇×一〇八〇〇ミリ）が最大の特徴で、個室・寝室／居間・台所／設備の三種類のユニットをつないで一戸の住宅をつくる、大きなコンテナを積み上げるような構成である。内田が「つないではいないんだよ」と述べた接合部は、鋼製のほぞをガイドに沿ってほぞ穴に差し込む仕組みである。なお提案段階の接合部はボルト留めだった。内田祥哉、春木文彦「ブロック造船における中高層プレハブ住宅」。初出『ディテール』二〇四号「三題噺」第三八話、二〇一五年四月

16　ユニットは、セクショナルと呼ばれる。自動車のように運べるモービルホームと異なるのは、複数のユニットから一つの構造体が構成される点、基礎を必要とする不動産であり建築法規への適合が求められる点である。ナショナルホームズ社、ウェスティングハウス社、アメリカンスタンダード社などが一九七〇年代の代表的なメーカーで、他業種からの参入も多かった。（J・A・ライデルバック『モジュラーハウジング』工業調査会、一九七四年）

17　審査各論で杉山英男は、知名度の高いプレハブメーカーの提案について、「手堅い」、「そつのない」、「つばを心得た」、「外野犠牲フライ」のような提案と述べている。その上で、建築分野外からの応募であった三井造船の提案については「一服の清涼剤であった」と述べている。（建築省建築生産企画室監修、日本建築センター編『パイロットハウス技術考案集』工業調査会、一九七一年）

18　ナショナル住宅建材（現・パナソニックホームズ）がパイロットハウスで提案した設備ユニット。バス、トイレ、洗面、キッチン、洗濯コーナーからなり、外気に面せず配置することができた。また、電子レンジ、食器洗い機などをオプションで付け加えることができる。同様の設備ユニットの提案は東急プレハブにも見られる。

19　ノイトラはフランク・ロイド・ライトの事務所で働いたあと、ルドルフ・シンドラーの誘いで西海岸に移住。多くの住宅建築を手がけた。内田が指摘するノイトラの設備ユニットについては「ＫＪ部品からＢＬ部品へ　公共住宅部品のオープン化への起点」（『ＢＥ建築設備』建築設備綜合協会、二〇一一年一〇月号）でも触れられている。なおノイトラ設計のブラウン邸（一九三八）には、バックミンスター・フラーのダイマキシオン浴室ユニットが使われている。

20　吊り構造によるストラクチャーを採用したフォスター設計の香港上海銀行・香港本店ビルは、過密な香港の中心地区の限られた敷地に建つため、建築部品の徹底したプレハブ化による施工性の向上がはかられた。建築部品は世界各地で生産され、竹中工務店は他二社と共同でサービスモデュールとライザー（モデュールに伴う設備、配管、配線などのユニット）の設計・施工などを担当した。イアン・ランボット編『ノーマン・フォスター作品集３』（同朋社、一九九三年）

21　一九七〇年五月に設計基準・開発要領の説明があり、同一一月二六日に参加メーカーと併せて試作要領などを発表。一二月一〇日で試作申込を受け付けた後、民間企業二五社が試作を行い一九七一年四月三〇日に試作体が搬入された。評定結果は同年六月に公表された。内田祥哉『建築生産のオープンシステム』彰国社、一九七七年、六一頁

22　公共住宅用規格部品（ＫＪ部品）では、部品を共通化することにより、需要量を取りまとめ、良質で安価な住宅部品の生産・供給を目指した。特定の住宅・建築を対象としたクローズド部品とは異なり、多くの不特定な住宅・建築で使われることを想定して開発されたオープン部品であることがＫＪ部品の特徴である。代表例としてステンレス流しがある。これは公団住宅での利用を前提に需要を確保した上で、メーカーが開発を行い、公営住宅、公社住宅にも共通化したものである。

23　ＫＪ部品とＢＬ部品の最大の違いは、対象を公共住宅に限定せず、開発においては性能発注により、開発者による自主的な改良・開発を促す点にある。また瑕疵保証や損害賠償のＢＬ保険も準備された。一九七三年二月には、ＢＬ部品の開発や選定のため財団法人住宅部品開発センター（現・ベターリビング）を設立し、同年一一月、四品目をＢＬ部品としてはじめて認定した。

24　「発注方式に対する思想の変化には、信頼の拡大という意味が大きいと見ることもできる。男と男の話し合いで『よろしく頼む』といえば、一片の文書がなくても思った通りの仕事ができるとすれば、それは信頼が極限まで拡大された状況といってよいだろう。性能発注は細かい図面よりも、大きな目的と条件を示して発注しようという思想であるから、その思想的極限は『男と男の話し合い』であるという見方も全く間違っているわけではない。」（内田祥哉『建築生産のオープンシステム』彰国社、一九七七年）

25　「私たちは、性能発注方式を提案したときからその開発の可能性をできるだけ広く追求するというねらいから、競争的な手法との併用を本質的な要素の一つと考えているのだが、いわゆる設計施工一貫方式にはそのような競争的性格が備わっていないから、これを性能発注方式の現実例の一つと見なすことは適当でないように思う」（金子勇次郎「提案競技と審査：パイロットハウスに即して」『建築雑誌』一九七三年五月号）

26　「プレハブをつくった人の中には造船技術者がいるわけだけれども、彼らが常に一番悩んでいることは、自分が常日頃みている建築と同じものをつくる技術をもっているし、出来上ったプレハブも、今までの建築と同じであると思うというのだけれども、しかし、建築とはそれでいいんだろうか、これで同じかどうかということについて、非常に深刻な疑問をもっているわけですよ」（内田祥哉「インダストリアリゼーションの波と建築家の職能」『建築家』

一九七二年秋)。同様の指摘は内田祥哉「住宅と性能」『建築雑誌』一九八〇年四月号にも見られる。

27 三井造船のパイロットハウスにおける提案およびその後の展開については、内田との対談に詳しい。(『ディテール』二〇四号「三題噺」第三八話、二〇一五年四月)

28 「外国では勿論随分前からやっておりますし、わが国でも昭和一一年頃からプレハブ住宅が試みられ、第二次大戦中から戦後にかけて木造の仮設的プレハブ住宅が行なわれ、終戦直後これが企業化されていたことも周知のところでありますが、これらはいずれもたいして伸びないまま、むしろ失敗の印象をのこして消え、現にわれわれが本格的なプレハブ住宅を試作するために委員会をつくった一昨年七月頃にはまだ建築界の権威ある方々が委員としての責任が果たせるかどうかということで委員就任を躊躇されたくらいでありました」保科治朗「プレハブ住宅企業化の問題点」『鉄骨造プレハブ住宅について』(社団法人日本軽量鉄骨建築協会、一九六二年)

29 市浦の公共住宅の仕事としては、スターハウスの設計やニュータウン開発がよく知られる。また住宅営団時代に組立住宅の試作を行ったことに加えて、住宅営団に入る以前も、自邸(一九三一年)など個人住宅の設計においてトロッケンモンタージュバウ(乾式工法)を試みるなど、日本における住宅工業化の先駆である。(速水清孝ほか「市浦健の設計と諸活動に関する研究」『住宅総合研究財団研究論文集』第三四号、二〇〇八年)

30 土浦はライトのもとでノイトラ、シンドラーとも交流。一九三五年の二軒目の自邸は、白い箱形の外観や内部の立体的な構成、乾式工法の利用などにより日本のモダニズム住宅の先駆けとして知られる。

31 プレモス(PREMOS)とは、プレハブのPRE、前川國男のM、小野薫のO、山陰工業株式会社のSとそれぞれの頭文字をとった造語である。飛行機製造に従事していた山陰工業の軍事技術の転用によって、戦後の住宅不足解消を目指した。炭鉱住宅などとしても建設された。

32 建設省住宅生産課監修『工業化工法による芦屋浜高層住宅プロジェクト提案競技』(日本建築センター、一九七四年)のなかで内田は、審査の概評および審査各論をどのように統合したかをまとめた「ビルディングシステムとその評価方法」を執筆している。

33 バイパス部品については、内田祥哉『建築生産のオープンシステム』第五章に詳しい。同書の外函にもバイパス部品の図が描かれている。互換性のある部品によって全体を構成する場合、部品の種類を増やせば全体は多様化する。一方で、部品の分割の仕方が同じであれば、できあがる全体は一定の型に収束し画一化する。たとえば、日本の戸建住宅の外観は、屋根葺き材、サイディング、サッシなどによって構成され、それぞれ多くの種類があるが、外観全体で見ると多くは似通ったものである。内田はこうした画一化について「経路選択」を用いて説明する。碁盤上である点からある点まで動くとき、途中の通らなければならない点が部品の分割点である。ある分割点から次の分割点までの経路のとり方が多様化しても、分割点をつないだ全体の型は似通っている。バイパス部品とは、従来の部品の分割点をまたぐ部品であり、これによって全体の型は画一化から免れる。例として内田は風呂とトイレが一緒になったユニットバスをあげている。

34 労務費が上がると、建設費に占める労務費の割合が増えてプレハブ化のメリットが生じる。歴史的に見ると労務費と材料費の割合は四対六や三対七程度で一定だが、これは労務費の上昇をプレハブ化や新しい材料、工法で吸収してきたためと考えられる。(内田祥哉『プレファブ』講談社、一九六八年)、同『建築生産のオープンシステム』前掲

Column 7

内田賞

「内田賞」は内田祥哉の退官を機に、建築にかかわる技術を表彰することを目的として設けられた賞である。内田のほかに池田武邦（日本設計）、高橋靗一（第一工房）、林昌二（日建設計）、太田利彦（清水建設）、澤田光英（日本建築センター）と内田と親交のある設計者らによって内田賞委員会を構成し、事務局を日本建築センターに設けて運営がなされた。最終的には一九八八年から二〇〇一年にかけて八件を内田賞として表彰した。受賞した技術は以下である。

- 目透し張り天井板構法の開発と普及（第一回、一九八八年七月）
- プラスティックコーン式型枠緊結金物の開発と普及（第二回、一九九〇年六月）
- 床上汚水配管システムの開発と普及（第三回、一九九一年一〇月）
- 木造住宅用引き違いアルミサッシの開発と普及（第四回、一九九三年四月）
- 洗い場付き浴室ユニットの開発と普及（第五回、一九九四年六月）
- 磁器・炻器質タイル張り外装の開発と普及（第六回、一九九六年一月）
- プレカット加工機械の技術的開発と普及（第七回、一九九七年九月）
- 敷き詰め畳システムの成立とその普及（第八回、二〇〇一年六月）

それぞれの技術について、開発やその後の普及過程が内田研ＯＢの現役研究者を中心に詳細にまとめられ、書籍化された（『日本の建築を変えた八つの構法——内田賞顕彰事績集』内田賞委員会事務局、二〇〇二年九月）。

このように受賞した技術は建築社会に広く普及し、われわれが生活や生産の場で日頃用いている技術である。しかし、それぞれの技術に関する記述を読めば、建築を専門とする人間であっても、建築をつくり、使う便利さを裏で支える技術に対していかに無関心であったかに気づくだろう。目透し張り天井板のように何の変哲もないような住宅建材であっても、その開発や普及には多く知恵とのエネルギーが注ぎ込まれている。また、ガラパゴスとも言われるが、日本において建築・住宅にかかわる建材や部品あるいはその施工法がいかに独自の発展を短期間に遂げてきたかもわかる。たとえば、タイルを外壁に用いることは諸外国ではそれほど一般的なものではない（こうした事柄も多くの人は認識していない）。

内田賞の対象にはすべて「開発（第八回のみ成立）と普及」がつけられている。機能や性能に優れた技術の開発に加えて、それを改良しながら普及させる過程に価値をおいていることがわかる。同書で原広司が述べるように、内田美学とは「『その奥に隠された』知恵と、一般化にむけての潜在力」にある。（権藤）

第八章

東京大学と明治大学での教育

内田祥哉は、創作の人であり、思索の人である。建築家であるとともに、みずからが研究者であり、大学人であるという立場を自覚的に引き受けて、大学という場所がいかにあるべきか、また研究はいかにあるべきかを、くり返し自問してきた。建築家として、研究者として大きな足跡を残した内田は、大学にあってまたよき教育者でもあった。講義室での座学だけでなく、研究室でのプロジェクトをつうじて学生たちのエネルギーを引き出し、ともに考える姿勢は、多くの研究者・建築家を育てた。

GUP（A Group of University's Prefabrication System）は、東京大学内田研究室で一〇年をこえて継続されたプロジェクト教育である。この一研究室の教育実践が、日本の戦後建築史のなかでも特筆される理由はどこにあるのだろうか。

今日でこそ産学官連携がうたわれているが、一九五〇―六〇年代においては学問と大学の自律の意識は、大学人のありようにもかかわる問題であった。実務の世界がそのまま流れ込んできたような研究室は、学内での批判にさらされていたという。GUPは、このような大学における教育と建築実務とのあいだのギャップを埋めるためにはじめられた。

六〇年代の内田は、アーキテクチャとビルディング・サイエンスとのあいだに一定の距離を置きながら、建築構法という学問分野の確立に努力していた。そのようななかで教育に軸を据えながら、上級生が設計し、下級生が模型をつくる設計・施工分離をつうじて実務の実感を得るところからGUPは始まった。学生の代替わりと時代の変化、内田の関心の移り変わりとともに展開し、そのなかには、実施に至ったものもあった。このような学生との教学半ばするプロジェクトは、明治大学に移ってからも、机や間仕切りフレームの実施制作に引き継がれていく。

GUP

GUP★の目的の一つは学生に実務を経験させることとされていますが、当時、大学で設計実務を経験させることは難しかったのですか。

難しいと言われるようになったのは丹下さんの研究室が学校にあって、夜も電気が煌々とついて設計料を稼いでいる。あれはけしからんじゃないかと言われていた。そもそも教育と研究が主であるのに、学校の施設を使って個人の利益のある仕事をしているのはおかしいと言われていました。

それから大学の製図で一番いい加減になるのは、図面に整合性がなくてもよいわけですよね。デザインの絵としてのおもしろさがあれば技術的な中身が詰まってなくてもよいということが多い。構法の研究室はそれではいけないということで技術の整合性のあるものをつくる。そのためには本当は現場が欲しい。われわれが設計しても現場でそんなものできませんと言われることが多いので、GUPも模型を下のクラスにつくらせて、模型のできないものは本物もできないと考えてもらおうとなったわけです。模型をつくる人が設計図だけしか見ないで模型ができなかったら設計が悪い。設計と施工（模型）を分けるのはGUP7、8になっても守られています。

GUP3では電電公社の高坂清一さん★★に構造設計を依頼されていますね？　実務を意識されていたのでしょうか。

実際の設計では構造計算と平行にやっていって、ある日あるとき、構造計算からダメだよって言われることがある。太さは納まっても、継ぎ手が納まらないよって言われる。そういう経験をしてもらえると思うから。実際の構造計算をやって、実際の継ぎ手・仕口もちゃんと描いてもらって、研究費だから十分なお礼はできないのだけれどもちゃんとお礼をして。学生さんに経験を積んでもらおうと。

最近では、逆に大学で実務が重視されてきています。

そういう感じですね。薬屋さんや自動車会社と共同で研究したりね。それもないと研究のタネも見つからない感じでしょ。当時だってそうなんですよ。そういうことをやらない研究室はどんどん役に立たない研究しかやらなくなる感じ。梅村先生★★★はそういうことをよく言ってらした。構造の研究者がラーメンの角の爆裂だとかの細かい研究ばかりしていて、超高層の地

★　巻末の作品リスト参照
★★　第五章参照
★★★　第六章参照

震対策とか低層建築のコンクリートの地震の問題みたいなのをやらないとおっしゃっていました。

研究テーマを実務に近いところから探していくというのも、GUPの目的として考えてらっしゃいましたね。

まだ市場に出ていないようなテーマにすると、現在の技術に何が不足しているかが分かるんじゃないかということですね。GUP2は部品を集めてアパートをつくる技術が日本になかったから選んだテーマです図1。現場打ちコンクリートなら大工さんが型枠つくるから一軒一軒違う家ができるけれど、PCの型枠をつくって量産すると、違った問題が出てくる。

テーマを選ぶのは学生さんには無理だから、僕が選びました。その当時はまだ型枠を量産して現場で組み立てるというのがなかった時代だから、GUP2では低い四階建てから始めました。日本ではもっと高い建物まで手作りの型枠ですね。それはなぜかというとコンクリートの強度計算が建物全体をひとつの塊として考えているのですよ。ヨーロッパだと地震がないから部品を組み立てるだけでいい。日本だと部品をつなげてやるとすると、つなげる所にいろいろ問題がある。

GUPの独自性というのは、単なる設計課題ではなくて、ひとつのプロジェクトのなかで、構造計算を行い、施工の計画も考えるという総合性にありますね。

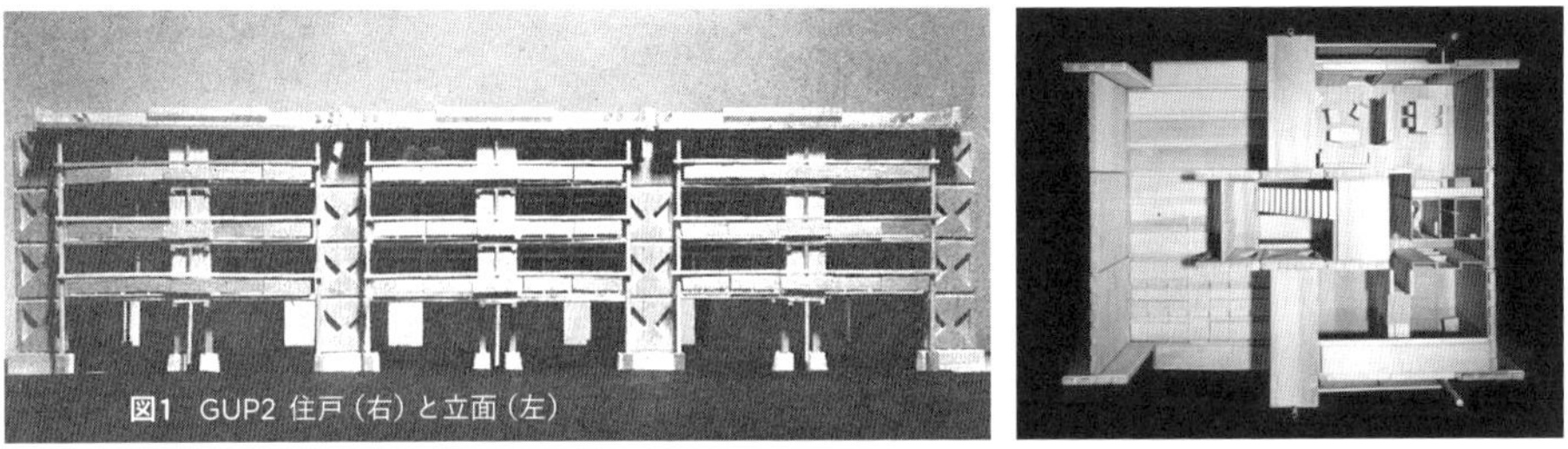

図1　GUP2 住戸（右）と立面（左）

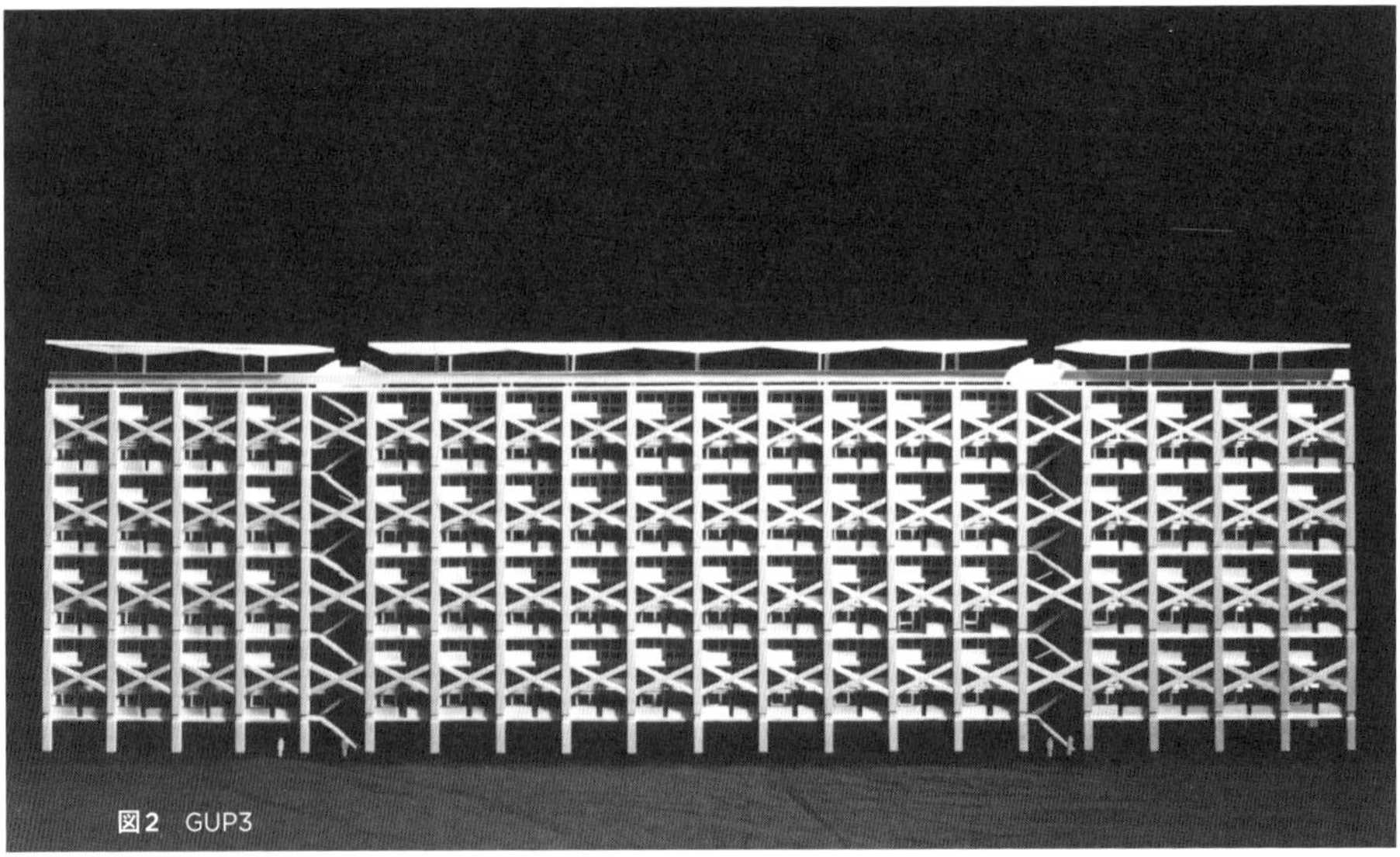

図2　GUP3

それが多少世の中を騙したりしてきたんじゃないかな。ほかの設計作品というのがまったく絵であったりするのに比べると、柱や梁がでたらめな寸法ではないという。GUP3の模型も小さいところまで考えてあるし、GUP8の学校建築の模型も綺麗でしょ。このあいだ、GUP3をポンピドゥ・センターが金沢に持っていったでしょ★。あのときに連絡したら、模型をつくった日建設計の原（光胤）君★★が来てくれて、そのときと同じくらいの情熱を注ぎ込んで模型を直してくれた。すごくきれいになってね**図2**。

★ 金沢21世紀美術館とフランス・ポンピドゥ・センター共催で開催された『ジャパン・アーキテクツ 1945—2010』展（二〇一四—一五）のこと。

★★ 一九四三— 東大内田研出身。日建設計にて、三井物産本店ビル（林昌二、小倉善明と、一九七六年）を担当。

テーマの変遷

GUP3では、当時の高さ規制三一メートルのなかで何階建ての集合住宅を建てられるか、階高をいかに低くするかがテーマです。最終的には一二階まで計画していましたが、大井町に実現した国鉄広町アパート★★★が、三一メートルで一二階建を実現していたことも意識されていました。在来への対抗意識もあったのでしょうか。

三一メートルに何階入るかとか、今じゃぁ意味ないね。GUP3のころはまさか三一メートルが取っ払えるなんて思ってなかったから、三一メートルより先は考えてなかった。それから当時は現場で仮枠をつくるやり方は前世紀の遺物だと思っていた。近代的な建物は型枠をきちんとつくって部品として量産するし、その量産でひとつの種類のものしかできないと画一化するから、画一化しないためにはどうすればいいかが研究を始めたころのテーマでした。いずれにしても現場で仮枠をつくる在来の時代は終わるはずだと思っていたように思えますね。だけど、日本だけは大工さんがいるから日本中のビルディングの型枠を現場でつくることができるとは夢にも思っていなかった。

★★★ 品川区広町にあった一二階建六棟からなる社宅。一九六六年建設、二〇一七年解体。

そうしたテーマもGUP9になると、在来とPCをいかに組

み合わせるかに変わりますね。

GUP9はちょっと毛色が違う感じがしない？ GUP9のリーダーは吉田倬郎★と守屋弓男★★。折りたたんだ仮枠が広がるのは守屋のアイデアです。守屋は機械から転科してきて、機械の知識を使ってそういう型枠をやりたいと言い出した。GUP9は現場型枠というのがそれまでのGUPとは根本的に違います。日本には現場型枠があるということを思い出したのかもしれない。しかし、大工さんにいちいち現場型枠をつくらせるのは無駄なので、もうちょっと量産に向いたかたちがあると考えたものです図3。

GUP4はGPU2、3と同じ住宅ですが、ユニットという印象が強くなります。GUP4では四階まで積み重ねられるのと、設備ユニットが拡張するのがおもしろいと思いました図4。

GUP4はGUP2よりも早い時期に始めました。塚越君★★★がヨーロッパでコンペ★★★★があるからやりましょうって言うのでね。これはヨーロッパのコンペにのっかっているからほかのものとかなり異質です。模型もきちんとしたのを出さなきゃいけないので随分お金がかかった。ひとつの部品で、四階建てあるいは二階建てにも転用できるというのがコンペの条件でした。もうひとつコンペの条件だった企業と組むというのが日本ではできなくて、ヨーロッパの鉄鋼会社と一

★ 一九四六― 建築生産・建築構法。東大内田研出身。工学院大学教授などを歴任。

★★ 一九四三年― 建築設計。東大内田研出身。愛知産業大学教授などを歴任。

★★★ 第七章参照

★★★★ 欧州石炭鉄鋼共同体主催の住宅設計コンペ。

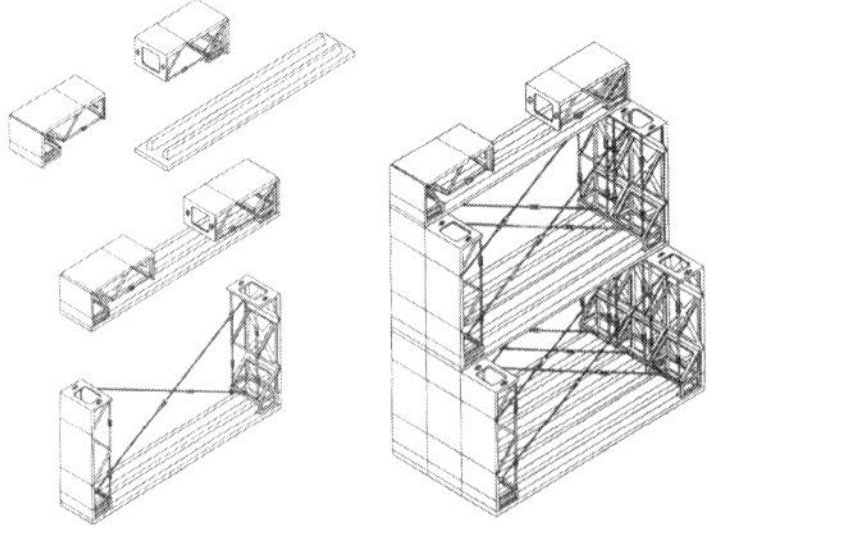

図3 GUP9 型枠アイソメ

図4 GUP4

緒にやれば当選していたかもしれない。今でもこの図面は残っているんですよ。アングルベル★★★★★が見に行ったら「お前のもあるぞ」って言ってね。

（居室と設備のユニットを分けたことについて）この頃は設備を部屋の中に入れると融通が効かなくなるという先入観があって、配管のある部屋と配管のない部屋を分けようとしました。それは最初のころに決まっちゃったんですよね。それで設備のユニットは部屋とは別のチームで設計することになりました。設備ユニットは二メートル四〇センチメートル角に入ればトラックに積んで運べる。それを現場でレールに載せてはめ込んでいく考え方です。

設備のユニットを分けるのは今のプレハブ住宅や《NEXT21》とは真っ向から違った考え方ですよね。《NEXT21》はそこらじゅうに設備が入る。設備を入れた空間と全くない空間に分けるのは、この時代の特徴なのじゃないかしら。ただ、キャンピングカーみたいに本体があって、設備もない部屋を広げて、多少使いにくくてもよいという考え方は今じゃ主流にならない。住宅ってのはそういう面だけじゃなくて本当に住宅らしい住宅をどうやってつくるかが大事で、それとこれはちょっと違うのじゃない。

住宅らしさという点で言うと、GUP10は「鑑賞に耐えるもの」と目的に書かれていて見た目も住宅らしい見た目です図5。GUP10以前のものは鑑賞に耐えるという意識はありましたか。

ないない。マシーンだよね。GUP10はどっちかっていうと江戸時代の町家をイメージしましたね。

GUP10では、土地と部品を共通の条件として複数の設計者に設計させていますが、これはGUPでテーマを探すというよりは、テーマとしてシステムズビルディングがあって、それを実際にシミュレーションしたときにどういったアウトプットができるか試しているという印象ですね。

それもあるでしょうね。そういう意味ではシミュレーションの建築なのだけれども、シミュレーションをしているあいだに、新たな問題点を発見できるという期待を持っていたわけですね。GUP10の場合だと防火区画がどうなっているかがわかっていないし、都市計画的な問題がいろいろ出てきちゃうんじゃないかな。

GUP10は一連のGUPの最後のプロジェクトですが、全体のテーマは街並みです。《NEXT21》に関して最後のテーマは街並みとおっしゃっていたのに通じると思います（一一章参照）。

GUP10は街並みもさることながら、日本の民家のフレキシビリティを意識しました。同じ家がバーっと並ぶのが街並みという感じではなくて、似ているけど一軒一軒違う家が並ぶのを実現するために、敷地ごとに設計者を別にして、同じ部品を使って勝手に設計さ

図5　GUP10

★★★★★　第七章参照

せました。大変おもしろいのは便所の隣に便所がなかったりね。普通のアパートだったら便所の隣は壁を挟んで隣の家の便所だったりするでしょ。それがバラバラで、階段の位置も隣同士でバラバラだったり、無駄なことがいっぱい起こるのが街並みかなと。

GUP5は超高層で、三一メートルの高さ規制があった時代にはなかったテーマですね。

それは担当した伊藤邦明★が大きいのをやりたいと言うからしょうがなくですね（笑）。われわれはインテリア関係のところを突き詰めていったほうがよいと僕は思っていました。講座制のなかでいろいろな専門の教室があるでしょ。高いものをやるとなると、武藤先生★★とか青山（博之）君★★★の研究室のほうが人手もあるし、ちゃんと地震の計算もできる。われわれのところだとそういうのはやりきれないから。だけど学生がやりたいものにならないとエネルギーが出てこないから**図6**。

テーマは基本的に先生が学生に与えられたというお話でしたが、学生の主体性はどれくらい発揮されていたのですか。

GUP2やGUP3はほとんど学生にアイデアがないころだから僕が出しました。GUP4では全体の構想は塚越君が担当して、一枚の板で立体プレートをつくるのを伊藤邦明が開発しました**図7**。だんだんと学

★ 第七章参照

★★ 第七章参照

★★★ 一九三二― 建築構造。東大卒。東大教授、日本地震工学会会長などを歴任。

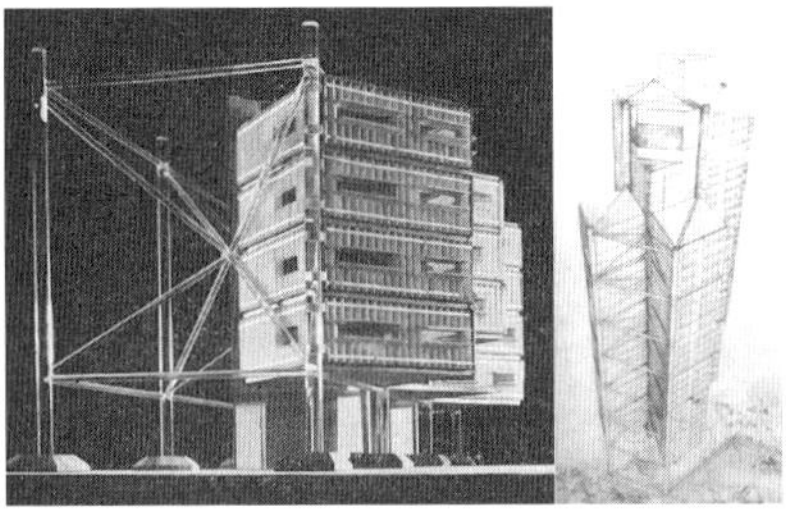

図6 GUP5 パース、模型

図7 GUP4のプレート

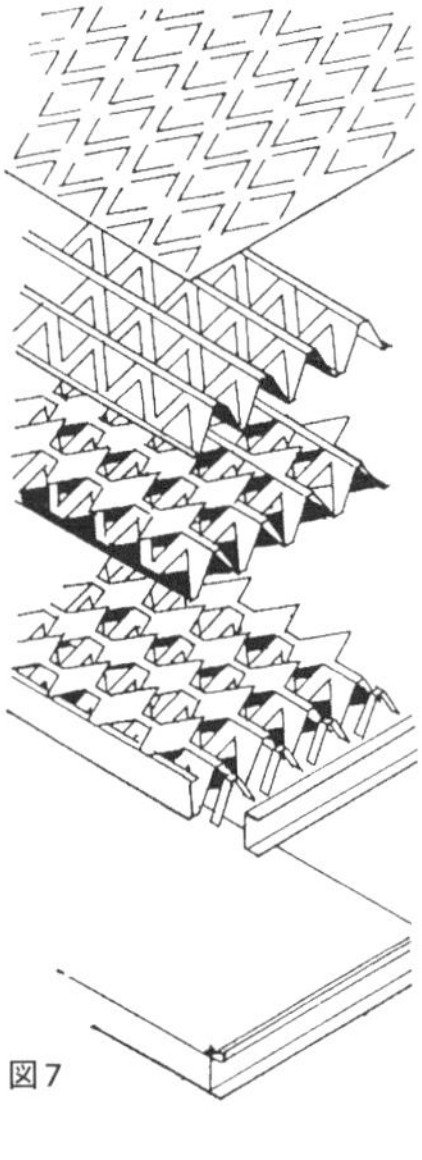

図7

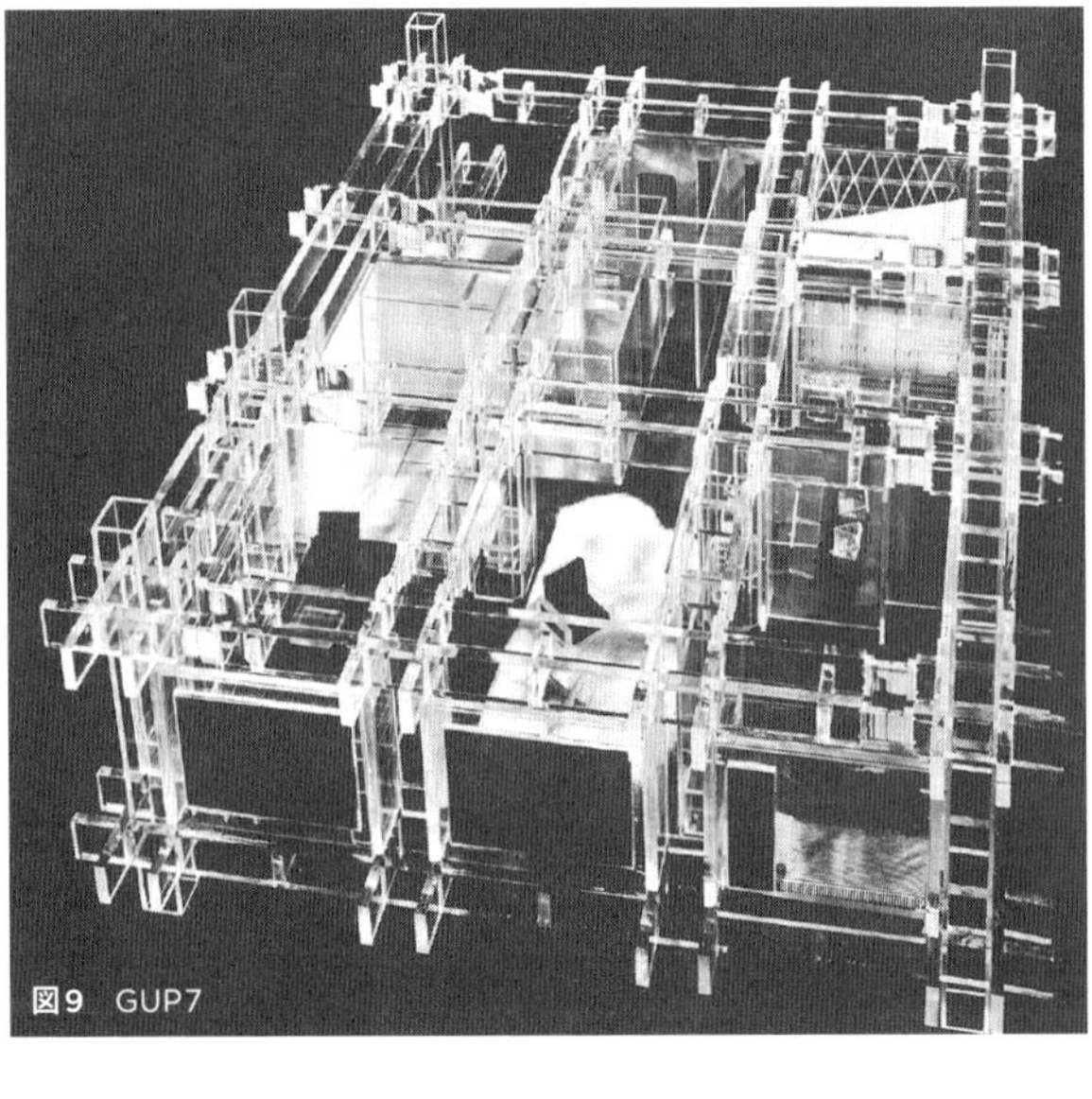

図9 GUP7

生さんのエネルギーを引っ張り出せるようになったけど、だんだん脱線することも多くなってきた。

　GUP5のフレームは伊藤邦明が考えた。このフレームがなかなかおもしろいのは、点を結んでいくと斜線がありながら立方体がすっぽり入る。

　GUP6は僕が木造のフレキシビリティに興味をもちはじめたころだから、学生さんにつくってもらって、科学試験研究費で実験をしたりしましたね図8。

　GUP7は大野勝彦★★★★が箱を中で走らせようというのでフレームの中を縦横十文字に走らせた図9。

　GUP8は深尾（精一）★★★★★が学校をやっていたので、GUP7と同じように箱を動かして教室の端っこに置いたりすればいけるんじゃないかと考えました図10。

　GUP9は守屋のアイデアで、エジソンみたいに型枠をプレハブ化する話と、このころにはアパートを建てる敷地が平らでなくなってきていたから、傾斜地に建設できるようにした。傾斜地に建てると車で物が運べなくなる。山側からつくっていくと、つくった建物が邪魔で下に運べなくなるし、下側からつくっていくと下側から運べない。GUP9は上からつくって、なおかつ上から物を運んでいけるようになっている。一番下は基礎をつくりそれから組み立ててそれで重機が届く範囲で下がっていくとだんだんできる。

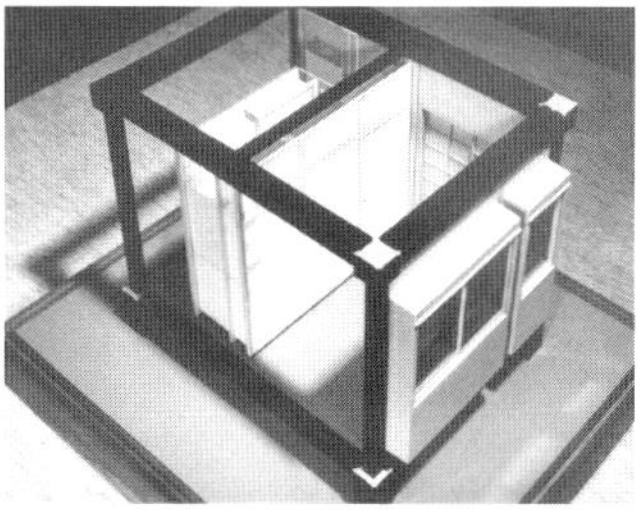
図8　GUP6

★★★★　第七章参照

★★★★★　一九四九―　東大内田研出身。東京都立大学、首都大学東京教授などを歴任。武蔵大学、NEXT21などにも参加。

図10　GUP8

GUPと実践

GUP6は、実際に武蔵学園の掲示板に使われて解体・再組み立ても行われました。このころにはオープン部品が市場に出回ってきたので、それに対応した躯体フレームの開発がテーマになります。建築全体やトータルシステムの提案ではなくなってきますね図11。

　GUP6は、鉄骨もコンクリートを入れて固めればラーメンにできると考えたものです。GUP6は実用化も進んだんだけど、やっている最中に新日鉄が本物の三階建てか四階建てのを渋谷辺りで建てたんですよ。僕はもっと積極的に、モルタルじゃなくて砂利か砂を入れて固めるのをやってみたかった。線路の枕木の下はセメントが入ってなくて砂利しかないけど電車は揺れないでしょ。だから、これも砂利だけ入れれば止まるはずだと思っていました。

　それからGUP6にもトータルシステムのイメージはあって、やっぱり日本の民家じゃないかな。昔の襖や障子では将来できなくなる部分を、このフレームに取り付けられるんじゃないかなという曖昧な理想主義をもっていました。夢だね。

GUP6は鉄骨造のフレームですが、フレームの材料によらず柱梁ができればそこにオープンな部品が取り付くということですか。

　そうです。オープンシステムにおいては、柱間装置と柱との間には生産性の関係はなくていいですよね。木造の代わりに鉄骨だったらと考えたのだけど、今はそうは思わないな。柱と床の間に曲げを入れるようなややこしいことはやめて、スラブに剛性を持たせて柱と梁の間はピン接合でいい。壁柱を適当に入れればピンでよいでしょ。全部ピンでできれば取り替えも自由自在だからね。そのほうが和風に近くてしかも耐久性もある。実際にどんなものかと言われたら日土小学校の増築部分★。あれは腰原幹雄君★★が構造設計したけれども、あれなら取り替えられますよね。

GUP7もGUP6と同じラーメンフレームですが、その中で色々なユニットを動かしますね。

　それをやりたがったのは大野勝彦。要するにハイムの原点がこの四角い箱だけど、四角のつくり方はほかのGUPとは違っていて、溶接でもなんでもよいから四角い箱をつくっちゃう。それを線路に乗せてゴロゴロ転がしていけば、どこまでもつくっていける。

図11　武蔵学園の掲示板

★　松村正恒設計の八幡浜市立日土小学校（一九五六／一九五八）。改修に際して建設された新西校舎（二〇〇九年）。

★★　一九六八—　構造設計。東大卒。同生産技術研究所教授。とくに木質構造デザインが専門。

GUP7になると、GUP6と同じように最終的な建物の形態が模型からも消えていますね？

それはお金がないからですよ。模型にしても高層なのをつくるのは容易じゃない。GUPの費用は科学試験研究費はなかなかもらえない。だから大学の普通の研究費を流すわけだから、予算でいえば真水みたいな予算を使わなきゃならないでしょ。辛いんですよ。

これまでの研究活動のなかでは、時代の変化と軌を一にしていたところと、微妙にずれているところと両方があるかと思いますが、高さ規制の撤廃のように、これまでの経験のなかでまったく予想だにしなかったことにはどのようなものがありますか。

いっぱいあります。GUP4で配管を考えましたが、住宅の設備工事費が現在のように三〇%、四〇%を占めるようになるとは想像していませんでした。それから病院や工場とか特殊なものを除けば、学校であろうとオフィスであろうと設備に大差がなくなってきた。設備は二〇年や三〇年経ったら取り替えるわけですから、建築と設備が同じくらいの費用になる。当時考えていた設備と今の設備の状況は全然違うものになっていると思いますね。それから最初にDφモジュールをやったでしょ。モジュールが建築生産の道具だとは夢にも思わないで、設計のプロポーションの問題だと思ってやっていた。それからヨーロッパは石造や鉄、硬いものを対象にするから、グリッドの中に納まるようにものを置く。はみ出したらはみ出した人の責任という感じなんだけど、日本で畳を納めるときには隙間があると畳屋が下手という話になる。後から追っかけるものが隙間を埋めるという制度が日本独自だとは予想だにしなかった発見ですね。そもそも木造をやろうとはGUPを始めたころには考えていないでしょ。

最後のGUP10は木造に似た雰囲気がありますね。

似てはいるけれども、木造の代わりに金属やコンクリートで木造のような家ができないかというテーマですね。GUPを始めた当時は木材がこんなに豊富に出回ることも予想していなかったですね。急に木材が巷にあふれ出した。

GUPでは市場にはまだ出回ってないような技術を取り上げたというお話ですが、振り返ってみて市場や産業への影響はどのように評価されますか？　武蔵学園の掲示板に使われたGUP6以外に、GUP3はNTTの職員用住宅★★★として実用化していますし、GUP9、10も構造実験や組み立て実験まで行っています。

市場を動かしたという記憶は全くないですね。GUP6で継ぎ手・仕口をモルタルで詰めるのも今となっては実用化しても意味がないかもしれないね。今なら

★★★　GUP3をもとに日本電信電話公社建築局（木村昌夫担当）によって電電公社筑波社宅・筑波独身寮として筑波研究学園都市に建設されたGUP-3-NTT。

さっきも言ったスラブに剛性をもたせて柱を壁柱にして水平力をもたせたほうが楽だと思う。三一メートルの規制も撤廃されちゃったし、ＰＣのセルフフォーミング★もこの頃はやってないね。

　市場がついてきたと言えば、やっぱりモジュールで、戦後の八〇センチメートルモジュールが九〇センチメートルになった。あれは僕の影響とは限らないんだけど、建築が学問として大変おもしろいと思ってるのはね、建築はエンジニアリングだから問題を解決するものでしょ。だけどやっぱり建築にもサイエンスがあるんじゃないか。そのサイエンスの一番わかりやすいのは歴史で過去のことを調べる、これはサイエンスのような発表の仕方でいいと思う。未来に対してサイエンスを考えるとすると、たとえば物理学なら、こんな原子があるはずだっていう将来の予測が出てくるでしょ。そういうサイエンスでいくと、モジュールは九〇センチメートルがいいっていうのは、必ずこっちに来るに違いないと信じていた。そういう意味で言うと、さっきの壁柱みたいなものの考え方も、みんながこっちにいくだろうと思ってるわけ。

★　プレキャストコンクリートの接合方法の一つ。現場組み立ての型枠を用いずに、プレキャストコンクリート自体の凹部などを利用してコンクリート、モルタルで接合する

明治大学

一九八六年に東京大学を退官されて、明治大学に移られます。それ以前にも、堀口捨己からの依頼で、一九五七年から一九六七年まで明治大学で設計の非常勤講師をされています。

明治大学御茶ノ水校舎の頃は、明治大学理工学部建築学科★★の草創時代なんですよ。高橋靗一★★★さんたちとフラードームをつくったときの写真があります。ほかの三人は、早川正夫★★★★と九州大学の美川淳而君★★★★★。もう一人は市浦都市開発建築コンサルタンツの小林（明）君★★★★★★で、明建会の第一回卒業生です。はじめは小さいのをつくっていたのが、だんだん大きくなっていくんです。三角形が五つ集まったのが基本形なのよ。全部五角形で一二面体ができて、それぞれ五つ、三角形ができるから、六〇面体ができる。全部同じ三角形だけど、正三角形じゃない。五角形で球面だから二等辺三角形になる。それで六〇面体だから、それぞれ三角形を割ると四つになるでしょ。だから六〇面体の次は二四〇面体。これはたぶん、二四〇面体の写真です**図12**。

★★　一九四九年設立。初年度の専任教員は堀口捨己、河野輝夫、神代雄一郎、徳永勇雄。一九六五年に堀口捨己設計の生田キャンパスに移転。

★★★　第二章参照

★★★★　第五章参照

★★★★★　一九三三―　建築設計。東大卒。九州芸工大教授など歴任し、鮎川透らと環・設計工房設立。

★★★★★★　一九三三―二〇一四　明大卒。市浦都市開発建築コンサルタンツに入社し、のち社長を務める。

図12　フラードーム制作

軽量立体トラス

明治大学ではトラス、机、Vフレームという三種類の構法やプロダクトを開発しています。GUPと同じように、現状の課題を踏まえて新しい提案を行っていますね。GUPでは模型をつくっていましたが、明治大学に移られた後はトラスにしても机にしても実物大で制作しています。

明治大学を卒業して研究者になる人は少なくて、設計をする人のほうがはるかに多い。設計では、構造計算は構造屋さんが教えてくれます。でも構造計算ではわからないことが実際の構造物にはある。それを体験してもらおうと考えて、トラスをつくりました。本当は椅子なんて一番よくて、上から落っことしてみるとどこが壊れるか分かるけど、椅子は難しすぎるのね。もっと簡単にできて、一品生産に近くて、しかも実際に強度をわれわれ自身で確かめられるものがほしい、というのでトラスと机と、それをやっている間にせっかくUフレームをつくったんだから明治大学でも間仕切りをつくろうということでVフレームという話です。

トラスは構造計算に載りやすいけれど、細いトラスは違うと思った。それは、伊藤邦明君が東大時代に、生産技術研究所の林友直先生★という飛行機の権威に教わったことがあって、飛行機の設計と建築の設計とは全然違うと聞いたそうです。建築の設計は絶対に壊れないようにつくっている。ところが飛行機は、まず壊れるものをつくるんだと。そして壊れたところを強くすることで、軽いものができていく。だからこれは、軽いトラスをつくってそれを壊していけば、構造計算に載らないところを探求できるという発想です。

トラスというのは普通、接点でつなぐから、そこへは軸力だけが集まってきて、曲げ応力がかからない。ずれて回転を起こすと壊れてしまうので、接点に神経が集まっているんですよ。ただ、実際の構造物では、そんな針の先のように尖らせて一点に集めることなんてできないわけね。だからこのトラスは接点をボソッと、普通にボルトでつないでしまっています。そうすると回転が起きるけど、それも計算できないもののひとつとしてつかまえてしまおうという考えです。

それからもうひとつ、こういう軸力だけのバーは、端は細くていいけど真ん中は太くなきゃいけない。自転車のフレームは高級なものだから、真ん中が肉厚のそういうパイプになっているんです。だけど安いトラ

★　一九二七─　武蔵高校、東大電気工学科卒。航空宇宙工学を専門とし、東大教授などを歴任。

スの実験でそこまではできないから、バーを真ん中で継いでいます。継ぐとそこだけ丈夫になるからね。

　それで試してみると、十字の部分はいい加減につながっているから、やはりそこで壊れるんです。軸力がちゃんと集まっていないから、捻れてクシャッとなる。そこで四角いキャラメル型のキュービクルを入れてネジで止めたりして実験をしました**図13**。

　それから、床板を載せるのが難しくてね。四つの細い梁に板を載せるから、板に向きがあると平行する二本の梁にしか荷重がかからない。ハニカムの段ボールみたいなものがあると具合がいいんだけど、安いものがない。鉄板ではどうしても方向性ができてしまう。それを解決するために、千鳥のような配置にした。

　最終的には水を溜めて、つぶれるまで重さをかけました。これも普通は大きなシートでないと水が漏れちゃう。そこは、川口衞さん★★から、空気膜構造をつくるときには薄い膜を「つなぎ合わせないで」やるんだ、と教わった。空気の圧力が加わると、ひとりでにラッピングがぴったりくっついて離れなくなるから、膨れてずれてもそのままで漏れない。ところが糊で貼ってあると破れる、と教わりました。それで、ブルーシートをいい加減に敷いて水を入れれば、お互いがくっついて漏れないはずだということでやったんです。

★★　一九三二―二〇一九　構造設計・建築構造学。福井大卒。東大院で坪井善勝の下で学ぶ。法政大教授などを歴任。

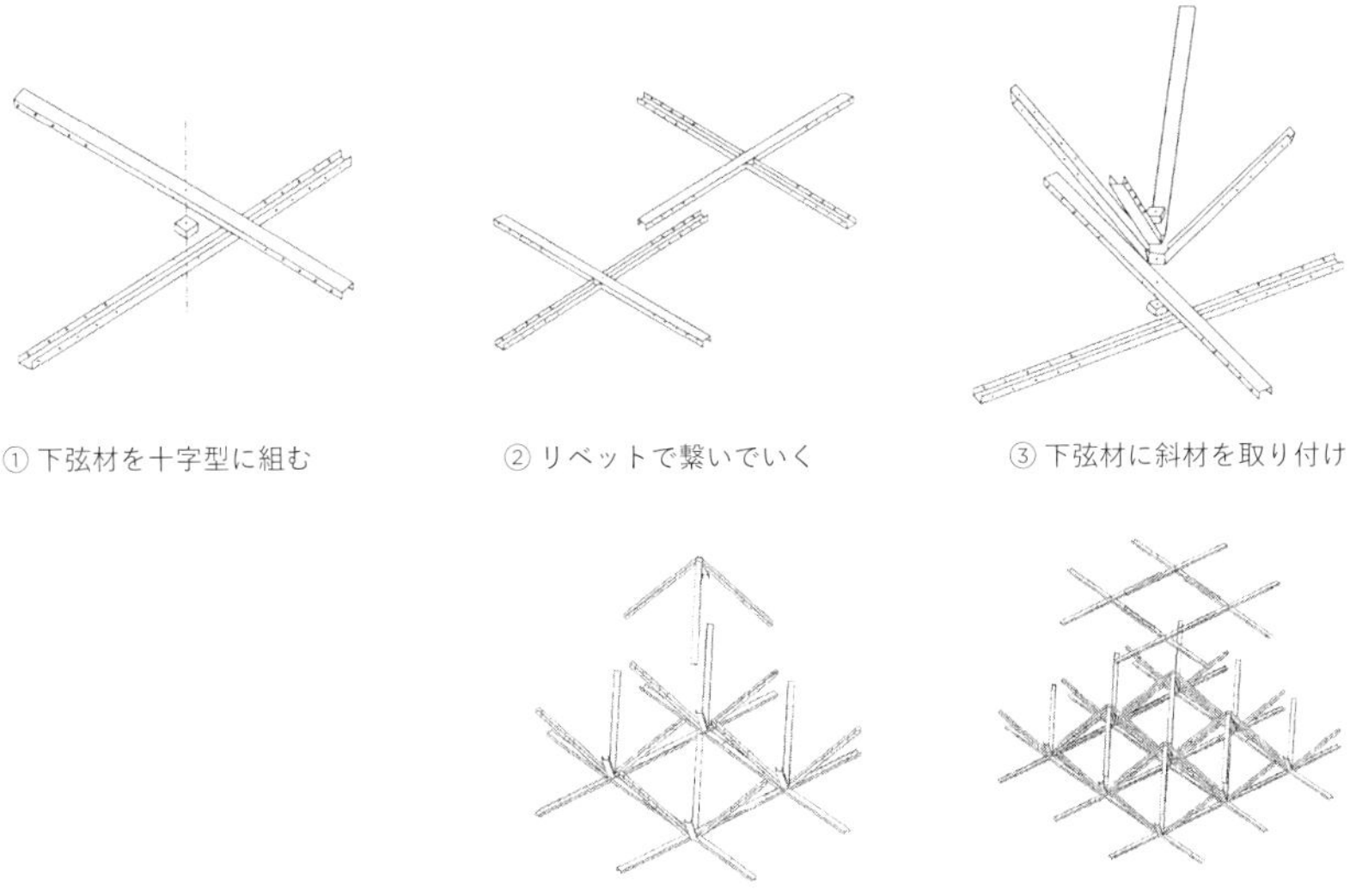
① 下弦材を十字型に組む
② リベットで繋いでいく
④ 斜材を組み上げる
⑤ 斜材に弦材を取り付ける

図13　トラス組立方

全実験データ

	第1回 1989 7.20	第2回 1989 12.20	第3回 1990 5.11	第4回 1991 7.19	第5回 1992 7.31	第6回 1993 3.29	第7回 1994 4.12	第8回 1994 10.24	第9回 1995 10.12	第10回 1996 3.20
破壊時総荷重（kg）	1,792	1,724	2,500	2,954	4,197	4,392	4,360	6,818	5,846	
単位面積当り荷重（kg/m^2）	138.1	133.0	192.9	227.9	323.9	338.9	336.5	526.1	451.1	
トラス自重（kg）	—	—	—	154.2	155.5	125.7	175.2	186.7	196.4	196.5
自重当り荷重	—	—	—	19.2	27.0	35.0	24.9	36.5	29.8	

図14　トラス記録

漏れなかったんですか。

漏れた、ははは（笑）。うん、少し。学生たちもずいぶん議論をして「漏れるからやめよう」と言うから、「やらずにやめるのはいかん、漏れてからやめなさい」と。それで、一〇回やって自重を測り、それからトータル荷重を測って、荷重、自重を改善していくことを考えたわけです**図14・15**。

五〇〇キロ／平米を超えたんですね。

そうです。オフィスが載るくらいまでいった。はじめは人が載って壊していたんだけど、五〇〇キロ／平米といったら一平米に一〇人だからもう無理。でもこのころのほうがおもしろかったよ**図16**。

図15　実験の様子

図16　軽量立体トラスに乗る内田

重ねて並べられる机

次は、重ねられて並べられる机をつくろうと、並べた写真では真ん中が開いているけど、畳のような一対二の比率のものが敷き詰められることを確認しました図17・18。

これで正方形のものを並べたとき、横に出た脚がクロックワイズ（時計回り）とアンティクロックワイズ（反時計回り）が相互にあれば矛盾しないとわかったわけ。重ねて並べられる机が理論的にはできるとわかったので、じゃあやってみましょうとはじめました。

最初はステンレスの無垢でつくった。これならわりと単純にできて、ミースの椅子みたいな感じ。実際にはこんなふうに使った図19。だけど、これは重たくて持ち上がらない。軽くするためにパイプにすると、脚が集まるところのかたちや取り付け方が難しい。

最終的には二方向からきた板にぶつけるような納まりですね。

そう、その取り付きが難しくてね。これが研究のテーマになると思って次々とつくっては、明治大学の教室会議の机として提供したんです。それでみんな脚の格好が違うわけ。取り付け部分をアルミにしたり鉄にしたり。平井（ゆか）さん★には彫刻でえくぼをつくっ

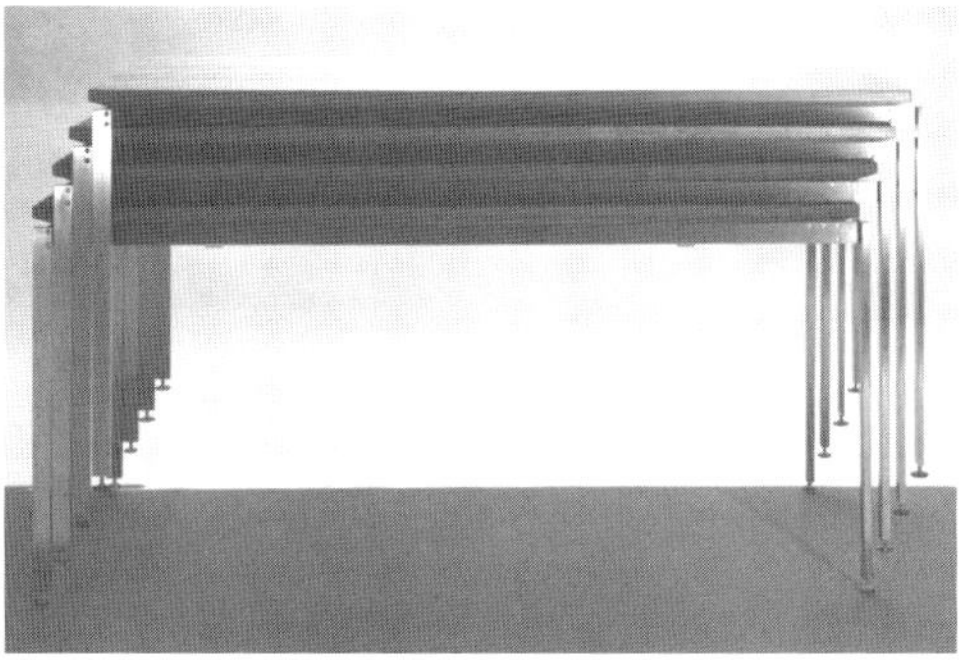

図17　重ねたところ

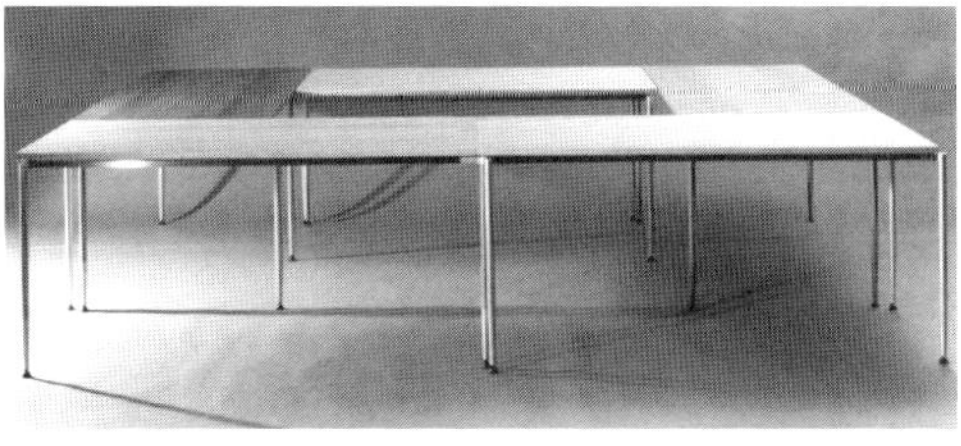

図18　並べたところ

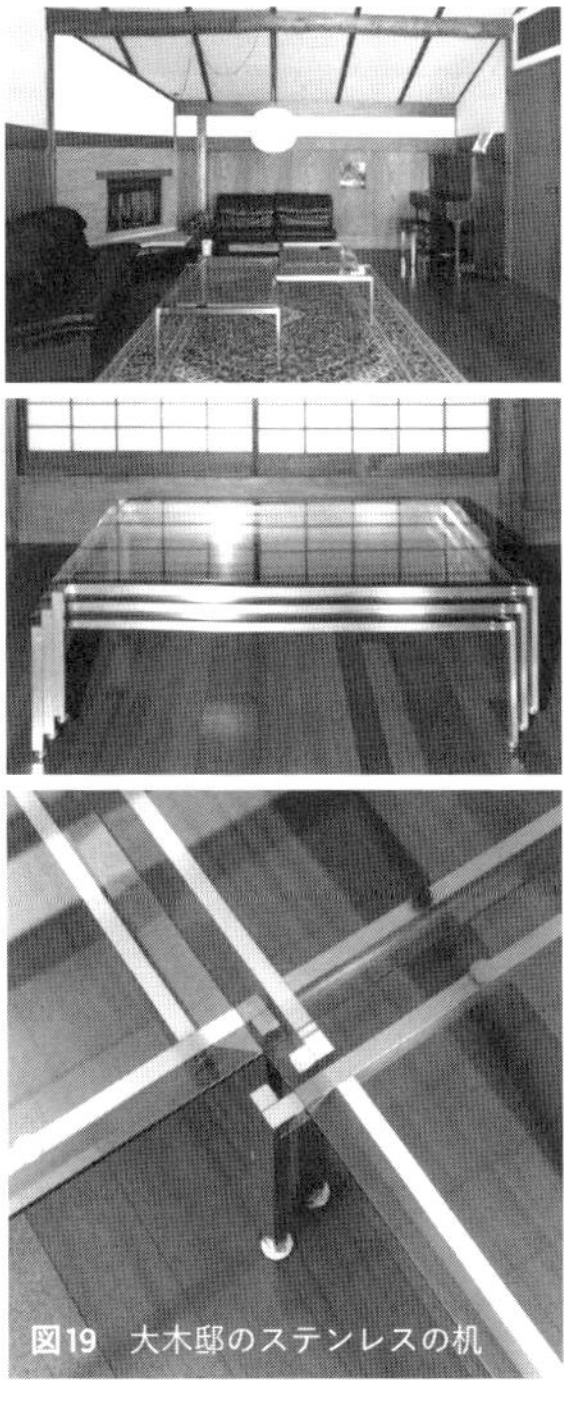

図19　大木邸のステンレスの机

てくださいと。これ触ってみて、ちょっとへこんでるから（机の枠の側面が少しへこんでいる）。

最終的に完成した机はこれ（自邸の応接室）です。木場で長尺の板を買ってきて、それを切って木目がつながるようにした。このうちのふたつを大野勝彦が使っていて、残りの四つがここにある**図20**。

机は全部で一五〇台もあるけど、まだ完成とは言えないね。どうしてそんなにあるかというと、東京理科大学の製図室に八〇台くらいある（笑）。どこかの大学でもう一〇〇台くらい買ってくれると一挙に進歩する。

机というのは、放り投げても壊れないとか、揺れないとか、建築と違って非常に難しいところがある。普通の脚を丈夫にするには、ここに枝（方杖のようなもの）を付けたりと、方法はあるわけ。ところがここにハンチをつけると重ねるときに駄目でしょ。それから脚を太くすると、並べたときには見えないからいいんだけど、単独の出っ張り（重ねたときに上の机が出る幅）が大きくなっちゃう。だから細くしないといけない。細くて、揺れなくて、曲がらなくて、壊れないというところがとても難しい。いまの机は一品生産だからこれでいいけれども、量産で販売をするにはまだまだ未完成だね。

重ねて並べられる机と比べて、東大で研究を始めたころの雨漏りや左官というのは必要性のあるテーマだと思うのですが、何か共通点のようなものはありますか。

★ 建築史。明大内田研出身。内田祥哉建築研究室で設計・研究に携わる。

図20 木目がつながる

テーマは必要性から出てくるんだけど、何かそこに一般性が見つからないと気がすまないところがあるね。左官の研究でも、塗り方を覚えて上手な左官屋さんになろうというより、亀裂がなぜできて、大きくなったらどうなるかを知りたいという感じ。

机も、いかにきれいに脚を折りたたむかという方向ではなく、重ねるという方向へ……。

そうね。折りたためる机のデザインがきれいになるならば、つくってみたいと思ったかもしれない。だけど、折りたためる机できれいなのはひとつもないという確信をもっていたんだな（笑）。あの脚ってかっこよくないでしょ。それから折りたたんでいないときに、脚が引っかかったりして使いにくい。重ねられる机は使っているときに脚が出っ張るけど、たたむ椅子はこのなか（椅子の内側）が不愉快だよね（笑）。膝が引っかかるとか、見た目が気持ち悪いとか。

以前に先生がおっしゃっていたのは、たためる机は、机として使っているときが仮の姿に見えると。

そうそう。でも、これは重ねられることがあんまりわからない。だけどわかっちゃうんだな（笑）。

重ねられてつなげられると言われても、実物を見ないとわか

らないんですよね。

そう。これは図面でよいか悪いかはわからないでしょ。そこが魅力的よ。学校の講義だと図面を見て、これはよいとか、あそこは駄目だとか、図面でわかることしか批判できない。だけど本当は図面ではわからないところにいろいろと問題があるのであって、やっぱりつくってみなきゃわからないものが建築にはいっぱいあるはずだからね。そこをわかるのが非常におもしろいのじゃないかと思っている。なんていうのかな、理論だけではできないようなものをやってみたかった。

それからもうひとつは、理論だけではいかないと言っても、一品生産にあまり近づくと芸術になってしまっておもしろくない。もう少し一般性がほしい。机の設計なんかはそういう感じがするね。

Vフレームと自在鉤

Vフレームは東大時代のUフレームの改良版で、Uフレームと同じく乾式の間仕切り壁です。Vフレームも実物を見ないと、ボルトなどを使わずに留まるというのがわからないですよね。

Vフレームは家のなかの間仕切りを簡便に変えられるようにつくったものです。これのもとは東大でつくったUフレームで、とても洋風のものでした図21。Vフレームは和風の真壁の納まりをねらってつくりました。

Vフレームは「繰り返し組み立て・解体ができて、部品の加工をしない」という条件でつくりました。軸

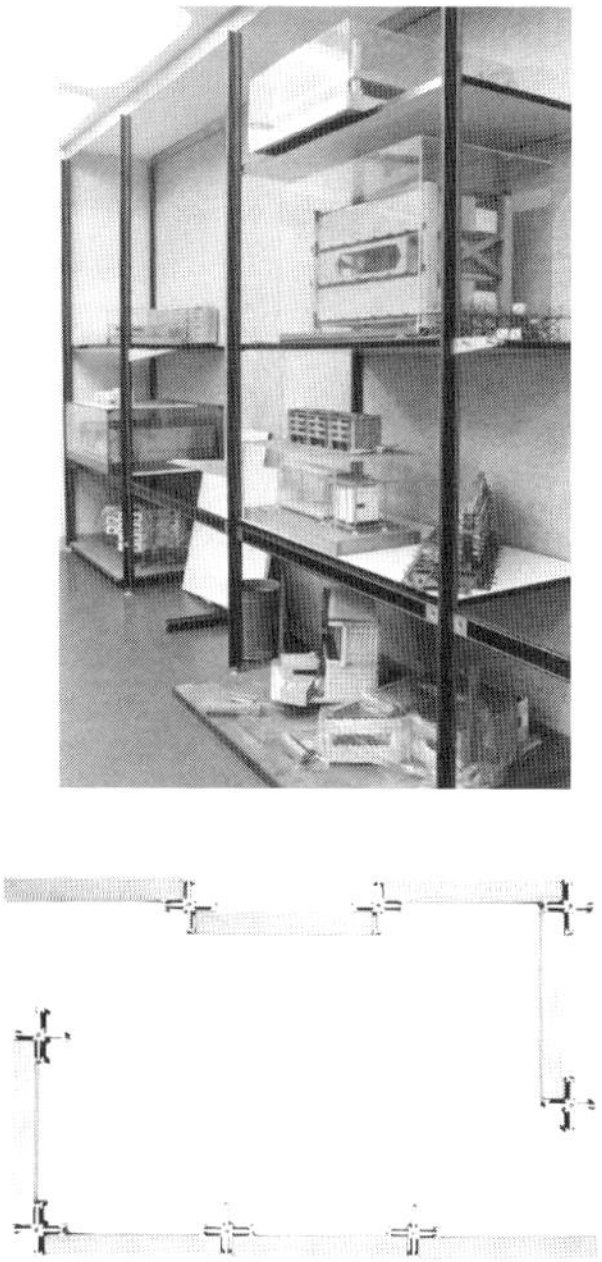

図21　Uフレーム

組は柱と貫と差し鴨居の部品だけでできています。貫と差し鴨居の部品は同じもので、縦横に使うとそれぞれの役目を果たすわけです。
もうひとつ重要な部品として、パネルを留めるためのフックがあります。パネルは四種類で、向きを変えると全部で八種類の使い方ができる。このようになかに入るのと、外にパネルを出すのと、両方できるようになっていて、これは偶然なんだけど実にきれいに納まっているでしょ図22・23。

継続性

GUPは、研究テーマを見つけるための設計、実務に近い経験をさせる設計行為だったと思うのですが、明治大学の一連の開発はより研究に近い印象を受けます。こうした活動は構法研究の一環でしょうか。

構法や建築の設計は、机のように完成度を上げていく時間がないでしょ。問題が起きてもそこで解決したら、次に同じような問題が起きることはほとんどない。

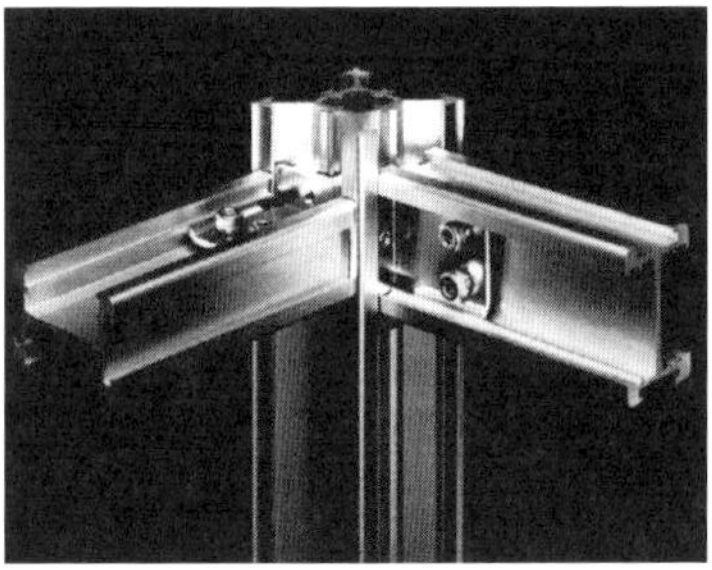

図22　Vフレーム

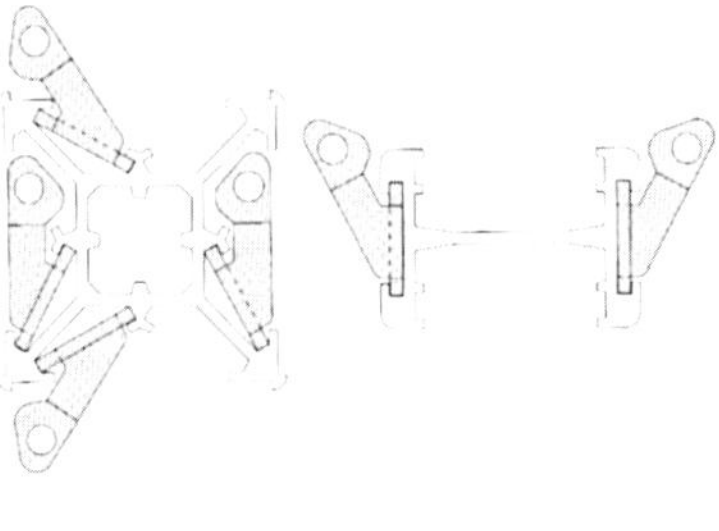

図23　Vフレームフック

軒の庇の先を雨がどう落ちるかというのも一般性はかなりあるんだけど、建物はみんな軒のかたちが違うからね。だからそういう点では、元旦ビューティ工業★みたいな屋根ならなんでもやるっていう仕事のほうがおもしろいですよ。

さまざまな建築で使いながら構法を改良していくという発想は、BL部品などのオープン部品、性能規定にも通じると思

★　一九六五年に船木元旦が創業した金属屋根製品のメーカー。

います。継続性を重視されているということでしょうか。

一般性は必要だと思っていて、継続性も時間軸で見れば一般性のひとつかもしれない。でも一所懸命やって、それがまったくほかに応用が効かないものだというのは……。その地域のその景色にぴったりなら、それで満足する人もいると思います。でも僕自身のなかではどこか満足感が少ないですね。時間軸でも位置でもいいけど、もうちょっと何か応用がきいたほうがいいような気がする。

もうひとつうかがいたかったんですけれど、先生の座学の講義は、この年は一学期間屋根だけ、あるいは壁だけ。またある年は一九五〇年から始まって時系列に沿ってひたすら建物を紹介して、次の年はその続きからといったようにひたすら実例を紹介するスタイルだったと聞きました。それとＧＵＰや明治大学で実物をつくらせたことや一般性の話とはなにか関係がありますか。

それもありますけど、同じ講義を毎年するとこっちが飽きちゃうのよ。よく同じ講義をして叱られる先生がいるかもしれないけど、同じ講義ができるというのは本当に大変。そう思うでしょ。講義してると眠くなっちゃうのよ（笑）。

講義

内田による講義は独特で、あるときは年代順に、またあるときは部位ごとにひたすらスライドを学生に見せる。たとえば、ある年は屋根の写真を一学期間ひたすら流し続ける。またある時には年代順にスライドを映し続ける。その年の講義が一九六〇年で終われば、次の年は一九六一年から始まることになる。自分は「屋根しか習っていない」といった話をたびたび内田研究室OBから聞かされてきた。次の文章は明治大学での講義に関する記述である。明治大学でも方針は変わらなかったようである。

教えるのは一〇年間に決まっており、その間同じ講義をしたくないと思った。そこで前期の講義は一九四五年から始めて辞めるときには現代においつこうと、毎年四年分ぐらいずつ進めることにした。（内田祥哉「造ったり考えたり――建築教育を考える」『新建築』一九九六年五月号）

建築を選ぶルールは、「実際に見に行った建築に限定し、有名でも見ていないものは講義をしても迫力がないので除いた」（同書）。内田には建築写真の著書（『現代建築写真集』共立出版、一九六八年）もある。明治大学では前期は時代順、後期は地域ごとに建築を紹介したようで、その様子は『造 内田祥哉先生御退職記念明治大学内田研究室一〇年のあゆみ』（明治大学理工学部建築学科内田研究室、一九九六年）に収められている。

もうひとつ内田が重視したのは変遷である。別の文章で内田は、工学で何を教えるべきかについて書いている。時代の先端を進む技術は「学生にとっても、講義する側にとっても魅力あるテーマである」が、「たちまち古くなってしまう」。一方、基礎的学問は理学に近く、建築の分野では文学や社会学にも近い。それでは工学として何を教えればよいか。

私が今考えているのは、先端的技術はその発展の経過をとりあげることである。（中略）技術を伝える場合には、技術そのものを伝える以上に、それぞれの技術がときどきの社会の要請に如何に応えてきたかを伝えるべきだと考えるようになった。
（「東京大学学生相談所だより」一九七八年一月、内田先生の本刊行委員会『造ったり考えたり』一九八六年、五六頁所収）

個々の建築ごとの条件や個人の創意工夫を超えて、その時代や地域に普遍的な建築の特徴、さらには社会的な要求に対応するための建築的工夫の共通項が浮かびあがる。それは意匠を成り立たせるための構法のように、個々の建築を裏側で成立させる仕組みへの興味といってよいだろう。（権藤）

第九章

武蔵

人は生涯のあいだにいくつかの場所に親しむ。佐賀とともに建築家内田祥哉の作品の母体となったのが、内田の母校武蔵学園だ。一九八〇年代から内田は、当時の学園長太田博太郎の手引きにより、武蔵学園江古田キャンパス全体の再開発計画に携わることになる。八〇年代は多くの大学が都心から郊外へとキャンパス移転を進めた時期にあたり、同じ敷地での高度利用を目指したキャンパス計画は異色であった。ここに内田は一〇棟ほどの建物を手がける。

東京大学の定年退職を数年後に控えたこのころには、建築構法・生産研究も建築学の一分野として揺るぎない位置を獲得し、すでに多くの後継者を輩出していた。七〇年代に研究に専心した時期をはさんで再開された内田の設計活動も、研究の深化を経て獲得された構法的なテーマを展開していく場となる。

六〇年代には高橋靗一と第一工房との協働によって多くの仕事を佐賀に残した内田であったが、八〇年代武蔵学園では、教え子たちとの協働で仕事を進めていく。全体計画は、澤田誠二（武蔵学園出身）と、近角真一の集工舎建築都市デザイン研究所によって統括され、個々の建物の設計には三井所清典のアルセッド建築研究所や深尾精一、ほかに丹下研究室出身の木野修造を中心としたテイク・ナイン計画設計研究所らとともにプロジェクトは進行した。このような面々に支えられて、八〇年代内田が追究した設計のテーマは、プレキャストコンクリートだった。

経緯

一九七九年に澤田誠二先生★、近角真一氏★★の集工舎とともに武蔵学園のマスタープランを作成されます。最初、太田博太郎学園長★★★からお話があったそうですが。

はい。太田先生は歴史家だけど建築家に対する理解が深いから、ああしてくれ、こうしてくれとは一切おっしゃらない。武蔵のキャンパスがひどい状態だからなんとかしてほしいというお話でした。

僕は東大でキャンパス問題の難しさを嫌というほど知っていた。ようするに大学には、互いに全く無関係な組織が三つあるんです★★★★。ひとつは教授会で、権力のあるような決議をするけれど、実行力はないしお金ももっていない（笑）。つぎに、あのころは学生運動が盛んだったから、学生もいろんな権利を主張して学校の仕事を妨害する。援助したこともあるかもしれないけどね。最後に、それらとは別に行政組織みたいなものがある。東大の場合には、文部省を頂点とする事務局が予算をにぎっていて、何ごとにもびくともしない（笑）。大学ですべてのことがうまくいかないのは、この三つが言うことを聞かないからで、共通の目標で一致団結するなんてことはありえない。武蔵も同様で、教授会があり、学生運動があり、根津育英会★★★★★がお金をもっています。

だから、そこをぐるぐるまわって説得する人が必要です。再開発のための事務局を独立してつくり、そこで働く人を入れてくれなければ引き受けませんよ、という話をしたわけですね。そうしたら太田先生が誰かいるかと聞くので探したら、澤田君が半年後にドイツから東京へ帰ってくるけれど、仕事がないことがたまたまわかった（笑）。彼は大高事務所の出身で設計ができるし、武蔵のＯＢで、僕もよく知っていたので指名をしました。澤田君はドイツで仕事をしてたから、何でもきちんと書くんですよ。ちょっとしたことでも、きれいに文章で書いてある。

澤田先生は再開発にあたって、大学のカリキュラムにまでかかわられたとうかがいました。

かかわらざるをえないですよ。教室が足りなくなる時期もあるからね。それから一番大変なのは、先生を引っ越しさせること。先生方は全く無関心だから、いつまでたっても本を片づけないし、そういう先生にかぎって夏休みに外国へ行っちゃうとかね。たとえば、

★　一九四二―　東大内田研出身。清水建設。滋賀県立大、明大などで教鞭を執る。一九七八年より武蔵大学キャンパス再開発プロジェクトチームに参加。

★★　一九四七―　東大内田研出身。内田昭蔵建築設計事務所を経て、集工舎建築都市デザイン研究所設立。実験集合住宅ＮＥＸＴ21委員会では委員を務め、ルールブック作成など設計全般にかかわった。

★★★　第二章参照

★★★★　大学における学生と職員、教官の対立については「丁友会ならではの議論を望む」『丁友』一九八六年三月号（内田祥哉『造ったり考えたり』内田先生の本編集委員会、一九八六年所収）

★★★★★　一九二一年根津嘉一郎が設立。一九二二年武蔵高等学校が開校され、以後武蔵学園の経営母体となる。

ある教室を壊して別のウイングに移す場合、夏休みの時期に合わせたりカリキュラムをいじらせてもらわないと工事が進められない。

学校は面倒ですよ。病院もそうだけど、こちらは院長さんという支配権をもっている人がはっきりしているからね。学校と病院で共通しているのは、お金を払う学生や患者にはほとんど気をつかわないこと（笑）。

再開発計画図1を立てるにあたって、最初に建物の調査をされていますね。

澤田君と近角真一君と僕の三人しかいないから、精密な調査はできるわけがない。だから、だいたいの築年数とかを人から聞いて、どの建物が危ないという見当をつけた。

《三号館》というコの字型平面の建物は関東大震災で被災したと聞きました。それで壊れたところもあるけれど、崩れてはいない。それから太田先生のいる三号館の部屋は戦後にできたけど、梁が曲がって二階の屋根から雨漏りがする。いま改築工事をしている《一号館》は戦後すぐに建てたものだから、階高が低く、階段の幅が窮屈で、新耐震基準にも適合していない。武蔵の最初の再開発は全部、新耐震より前の建物です。僕が見て回った感じでは、関東大震災を受けた《三号館》より、戦後に建てたもののほうが危ないと思いましたね（笑）。

図1 武蔵学園再開発計画全体模型

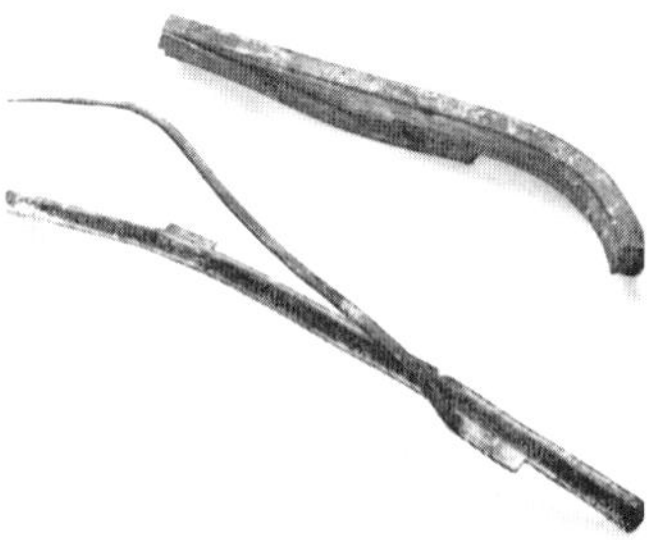

図2 カーンバー

《三号館》を一部解体してカーンバー★、図2を発見したり、植生の調査もされたそうですが、これはどんな体制で行われたのでしょうか。

かなり完璧な体制でした。これは再開発計画のための調査ではなくて、計画がまとまり、図書館をつくるために三号館の一部を壊すにあたって調査をしたんです**2**。それを大学院生の寺井達夫君★★に頼んだ。彼は建築学科の卒業生ではなくて、高エネルギー物理学研究所の有名な高良和武《こうらかずたけ》先生が手放したくないと言っていた学生なんですよ。でも建築を目指したいというから、初歩から勉強し直すには現地調査がいいと。彼はまた絵を描くのが好きで、非常にまじめにやってくれた。あの鉄筋の調査は古今未曾有だと思う。どこに入っているかわからない鉄筋を、こうやって丹念に測量した**図3**。寺井君はやはり物理学の出身だから、あと、どこが足りないとか、結論を出すには何と何の調査が必要だとか、しつこく言ってくるんですよ（笑）。

一九八二年にBCS賞を受賞されたキャンパス再開発では澤田先生、集工舎以外に、テイク・ナイン計画設計研究所★★★、アルセッド建築研究所★★★★、綜建築研究所★★★★★など、いくつかの設計事務所と計画を立てていますが、どのような役割分担だったのですか。

まず集工舎の近角君はエスキスや基本計画では頼りになるし、人を呼んできて統率する能力がある。だけど所員がひとりしかいなかったので、人数を集めるにあたって、剣持昤の綜建築研究所の流れを汲む人たちに声をかけた。それと《図書館》はかなり専門的な知識が必要なのでプロにやってもらいたくて、木野修造君★★★★★★を連れてきました。

僕はほとんどが共同設計なんです。いろんな人と組むとそれなりに知恵が出るという気分があって、新しい人とやるのが楽しかった。《中央学園》のように誰にも相談しないでどんどん進めるのもおもしろくて楽ですけどね。あれはお施主さんも共同設計者も予算も何もなくて、勝手にできたから素晴らしかったわけです。普通はいろいろと人間関係があるけど、それはコンペの共同設計でさんざん経験していたから、誰とやっても、まぁうまくいくだろうと思っていました。

一九七〇年代ころから、GUP10に見られるように木造の街並みの統一性と多様性に関心をもつようになったとおっしゃっています（第一一章参照）。キャンパス計画では統一した景観を想定されていたのですか。

最初の人集めの段階では、それはほとんど予想していなかった。あのころの日本は忙しい時期で、人集めも簡単ではない。だから一貫してやるのは、できなく

★　Kahn Bar　大正期を中心に用いられたとされるひげ付き鉄筋。名称の由来は米国人Julius Kahnによる。主筋から分かれたひげ部分がせん断補強の役目を果たす。（寺井達夫「黎明期の鉄筋コンクリート構造　武蔵大学本館一部解体調査報告（上）」『施工――建築の技術』一九八一年九月）

★★　一九四九―　建築構法、建築情報。東大大学院修了。千葉工業大学で教鞭を執る。

★★★　都市計画コンサルタント。一九七一年、押田健雄、水野統夫ら東大建築学科の同期卒業生九人が設立。木野修造も参加。

★★★★　第五章参照

★★★★★　第三章 剣持昤の項参照

★★★★★★　一九四二―二〇一九　建築設計。東大卒。木野建築設計事務所設立。著書に『設計資料図書館』（建築思潮研究所、一九八四年）など。

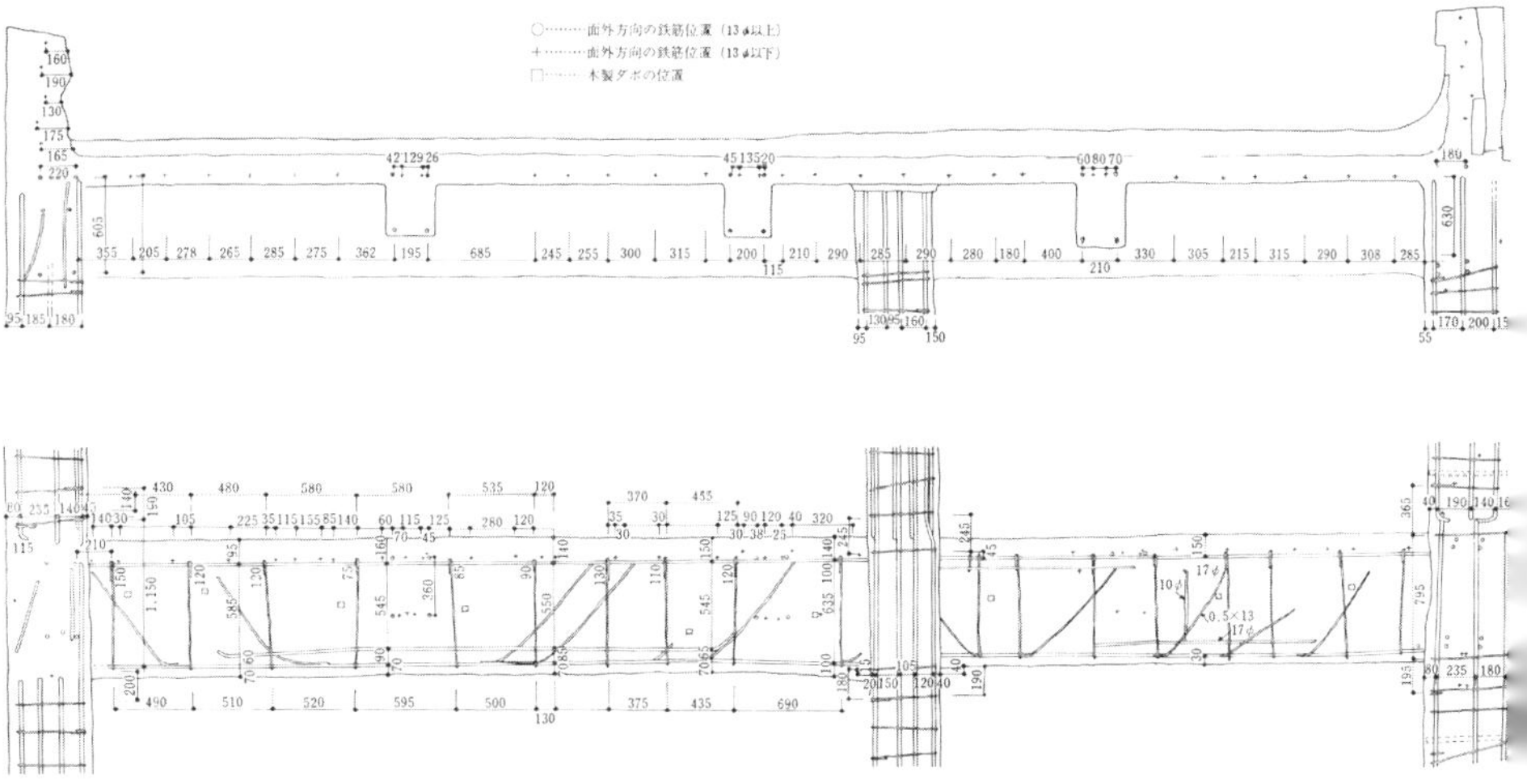

図3　鉄筋調査の図

ても仕方がないという感じですよね（笑）。

木野君はドイツ仕込みだから、ほかの人とやり方が全然違う。図面が非常にきれいで、エスキスでもインキングしてくる。節々できちんと相談してくれるしね。また綜研究所はひとりずつ違うことを考えている。近角君とは基本計画をつくりましたけど、僕が手を引いてからはわりと勝手な設計やっているでしょ（笑）。そうして並べてみると、いろんな建物があるほうがおもしろいかなと。

『新建築』一九八二年七月号では武蔵学園の再開発のほか、青山学院大学など三か所のキャンパスを取り上げています。それらは新たに郊外で設計されたもので、当時は多くの大学が郊外にキャンパスを建設していました。

学校建築なんてだいたいひとりの人が設計しているから、全体は統一されているけど、向こう側にある建物の想像がついてしまうでしょう。武蔵のおもしろいところは、《七号館》の後ろに行ってもその先に何があるのか全然わからない。街並みのなかに迷い込んだような感じがする。これは、僕がひとりでやっていたら絶対にできないなぁと思いましたね。武蔵は山田水城★をはじめ、いろんな人が設計しているから退屈しないんじゃないかな。

僕もそれまでは更地にものをつくることばかりだったけど、『新建築』の馬場璋造さん★★が再開発をはじめて取り上げてくれた。みんな壊して建てるという時代でしたけどね。いまはまた、みんな都心に帰ってきて……（笑）。

東大や武蔵のような、ご自身が学ばれたところの計画に携わるときは、何か特別なお気持ちがありましたか。最終的に、一九八一年のマスタープランから二〇〇二年の《八号館》まで二〇年がかりのキャンパス再開発となりました。

僕にとっては、東大は難しいのよ。僕が大学に入ったころは親父が総長をしていましたからね。だからよいとか悪いとかいうより、戦争が終わってパージになると、戦争中の総長というのは評判が悪いし、建物の評判も悪いわけです。それから学園紛争のころには、一番嫌いな建物は《安田講堂》という人はたくさんいます。そんな時代に僕がキャンパスプランにさわろうものなら、大変なことになるから遠慮している。だけどそのうちに、保存しようとか（笑）、いろんな人が出てきて、思いもかけないことになってきた。いまは壊そうという話は全然ないですね。

★　第三章参照

★★　一九三五—二〇二一　編集者・建築評論家。早大卒。『新建築』編集長などを経て、建築情報システム研究所設立。

八号館

《八号館》は最上階の屋根PCを天井に現しで用い配管・配線をPCの空隙に入れ込むなど、PC工法に特徴的な取り組みがいくつか見られます。一方、八列の柱は様式的で、先生のほかの作品とは少し異質な印象を受けます図4・5。

《八号館》の柱は様式ですね。まず列柱にしようと考えて、その上に樋をつけて飾りにした。学校の先生が喜んだのでああいうかたちになったんですね。

《八号館》は近角君がエスキスを描いてくれました。ここ（図6の小さな突起がついた部分）はトイレで、その穴が窓です。トイレの窓は普通、いかにもそれらしく見えてしまう。それが嫌だから、中からも外からもそう見えないように、カバーをつけて換気ができるようにしました。現場でつくると大変だけど、プレキャストだから一体でできちゃうでしょ。

僕が心配しているのは、軒先に出ているトゲトゲです。勾配屋根に雪が積もると、あるときにバサッと落ちてきて下の生徒がケガをする。だから《中講堂棟》では冬になると下にネットを張って、落ちてきた雪を粉々にするという工夫を事務局がしてくれた。それで、《八号館》の勾配屋根も心配だから、雪止めを徹底的

図4　八号館　列柱

図5　8号館 ホール

につけてくれと事務局に言われた。図面を描いてもっていくと、「まだ小さい」とか言われて（笑）、どんどん大きくなったね。

《八号館》の手前の渡り廊下は長谷川一美君★のアイデアです。僕としては、手摺りを構造体に使って床を薄くしたい。横断歩道橋のようにすれば当然床下に梁が入るけれど、手摺りを梁にしようと。それもフルウェッブのようなものでなく、鉄筋というかピースを組み合わせたフィーレンデールに近い形にしたいと言って、長谷川君とさんざん苦労した**図7**。

一番難しいのは、渡り廊下の途中の《三号館》に入るところに入り口があります。そうすると、横丁が出て手摺りがなくなるところがあるんだけど、下のウェブを補強したりして、背の高さを増やさないでできちゃう。そういうのを見てると、全部下でできるんじゃないかって気がしてくるんだけどね（笑）。どこまでが本当の形かわかんなくなっちゃう。

《中講堂棟》を《図書館》のパイロットモデルとして設計され、木野さんが担当しています。両者に共通して、勾配屋根にPCのトラスが使われています。

あのPCの屋根は非常にもめました。束を立ててトラスのようにもっているけど、ゼネコンは荷重がかかると束がこじると言うし、渡辺邦夫★★はここ（二本の

★　一九五五―　構造設計。東京理科大卒。構造設計集団SDGを経て、構造空間設計室（KKS）設立。

★★　一九三九―二〇二一　構造設計。日大卒。一九六九年構造設計集団SDGを設立。東京国際フォーラム（一九九七年）、横浜港大さん橋国際客船ターミナル（二〇〇四年）など。

図6　8号館 全景

長い部材）が突っ張るからここ（束の部分）が離れると言って、大げんかになった図8。それで、ゼネコンの研究所で実物大の実験をすると言い出すから、僕はさんざん怒ったわけですよ。そんな実験の費用を工事費から出されては困るし、構造家がちゃんともっと言っているんだからいいじゃないかと。結局、ゼネコンで実験をしたら束のところが開いて、渡辺邦夫の言うとおりだということになりました。だから《中講堂棟》と《図書館》では束の先の格好が違うと思います。《中講堂棟》はその先が傷むのをゼネコンが心配して、黒い鉄兜をかぶせてあるんですよ。

《図書館》は北側を大欅に合わせてセットバックし、逆に南側は上の階ほど張り出して日陰をつくっています。《図書館》の一階は《三号館》よりだいぶレベルが下がっていますが、もともとそういう地形だったのですか。

欅に陽をあて、濯川《すすぎ》のほとりの道とレベルを合わせるため、サンクンガーデンにしようと考えてました。竣工後、半年か一年くらいに集中豪雨があって、《図書館》に水が溜まってしまった。そのときは大変だったねえ。

（南側の逆セットバックについて）こういうの日本だと、南の上の階のほうが引っ込んで、みんな逆向きになるでしょ。こっちのほうがいいでしょ図9。

図7　八号館　渡り廊手摺り
八号館渡り廊下手摺り上弦材と下弦材にφ60の丸鋼をリブを付けた床板（PL-4.5）と溶接しており、下から見ても大きな部材が見えない

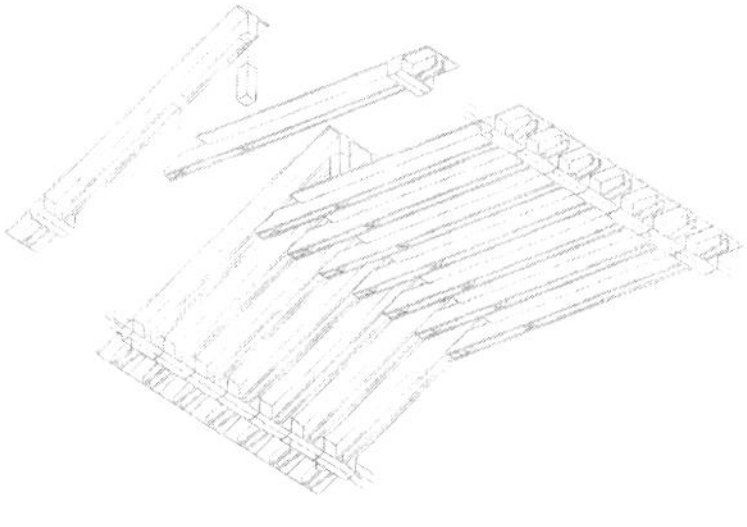

図8　中講堂棟・図書館
PCトラスアイソメ
ダブルT断面のプレストレストコンクリート板と束のPC材をポストテンションで緊結している

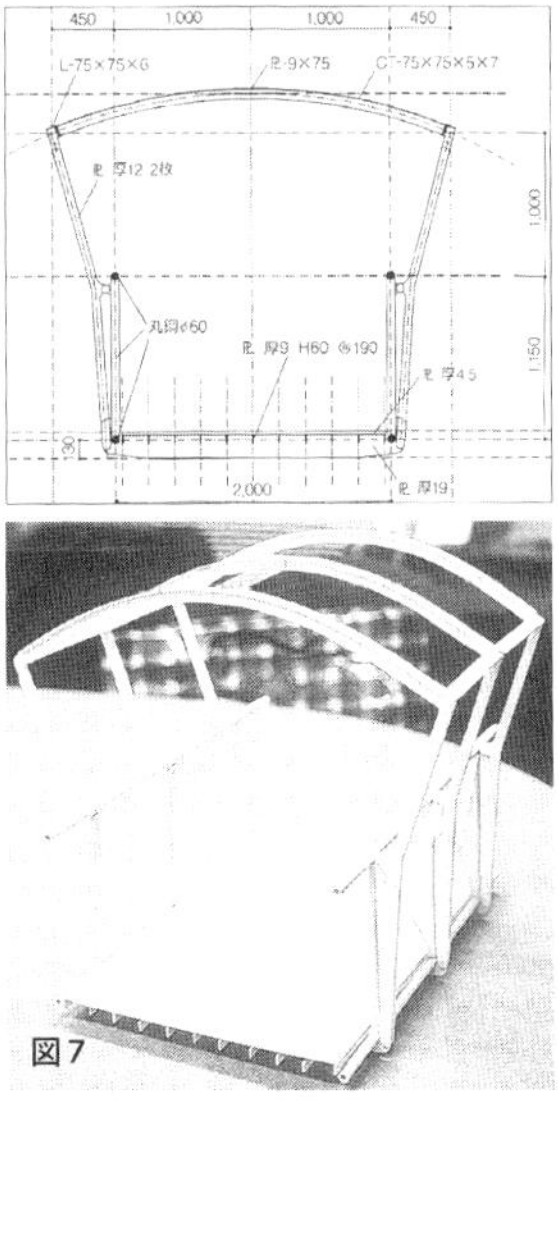

図7

図9　図書館セットバック

図10　守衛所

図11　守衛所 内観

図14　科学情報センター（現・9号館）

図13　5号館

《守衛所》は、一種類の台形ＰＣ板で円錐と切妻状の勾配屋根を連続的につくっています。世界のＰＣ建築のなかでも珍しいものではありませんか。

《守衛所》は長谷川一美君が凝りに凝って設計してくれた。エスキスは僕がかなり細かく描きましたけど。これは二階の住み心地がなかなかよくて、守衛さんも気に入ってくれたと思うね。学生運動が盛んなころだから、石を投げられても寝室には届かないようになっている（笑）**図10・11・12**。

《五号館》はガラスの下見板でパテントを取っているんですよ**図13**。近角君が「パテントを取ってもいいですか」と言うから、「どうぞ」と言ったら、僕の名前も入れてくれた。強化ガラスに丸い穴をあけて留めるドットポイントグレージングを使っていて、なかなかよいと思っている。なぜかというと、コンクリート打ち放しにモルタルを塗ったりパネルを張ったりすると、いかにもカバーしたように見えるし、中の構造がよくわからなくなるでしょ。でもこれは中がコンクリートだとわかる。それに磨りガラスだから、配管を埋めても漏れたらすぐに見えて、そこを外して修理ができる。外壁断熱にもなるしね。

《科学情報センター》の外壁は、日本ではわりと早い時期にガルバリウムを使っています**図14**。ガルバリ

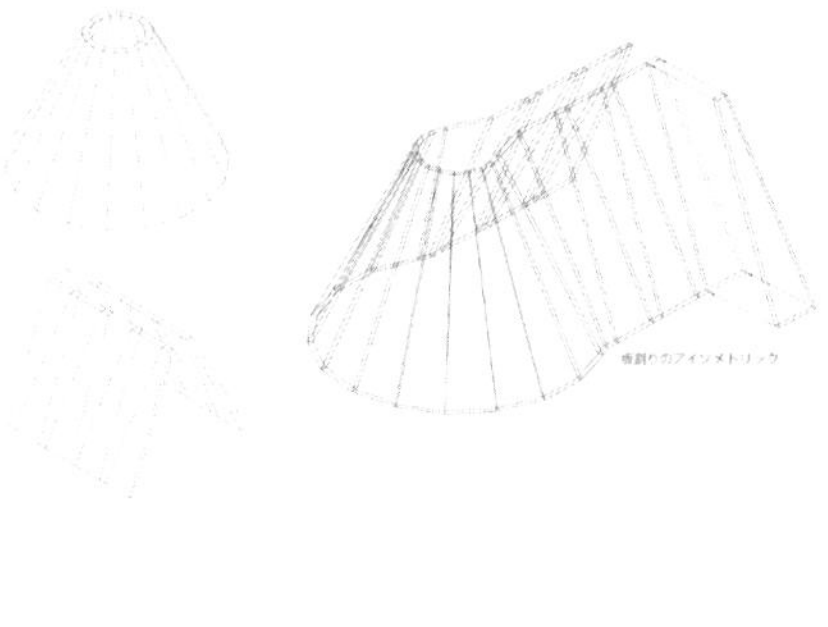
図12　守衛所　ＰＣアイソメ

図15　教授研究棟 入り口の手摺り

ウムはもろいとか曲がらないとかいろいろ言われて迷ったけど、きれいだからね。この建物はモデュラーコーディネーションを徹底的にやったから、外壁も縦の材で切って、この部分だけしっかり改修できる[3]。下見板のほうがはっきりしていていいけど、縦につなぐところが難しい。

《教授研究棟》の入り口の手摺りは、ステンレスを叩いたものです図15。有田の《九州陶磁文化館》でも使ったけど、ずいぶん高級に見えるでしょ。これは不思議なことに、ステンレスを赤く熱して、溶け出す前に金槌で叩くとこういう色になる。着色ではなく、中からクロムか何かが出てくるんです。そんなことがあるのかと思ったら、長岡の鋳物屋さんをまわったときに、鋳物に色をつけるには「染め」と「色つけ」の二種類があって、全然違うものだと聞きました。染めは塗装、色つけは地金にいろんな材質を入れ、叩いて色を出す。その叩き方によってさまざまな色になります。

絹物といって絹を使いませんか。

これは絹を使っていないと思います。絹を使うのは「天ぷら」といって、ステンレスではなく鉄を天ぷら油で揚げて、それを絹で磨くんですよ。そうすると、絹の焦げたのが染みこんで真っ黒になる。天ぷら油はそんなに上等じゃなくてもいいんだけど。

図16　濯川の橋

図17　濯川

これは坂倉建築研究所★がよく使っているし、阪田誠造さん★★も常用していますね。つくっているのは大井さん★★★で、銀座の伊東屋の裏に工場があった。吉村順三さんやレーモンド★★★★の仕事をやっていて、暖炉に火をくべる箸などもつくっています。

濯川の再生ではいくつかの橋をデザインし、紙型枠で模様を転写し、風化によって模様が浮かびあがるようにされています図16。《九州陶磁文化館》も中庭は緑が多く、庭をデザインするよい機会だったと思いますが、先生はあまり積極的には……。

庭の設計は難しくてね。やはり庭をつくるには、一日中そこに座っていなければならないでしょ。そういう時間がないんですよ。大学に出勤しないとしかられるし、毎日そっちに行っているわけにいかない。

橋は昔ながらのものをひとつ残して、あとはみんな替えました。護岸計画は土木工事だから、最後は植木屋さんに来てもらった。「こんなふうに」と言ってやってもらうより、しようがないね。

この橋は架け直して、アーチもつくりました。ここまではどぶ川でビンとかが溜まっていたんです。これを担当した多摩美術大学の渡部一二さん★★★★★が、「橋にはベランダがなくちゃいかん」と強硬に主張して、そのおかげでささやかなベランダがつきました図17。

★　坂倉準三　一九〇一―一九六九　東大文学部卒。一九二九年渡仏し、ル・コルビュジエの事務所に勤務。一九四〇年坂倉準三建築研究所設立。代表作に神奈川県立近代美術館（一九五一）など。

★★　一九二八―二〇一六　早大卒。坂倉準三建築研究所に入所し、のち代表を務める。代表作に東京サレジオ学園の一連の作品がある。

★★★　一九〇九年大井清太郎が銀座に創業。照明・門扉などの装飾金物製作を行う。内田の「重ねて並べられる机」の脚も大井工場の製作。「内田祥哉と現代の職人二　蒲田・大井工場をたずねて」『住宅建築』二〇〇五年一月号参照。

★★★★　Antonin RAYMOND、一八八八―一九七六　チェコ出身の建築家。渡米しフランク・ロイド・ライトの下で働く。帝国ホテル建設のため来日。そのまま日本でレーモンド事務所を設立。戦中はアメリカに帰国し戦後はふたたび日本で活躍した。

濯川には教育費を使ってはいけないと言われて、同窓会の寄付を集めてやりました。太田先生はもっときれいな水を流したくて、浄化装置をつけたかった。ところが運動場から風で砂が飛んでくる。その運動場の砂は一年間にトラック二杯分を補給するんですよ。それを下水に流しては怒られるし、浄化するのはとても大変でできなかった。いまは人工芝生にしたからできるかもしれません。

この水は図書館の下から出てくるのを入れているわけです。先ほどのベランダのある橋の近くに湧き出している。大谷石を積んで壁をつくり、そこから湧き出すように見せています。

★★★★ 一九三八— 日大卒。内井昭蔵建築設計事務所に勤務後、東京芸大修了。創造社勤務を経て、多摩美大教授などを歴任。

構法研究との関係

佐賀の建築などと比べると、プレキャストコンクリートやモデュラーコーディネーションといった面で、武蔵では研究をより反映されている印象があります。特に《科学情報センター》ではモデュラーコーディネーションを徹底的に試されています。一九七七年に『建築生産のオープンシステム』を発表され、《科学情報センター（現・九号館）》の少し前にセンチュリー・ハウジング・システム★★★★★、少し後に《NEXT21》を始められる。これらのお仕事では、一九六〇年代に研究されたモデュラーコーディネーションが、部品をどうやって交換していくかという新しいテーマとして生かされるわけですが、当時の社会状況はいかがでしたか。モデュラーコーディネーションの研究成果が社会に反映されてきたのでしょうか。

それは全く実現していないですね。一番大きな原因は、三〇センチ、六〇センチモデュールが世の中にあまり普及していないことです。むしろ、三尺、六尺の畳がそれに近いというくらいだった。そのころ、僕はモデュラーコーディネーションをわりと固く考えていたから、三〇センチのモデュラーコーディネーションといったら、三〇センチぴったりよりはちょっと小さいもので、三〇センチのところへパチンと入るような部品交換のことしか頭になかった。いまはそうではな

★★★★★ 第一一章参照

くて、だいたい三〇センチくらいに合えばいいじゃないかという感じです。だから、いまなら部品交換の可能性はあると考えています。でも当時は、現実の世の中とコンタクトしてあの部品がここに入るという話ではなかったですね。

当時の部品の規格や流通状況とは別にモデュールを設定されたのは、そのモデュールに納まってくる部品が後々増えるだろうと考えられたのですか。

いまでも僕はそう思っていますね。それは、何年かかるかわからないけど、四〇年かかって八〇センチモデュールが消えかかっているでしょ[4]。代わりに三〇センチ、六〇センチモデュールが出てきているわけ。だからこれから先、何十年かかかると思うけれども(笑)、Dφ★の表をつくってみると、それ以外には考えられないといまでも思っています。まあ、先端的な建築家がそれを経験したとしても、メーカーがそれをつくるのに時間がかかる。最初のうちは、ぴっちり合わないのは部品じゃないとメーカーは思うだろうけど、日本のモデュールというのはだいたい合わせて(笑)、現場でちょちょっと細工すればうまくいくんです。しかし、やっぱり時間はかかるでしょうね。

先ほどの、ちょっと小さめの部品をその場で合わせるというお話を聞いて思い出したのですが、小さめにつくった余裕が積み重なると大きい隙間ができてしまうと、先生はどこかに書かれていました★★。

《KEP前野町アパート》★★★[5]、あれは痛恨の実験でしたね(笑)。あのころのモデュラーコーディネーションは、ヨーロッパの理論を信じていた。だから、こういう可動家具を納めるにはちょっと小さくないといけない。製作誤差の範囲で、絶対に大きくならないようにつくる。それから置く位置の誤差があるから、それも加えて細かい部品をひとつずつ並べていったら、全体に隙間が開いてしまった。

いまはもっといい加減に、大きいのもあれば小さいのもあって、それをズーッと端から並べていくと、最後にだいたい合って詰めなくてすむ、そのほうがずっと現実的だという考えになってきましたからね。しかし、硬いものはあまり大きくつくっては困るし、柔らかいものは少し大きめにつくるという考え方が正しいと思う。その目安の寸法としては、やはり八〇センチではなく、九〇センチか三〇センチだろうと。

この六年後に《NEXT21》をはじめられますが、武蔵で試したことで、その後の試みに生きていることはありますか。

《科学情報センター》で深尾精一さんがものすごく精密なモデュラーコーディネーションをやってくれた。これなら完璧にできると思ったから、《NEXT21》

★ 第四章参照

★★ 内田祥哉『建築の生産とシステム』(住まいの図書館出版局、一九九三年)

★★★ 一九八一年KEPで試行建設を行った集合住宅(第一一章参照)。

では自信をもって臨んだというのが一番じゃないかな。

このときはじめて導入したのは、間仕切りと構造のグリッドをずらすことです。教室には遮音が必要だけど、天井の下だけに間仕切りをしても、天井裏から隣の部屋に音がまわってしまう。防火も同様で、壁が天井を貫いて上のスラブまで届いていないといけない。深尾さんが知恵を絞って、そういう間仕切りをモデュラーコーディネーション上でどうすればよいかを考えてくれた[6]。それはセンチュリー・ハウジング・システムでも適用しています。

佐賀の《九州陶磁文化館》は、規模などの条件は《科学情報センター》よりも恵まれていたと思います。《九州陶磁文化館》は構法が前面に出ている印象はなかったのですが、なぜ《科学情報センター》でモデュラーコーディネーションをここまで精緻にやろうと考えられたのですか図18。

このころ、モデュラーコーディネーションがある意味で絶えていたんですね。戦後、僕はモデュラーコーディネーションを夢中になって考えたけど、ある程度わかってしまって、ほったらかしていた。僕は、三〇センチ、六〇センチモデュールになるだろうと思っていたけど、そのあいだ世の中は、八〇センチモデュールでずっと進んでいたんです。三〇センチ、六〇センチでも芯々のモデュラーコーディネーションをやった

図18　科学情報センター
モデュラーコーディネーション

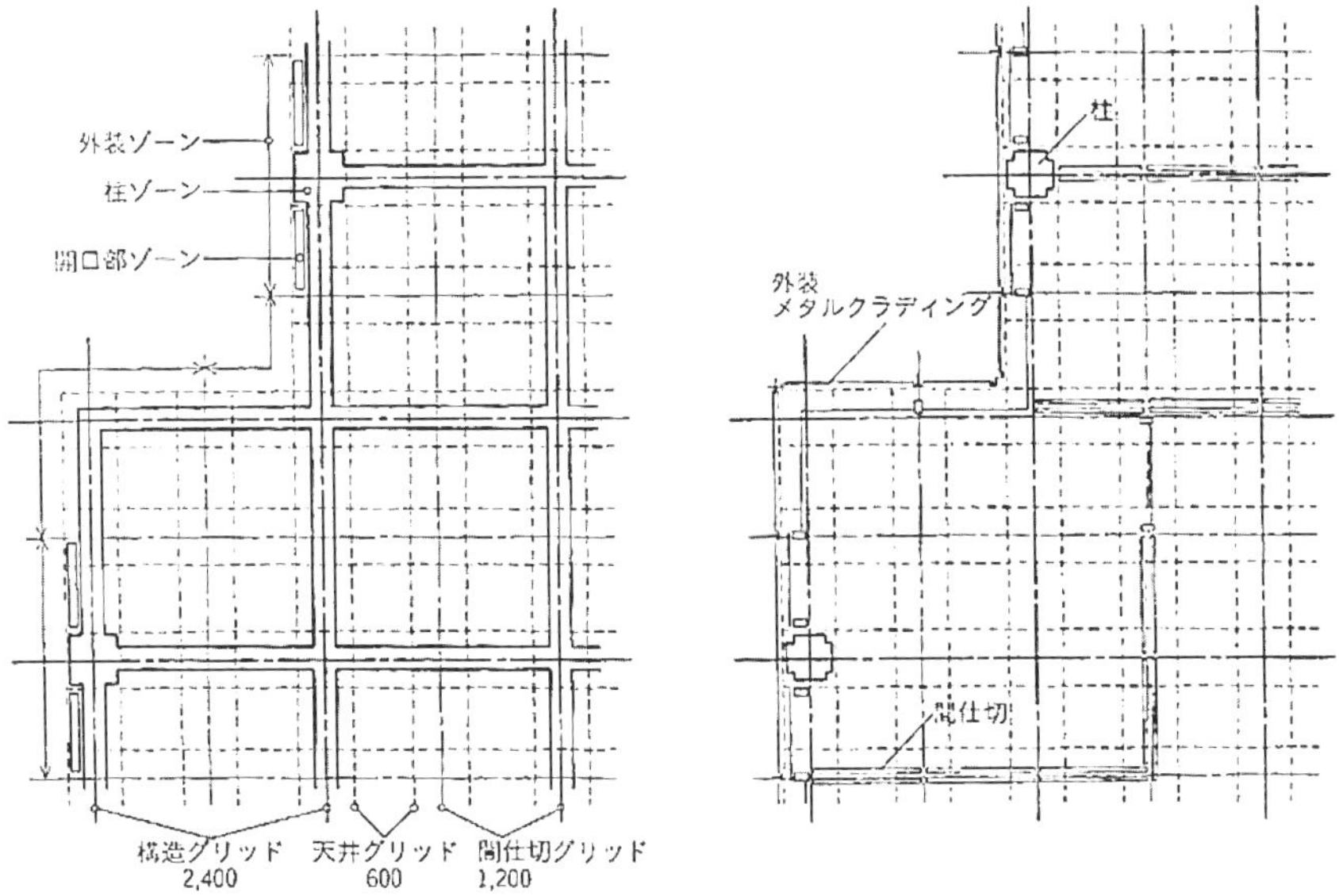

建物を設計すると、具体的に一番困るのは先ほどの遮音壁です。遮音壁が可動間仕切りと同じにはできないという悩みがあった。また大きな疑問として、木造では柱が動かせるのに鉄骨ではなぜ動かせないのかというのがあって、鉄骨でそれをつくってみたいと思いました図19。

だけど、《科学情報センター》も柱は動かせないですね。木村俊彦のような構造設計では動かせない。いわゆるモデュラーコーディネーションでやろうとする計算の精度と木村俊彦の世界とは違うことが、彼とつき合っているうちにだんだんわかってきた。彼の世界は本当に精度が高くて、無駄なところがない。どこかを動かせば、必ずそこに補強がいるような設計を目指しているわけです。それは素晴らしいことだけど、柱が動かせる構造なんていうのは、面積にも空間にも強度にも余裕がなくてはいけないでしょ。それで《NEXT21》はそういうところに余裕をもたせて、モデュラーコーディネーションをちゃんとやろうと考えました。

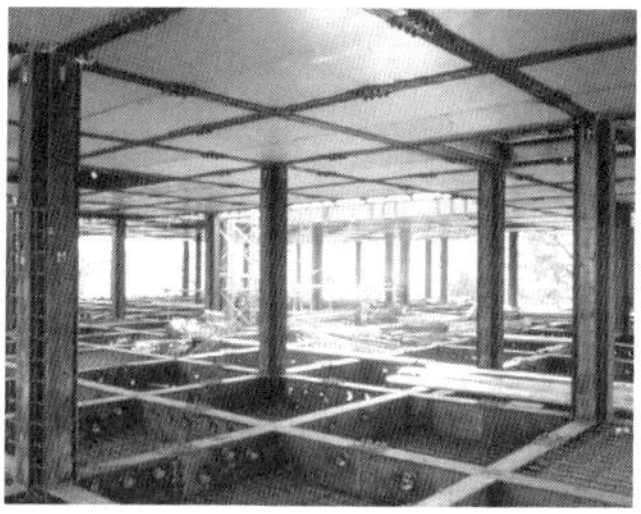
図19 科学情報センター 格子梁

木村俊彦を偲ぶ会でも話したんだけど、ここの根津研究所[7]に入るところに三段の階段があるんですよ。六〇センチくらいの段差だから脚立を前に置けばすむんだけど、そこに柱があるからそれに寄りかけた。木村さんが怒るだろうなぁと思っていたら、やはり翌日電話がかかってきて、あれをつくるなら柱を補強しなきゃいかんと。木村俊彦の設計はそこまで、もうギリギリだという信念をもってやっているんですよね。素晴らしいことだけど、そういうのとモデュラーコーディネーションの世界とはちょっと違う（笑）。

1　澤田は建設時における自身の役割について、「授業の合い間をぬって、どの教室をいつ壊すとすればそこの授業はどこへ移すという玉突きの計算を施工工程表とカリキュラムをすり合せ最上解を探すわけだ。（中略）授業のすり合わせともうひとつ大変なのは、図書館や研究室の引越し計画。工事がこう進めば、その三ヶ月前にはこの荷物はここへ、二ヶ月前にはこれをといったように、引越し荷の量を計り、配分先を決め、前もって手を打たねばならない。これも工事の間をぬってだから自分がやるしかない」と述べている。（『新建築』一九八二年七月号）

2　解体調査に関しては寺井達夫「黎明期の鉄筋コンクリート構造　武蔵大学本館一部解体調査報告（上）」『施工――建築の技術』一九八一年九月号、一〇月号参照。

3　ガルバリウムの外壁鋼板は、二四〇〇ミリピッチに取り付けられたT型の鋼材に取り付けられている。外観で縦に通った筋はこのウェブ部分である。外壁鋼板の裏側は平らに連続するようになっており、これをT型鋼材のフランジに合わせてコーキングで防水している。（『ディテール』九八号、一九八八年一〇月号）

4　一例として、霞が関ビル（一九六八）は八〇センチモデュールで設計され、その後の超高層ビル設計にも影響を与えた。また、公団住宅では鉄筋コンクリートアパートを芯々九〇センチモジュールで設計したため、部屋の内法では八〇センチモジュールに近くなり、公団畳とも呼ばれる八五センチ×一七〇センチの畳も使われている。（内田祥哉『日本の伝統建築の構法』市ヶ谷出版社、二〇〇九年）

5　可動家具で部屋を仕切り、入居後の間取り変更を容易にしたが、可動家具を並べると、グリッド内に面押さえで納めるための隙間が連なり、全体として大きな隙間が空く結果になった。

6　科学情報センターのモデュラーコーディネーション（ディテール一七〇号）間仕切りの一二〇〇ミリグリッドから三〇〇ミリずれたところに天井の六〇〇ミリグリッドがある。これによって、間仕切り壁を天井の野縁で止まらず天井裏まで伸ばせ遮音・防火性能を満たすことができる。

7　根津化学研究所、佐野利器設計、一九三六年。一九八八年に科学情報センター（九号館）が上部にまたぐかたちで建てられた。

学校建築

工業化やオープンシステムを追求した住宅とともに、内田が継続的に活動の対象としたビルディングタイプは学校建築である。そもそも内田にとって学校建築は初期の主要な研究テーマといえる。吉武研究室に出入りしていた縁もあり、「鉄筋コンクリート造学校建築物標準設計に関する委員会」委員となり、『建築学大系32学校・体育施設』（彰国社、一九五七年）では青木正夫と小学校・中学校の章を担当した。特にヨーロッパの学校建築の事例を紹介し、同書執筆のための調査で愛媛県八幡浜市の松村正恒とも出会い、《新谷中学校》や建設中の《日土小学校》も見学、その後も交流は続いた。考えてみると、イギリスのプレハブ工法による小学校試作（一九四六年）やシステムズビルディングによるCLASP（一九五七年開発開始）をはじめ、工業化建築、システムズビルディングの実践例は学校建築に早くから見られる。日本の学校建築システムズビルディングGSK（学校施設建設システム）にも内田は学校施設建設システム化・工業化委員会顧問としてかかわった。住宅と同じく、学校建築も大量生産の必要性が高いビルディングタイプであり、人数や教育内容の変化に合わせた柔軟性が求められる。GUPも住宅以外のプロジェクトは学校建築（GUP8）のみであり、学校建築への関心は続いた。

内田は設計面でも継続的に学校建築にかかわっている。初期の《大森第三中学校》、《目黒第一中学校》にはクラスター型やプラトーン型など調査の成果を盛り込んだ。東京大学在職中には《工学部一号館》屋上に図書室を増築する。逓信省、電電公社でも全国の電信局、電話局に加えて集中的に設計がなされたのは中央電気通信学園という教育施設である。同じく集中的に作品が見られる佐賀県の《佐賀青年の家》も教育施設と言えるだろうし、《九州陶磁文化館》のクラスター配置は、学校建築からの影響と見ることもできよう。武蔵学園は内田の母校でもあり、全体計画から始まり継続的に複数の建築設計にかかわった。武蔵学園では、長寿命化への関心が高まるなかで学校施設の可変性に焦点があてられ、《科学情報センター》で検討されたモデュラーコーディネーションは《NEXT21》に引き継がれた。

内田は《日土小学校》について「訓練は月月火水木金々という言葉を生んだが、そこに忘れられていた日と土を校名とするこの学校の校舎は、訓練所とは正反対の雰囲気を持っている」（『建築文化』一九六〇年二月号）と述べた。戦後、《工学部一号館》の彫塑室に家をなくした人が寝泊まりしスラムと呼ばれていたと語る内田にとって、学校建築は工業化から始まり柔軟性や長寿命化へと戦後のドラスティックな転換を象徴するビルディングタイプだったといえよう。（権藤）

参考文献

- 建築学大系編集委員会編『建築学大系32 学校・体育施設』彰国社、一九五七年
- 内田祥哉「松村さんと学校」松村正恒『無級建築士白筆年譜』住まいの図書館出版局、一九九四年
- 内田祥哉「吉武先生の思い出 筑波大学へ転任される頃まで」『吉武泰水山脈の人々』鹿島出版会、二〇一一年
- 花田佳明「内田祥哉および建築計画研究者との関係」『建築家・松村正恒ともうひとつのモダニズム』鹿島出版会、二〇一一年
- 川島智生「内田祥哉による昭和30年代新制中学校校舎の新しい試み」『季刊文教施設』二〇一五年秋号、一般社団法人文教施設協会

第一〇章　佐賀後期

日本建築における近代主義の受容と展開過程のひとつの到達点を一九七〇年の大阪万博に求めるとすれば、その後の日本建築史における曲折をどのように記述していけるだろうか。あるものは都市へ、あるいは集落へ。あるものは空間へ、あるいは手法へ。七〇年代の日本建築は収束から拡散へ転じたような印象を与える。

一方、内田の七〇年代は、学生運動後の大学改革に追われるなかでも、研究への沈潜を深めていき、研究室でのプロジェクトを別にすれば設計活動からは一時期遠ざかっていた。しかし、ふたたび佐賀から設計の依頼を受けた内田は、建築構法研究を通じて深めた建築に対する思考を携えて、新しい建築設計のアプローチをみせる。いわゆるポスト・モダンと呼ばれる時代のなかにあって、内田がみせたテクニカル・アプローチである。

内田の佐賀後期の舞台は、陶器の町、有田である。当時の有田町長青木類次の依頼で、《有田町歴史民俗資料館》(一九七八年)を皮切りに、《佐賀県立九州陶磁文化館》(一九八〇年)、《有田町立有田焼参考館》(一九八三年)をアルセッド建築研究所と共同で設計することになる。陸屋根ではなく勾配屋根を架け、外壁にはタイルを打ち込んで被覆したのは、たんに焼き物の町有田ゆえの日本的なものの参照ではなく、長寿命化と耐久性という課題への技術的な応答であった。武蔵学園と前後して進められた佐賀後期の有田三部作においてもプレキャストコンクリートの可能性が追求された。構法・構造に軸を定めた八〇年代の内田の設計活動は、一九八〇年代のバブルへと時代にうたかたのように浮かんでは消えた多くの建物のあいだにあって異彩を放っている。

有田町歴史民俗資料館

佐賀県での設計活動をふたつに分けてお話をうかがっています。先生のなかでも第一期・第二期、前期・後期のように分かれるイメージでしょうか。

まったく別のイメージです。僕はそのころ、コンクリート打ち放しに疑問をもっていました。でも《図書館》や《博物館》を共同設計した高橋靗一は、打ち放ししかやらないでしょ。これはとても一緒にやっていけない（笑）。

『朝日新聞』の記事[1]でコンクリートの耐久性に疑問を投げかけられたのが一九八二年五月一八日です。佐賀後期が始まるのはそれより前ですね。

あの記事の七、八年前からコンクリートは裸じゃダメだと思っていた。前川國男さんもそう考えて、打ち込みタイルを使いはじめるわけですね★、[2]。でも打ち込みタイルにしても、想像ができないようなことはたくさんありますから。だいたい、鉄筋コンクリートというものができたときに、これに亀裂が入って壊れるなんて誰も想像しなかったでしょ。

僕だって打ち放しをやりたいのよ。かっこいいでしょ？　だけどある建物を見てから、打ち放しはダメだと思った。それは『造ったり考えたり』にも書きました★★。

ある賞の審査でその建物を見に行くと、そこらじゅう亀裂だらけなんです。それを賞に応募しているわけですよ。現場の主任は、これはダメだとひそかに思っている。話を聞くと、このコンクリートを打ったのは大阪万博のころで、非常に質が悪くなっていたと。現場に運ばれたのはジャブジャブのコンクリートで、断ろうと思ったけれど、そうすると次は何日に来てくれるのかわからないし、質の保証もない。つまり工期が間に合わなくなり、会社の面子にもかかわる。そう思って使ったのがこの結果で、私は毎日眠れませんという話でした。それを上司に訴えても、会社からそれを直すお金が出るわけがない。せめて実状を施主に言おうと考えたけど、そうしたらもう会社にいられませんと。全国で何百人、何千人という現場の主任がこういう苦労をしている。だから、東大の内田先生にそれをぜひ大っぴらにしてほしいと言われたんです。

そのころまでは、鉄筋コンクリートは何百年でももつと思われていた。木造を禁止にして、鉄筋コンクリ

★　コンクリートの型枠内側に、仕上げタイルを釘で留め、コンクリートを流し込んで一体化させる先付け構法のひとつ。

★★　「コンクリート建築の実態を知りたい」初出『コンクリート工学』一九八六年一月号

ートにしようという時期だからね。どうしたらこれを大っぴらにできるかと考えていたけど、結局一〇年くらいかかった。『朝日新聞』や『新建築』★、3に出したのは、もう公表しても大丈夫だと思ったからです。その間は職人さんや主任さんのように悩んでいたから、そういう時期にコンクリート打ち放しなんてやれない。

《有田町歴史民俗資料館》は最初、いま《佐賀県立九州陶磁文化館》がある丘の上に建てる予定でいました。《陶磁文化館》の話は当時の青木町長がきたときからあったようだけど、それは県の予算なのでわからない。《資料館》の設計段階で町長から電話かかってきて、県が《陶磁文化館》に予算をつけてくれるという話になるわけです。それで、一晩寝ないで考えたんですよ。翌朝、町長に電話して、《資料館》を移して、丘の上に《陶磁文化館》をつくったらどうですかと言ったら、意見が一致してこれがはじまりました。

だから《資料館》は、《陶磁文化館》の試作品なんですよ。それは町長もそのつもりでいいということで。

《陶磁文化館》は一七億円の建設費のうち、五億円が地元からの寄付★★だったそうですね。

青木町長の話では、有田には昔からいろんな職種が多角的に集まっていて、何百年かの歴史のなかで、みんなの景気がこんなによかったことはないと。あるときは柿右衛門が有名になって、またあるときは今右衛門が栄える★★★。

それから、有田焼には小売りが多くて、焼き物を背負って全国を歩いている。それで得意先の宿屋や料理屋をもっていて、一度そこに納めると、次からはそれを補充するんですよ。一〇〇個のお膳を揃えると、それがひとつ割れたからといって全部を替えるわけにいかないから、同じものを何個か補充して、宿屋や料理店を消費者として維持していく。わかりやすく言うと、富山の薬売りと一緒です。だから有田では、自動車一台もっていれば商売ができると言われている。

それから小売りに卸す問屋がいます。柿右衛門さん、今右衛門さんのように作家としてつくっている人がいて、なかには重要文化財、無形文化財になっている人もいる。平和で豊かになると、有名作家の作品が売れるけど、戦後のもののない時代には問屋や小売りがいいわけです。

それから、逓信省関係でいうと、全国の官庁舎はタイルを貼っていますね。タイルはもともと瀬戸物が多いんだけど、それが東北地方では割れてはじけるんですよ。はじけないタイルにしたいのでいろいろ試してみると、釉薬があってはダメで、もともとが磁器か石器でないとはじけてしまう。そうして有田焼が進出す

★　一九八二年の『新建築』誌上で四回にわたってコンクリート建築は歴史的建造物となりうるのかという問題提起を行った。

★★　「県の事業決定に際し、有田町は五億円の寄付金集めを約束したと言う」『建築文化』一九八一年一月号、六四頁

★★★　有田焼の代表的な窯元。酒井田柿右衛門、今泉今右衛門、源右衛門をさして有田の三右衛門と呼ぶ。

るわけ。そのタイルをつくっていたのが有田タイルと岩尾タイル（磁器）★★★★です。だからその当時はタイルの問屋も盛んだった。作家の作品は売れてなかったかもしれないけど、昔からそんなに量は多くないからね。

有田がこんなに元気なときは一〇〇年に一度くらいしかない、それで《陶磁文化館》を建てたいと、青木町長から会うたびに言われました。

《資料館》は《陶磁文化館》の「試作品」ということですが、《資料館》でうまくいかず、《陶磁文化館》で変更したことはありますか。

それは外壁のタイルです。白い外壁のタイルに「有田町歴史民俗資料館」と青い呉須《ごす》（顔料の一種）で艶やかに描いたはずが、みんなボケちゃって見えないんですよ。岩尾磁器に根掘り葉掘りたずねて、結局わかったのは材質が違うということ。

白い素焼きの上に呉須を筆で描いて焼くと、紺色の模様が出る。焼き物の茶碗はみんなそうです。その茶碗の白というのは、山で採れた石から鉄分をはじき出して純粋に白いものだけにしていて、ものすごく手間がかかっている。いまは景徳鎮の真っ白な石を使えば簡単にできるんだけど、このころは中国から入ってこないからね。

ところがこのタイルは大きくて、厚さが二センチくらいはある。だからこれは鉄分その他をはじき出さないで、石をそのまま使い、釉薬の白をかける。その白は不透明だから、呉須の字がみんなボケてしまうわけね。四回くらいやり直してもダメで、やっと白磁でないとできないと気づいた。それは昔、日本がヨーロッパに輸出していた白磁なんだけど、釉薬をかけるものの一〇倍くらいの値段がするわけですよ。よくよく聞いてみると、白磁の大きなタイルを建築の外壁に使うと、一万円札を貼っているくらいになると（笑）。

《陶磁文化館》になると外壁は、白いタイルをまだらに貼っていますね。

全部白磁にすると予算が絶対に足りないから、大部分は釉薬を塗ったものにしました。でも比べてみると、ひと目でわかるくらい白くないんですよ。白い釉薬をどんなにかけても白くない。それで、白くない白いタイルと、真っ白な白磁のタイルとの間に、四段階くらいの色をつくってごまかしています**図1**。

《資料館》と《陶磁文化館》のわかりやすい共通点として、タイルを打ち込んだＰＣの外壁でＲＣの躯体を囲い、勾配屋根をかけています。

そうそう。雨は絶対に漏らない（笑）。

《中央学園》のころから、屋根はかけたかったんですよ。だって、陸屋根にしなければ雨は漏らないとわ

図1　陶磁文化館

★★★★　第五章参照

かってるのに、なんでわざわざ雨が漏るようなことをする必要があるのかという感じでした。ベランダみたいにフラットルーフにしなければならないところはやむをえないけれど、屋根をかけられるのにフラットルーフにするのは意味がないと思うようになった。それに屋根をかけて格好悪くなるとは思わなかったし。

　むしろ壁を二重にすることの悩みのほうが大きかったですね。壁はやっぱり打ち放しの迫力というのはあるでしょ。それに外壁をつけてカバーすると甘ったるくなっちゃう。それを有田でたとえると、彫刻を木彫でつくるとシャープにできるけど、焼き物でつくるとトロッとした人形になってしまう感じ。だから壁を二重にすると、なんとなく角が丸くなったようで、それは残念でしたね。

　屋根はかぶせてもシャープさがなくならないから、あったほうがいいと思う。ただ高層建築では、武蔵学園で失敗したのは屋根から雪が落ちてくるんです。それが勾配屋根では防げなかった。

早川正夫先生は、勾配屋根だと小屋裏に無駄な空間ができるけど、有田の作品群は設備などでうまく使っている★、と書かれています。

　でもあれは、うまくいってない。スペース的には入ったんですが、屋根の下に冷却塔を入れたから、空気の流通が少なくなって、なかがオーバーヒートした。竣工して半年くらいのころ、火事を出しそうになったんです。オーバーヒートで空調が止まったからよかったけど、空調を入れるならスカスカの屋根にしなきゃいけない。空気がそれだけ抜けるようにすると雨も入ってくるから、結局フラットルーフに近くなるのかもしれないね。

展示ケースと収蔵庫を一体にして空調するのはおもしろいですね。観る側は収蔵庫を覗くようなかたちです。これなら展示ケースを閉じる必要がないし、仕切りを動かせばさまざまな大きさの展示に対応できます。

《佐賀県立博物館》では文化庁から何ひとつ言われなかったんだけど、この《資料館》では事細かに指導されたんですよ。言ってきたのは文化庁の半澤重信さん★★で、いろいろと教わりました。半澤さんは谷口吉郎さんのお弟子さんで、文化庁に入って博物館の指導をしていたんです。《佐賀県立博物館》を見て、これじゃダメだと思ったんじゃないかな。博物館に関する知識を抜本的に再教育された（笑）。展示ケースと収蔵庫を一体にしたのは僕のアイデアですけど、収蔵庫を木造にする、板壁を樋部倉《ひぶくら》★★★にする、ヒノキは油が出るからダメ、といったことは半澤さんの指導です図2。

勾配屋根は屋根面に樋が組み込まれていますね図3。

★『建築文化』一九八四年七月号、一一六頁

★★　一九三〇—　東工大大学院修了後、五六年文化財保護委員会（現・文化庁）に入り、文化財保存や博物館計画に携わる。

★★★　板のはぎ方の一種。二枚の板の断面をそれぞれV字の凹型、凸型としてはめ合わせる。

★★★★　内井昭蔵設計、一九七六年。山梨県南巨摩郡。片流れ屋根の高床収蔵庫が二棟並んで建つ。一九七七年BCS賞など。

図3　歴史民俗資料館　屋根
屋根面に入った線が内樋、軒先に対して緩やかに勾配がついている

それは内井昭蔵さんの《身延山久遠寺収蔵庫宝蔵》からです。庇の先端にそのまま樋を付けると水平になってしまうから、普通は両側を下げるんですよ。そうすると、屋根の先にちょっと垂れ下がったような線が出てくる。それが嫌な人は箱樋にして、そのなかで勾配をつける。そうすると出てくる線は水平になるんだけど、箱樋が外から見て分厚くなる。そこで軒先を薄く見せるには、樋を軒先ではなく少し内側に付けて、そこから下側の水は垂れ流すという考えです。内側の樋を斜めに付ければ、勾配もとれるでしょ。

《陶磁文化館》も同じディテールですが、《参考館》は樋の線が見えません。《参考館》はそのまま落としているんですか。

あれも、穴が斜めに開いているはずです。

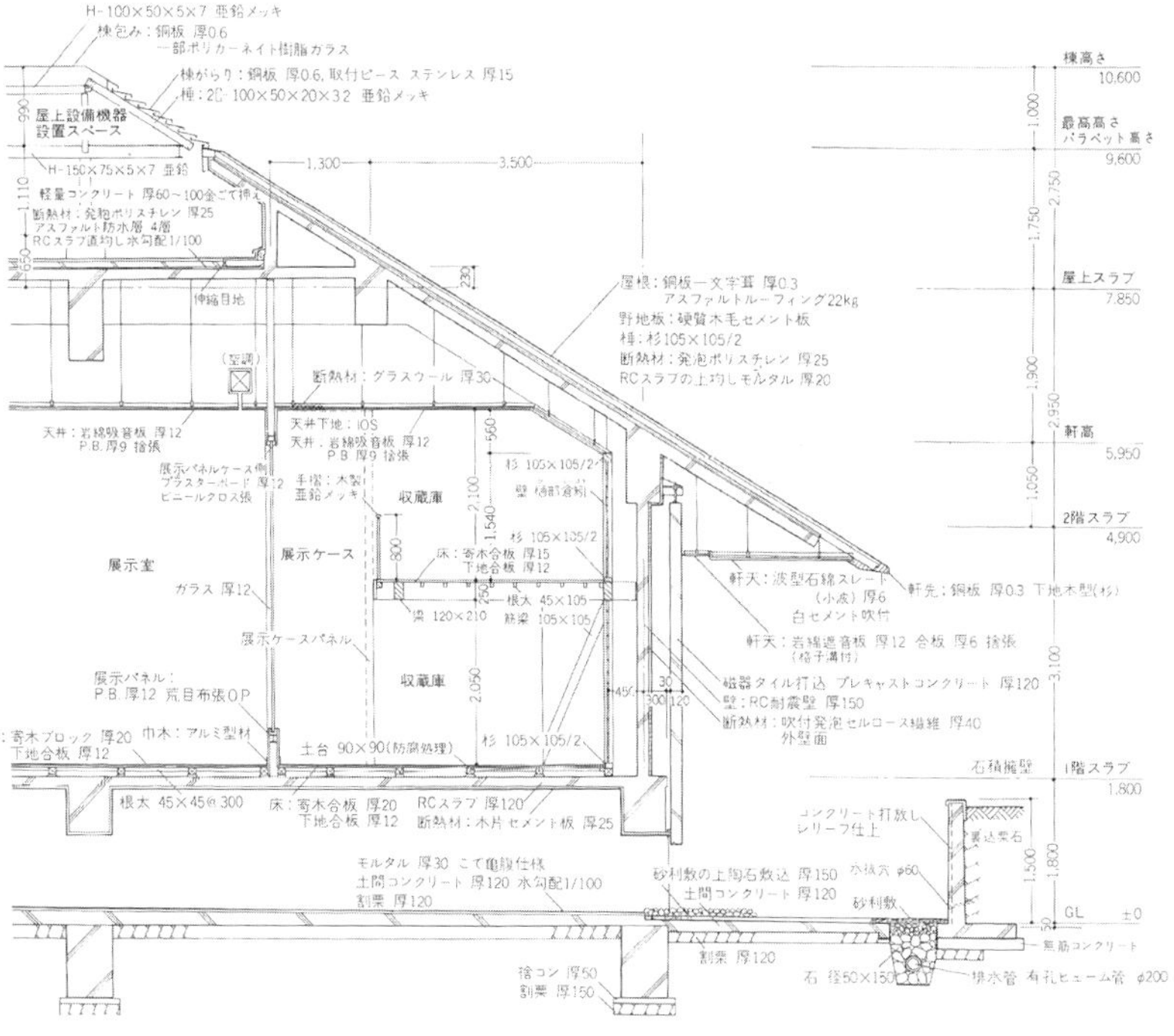

図2　歴史民俗資料館 矩計図

勾配屋根の天井裏が設備スペース、収蔵庫と展示スペースは一体で空調

九州陶磁文化館

次はアルセッド建築研究所と共同で日本建築学会賞も受賞された《九州陶磁文化館》についてうかがいます。これは前年建設された愛知県瀬戸市の《愛知県陶磁資料館》★に対し、九州広域を対象とした陶磁器の美術館として有田駅前の丘に建設されました。基本構想では塔がありますよね図4。

青木町長からは、町のどこからでも見えるように塔をつくってほしいと聞きました。それでアドバルーンを飛ばして、どのくらいの高さなら見えるか調べました★★。いまなら携帯電話があるけど、あのときは右に寄れ、左に寄れって指示するのが大変でしたよ図5。

《陶磁文化館》では、入り口の軒の深さが印象的ですが、奥の展示室はちょこんと屋根が載っているようで、かなり印象が違います。

これは蔵のイメージです。蔵ってそんなに庇が出ていないので、いいかなと。展示室の庇も実際には出ているんだけど、外壁も出ているからそういうふうに見える。

当初から蔵が並ぶクラスター型の配置をイメージされていたのですか。

そう。どちら回りでも見られるクラスター。配管・

★ 谷口吉郎設計、一九七八年。現・愛知県陶磁美術館。

★★ 塔がバイパスから見えるか確認するため、アドバルーンのワイヤーに目盛をつけて飛ばした。「三題噺 第六話」『ディテール』第一七一号、二〇〇七年一月

図6 陶磁文化館
穴あきのタイル

図4 陶磁文化館
基本構想案（塔の計画）

図5 陶磁文化館
アドバルーンを飛ばす

図7 陶磁文化館 斜めのタイル

配線は真ん中に通して、そこから引っ張るようにね。

ホールでは、タイルの吸音装置を使っています。

レゾネーターは《中央学園講堂》で使ったから、ずいぶん前から知っていて、ここでも使おうと思った。それで調べてみると、たまたま岩尾磁器が橘（秀樹）君★★★にその研究を頼んでいたわけ。橘君に連絡すると、すぐに引き受けてくれた。あれがうまいのは、穴が開いていて、後ろ側が二重になっているんですよ。そこにグラスウールを入れたりはずしたりすることで、たいていの音は好みに応じて吸収してくれる**図6**。

講堂背面のタイルは角度をつけて取り付けられています。

上を向いているところは苦労しました。こういう垂直な壁は穴を開けてもなかなかデッドにならないけど、これは完全にデッドなんです。タイルにあたって反射した音がなかに吸い込まれて、音が入ったら出てこないようになっています**図7・8**。

以前、電電公社では《中央学園宿舎》でベッドの桟と布団の模様を揃えたりと、自由に設計できたのが、電電公社から外に出るとなかなか思うようにならないとうかがいました。《陶磁文化館》はいたるところにタイルを使ったり、比較的思ったとおりに設計されているのではないですか図9。

そう。ここはわりと、やりたいことをやらせてもらえた。それはひとつには、三井所清典君やアルセッド

★★★　一九四三―　建築音響。東大卒。陶磁文化館設計時は東大生産技術研究所助教授。東大名誉教授。

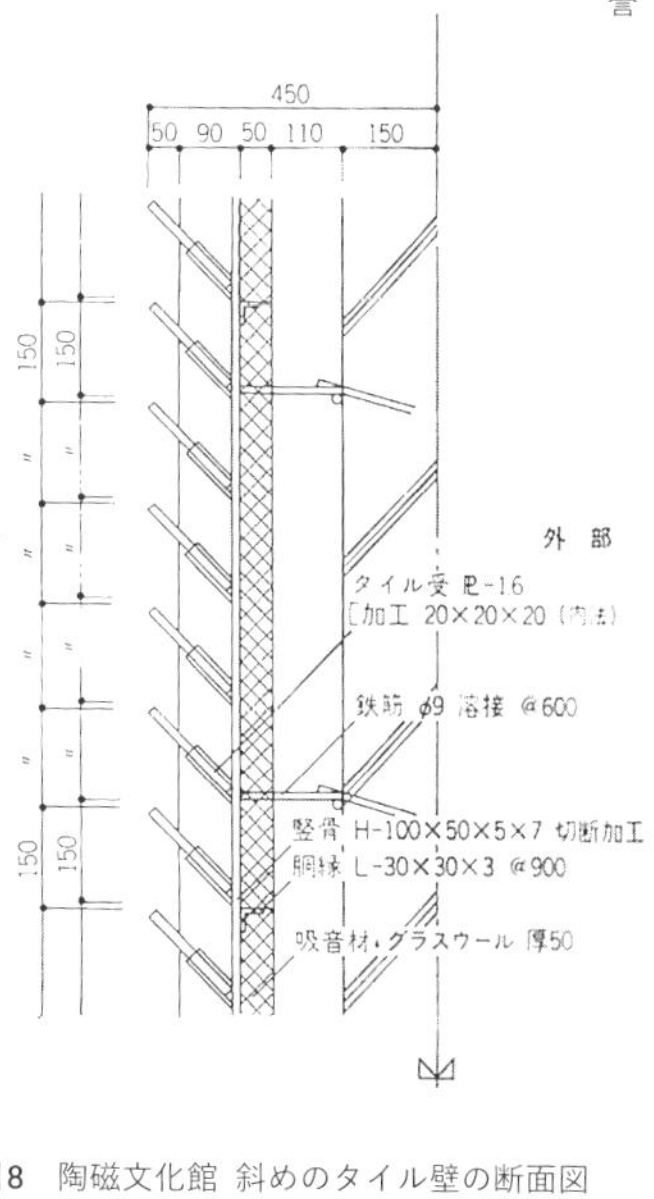

図8　陶磁文化館 斜めのタイル壁の断面図

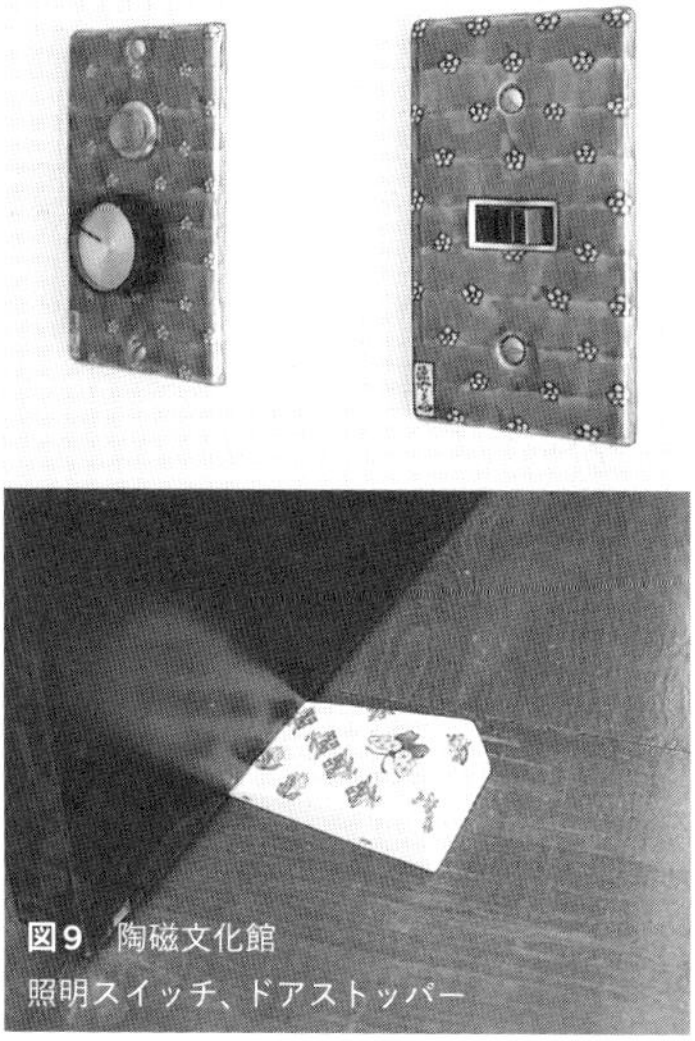

図9　陶磁文化館
照明スイッチ、ドアストッパー

がちゃんと設計してくれたからですよ。それから町長をはじめ、有田の人たちが全面的に協力してくれた。

やっぱり同じ公共施設でも、国が国のための施設をつくるのではなくて、市町村が自分のところのために建てるときは、協力してくれる具合が全然違いますよね。たとえば岩尾磁器は、そのころ元気があったせいもあるでしょうけど、自分のところにあるものは何でもやってくれました。ただ、《資料館》の「あり合わせタイル暇な時貼り★」だけは喜ばれなかった（笑）。みんな厚さが違っているから大変なんです図10・11。

先ほど白い外壁タイルのお話をうかがいましたが、《陶磁文化館》の設計で、《資料館》を参考にした点はほかにありますか。

外壁を離して吊る方法とか、プレキャストコンクリート（PC）のつくり方など、なかなか難しかったですね。あのころはカーテンウォールのオープンジョイントが出てくる時期で、研究としては、カーテンウォールの雨漏りを防ぐにはオープンジョイントしかないという話になってきた。外壁のパネルをオープンジョイントにしておけば、なかの鉄筋コンクリートに多少亀裂があっても、雨が入ってこないから鉄筋が錆びないということです。

タイル打ち込みのPCではどういった点で苦労されたのでしょうか。

それまでにも打ち込みのPC板はあったけど、あれだけ大きいタイルを打ち込んだのは珍しい。タイルが大きいと、コンクリートが収縮するときにはじけやすい。それからコンクリートが漏れて、表にまわるのも心配ですね。発泡スチロールかゴムを目地に入れたのだと思います。

最初の《資料館》と《陶磁文化館》では打ち込みPC板の取り付け方が違いますね。《資料館》は上から吊っていますが、《陶磁文化館》は水平に引っかけるようにして取り付けています4。

そうです。《資料館》は軒が出ているから、クレーンが入らないでしょ。カーテンウォールがくっつくのはクレーンの頭がちゃんと外側にあるからです。だから《資料館》では、重りをカウンターウェイトでぶら下げて引っ張り上げています図12。

《資料館》の外壁はオープンジョイントですが、刷毛は使っていませんよね。刷毛を使ったオープンジョイントは《陶磁文化館》からですか。

カーテンウォールの三好商会がALCパネルを積水ハウスに納めていたんです。それをカーテンウォールに使うというので相談にきたのをつかまえて、オープンジョイントをやりなさいと言った。するとたまたま、明治大学の大学院校舎のカーテンウォールを三好商会が施工することになったので、そこではじめて刷毛を

★ 資料館入り口の床にはタイル工場で余ったタイルを集めて貼った。内田祥哉「三題噺 第七話」『ディテール』一七二号、二〇〇七年四月

図10 歴史民俗資料館 あり合わせタイル暇な時貼り

図12　歴史民俗資料館
外壁PC取り付け

図14　陶磁文化館
刷毛を用いたオープンジョイントの施工

用いたオープンジョイントを使いました。その明治大学の建物には、いまでも刷毛が入っています。

この刷毛のディテールは先生のお気に入りですよね。

そうね（笑）。刷毛を上向きにするか下向きにするかという実験をしてもらったら、片方は壁がビチョビチョで、片方はカラカラでした。だけど二メートルまでしかつくれないから、どうやったら長いものができるかねぇ図13・14。

図11　歴史民俗資料館
あり合わせタイル暇な時貼りの施工中

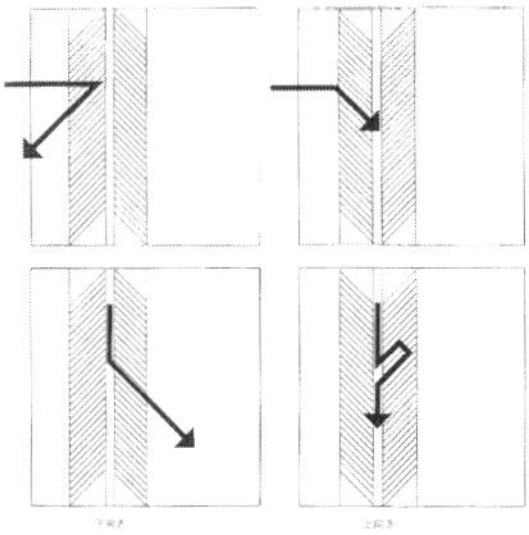

図13　刷毛を用いた
オープンジョイント　説明図
刷毛の向きが上向き（右側）だと
雨水が芯に集まり、水切れがよい

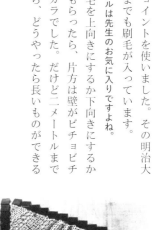

有田焼参考館

以前、《有田焼参考館》について、もっとも気に入っている建物のひとつとうかがいました。《有田焼参考館》は《歴史民俗資料館》の増築です。二階は壁・屋根を合わせたＰＣ54体でつくる3ヒンジアーチのボールト空間で、桁行方向にプレストレスをかけ二階壁全体を梁として機能させ、二階床が無梁板（フラットスラブ）となっています図15。

いまでも気に入っていますよ。無駄がないでしょ。どこかを切り落とせと言われても、切り落とすところがない。軒先はもう少しうまくできないかと思っていますけど。

有田町には古窯がいっぱいあって、その発掘が始まったのね。そうするといくらでも出てくるわけ。それを整理して、歴史的考証だけでなく、新製品の参考にするというので《参考館》と名前がついています。

屋根は三晃式（亜鉛）鉄板、ＰＣを覆う外壁は石綿スレートですが、現代の日本で使われている一番安い技術を使うといったことをおっしゃっていますね。電電公社のころは、「将来安くなるからというよくわからない理由」で新しい技術を使っていたけど、その時点で一番安いものを使えば将来価値が上がるといったように考え方に変化が見られます。

電電公社のころは先端技術を使いたかったからね。でも先端技術は使うと、すぐに普及して安くなる。デジタルカメラや携帯電話と同じでね。日本の大工さんも大勢いるから助かるわけです。

屋根を一枚おきに塗ったのは《青年の家》と同じだけど（第五章参照）、このころになると三井所君も心配しないで使わせてくれました。

先生は《参考館》は一番シンプルな形になったとおっしゃっていますが、屋根は《資料館》が寄棟で《参考館》はよりシンプルな切妻ですね。

やっぱり切妻のほうが単純でしょ。

同じ型枠が連続しますからね。ただ、大阪の《顕本寺》は寄棟ですよね。

《顕本寺》はこれの後です。あんなものができるとは思わなかった。ああいうのを考えてくれるのは長谷川一美君です（第九章参照）。長谷川君にやってもらった武蔵学園の《守衛所》でわかったのは、図形上の見た目は同じでも、型枠はなかなか同じにならないんですよ。裏返すと、持ち上げるときのフックの付け方が違ったりね。それを裏返しても同じ型枠でつくれるよ

図15　参考館 内観

うに、長谷川君が根掘り葉掘り考えてくれた。それがあって《顕本寺》の寄棟はできました図16。

ここは切妻だから、そういう難しいことはやっていない。でもヨーロッパの民家を見ても、切妻で一番難しいのは妻壁の納め方です。日本の合掌造りも藁で無理矢理に納めていて、不自然なところが残ってしまいますよね。

プレストレスのPCを使われたのはやはり耐久性からでしょうか。

一番大きな原因はね。《資料館》と《陶磁文化館》をつくって、屋根の斜めのコンクリートを現場で打つのは無理だと思った。プレキャストにすると、田舎ではさらに無理だという感じもしたけど、できたものを持っていくと意外にうまくいくんですよね。《参考館》の建方の日は雪が降っていました。ここでコンクリートを打っていたらと考えると、プレキャストにしておいてよかったと思います。一週間でできましたからね。

PCの大きさを決めるのはかなり難しい。トラックにどうやって積むかが決め手です。幅が二四〇〇以上になったらダメだとかね。ここは工場が北九州で現場が有田だから、その間の道路を通らないといけない。それで大きなトラックにひとつずつ積むのは無駄だから、スタッカブルなほうがありがたい。でもスタッカ

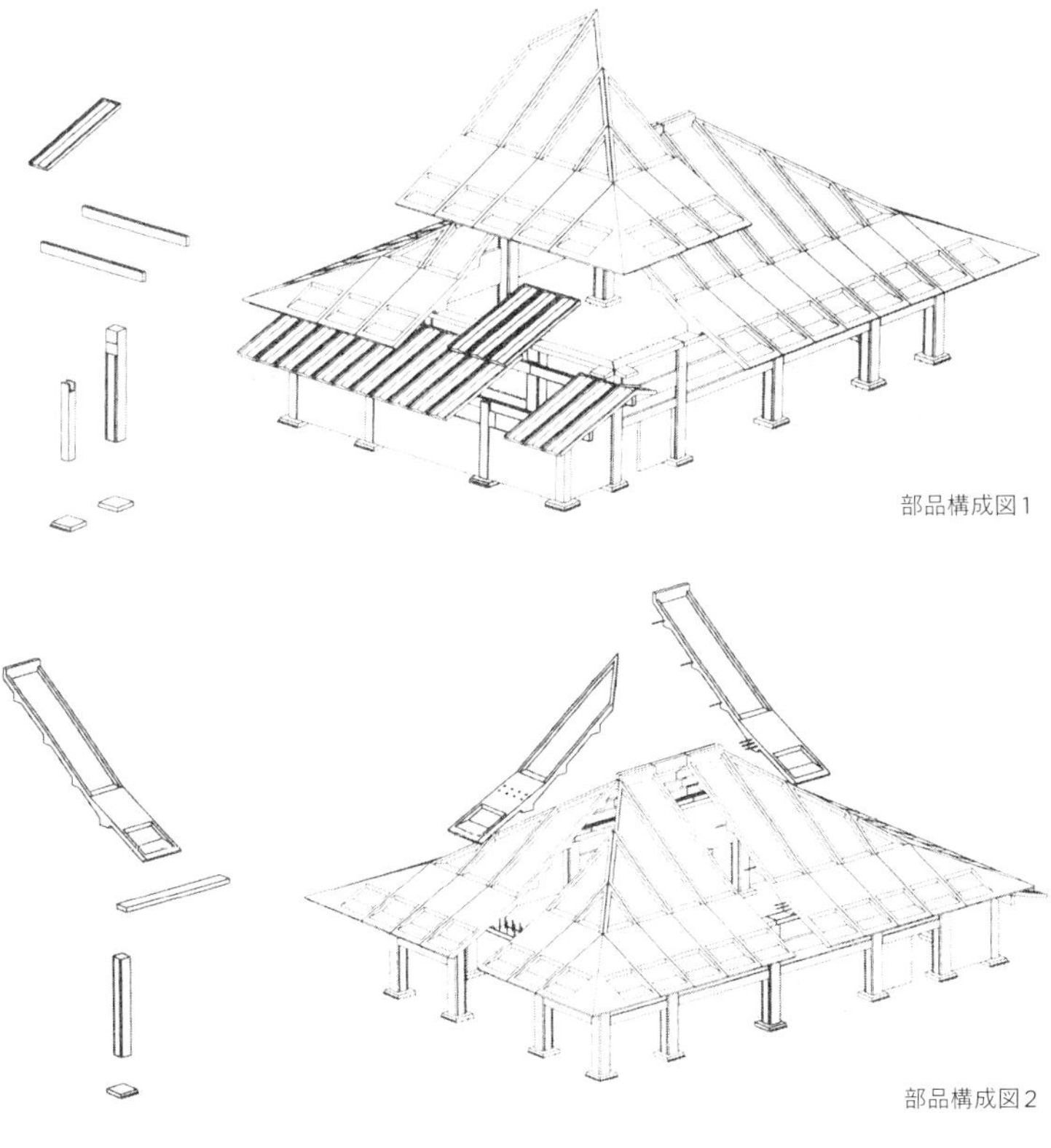

図16　顕本寺 PC屋根アイソメ

ブルにすると荷重がかかって折れちゃうとかね図17。

当初、鉄の型枠は保存して別敷地でも活用を可能にするなど★、先生のなかでは、現代の蔵、収蔵庫のプロトタイプをプレストレストPCで設計されたということでしょうか。

そう思っていたけど、現実にはちっともそうならない。いまでも蔵ってつくるのかな。倉庫だったら鉄骨でつくっちゃうよね。

佐賀第二期では一貫して耐久性向上をテーマにされていて、勾配屋根、外壁クラディング、プレストレストPCを使った《参考館》はこの時期の集大成ともとらえられます。《参考館》は建設されてから二〇―三〇年たちますが、二〇〇―三〇〇年もつとお思いですか。

これは屋根がかかっていて、庇が長いでしょ。だから屋根はもたないかもしれないけど、躯体はカバーもしているし、もつんじゃないかな。躯体もカバーし、サッシュもアルミだし、どこも壊れそうなところはないと思うね。

★ 『新建築』一九八四年七月号

図17
参考館　PC

陶工之碑

《先人陶工之碑》というのは、韓国から来た無名の陶工のためにつくったものです図18。僕がここへ行くたびに土砂降りになる。どういう涙なのか、わからないけどね。アルセッドの人に話を聞くと、この上に李参平★★の墓碑があって、いまでも韓国の人がお参りに来る。だけど、有田の人とは話さずに帰ってしまうそうです。だから悲しい思いをした人がいっぱいいるんですよ。青木町長がそういう人のために建てるんだと言って、つくったものです。

この石（屋根や基礎）は、有田で基礎に使う石で、黒くて孔があいている。大谷石のようにも見えるけど、全然違う硬い石なんです。畑のなかから掘り出したときは軟らかくて、放っておくとどんどん硬くなる。それは屋根のスレートも同じで、屋根に載せたらなかなか割れないけど、水に浸かっているとどんどん割れていく。

★★ りさんぺい　生年不詳、一六五五年没。朝鮮半島出身の陶工で有田の陶祖とされる。文禄・慶長の役で鍋島氏に連行され、有田にて開窯した。

★★★ 谷口吉郎は日本および海外に多くの記念碑を設計している。文中の柳川の碑は、北原白秋歌碑（一九七六年、福岡県柳川市）のことか。

図18　陶工之碑

設計にあたって、谷口吉郎ら建築家設計の碑★★★を参考にされましたか。

見て歩きましたね。この近くだと柳川に、谷口さん設計の碑がいくつかあります。あれはなかなかいいんですよ。谷口さんとはわりとおつきあいをしましたから。金沢にもありますね。

碑をつくられるときに何か悩まれたことはありますか。経験のないビルディングタイプですし、施工も念を入れないと雑になってしまいますよね。

碑はどうしていいかわからないところが、いっぱいあるよね。それからこの碑は、トンバイ★★★★だけだと崩れてしまうので、ずいぶん積み直してもらいました。窓が八か所開いていて、蝋燭が中に立っています。ガラスが入っているので明かりをつけておけます図19。

★★★★　登り窯に使われていた耐火レンガのことで、その廃材をほかの窯道具などとともに赤土で固めた塀をトンバイ塀という。

図19　トンバイ塀

1　一九八二年五月一八日付の朝日新聞に「鉄筋コンクリートは万全ではない」というタイトルで、内田へのインタビューをもとにした記事が公開された。記事のなかでは、コンクリートの質の低下から劣化が起こる可能性を指摘し、露出しないといった建築的な対策や維持管理にも注意をはらうことの重要性を指摘している。なお、『新建築』一九八二年一一月号の内田による記事「鉄筋コンクリート造と歴史的建造物」では、新聞記事について、朝日新聞の松葉記者（おそらく松葉一清）から尋ねられた、としている。

2　前川國男は、打ち放しコンクリートの耐久性に疑問をもち、一九六〇年代から積極的にタイルを用いるようになる。タイルはモルタルなどで後付けする構法が一般的であったが、前川は型枠内でコンクリートと一体化させる打ち込みタイル構法を積極的に用いた。京都会館（一九六〇）では大型のレンガブロックを外壁に積んでいるが、東京文化会館（一九六一）ではセパレーターを通すために穴の開いたタイルが既に使われている。その後、打ち込みタイルは多くの同事務所設計の建築で使われ改良が続けられた。

3　一九八二年の『新建築』に掲載されたタイトルは「コンクリート建築は歴史的建造物となり得るか」（二月号）、「最近のコンクリートは１００年耐えられるのか」（五月号）、「鉄筋コンクリート建築を歴史的建築物となし得るか」（八月号）、「鉄筋コンクリート造と歴史的建造物」（一一月号）。

4　資料館では、庇を出した軒下と、天井との間の懐部分を使い、上からＰＣ板を吊している。搬入の際には、庇が出ているため上からクレーンでつり下げて搬入することができずに、滑車とカウンターウェイトを用いて引き上げた。これに対して陶磁文化館では庇が出ていないために上からクレーンでＰＣ板をつり下げて搬入し、水平方向に固定した。その後、屋根の先端に樋を付けて雨仕舞いとしている。

Column 10

世代交代

一九七〇ー一九八〇年代は日本の建築表現においては転換点であった。《佐賀県立博物館》が日本建築学会賞を受賞した一九七〇年第二二回から《佐賀県立九州陶磁文化館》が受賞した一九八二年第三四回前後までの受賞作をみると、時代の移り変わりがよくわかる。

一九六〇年代のうちに学会賞を受賞した内田と同世代以後の個人の建築家は限られており、槇文彦（一九二八年ー）、菊竹清訓（一九二八ー二〇一一）、横山公男（一九二四ー二〇一〇）、磯崎新（一九三一ー）、大髙正人（一九二三ー二〇一〇）、鬼頭梓（一九二六ー二〇〇八）であった。この世代の活躍が際立つのはやはり七〇年代以降で、増沢洵《成城学園》、阪田誠造《東京都立夢の島総合体育館》（ともに一九七七年第二九回）、高橋靗一《大阪芸術大学塚本英世記念館・芸術情報センター》（一九八一年第三三回）、内田と三井所清典《佐賀県立九州陶磁文化館》や大谷幸夫《金沢工業大学キャンパス北校地》（一九八二年第三四回）などが代表作で受賞した。とくに七〇年代には、山本忠司（一九二三ー九八）の《瀬戸内海歴史民俗資料館》（一九七四年第二六回、浦辺鎮太郎《倉敷アイビースクエア》も同時受賞）や畑利一の《国立室戸少年自然の家》（一九七七年第二九回）、宮本忠長（一九二七ー二〇一六）《長野市立博物館》（一九八一年第三三回）は、地方で活躍する建築家の重要な公共建築への受賞である。

公共建築の受賞が続くなかで、一九七〇年代は、内井昭蔵《桜台コートビレッジ》（一九七〇年第二二回）、篠原一男（一九二五ー二〇〇六）《「未完成の家」以後の一連の住宅》の受賞（一九七一年第二三回）、山下和正（一九三七ー）の《フロム・ファースト》（一九七六年第二八回）、宮脇檀（一九三六ー一九九八）《松川ボックス》と安藤忠雄（一九四一ー）《住吉の長屋》（ともに一九七九年第三一回）など、住宅や商業施設といった新しいビルディングタイプの受賞。また一九三〇年代生まれの活躍が目立ってくる。

世代交代は時とともに進んだようにも思えるが、若い世代の建築家たちが、公共建築を設計する機会をえないうちから、存在感を示していた。その前提には新しい雑誌の創刊が続いたことがあるだろう。一九六五年創刊の『SD』、一九六八年創刊の『都市住宅』（いずれも鹿島出版会）がその代表だ。メタボリズムの海上都市、空中都市のプロジェクトは自らの建築が立つべき新たな土地を獲得するヴィジョンでもあったが、ポスト万博の時代に活躍する世代にとっては雑誌の誌面がその代償となったといえるだろう。槇文彦が早川邦彦、土岐新、相田武文、富永譲、長谷川逸子、石井和紘らの作品をまとめて取材して「平和時代の野武士達」を発表したのは『新建築』一九七九年一〇月号のことだった。

一九八四年以降になると、日本建築学会賞の受賞者についてみても、毛綱毅曠、長谷川逸子、伊東豊雄、木島安史、原広司、渡辺豊和、山本理顕など、新しい建築表現の磁場は一九三〇年代生まれを中心として、そのなかに一九四〇年代生まれが台頭してくるというように完全に世代交代が進んでしまう。一九八〇年代には建築メディアだけでなく、建築学会というアカデミズムにおいても建築の評価軸が大きく変化したのだった。

（戸田）

第一一章　システムズビルディング

「システム」という語は二〇世紀を象徴する言葉のひとつだ。人、交通、流通、情報、都市などをひとつのシステムとして記述し理解すること。日本におけるシステム工学（システムエンジニアリング）の興隆は一九六〇年代のことだが、もちろん建築もこの潮流のなかにあった。

一九七〇年代の「システムズビルディング」のさまざまな流れに棹さしながら、内田は一般構造からシステムズビルディングに至る、同時代の具体的な取り組みを吟味しつつ、それらの実践を「定石」として定式化していく。それは職人や技術者の経験知を形式知に置き換えることにほかならず、設計者として、また研究者として「造ったり考えたり」してきた内田にだからこそなしえた「知」の記述であった。その成果が『建築生産のオープンシステム』（彰国社、一九七七）である。

一九七〇年代のシステムズビルディングの開発は、公団住宅（KEP）、官公庁舎（GOD）、学校建築（GSK）の分野で進められることになる。住宅公団などに主導された取り組みであり、内田の関与も相対的なものではあった。内田は研究者として自らの地歩を保ちつつ、それぞれのトータルシステムの設計・ルールづくり、サブシステムの開発などに携わった。しかし、いずれの取り組みも、その可能性を十分に尽くしたとは言い難い。システムズビルディングの射程をあらためて吟味すること。『建築生産のオープンシステム』は、日本では実現しえなかった建築のオープン化について、その成立の条件を探る書である。建築という営みのありようについての根底的な問いであった。

システムズビルディング

一九七〇年代、先生はＧＯＤ（Government Office Development）、ＧＳＫ（学校施設建設システム）、ＫＥＰ（Kodan Experimental Project）と同時並行でかかわられていますね。

すごい勢いだったね（笑）。その前に、オープンシステムとシステムズビルディングの「あいのこ」みたいな、ＫＪ部品★があります。部品としてはオープンだけど、ビルディングシステムとしては非常にクローズドなものです。

僕がいうオープンシステムとは、きちんとしたバウンダリー・コンディション（サブシステム同士の境界条件）がないと部品交換が成立しない。ＫＪ部品は、あらゆる企業が参加できるから、そういう意味ではとてもオープンである一方、バウンダリー・コンディションは厳格なんです。ＫＪ部品だけにしか融通が利かないから、息苦しいオープンシステムになっている。

ＧＳＫとＧＯＤでは、お互いにどの程度の影響があったのでしょうか。

ＧＯＤとＧＳＫとの違いはないと僕は思っているんです。ＧＯＤは建設省営繕部、ＧＳＫは文部省教育施設局、ＫＥＰは住宅公団、ＣＨＳ（Century Housing System）は建設省住宅局がやっている。名前が同じでは成り立たないから、次々と名前が出てくる（笑）。

ＧＯＤに関して言えば、建設省営繕部はひとつとして同じ建物はつくっていないんですよね。たとえば、杉並税務署は国の施設だけどそんなに大きいものではないですよね。それから、飛行場内の入国管理事務所などは小さなものが地方に点々とあって、いろんなところからの予算でつくられている。それを何とかして量産できないかという相談を受けたんです。それにはシステムズビルディングがよいだろうと思った。

ＧＯＤによって量産や合理化は実現したとお考えですか。

建設省営繕部のいう合理化は、設計の合理化なんですよ[1]。彼らは仕事をさばくために、戦後、一貫して標準設計をつくる。それによって、設計が節約され、設計人員が節約されるんです。現場に行くと、標準設計といっても標準部品を使っているわけではない。コンクリートでも、スランプがいくらとか言っている。標準仕様書くらいは使うけどね。つまり、標準設計で、標準プランをつくり標準矩計をつくり、仕様書まで揃えたら、入国管理事務所でも灯台でも、長さを変える

★ 第七章参照

だけでできるはずだと考えているわけ。設計図が青図になっていて、設計料は青図の焼き代だけでいいと。ペンキの色くらいは変えてもいい、という感じ。

「いや、それでは困るんだ」と僕は言ったんです。青図を焼くだけじゃなくて、もう少し個別にプランを考えるところまでやるとすれば、部品を開発して共通に使えるようにしたほうがいい。モデュラーコーディネーションをやって、間仕切りは自由に交換しましょうと。それを延々一年間、主張していたら、担当官が変わっちゃった。それで、やっぱり標準設計がいいと言い出すんだよね（笑）。

でも、前の担当官がいろいろと説得してくれて、次の年にやることになった。それで向こうも、「これは手強いぞ」とわかったらしくて、「最初に試作をしましょう」とつくったのが、つくばの試作庁舎です図1。

結果的にGOD、GSKともに普及したとは言いがたいのですが、先生はGODについて、「名ばかりのシステムズビルディングで、ノンシステムのところが多かった」、「トータルシステムとしての発注しかできなかった」と書かれています[2]。

建設省営繕部は、部品の分離発注を最後までやらなかった。請負は一括発注だから、下請けをやたらに指定されたら困るというわけです[3]。

図1　つくばGOD試作庁舎。空調サブシステムとして開発したウォールスルーエアコンが窓の下に見える

分離発注に踏み切れなかったのはどのような理由からですか。

やっぱり開発研究だからでしょう。開発研究というのは、もし部品があったら部品メーカー同士で競争をさせるという、仮定上の話です。実際は部品メーカーが存在しないわけだから、ゼネコンの現場担当者からすれば、遊びにすぎないという感じだったんじゃないですか。

KEPは、標準設計ではもうもたない時代に首を突っ込んでいるから、いろいろとバリエーションをつくる意欲がある★。だけどGODの場合、部品メーカーに刺激を与えるにしては、KJ部品のような迫力がない。そもそも、「GODは日本中で何件あるんですか」と聞かれて、「一件です」というのでは、とてもメーカーの気持ちを動かせないですね。それで、部品メーカーが育たない。部品メーカーがないのに、それがあるかのごとき設計図を描くのは、一体何のためだという話になったりする。

★　住宅公団の標準設計は一九七七年に廃止。その後は、個別設計を行う際の考え方を示した特殊設計と呼ばれる汎用設計が用いられている。

KEPと住要求の多様化

標準設計の住棟というのは、たとえば五一Cの住戸タイプが全部並ぶわけですね。でもそれが永遠に続くことはないから、端っこがある。いまなら当然、端の妻壁に窓をつけます。ところが窓をつけると、みんなが窓のある住宅に住みたがるわけだけど、公団としては一戸だけ家賃を変えられない。そうすると、「同じ家賃で窓があったりなかったりするのはけしからん」とか言われるので、住宅公団は長いあいだ、住棟の端に窓をつけなかった。でも家が足りない時代が終わると、やはり空き家ができる。そのとき、端っこに窓をつけると、その住戸は埋まるでしょ。それで値段を変えるようになったのがはじまりで、だんだんとバリエーションをつくれるようになったんじゃないかな。昭和何年ころからか、厳密には言えませんけどね。

公団も競争にさらされるようになったと。

そうそう。住んだ後に変えられる「可変プラン」とは違うけど、ひとつの棟のなかに、メゾネットがあったり、フラットがあったりという考え方が入ってくるわけです[4]。

メニュー方式もそうした流れですね。KEPが始まるときに戻ると、KEP開発はBL部品を公共建築に受け入れる準備として始まった面もあると思います図2。

図2　KEP八王子実験住宅

BL部品は、KEPだけでなく、GODやGSKなどの部品も一緒につくってもらえば一挙に解決したと、僕はいまでも思っているんですよ。にもかかわらず、（KEPを扱う）建設省住宅局は建築を扱えないという（笑）、何ともいえない束縛のなかにある。

これまで意識してこなかった視点ですが、行政がビルディングタイプごとに縦割りになっているのはいつごろからなのでしょうか。

僕が感じたのは、GSKとGODのときですね。僕の研究室から参加していたのは、学校建築でも住宅でも同じような人たちです。それで、役所としては中身は同じでもいいんだね（笑）。

建築計画分野では病院を専門にする人や学校を専門にする人がいて、施設の平面を決めていく分業制がありますね。構法で部品から出発する場合、ビルディングタイプの縦割りというのはあるのでしょうか。

まったくないです。もともとない。ただ僕は、それを幸せだと思ったことはあまりないですね。だって、たとえば吉武泰水先生のところで学校建築をやっている人たちは、それに没頭していて着々と成果があがっていく。一方われわれはＧＯＤ、ＧＳＫ、住宅公団と、どこへ行ってもぶつかって、いっこうにまとまらない(笑)。だから、うらやましかったという感じのほうが強い。いまとなっては、どうかわからないけどね。

先生のオープンシステムという考え方は、ビルディングタイプをまたいで、同じシステムのもとに広く建築を構成するイメージでしょうか。

それほど主張があってやったわけではないです。でも間仕切りみたいなものは、かなり共通にいけると思っていましたね。

もう一度ＫＥＰ、ＢＬに戻ると、設計の方法がカタログを用いた設計になると、設計監理が変わると書かれています★。それはどういったことですか。

いままでの設計監理は、部品も全部、現場で新しく調達していた。それを、部品についてはメーカーを指定して、メーカー自身の管理で既製品を使おうという考え方です。たとえば、既製品は発注前に検査ができる。だから論理的には、現場で受け取り検査はいらない、原寸図もいらないし、製品検査だけでいけるはずだと。しかし、現場で発注する一品生産の部品は原寸図も描かなければいけないし、できあがったものの受け取り検査が必要になる。そこが監理の違いなんです。

それだけ聞くと、部品を取り入れるほうが楽になるはずです。原寸図を描かなくていいからね。たとえば、棚をつくる場合、現場で図面を描かなきゃいけない。それが既製品の戸棚を入れるとすれば、番号を何番と書いてやれば標準仕様書で買えるわけだから、手間が省ける。

でも、やってみると、なかなかそうではないんだなぁ。たとえば既製品を使うとなると、そこの部分は、ゼネコンは「うちは知りませんよ」と言う。そうなると、設計事務所が受け取り検査をして、合わなかったときには返却したりしなきゃいけない。だから、ＣＭ(construction management)にお金がかかる。

いろいろ調べてみると、アメリカでこういうオープンシステムを使うときには、建築事務所に少し多く予算を割いている。それでＣＭをやって、ゼネコンを使わずにすんでいるとわかってきた。それまでは全部、ゼネコンに任せていたんだけど、「オープンシステムのシステムズビルディングのときには、建築事務所が少し汗をかきなさい。その分だけ費用は出さなきゃいけないですよ」ということです。だけどそうは言っても、建設省営繕部が大蔵省から余計に設計料をもらえるわけではないからね。そのあたりが、うまくいかな

★ 内田祥哉『建築生産のオープンシステム』（彰国社、一九七七年）一二章、一五章に詳しい。

いところです図3。

プレハブ住宅に関して伺った際（第七章）、ヨーロッパのプレハブ住宅はアーキテクトによるもので、日本のプレハブ住宅のような産業寄りのものとは異なる、とうかがいました。システムズビルディングでも海外と日本の違いはありますか。

それはやっぱり違いますよ。海外のシステムズビルディングについていうと、アメリカにはほとんどなくて、エーレンクランツ★★、5のSCSD、カナダのSEFくらい。イギリスではCLASP6、実際のメーカーとしてはブロックハウスがある。

ヨーロッパには、システムズビルディングをやりたい人がたくさんいます。昔、メカノというおもちゃ7があって、穴のあいたプレートをネジで組み上げていくと、いろんなものがつくれた。それを理想として、メカノシステムを住宅でやらなきゃいけないとか、いろんな人が言っているわけ。だけど、言っていることがみんな少しずつ違うから（笑）、それが規格になったり、全体がまとまることはない。

でも日本の江戸時代、木造の町家というのは、ボスがいなくて、庶民によってひとりでにつくられてきたデファクト・スタンダードなんだよね。だから成立しているというのが、僕のいまの考えです。

それはいろんな建築家も取り込めるシステムでしょうか。

★★　Ezra EHRENKRANTZ　一九三二―二〇〇一　アメリカの建築家。六〇年代に北米で学校建築用のシステムビルディングを開発し、カリフォルニアに多くの学校を実現した。

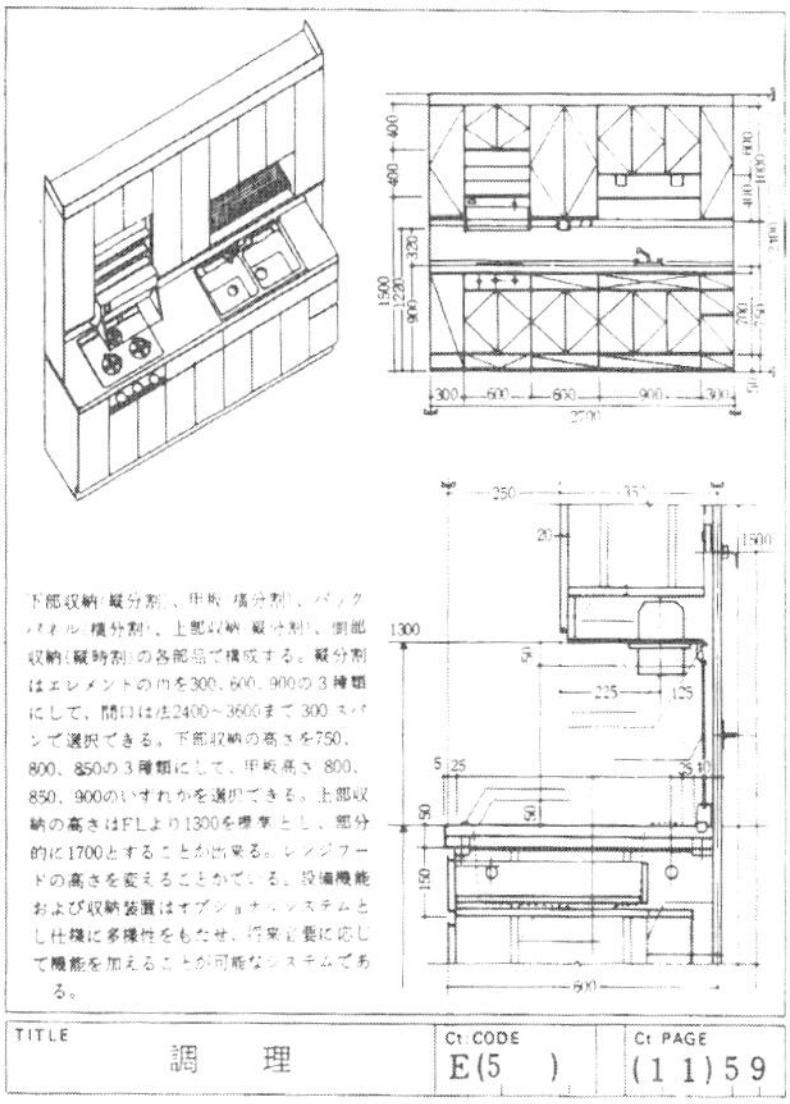

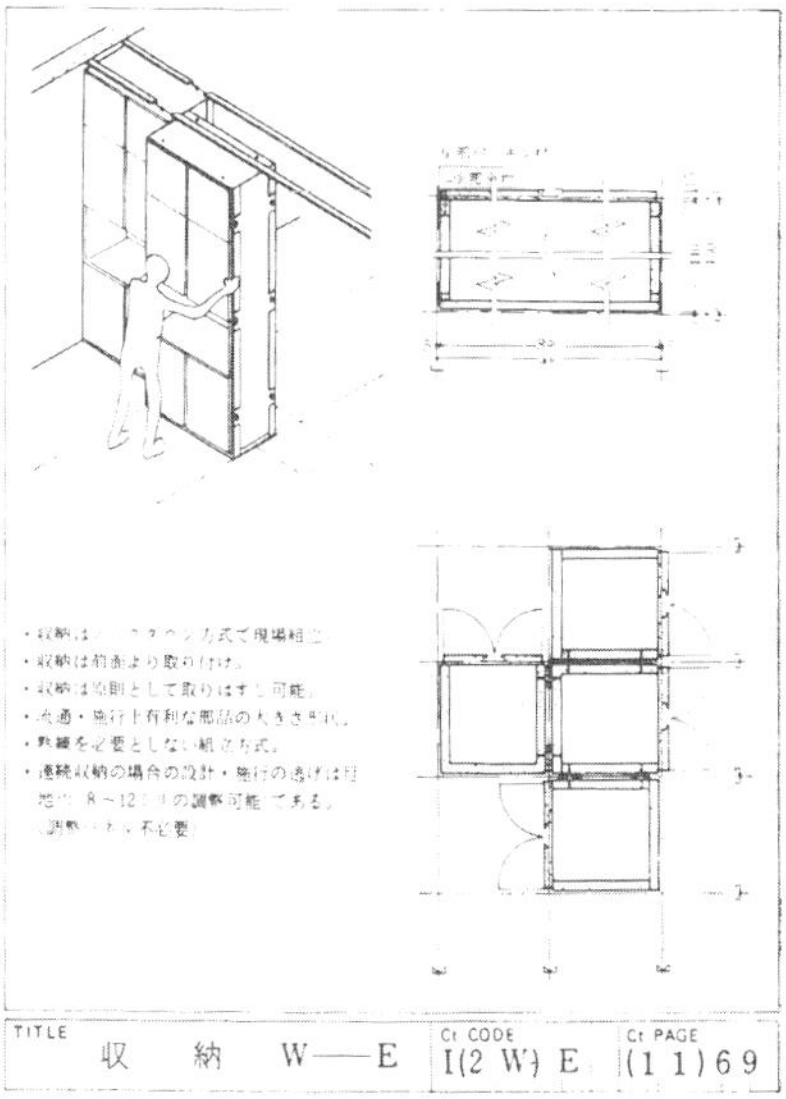

図3　KEPシステムカタログの例

江戸時代に建築家を取り込んだという証拠になるのは、数寄屋ですね。数寄屋は三尺モデュール、畳モデュールになっているでしょ。それで、千利休や有楽は、柱・梁、床の間の壁などで勝負をしている。有楽は、斜めの壁や丸いところをつくるけれども、システムとしてはひとつのビルディングシステムのなかにある。そういう国はほかにはないだろうと思う。ヨーロッパ人はレンガを使っているけど、ピースが小さいからちょっと格好が違うね。

GUP10で一一人の設計者にバラバラに設計させたのは……。

うん、そういうことを試みたわけです。まぁ、あれはGUPという枠があって、その部品しか使えないというので、みんなそのなかでやったけど、社会に放したら違うものをつくっただろうね。

長寿命化へ、CHS

KEPでも可変性に着目されていましたが、一九八〇年代に入った次のCHSでは建物の長寿命化がテーマになります。先生はCHS開発委員会の委員長を務められました図4。

KEPとCHSでは一〇年離れているんですね（KEPが一九七三年、CHSの基本構想発表が一九八二年）。長寿命化というのがどこから出てきたのか、僕も不思議だったけど、やっぱりそういう時代に入ってきたということでしょう。

KEPでは住民の要求で内部を変えることはありましたが、長寿命化と結びつくのは……。

それはCHSでしょうね。時代の流れじゃないかなぁ。KEPのちょっと前までは、本当にもう食うや食わずで建物をつくっていて、屋根さえあれば誰でも住むという時代（笑）。

CHSができたころには、部品の寿命が短いことがしだいにわかってきた。最初にそれに気づいたのは公団の風呂だと思います。公団ができて七年目に、ヒノキの風呂が全部腐りはじめた。でも最初の年につくった浴槽を一斉に取り換えるのは容易なことではない[8]。それで、風呂の部品をステンレスなどにできるように

★ いずれも一九五〇年代までにイギリス文部省がモデルスクールとして設計した中学校。

したんです。そのあたりで、部品と寿命のつながりができた。

　KEPにはすでにシステムズビルディングの思想があるけれど、住宅公団は改修工事の問題について追い詰められていない。オープンシステムに対する住宅公団の興味というのは、改修工事のためではなく、バラエティをつくるためのものなんです。このふたつは似ているけれども違うと僕がわかったのは、イギリスの学校建築からです。

　イギリスの学校建築に、ワーキンガムやベルパー★9というシステムズビルディングの研究がある。あれを日本にも取り入れようと、学校建築の人たちが見に行って、僕も見学してきた。イギリスは学校建築が足りなくて、全国にたくさんつくらなければならなかったんです。そのため、各地域の要求に応じて、それぞれの目的に合ったさまざまな建築をつくるシステムが考えられた。だから、モデュラーコーディネーションがきちんとしていて、部品が揃っている。それでバラエティのあるものができるんですよね。

　ところが、できてしまってから、ちょっと変更しようとするとなかなか難しい。アーノルド小学校では、生徒がひとり減れば、教室をひとつ減らさないといけない。逆にひとり増えると、教室もひとつ増える。日

図4　CHSの考え方
4、8、15、30、60年周期で内装や設備の交換が計画されている

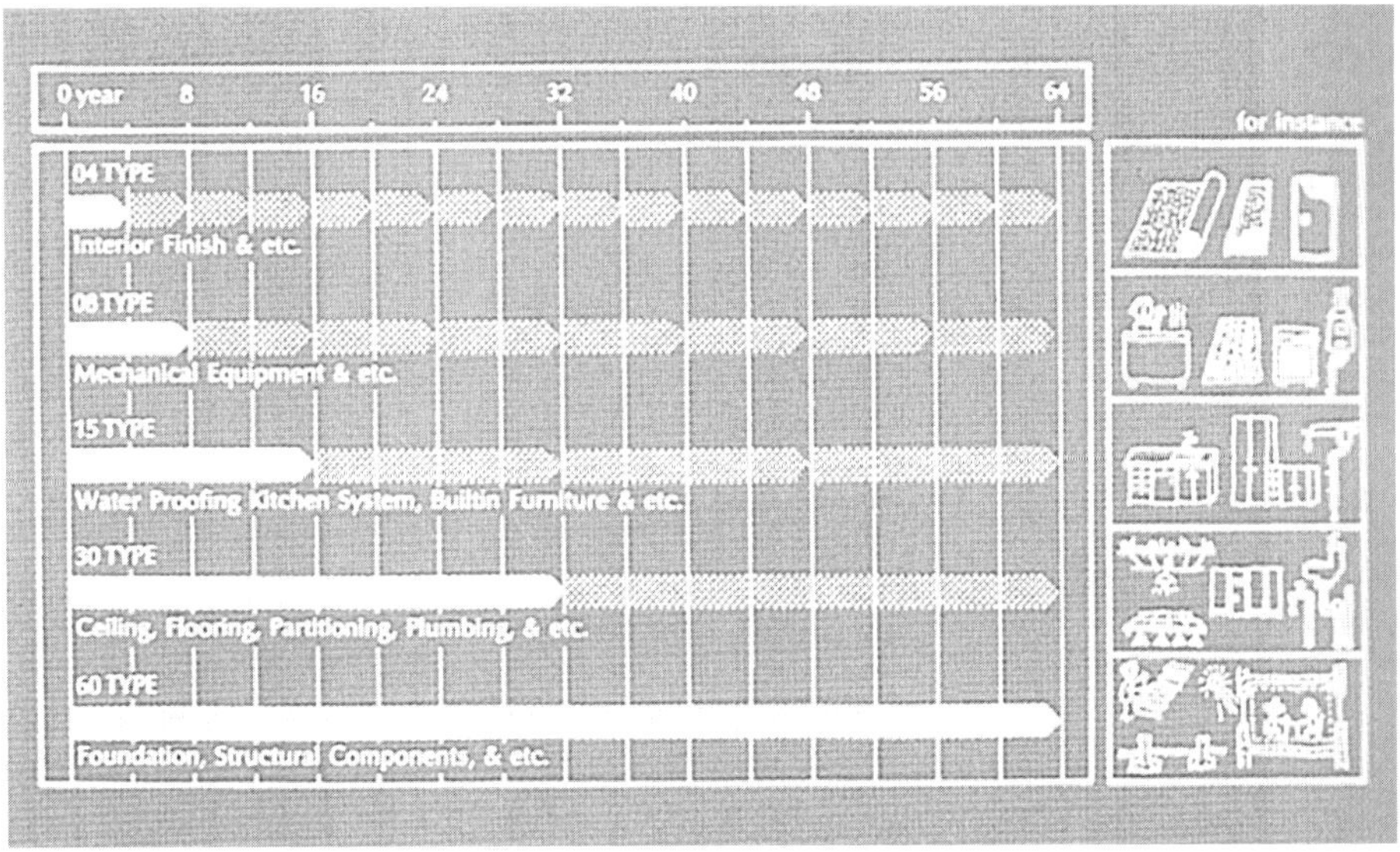

本のような四〇人クラスと違って、イギリスはもっときめ細かく五人とか八人の単位でつくっているから、それを広げようとしてもにっちもさっちもいかず、丸ごと壊すようなことになる。それを改善しようとしたのがエーレンクランツで、竣工後の建物でも間仕切りを変えて、現在の用途に合う建築にしようとＳＣＳＤをつくるわけです。

工業化から長寿命化への流れですが、生産性を上げるのは難しいが、寿命が倍になれば生産性も一気に倍になることに気づいたと先生は書かれていました[10]。

そうそう。ずっと長い間、プレハブを考えていると、量産によって生産性が本当に向上するかどうかわからなくなってくるんですよ。合理化の基本は量産とプレハブを一緒にすることだと、僕はいまでも信じています。でも量産すれば、労賃は減るけれど、可変性がなくなる。それは画一化になっちゃうわけです。

　プレハブというのは大きくすればするほど効率が上がるシステムで、運搬の機械が大きくなれば、家をまるごともっていけばいいんだからね。それで量産すると、それ以上安くすることはできないわけ。本当に家が足りないときとか、災害のときはそれに限る。でも、平和時というと変だけど、一般の個人住宅としてはそれでは満足できない。可変性、バラエティがないからです。だから部品に分解して、部品の組み合わせでバラエティをつくらなければならない。

　そこからヨーロッパと日本とでは考え方が違うんだけど、ヨーロッパは部品化するときに、単位が急にレンガになっちゃうんですね。一〇センチや二〇センチのレベルで部品を考えている。だけど日本は、襖や障子、畳といった三尺くらいの寸法にブレークダウンすると、そこで止まるわけですよ。最近、それが止まらなくなっていると僕は心配しているんだけど、ＣＨＳのころはそういうことはないと思っていた。それなら、三尺くらいのモデュールでのバラエティによって、庶民の満足を得られるだろうと。

ＣＨＳはハードの耐久性を追求するよりは、更新の仕組みなどソフトも含めた計画ですね。

オープンシステムがハードだけでは成立しないことは、『建築生産のオープンシステム』を書いたころから感じていましたね。ひとつには、オープンシステムはＫＥＰなどの部品から出発しているけど、建物全体を考えると部品だけではできない。それを、隙間のあるオープンシステムと考えるか、隙間も含めてオープンシステムと考えるか。この本では、隙間もオープンシステムのひとつだと考えている。たとえば、大工さんは柱・梁をつくっているけど、それを部品と言えるかどうか。柱・梁の一本一本は部品だけど、一軒一軒の家で大工さんがやっている仕事全体を含めて、部品と言っていいかどうかはわからないでしょ。でも、オープンシステムにはそういう仕事があってもいいだろうと考えているんですよ。

それに類することでは左官があります。この家（自邸）は、左官がやったところとボードを貼ったところがあってややこしいけども、この壁は左官屋さんが現場でつくっていて、明らかに部品ではない。鉄筋コンクリート造は部品ではないですね。しかし、あれもひとつの仕事のまとまりとして、部品と考えないと、オープンシステムは全体としてまとまらない。そこで、オープンシステムにはサブシステムがあって、サブシステムのなかには、部品を製造するメーカーもあれば、現場で壁をつくる人もいると、そのように理解しています。

NEXT21

一九九〇年二月から《NEXT21》のプロジェクトがスタートします。先生は建設委員会の総括として参加されます図5。

僕にとっては、大阪ガスから突然頼まれたのがそもそもの始まりです。池辺陽さんが亡くなられていたから、本来なら池辺さんのところにいく仕事だったのではないかと思っています。池辺さんと進めていた実験住宅[11]の第三弾をやりたいというのが大阪ガスの趣旨です。

《NEXT21》では京都大学の巽和夫先生★と共同で仕事をさ

★ 一九二九—二〇一二　建築生産、ハウジング論を展開。京大卒。京大教授、福山大教授などを歴任。NEXT21建設委員会副委員長を務めた。

図5　NEXT21 外観

れています。巽先生の《桃山台》や《千里亥の子谷》などのお仕事は……。

いや、見ていないです。でも、巽さんが二段階供給[12]を研究していることは以前から知っていたし、それはSIの考え方と表裏のような関係だと思っていました。

ようするに僕たちからすれば、SIは耐久性の違うところを分ける考え方です。巽さんは、供給者として分けるべきだと考えていて、構造体は賃貸にして、なかは財産にする。だから、財産区分として分けなければいけないというのが大きな趣旨じゃないかな。

僕はどちらかというと、耐久性、メンテナンスから分けておかないと困るという立場。耐久性が違うところを分けるというのは、CHSをやれば一〇〇年もつはずだということです。発想は違うけれども、ハブラーケン★[13]の考えているアーバンティッシュとサポートインフィル、それからインフラとも分け方は似ています。

ハブラーケンはそれらが別の産業になるべきだと述べていますね。

そのあたりは僕の考えと一致していますね。だけど、ディテールは難しいですよ。具体的なことになると、迷うことはたくさんあります。たとえば、階段をどうしたらいいか（笑）。階段は人が流れる管みたいなものだから、インフラに近いでしょう。それから、インフラが家のなかに入ってくるとき、どこまでがインフラかというのはガスと電気でまるっきり違うんですよね。電気は家の敷地の外まで、せいぜい家のメーターまでです。でもガスはメーターを越えて、家のなかに管理・運営が入ってきている。給湯器の管とか、ガスコンロの管の先端とかね。それが外れたり、腐ったり、スイッチに火がつかなかったりすると、みんなガス会社の責任になる。そういう入り組んだものが住宅のなかにあると、どこからがインフィルで、どこからがスケルトンやサポートで、どこからがアーバンかというのは大変難しい。

★ Nicolas John HABRAKEN 一九二八— オランダの建築家、建築研究者。オープンビルディングの提唱者。

NEXT21の住棟設計

次に《NEXT21》の住棟設計について、ルールブックや調整の仕組みはどのようにつくられたのでしょうか。

それは議論の末に委員会でつくった覚えがあります。でもその前に、近角真一君★★と一緒に仕事をした武蔵学園では、そういう考え方の建物がいくつかあったんです。一番精密にやったのは《科学情報センター》。そこで近角君とさんざん議論しているから、そんなに面倒なことはなかった。だけど、ガスや水道といった実際の設計をバラバラにやりだすと大変で、それは集工舎の人たちがまとめてくれたんだと思います。

僕の感じでは、《科学情報センター》であそこまでできたから、《NEXT21》はスラスラといくはずだと思っていました。にもかかわらず、基本的な設計のときに最後までもめたのは、モデュラーコーディネーションのディテールじゃなくて、柱間の寸法でした。上部の居住環境は日本の四つ間取り、三六〇〇の倍数がいいとわかっていた。でも地下に駐車場をつくることになって、それとどう合わせるかというので、一週間に一度くらい変更していましたね★★★。設計がほとんど決まりかけているときに、深尾精一さん★★★★か

★★ 第九章参照

★★★ NEXT21では、一階の駐車場に合わせて、二階以下の柱間寸法九・六メートル、一〇・八メートルに対して、三階以上では三・六メートル、七・二メートルが使われている。

★★★★ 第八章参照

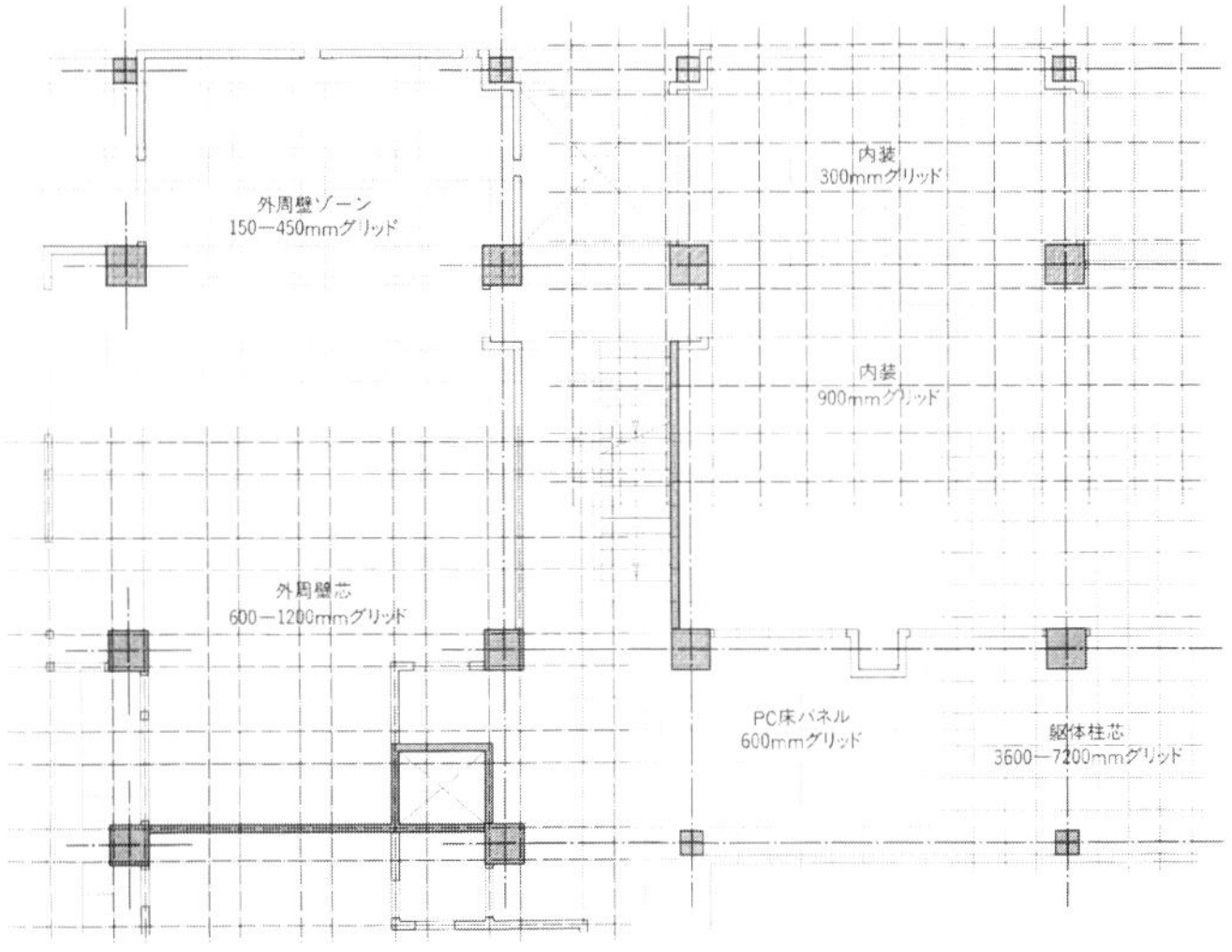

図6 NEXT21のモデュラーコーディネーション

ら電話がかかってきて、あれがいい、これがいいと、寸法が変わるんですよ図6。

ラーメンのフレームを露出させる設計は最初からイメージされていたのですか。

これは大壁にはできないんだ。外側にもちゃんとグリッドがまわっているから。

いままでのインタビューからすると、構造躯体を覆わなくてもいいのかという疑問があります。

そう、それが僕の悩み。裸の構造体というのは、かぶせなきゃいけないと、僕はいまでも思っているんです。でもここは、モデュラーコーディネーションから裸でやると、寸法からいって打ち放しになってしまう。そこを何とかしようと、せっせとペンキを塗ったんですよ★。

★　コンクリートの表面保護剤には、アクリル・シリコン複合シリカ系塗料のダイステンダー淡彩工法が採用された。（『SD別冊』二五号、一九九四年、一六二頁）

クラディング

普通のSIと比べて、クラディング★★、14のどこが特徴なのか、最初のうちはわかりませんでした。躯体がラーメン構造であることが決定的で、その結果、外周壁や戸境壁がスケルトンとインフィルの中間になったということでしょうか。

ヨーロッパは壁構造だからね。でも日本建築みたいに「外壁も含めて壁が動かせますよ」と言うためには、壁構造では困るので、柱・梁で壁をつくることになる。ところが外壁は、なかの間仕切りと違って、雨仕舞のこともあるし強度も必要になる。さっきのアーバンティッシュとインフィルのあいだに、サポートのスケルトンがあるのと同じように、スケルトンとインフィルとのあいだにもうひとつつくらなくちゃいけないと。それを感じたのが《NEXT21》です。

武蔵の《科学情報センター》では外壁の位置を変えるには……。

変えることはできるんだけど、外壁のパーツとの間仕切りのパーツとを共通のもののように考えていた。《NEXT21》では、外壁をインフィルとは違うものとして区別しました。耐用年数も変えてあるでしょ。

外壁まで動かすという発想は、スケルトンをラーメンにした

★★　Cladding（被覆）の意。

ことから必然的に出てきたことなのか、壁を動かしたいからラーメンにしたのか、どちらでしょうか。

もちろん壁を動かしたいからです。モデュラーコーディネーションをやった以上は、外壁もモデュラーコーディネーションに載せよう。載せたのなら動くはずだ。それなら動かしてみたい。そういう発想です**図7**。

壁を別のところにもっていってもいいし、やめてもいい。ようするに、桂離宮みたいな増築ができるということです。僕は漆喰とパネルとの区別をしていないんですよ。そこがほかの人とちょっと違うのかもしれない。漆喰で壁をつくるのも、パネルで壁をつくるのも、壁をつくるサブシステムのうちの、ちょっとした違いだと思っているわけ。

ＢＥ論につながるような印象があるのですが、ＢＥ論的にクラディングを分析するとどうなるのですか。

ＢＥの考え方は、外壁というものを考えて、次にそれが漆喰なのかパネルなのかという断面を見て、断面が同じならいい、さらに断面が違っていても性能が一緒ならいい、という感じになる。でも生産論から言うと、壁をどうやってつくるかというシステム、それは下地があって、板を張って、その上に紙を貼って隙間をなくしていくという手順がいる。大野勝彦の部品化論のような考え方では、そういう下地から表面までを入れた部品をつくるわけ。でもなるべく一般論として考えようとすると、漆喰みたいなものはどうしていいのかわからなくなってしまう。

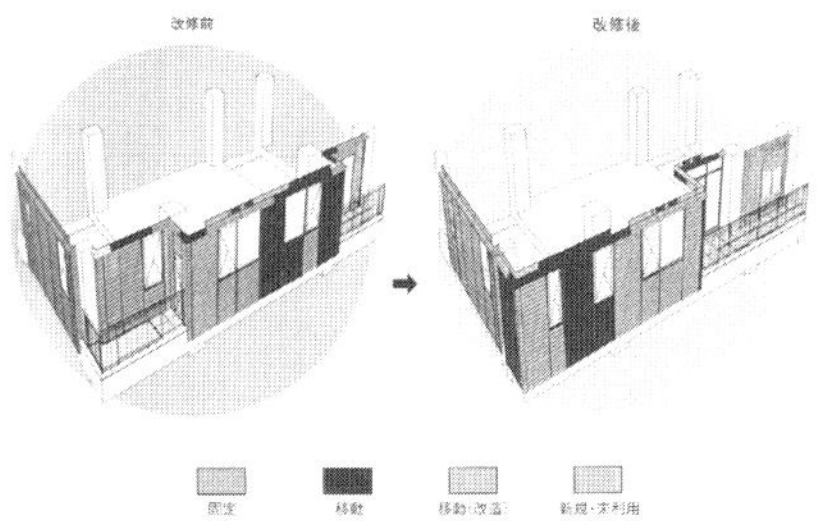

図7　ＮＥＸＴ21のクラディングの移動

そこで、漆喰もパネルも一緒だと考えて、壁サブシステムとする。昔は壁サブシステムというのはひとつしかなくて、下地をつくることから土を塗るまで、全部左官屋さんがやっていた。ところがいま、下地をつくるのは大工さんで、パネル屋さんがきて、コーキング屋さんがきてと、四つか五つのサブシステムになる。これは大変、面倒くさいんですよね。そうやって比べると、外壁というのをひとつのサブシステムでとらえられるようになるといいなと考えた。だけどなかなかそれは難しくて、便所や風呂場のユニットにしても、便所屋さん、風呂場屋さんを呼んだだけでは「道連れ工事」が多すぎる。その点、左官屋には道連れ工事がまったくなくて、左官屋だけを呼んできたらできてしまう。それが理想的なかたちだろうと思っているわけです。

住戸設計

次に、先生が設計された六〇三号室《"き"がわりの家》図8についてうかがいます。開始時点では住棟設計者と住戸設計者を完全に分けることになっていたが、住戸を設計してみないかという誘惑に負けてしまった、と書かれていますね[15]。

そうそう、完全に負けました。すぐ負けるね（笑）。

それもあるかと思いますが、先生がお受けになった理由として、オーソドックスなものをひとつは実現しておきたかったと……。

そう。だって、みんなが丸や三角の壁をつくるんだもの（笑）。これだけしっかりとモデュラーコーディネーションしてあるところに、それを無視することしか考えないような人たちばかりで（笑）。だから、まじめにちゃんとモデュラーコーディネーションに載せても、いろいろできますよということを示したかった。

そうすると、先生は各住戸の設計をハラハラして見ていらしたと。

そんなことはない（笑）。だって、どのようにつくってもいいよという趣旨だから。ようするに、僕たちがやっているモデュラーコーディネーションに対して、一般の建築家は批判的な人が圧倒的に多いわけです。

図8　"き"がわりの家の内観

モデュラーコーディネーションをやろうとしているのは、大企業や住宅公団や供給公社。そこで規格設計をしたり大量生産の部品をつくっている人たちは、モデュラーコーディネーションが必要だと思っています。それに対して一般の建築家は、大企業反対、規格設計反対だから、せっかく「モデュラーコーディネーションで何でもできますよ」と言っても、丸や三角を描くわけです。だけど、丸や三角ができないと一般の建築家を説得できないとわかっていたから、それはつくっていいですよと。それでも線の上に載っているところもずいぶんあるのだから、それはそれでいいと考えました。

ただ、京都や江戸の町家は全部が線の上に載っていて、何千万の人がみんなそれぞれ個別の、それもいろんな家に住んでいるんです。そういうのもちゃんと見せてやらないと、モデュラーコーディネーションが泣いてしまうんじゃないかという気持ちでした。

先生は、誘惑に負けた理由としてほかに、台所の位置と、上下足兼用と模様替えをやってみたかったとも書かれてます。

台所の位置は、かなり変えられるんですよ。だけど

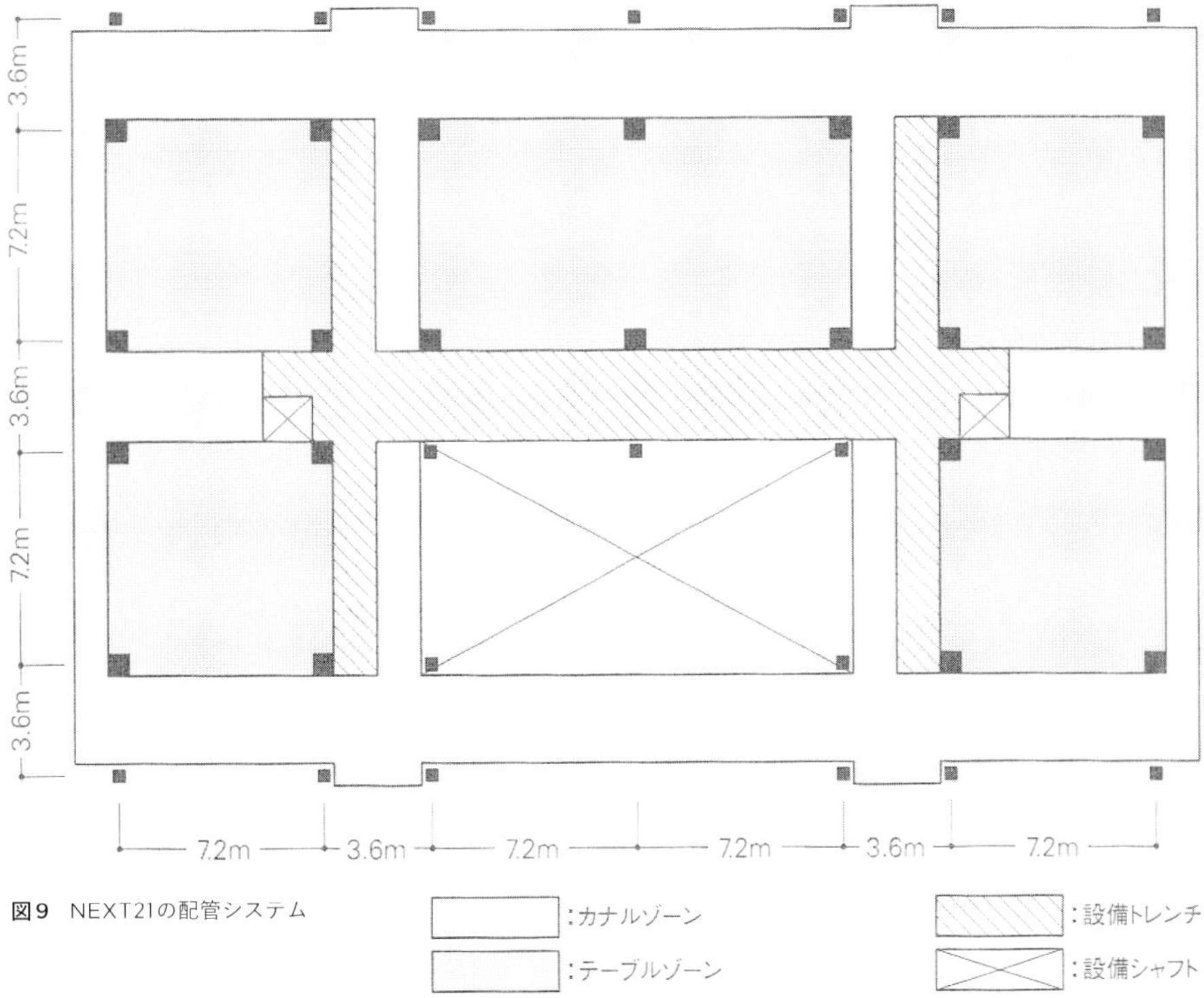

図9　NEXT21の配管システム

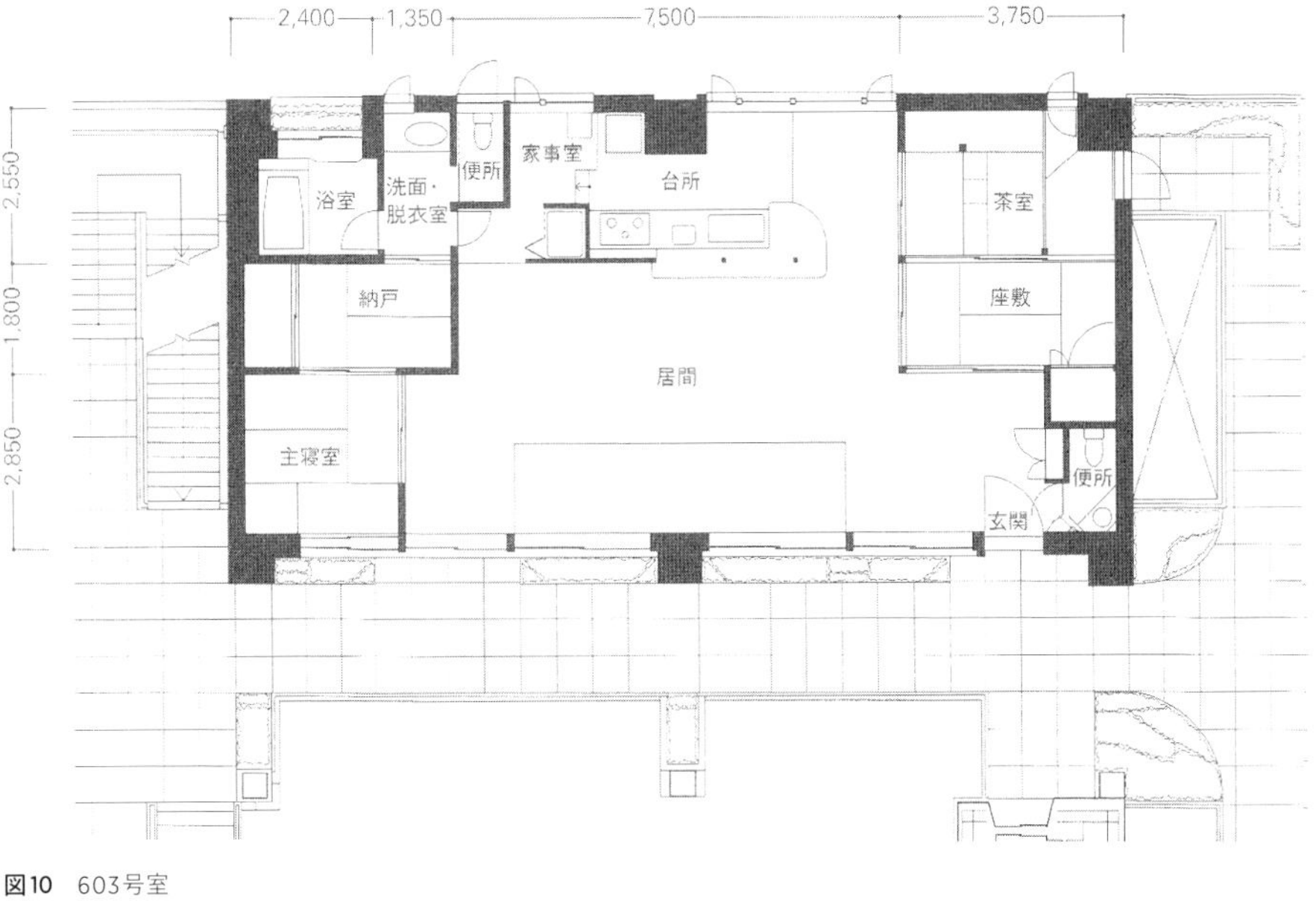

図10　603号室

原則として置きにくいところがあって、その一番置きにくいところで試してみようというのがこの意図です。

ここに廊下があるでしょ。これは配管が下からできるので、この周りには全部つくれるんですよ。真ん中あたり（設備ゾーンから遠い部分）がちょっと困るわけ。だけど、そこでも床に勾配がとれればね。床の下に二四センチのトレンチがあるでしょ。もっと薄くしたほうがいいという意見はずいぶんあった。薄くするには、上水は問題ないけど、下水の勾配をどこでとれるかと**16、図9・10**。

オランダのような水の国は、例の圧送をやっている。日本では圧送ができないという話だったけど、やっているところがあるというので見に行った。それは東京駅なんですよ。いまはまた改造して、ショップがわんさとできたでしょ。あそこは以前は真っ暗な地下室で、公の通路が二、三本あって、そこのなかに便所があるという。行くと、現場小屋にあるようなポータブルの便所が置いてある。その側の小さなポンプで砕いて、二インチ径くらいのパイプがつながっている。びっくりしたのは、そのパイプが切符を買う窓口の脇を通ったりしている（笑）。それで圧送もできることがわかったから、もっと低くしてもよかったんだけど、ここは原則として圧送を使わないことになりました。

まちづくりへ

二段階供給方式がどのように進んできたかを高田光雄先生★がまとめられていて、一九七〇年代後半から八〇年代後半は多様な住要求への対応、その次に一九八〇年代後半から長期耐用性の実現が出てきて、第三ステージがまちづくりへの寄与だと書かれています17。構法学やシステムズビルディングも多様化、長寿命化までは似ていますね。まちづくりについて何かお考えはありますか。

まちづくりに寄与できれば、それは一番完成度が高いですね。僕は、まちづくりというのは一番大変なことだと思うようになったから。まず多様性がないと駄

★　一九五一―　建築計画、ハウジング論。京大卒。京大教授などを歴任。NEXT21では建設委員会委員。

目で、それに応える段階がないと、兵舎みたいになっちゃう。ソ連のアパートはみんな画一的でしょ。

でもそれだけだと雑多になるから、多様化のなかに整然としたものがなくちゃいけない。そこが難しいところで、ことにまちづくりでは一軒つくるのに一〇年や二〇年かかるわけだから、本当に大変なことだと思います。日本は江戸時代がずっと長くて、しかも鎖国していたから、多様性のなかで整然としたものが完成した。だけど、いまはやたらと外来文化が入ってきて、未熟な技術が未熟なうちに崩壊していくからね。これはなかなか完成しないから、難しいところじゃないかなと思っています。

供給の立場から見た多様化、長寿命、まちづくりという三段階があるとすると、構法では、ＫＥＰで多様化、ＣＨＳで長寿命ときて、構法からまちづくりへの寄与が次に想定されているのでしょうか。

それはＧＵＰ10でやったんですよ。設計者を変えたのね。《ＮＥＸＴ21》もそういうもののひとつで、一応できているんだけど実験住宅だからね★★。これが大阪の街へ広がっていくには（笑）、どのくらいかかるかわからない。でもそれは最終目標ですよ。

先ほど、技術が未熟なまま消えていく話がありましたが、いわゆる在来木造は年月を経て完成されたものです。現代の産業のなかで技術が成熟することはありえるのでしょうか。

それはねぇ。ずいぶん前は絶望的で、いまでも絶望的なのかもしれない。だけど建築の構法では、そういう時代に対しても、未成熟な技術をとらえながらやっていかなきゃいけない。しかも全体として軸がなければいけない。とすると、全体として動いているけれど、遠目で見ると動かないでいるようなものができれば、街並みができていくんじゃないかと思いますね。

★★　ＮＥＸＴ21では立体街路が全体テーマの一つとなっている。

1　内田は、設計ミスの防止、設計期間の短縮といった標準設計の効果を認めつつ、現状では標準設計を使っても、建築部品の共通化による建築生産のトータルな合理化は行われず、設計作業の省力化だけが行われており、本来は部品の共通化によって生まれた時間を基本設計にかけるべきであると指摘する。内田祥哉「設計の機械化はしても機械的設計は困る」『SD』一九七六年五月号

2　GODの実例として、一九七九年の第五回先進国首脳会議（日本最初のサミット）時に赤坂迎賓館敷地内に建設された外務省ならびに参加国政府高官のための事務所がある。これについて内田は以下のように述べている。「一九九三年に再び赤坂離宮でサミットが開かれることが決り、そのためにオフィスの増築が考えられている。しかし、建設省はこれまでの経験から、GODだけはしたくない意向。その理由は先の赤坂離宮のGODが名ばかりのシステムズビルディングで、ノンシステムの所が多かったためと考えている。より根本的なことは、システムズビルディングはサブシステムを育て利用する建築であるのに、トータルシステムとしての発注しかできなかったことにある。GODを育てるには、トータルシステムの発注でなく、サブシステムで競争できるBLのような発注が考られてよかった、という反省がある」（内田祥哉『建築の生産とシステム』住まいの図書館出版局、一九九三年、一六一頁）

3　「建設については、従来的な方法を急には変更できないために、通常の競争入札によってGeneral Contractorを決める方法をとった。サブシステムは、このGCが建設省と協議して、応募メーカーの中から選定する建前とした。」（船越徹「GODシステム、中小庁舎のシステムズビルディング」『季刊カラム』第六四号、新日本製鐵、一九七七年三月）

4　一九七〇年代後半から、住宅公団は4LDKなど大型の住戸を含めて住戸タイプを増加させ、タウンハウスなどの新しい住宅タイプも採用した。その次に登場したのは住宅公団のメニュー方式で、住宅公団が用意したメニューから入居者に好きなタイプを選んでもらい、住宅公団が建設するものである。

5　エズラ・エーレンクランツは、マサチューセッツ工科大学を卒業し、リバプール大学大学院を修了。一九五四年からイギリスでCLASP（Consortium of Local Authorities Special Programme）の開発に参加。一九五九年にカリフォルニア州バークレーに設計事務所を設立。一九六〇年代前半にはSCSD（School Construction Systems Development）と呼ばれるシステムズビルディングを開発し、カリフォルニア州の公立小学校に適用された。このSCSDの影響下にカナダで開発された学校建築用システムビルディングSEF（Study of Educational Facilities）は、一〇のサブシステムごとに複数のメーカーを置くオープンシステムとして開発された。エーレンクランツ自身は一九七二年よりニュージャージー工科大学で教育・研究に従事するとともに、設計実務では、学校、駅舎、都市計画など多くの設計活動にかかわった。

6　CLASPでは、プレハブ化を前提としたサブシステム構築のため、地方自治体での学校建築にかかわる需要の取りまとめを行った。このことによってさまざまな平面計画に対応しうるサブシステムが開発された。開発には建設省、文部省、BRS（Building Research Station、現BRE、一九九七年に民営化）などがかかわった。躯体は軽量鉄骨が使われ、当初ブロックハウス社（Brockhouse Steel Structure Ltd.）で製造された（『建築生産のオープンシステム』彰国社、一九七七年、四六頁）。CLASPはノッティンガムシャー州、ダービーシャー州を中心に採用され、この成功例を元にイギリス各地で同様のコンソーシアムが形成された。

7　メカノ（Meccano）社は一九〇一年、イギリス・リバプールで創業。金属、木製、プラスチックの多彩な部品を組み合わせて、乗り物や構造物をつくる玩具を販売している。フランスのジェラール・ブラシェール（Gérard Blachère）は、このメカノを参考として、カタログから設計者が自由に部品を選び、多様な建物を生産するメカノ・システムを考案した。（古川修「住宅部品化のあゆみ——KJ制度からBL制度まで」『建築技術』一九七六年一一月号）

8　住宅公団の部品化研究は、住宅公団量産試験場

長（当時）の本城和彦が担当した。住宅公団が大規模団地を建設する際には、木造だと「関東中の風呂桶やはほかの仕事ができなくなってしまった」という状態も起こったという。（澤田光英『わたしの住宅工業化、産業化の源流物語』日本建材新聞社、一九九七年）

9　ワーキンガム中学校が最初の設計例で一九四九年に建設され、ベルパー中学校は一九五二―五三年に建設された。一般教室をクラスター型にまとめた（ワーキンガムは三教室、ベルパーは二教室）。その後、建設されたアーノルド中学校（中高一貫教育、一九五九年）では、より小グループのハウスという単位が取り入れられたため、内田がここで指摘するようなわずかの人数変更が教室の配分に大きな影響を及ぼした。クラスター型の教室配置は内田設計の目黒区立第一中学校（一九六二年）などにも見られる。（『建築学大系32学校・体育施設』彰国社、一九七〇年、新訂第一版）

10　類似の指摘は一九七〇年代後半に繰り返し見られる。

「私は、住宅をコストダウンさせる最善の方法は、家を長持ちさせることではないかと考えているんです。（中略）長持ちする住宅を造るといっても、例えばプレファブ住宅の寿命を二〇年とすると、これを四〇年持たせるためには、材料が二倍いるかというと、二倍はいらないし、労働力も二倍は要しない。ほんの少し余計にかければいいのですから、長い目で見て、資材と労働力とをそれぞれ時価に換算していくと、長く持たせて、ストックをふやすことが住宅を安くする最も効果的な方策ではないかと考えるわけです。」（内田祥哉ほか「今日の住宅産業の工業化」『Steel & Construction』ＮＫＫ、一九七六年四月）

11　大阪ガスは一九六八年に東豊中実験住宅、一九八五年にアイデアル住宅ＮＥＸＴ21を建設し、居住実験を行った。東豊中実験住宅では、東京大学池辺陽研究室が居住実験を行い、高層住宅において設備機能の向上が生活に与える影響などを調査した。（『建築文化』一九九五年三月号）

12　巽は、二段階供給方式の考え方をＮＥＸＴ21に取り入れた。二段階供給方式とは、「住宅を財の性質の異なる二つの部分に区分して二段階に供給する方式」である（『ＳＤ別冊』第二五号、鹿島出版会、一九九四年八月、三二頁）。具体的には躯体・共用部などの社会的部分は公共が賃貸で供給し、間仕切りや内装といった私的部分は居住者が好みに応じてしつらえる。二段階供給方式は、泉北桃山台B団地（大阪府住宅供給公社、一九八二年）を最初の実践例として、その後も千里亥の子谷A団地（エステ南千里、一九八九年）などにも適用された。なお二段階供給方式では、住戸部分の仮設計を行った上で確認申請を行い、実施設計後に再申請を行う方式が一般的であったが、ＮＥＸＴ21の確認申請にあたっては、ルールブックの内容を「軽微な設計変更」に留めることで、確認申請は一度だけとした。

13　ハブラーケンは、一九五五年オランダ・デルフト工科大学を卒業。ＳＡＲ（Stichting Architecten Research、建築研究所）を設立し研究を行った。一九七五年から一九八九年までアメリカ・マサチューセッツ工科大学で教育・研究に従事。一九六一年には『サポートと人間：マス・ハウジングの終焉』（De dragers en de mensen: Het einde van de massawoningbouw: 英語版Supports: An Alternative to Mass Housing, Architectural Press、一九七二年）を出版し、オープンビルディングの考え方を提唱した。ここでは住環境の構築を、アーバンティッシュ（街区）、サポート（躯体、設備、共用スペースなど）、インフィル（内装）に分け、供給や意思決定を明確に区分する。ハブラーケンのオープンビルディングは、「支え構造と分離ユニット」（『都市住宅』一九七二年九月号、鹿島出版会）などを通じて日本にも紹介され、現在のSI（スケルトン・インフィル）住宅の源流ともなった。

14　ＮＥＸＴ21では、一般的なSI住宅のスケルトンとインフィルの間にクラディングと呼ばれるサブシステムを設定した。有田焼参考館など有田町の建築群や武蔵学園の建築群でもクラディングという用語が使われるが、これは単に躯体を保護する覆いという意味である。これに対し、ＮＥＸＴ21のクラディングは意思決定、利用者、耐用年数などの面でスケルトンとインフィルの中間にあたるもので、具体的には外壁や、戸境壁などを指す。クラディングは、個人が用いるものだが、全体の性能や外観デザインに関係し、場合によっては移動も可能なサブシステムである。クラディングが動くことで住戸規模の変更などが可能になる。ＮＥＸＴ21の外壁クラディングはＡ種、Ｂ種、Ｃ種の三種類が用意され、住棟設計者が仕上げや接合部、寸法を決定し、住戸設計者が外壁位置や開口部位置を決定した。耐用年数はスケルトンが長期、クラディングが中期、インフィルが短期に設定されている。（『ＳＤ別冊』第二五号、一九九四年、八〇頁）

15 『新建築　住宅特集』一九九四年一月号、一五六頁

16 ＮＥＸＴ21では設備更新のため、主に居住スペースに該当するテーブルゾーンと、共用通路や外周部からなり四二センチメートルの深さの配管スペースを持つカナルゾーンに分かれている。テーブルゾーンでも床下は二四センチメートル浮かせており、カナルゾーンから五メートルまでの範囲は自然勾配で排水が可能である。また、自然排水ができないゾーンでも、破砕機付きの排水ポンプユニットを使うことで機械排水が可能である。（『ＳＤ別冊』第二五号、一九九四年、八二頁）

17 本文中の二段階供給方式の進展に関する考察は、高田光雄「ＮＥＸＴ21における二段階供給方式の展開」『ＮＥＸＴ21――その設計スピリッツと居住実験一〇年の全貌』（ＮＥＸＴ21編集委員会、エクスナレッジ、二〇〇五年）による。

住民参加と建築家の立ち位置

内田の研究活動におけるひとつの到達点は、木造在来構法とその生産システムの再評価といえる。工業化研究はシステムズビルディングをはじめとする大々的な研究開発の先に、乗り越えたはずの木造在来構法の合理性を見いだした。多様な住要求への対応、時間の中での柔軟性、部品と労務セットのサブシステム化といった工業化の理想は、大工棟梁を中心とした木造在来構法において高度に実現していた。

こうした視点は内田も述べるように海外から見た方が気づきやすいものかもしれない。ハブラーケンは「あなたには〈普通〉はデザインできない」(『都市住宅』一九七二年九月号)の冒頭で、デザインを押しつける旧来の建築家像を批判し、住民が描いた簡単な平面図を元に建てられる日本の住宅生産を対置した。ハブラーケンは住まいのインフィル部分は住民によって決定されるべきと考え、それを許容するサポートやアーバンティッシュといった建築、都市レベルを含めたシステムやその意思決定の仕組みに関心を向けた。

鉄骨ユニット住宅であるセキスイハイムを開発した大野勝彦も、その後地域型木造住宅の研究・開発へと進んだ。『現代民家と住環境体』(鹿島出版会、一九七六年)の冒頭、「俗に建築家といわれる人びとは大衆住宅づくりについてはほとんど無力であり公共施設や生産施設という特殊解の追求のみに終り、建築原型としての住宅づくりの手法を発見しえなかった」とハブラーケン同様、従来の建築家を批判し、住民が直接生産にかかわるかつての民家の生産システムと対峙させた。この後、大野はHOPE計画などにかかわり、個々の建築よりもメタなシステムの設計者として活動するようになる。内田研究室で大野の先輩にあたる剣持昤は建築部品の開発に主体的にかかわるとともに、設計者を「断固として生産機構の奥深くまで踏み込んですべてを従わせる」支配型の設計者と、「完全に与えられたものの選択に徹しきる」選択型設計者に分けて論じ、建築設計者の大半の立ち位置は「やや中途半端」とした(「素材と選択　建築設計者は何処に立つべきなのか」『規格構成材建築への出発／剣持昤遺稿集』綜建築研究所、一九七四年）。このように具体の工業化住宅の設計者に限らず、システムというメタな領域の設計者としてふるまうことの可能性が検討された。

そうした文脈から見ると、内田はメタな設計者として、また同時に個の住戸の設計者として《ＮＥＸＴ21》にかかわった。《ＮＥＸＴ21》をシステムとして見れば、それを成り立たせているのはＲＣラーメンや大きな設備用ドレンチといったハードと、細部にわたって検討がなされたルールブックである。こうした精緻かつ過剰ともいえる実験住宅用のシステム設計は、建築家が新たな役割を担う可能性示すと同時に、現代の日本で木造在来構法のようなシステムを新たに生み出すことの難しさも示している。

（権藤）

第一二章　木造へ

明治大学を退職するのと前後して、内田のもとへ木造というテーマが回帰してくる。都市の不燃化がうたわれ、鉄筋コンクリート造が本建築とされ、木造建築が仮建築と呼ばれた時代。学会の木造禁止決議などを同時代人として経験してきた内田であり、その研究者としてのキャリアにおいても、新建材・新技術を相手に取り組んできた。堀口捨己の謦咳《けいがい》にも接した内田であったが、木造という問いは、ながらく伝統のなかにとどまっていた。その木造が、建築構法・構法計画における技術的な課題として浮上してくる。東京大学時代からの知友であった伊藤延男や稲垣栄三、鈴木嘉吉、青木正夫ら、同世代の建築史家・建築家らによる伝統木造の保存・修復にかかわる構法への誘いもあったにちがいない。木造建築の再評価に始まる、内田の日本建築に対する理解の奥行きは深い。

内田の思考のスタイルは、技術的・形式的考察からくる既存のカテゴリーの拡大・再解釈である。木造在来のフレキシビリティと改修可能性、それを支える職人大工の技術に関する和小屋論は、近現代建築においては「和構法」と読み替えて、ミース・ファン・デル・ローエのバルセロナ・パヴィリオンまでを包括する。形式と実践の両面から常識を整理していき、大胆に再解釈するその態度は、ときに身もふたもないほど柔軟であっけらかんとしている。その飄然とした態度こそ内田流だ。

明治神宮神楽殿

明治大学に移られてからの設計活動として、《NEXT21》と《明治神宮神楽殿》をほぼ同時期に設計されています。明治神宮鎮座七〇年を記念した《明治神宮神楽殿》について、木造をガラスの鞘堂で覆うというアイデアはどこからきているのですか。

僕は木造でつくるべきだと思いました。ところがこの敷地は準防火地域なんです。しかし明治神宮そのものは木造で、しかも戦後にちゃんと建てている。それは不思議なんだけれど、調べてみるとそれは戦後間もないころの話で、いまはそうはいかないとわかってきた。それでこれはやはり鞘堂をつくるしかないと。屋根を二重にするのは大変だから、屋根は鉄骨でつくってガラスで覆い、鞘堂にしてなかを木造にしようと考えた**図1**。

その話をしたら、明治神宮側は大賛成。なぜかというと、明治神宮を戦後再建するときに、「鉄筋コンクリート造でつくれ」と言ったのは僕の親父なんです★、1。それに角南《すなみ》隆さん★★が反対して、木造を建てたわけです。明治神宮としては、僕の設計ではまた鉄筋コンクリート造と言いだすと思っていたのかもしれない。だけど僕は、ああいうところには火事は及ばないし、そのころは木造がいいと思っていたから、木造にしましょうと。そうしたらみなさん、大変喜んでくださった。しかし大きい建物ですから、渋谷区に申請しても木造では許可が下りない。増築などという姑息な手段は使えないし、本殿のすぐ側にあって、こちらの建物から火事が出ても困る。だから準防火に対応した建物にしましょうと。

当時、僕の頭に浮かんでいたのは平泉の鞘堂★★★、2です。でもあれは中が見えないから、ちょっとおもしろくないんですよね。鞘堂といっても、外からよく見えるものがいい。また中からも外が見えるものがいいと思った。いまは障子が閉まっているから、あまりよく見えませんけどね。屋根を二重にするのはちょっと大変だから、屋根は鉄骨でつくって、横をガラスで覆って、中を木造にしようと**図2**。

高さに配慮して附属施設を地下に収めていますが、地下に掘り込むことには抵抗はなかったんですか。

僕が一番参考にしたのは、渋谷の《松濤美術館》（白井晟一、一九八一）。あれは高さが抑えられて中庭がある

★ 内田祥三は明治神宮復興準備委員会委員を務めた。

★★ 一八八七―一九八〇 建築家。東大卒。明治神宮造営局、内務省技師として神社建築に携わる。

★★★ 覆屋、覆堂とも。建物を風雪から守るためにつくられる。

図1 神楽殿

図2　神楽殿・願主席

でしょ。かつての《丸ビル》★のような庭があれば、外側を全部埋めてもなかは明るくなると思っていたんです。《丸ビル》の中庭のタイルが白いのは採光のためもあるのでしょう。中国のヤオトン★★などもそうです。

《神楽殿》には厚さ二二ミリメートル、幅三メートル、長さ八メートルの大きなガラスが使われています。DPGガラス★★★を使った《日本長期信用銀行本店ビル》★★★★など、ガラスの新技術がいろいろと出てきた時期だったのでしょうか。

そういうこともあると思いますよ。それで僕は、三メートル六〇ミリ幅のガラスはフロート法★★★★★で、無限連続でつくれるから、それを階高にすれば全部継ぎ目なしでできるだろうと考えたわけ。そうしたら運べないというので、真ん中で一か所継いでいるんです。ガラスが届いた時はお祓いしていましたね図3・4。

でも、フロートガラスの製作ラインは一本しかないからね。それで何ミリのガラスをいつつくるかという企画を立てて、いま主流の自動車用ガラスの合間に、建築用ガラスを出すわけです。それぞれ途中で種切れにならないようにストックをつくっておかなければならない。厚さの違うものをつくるたびに装置を変えるし、なかには色ガラスがあったり、強化ガラスがあったり、少しずつ材質が違ったりして大変です。そういうのは最近覚えたのよ（笑）。この設計をしているころ

★　丸ノ内ビルヂング、桜井小太郎設計、一九二三。一九九九年に取り壊されるまで、数次の改修を受けた。

★★　中国にみられる穴状の住宅形式。地面や山の斜面や掘ってつくられる。

★★★　Dot Point Glazingの略。サッシュを用いず、孔を開けたガラス板同士を点支持で連結していくガラスはめ工法。

★★★★　日建設計設計、一九九三。日本におけるDPG工法の最初期の建物。二〇一三年取り壊し。

★★★★★　フロートガラスの製造法。融解した金属層に、融解したガラスを浮かべて成形する方法。神楽殿では三〇六五ミリ幅を使用。

図3　建物西側のガラスとドライエリア

図4　ガラス取り付け

は知らなかった。
　木材に関して言うと、木曽ヒノキは明治神宮の池で半年くらい乾燥させました。困ったのは屋根の銅板ですよ。まだ設計が何も決まらないうちに、屋根の銅板に寄付をいただいて裏側に名前書いて、そうすると使わないわけにはいかない。モデュラーコーディネーションもできていないのに（笑）。

庇の内樋など、ほかの建築で使われているボキャブラリーがそこかしこに見られますよね。

　内樋を最初にやったのは《武蔵学園》ですね。軒先の樋に勾配をつけると軒が下がってだらしなくなる。それを内樋にして斜めにつけると屋根の勾配を利用できるでしょ**図5**。あと、金網にしたりね。金網に葉っぱが貯まって水が流れなくなると水が葉っぱを押し出してくれる。すると、また水は樋に入る。
　木造のディテールは清水建設の関雅也さんが描いていました。軒反り作図システムは同じ清水の木内修★★★★★さん。そういう和風の納まりで困ったときは、川村昭二★★★★★★さんに相談すると一挙に解決してしまう。川村さんの木造の知識というのはすごいですよ。屋根がこうなっているから、こっちの庇とあっちの庇がぶつかったりするでしょ。そんなの、どうぶつかっても平気なんですね。

★★★★★　一九四七―　建築家。東京理科大卒。清水建設を経て、木内修建築設計事務所を設立。社寺など伝統木造を手がける。

★★★★★★　一九三五―二〇一九　建築家。神社を専門とする日本建築工芸設計事務所の第四代所長を務める。

図5　内樋の実験

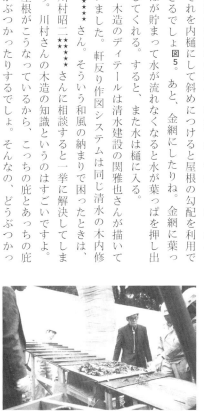

木造とRC造

明治神宮六〇年祭では、《宝物殿》（大江新太郎設計、一九二一年）の解体修理工事にかかわられていて、長寿命化に関心が向きはじめた時期かと思います。《明治神宮宝物殿》は木造でなくRC造ですが、コンクリートの耐久性や建築物のライフサイクルについてはいつごろから考えだしたのでしょうか。

《霞ヶ関電話局》の修理が一九八〇年ですか[3]。その新聞記事★が載ったのが一九八二年だから、そのころからですね。戦後のコンクリートも傷んでいることがわかって、これは重大だなぁと思った。僕たちが学生のころ、コンクリート建築は永久建築という認識でした。逓信省で仕事をしているときも、木造は仮設とは言わなかったけれど、仮建築です。それで鉄筋コンクリート造が本建築。いまから見れば、あのころ小坂秀雄さん★★たちがつくっていた木造のほうがはるかに本建築で、鉄筋コンクリート造のほうが仮建築なんだけど。当時はどんな格好をしていても鉄筋コンクリート造が本建築だったわけです。

《霞ヶ関電話局》は調査にかかわっていなくて報告書を読んだだけなんだけど、僕はまさかこんなに傷んでいるとは思わなかった。それは、厚さが三〇センチもあるコンクリートの壁で、鉄筋もそんなに密ではないから、コンクリートはよく打てているに違いないと思っていた。でも調べてみると、外壁が傷んで、外壁の亀裂のなかには本体の亀裂もあるという話なんです。

一方でまったく意外だったのが、たまたま《明治神宮宝物殿》を調査したら、あれは鉄筋コンクリート造と言われていながら、傷んでいるのは鉄筋コンクリート造のところではなかった。本当に修理しなければいけないのは金網モルタルのところ★★★、図6。戦後の木造建築には防火モルタルがたくさんありましたからね。

「木造は仮建築で鉄筋コンクリートは本建築」というそのころの考え方の延長線上では、でも、木よりは耐久性があるとみんな思っていたのでしょう。ところが木造でなく鉄骨造モルタル塗りである《宝物殿》は、庇がさんざんでした。もう中身がなくて洞《うろ》になったようにやられている。それで金網モルタルというのは駄目だなぁと。同時に《霞ヶ関電話局》のときには、鉄筋ももしかしたらあやしいんじゃないかと思いました。

先生が、木造に着目しはじめる時期についてうかがいます。

★ 第一〇章参照

★★ 第二章参照

★★★ 内田祥哉ほか「大正時代のSRC造建物の屋根改修——明治神宮宝物殿」『建築技術』一九八六年八月号

図6　明治神宮宝物殿の軒屋根（下地のラスモルタル）

一九八〇年に建築学会の構法計画小委員会に木造在来構法部会ができ、東大を退官される一九八六年には木造建築研究フォラムが設立されます。一方で一九七七年には日本住宅・木材技術センターが設立され、一九八七年には建設省に木造住宅振興室が設置されるなど、一九七四年のツーバイフォー構法オープン化後から、学会、行政ともに木造に目が向きはじめる印象があります。

今から考えるとまったく違った二つの流れがあると思います。木造建築研究フォラムをつくる流れは、日本の木造建築がまったく廃れてしまったから、それを興さなきゃいけないという動きです。それで僕が火中の栗を拾うようなことになるのは、元々東大の講座のテーマとして木構造があるんです。ただ、僕はあまり得意でないのと、松下清夫先生★★★が得意中の得意だから、僕はやらないでもすんでいたわけだけど、松下先生がやめちゃってどうしてもやらなきゃいけないなと思うようになった。国立大学として木造の研究室がなくなっていいのかしらっていうのを一番心配していたのは梅村魁先生ですし、武藤清先生もおっしゃっていた。坂本功さん★★★★が来てくれたんで僕は手を抜いて何もしないでいいんだと思っていたんだけれど、だんだん木造がおもしろくなってきて、また入り込んでいくような（笑）。これと建設省に木造住宅振興室ができるのは発想が違っていて、アメリカが日本に木造建築を輸出しようという動きから始まっていると思う。ツーバイフォーが入ってきたりね。こちらとも木造ということと時期もよく合うから仲良くしましょうということはありましたけど、僕から見ると、建設省のなかに何で木造住宅振興室ができたんだろうという気がしていましたね。

木造建築研究フォラムの設立はどのように進んだのですか？

僕自身本当にはわからないけれど、千葉工大の宇野英隆さん★★★★★が、そういうムーブメントを興すには科学試験研究費のBをとるのが常套手段だといろいろと方法を教えてくれました。それからまずは資料集め。それを集めてくれたのは吉田倬郎さん★★★★★★で、広範な資料を念には念を入れてつくってくれたんですよ。その資料ができると学会のなかに委員会を立ち上げられる。何かこう定石があるんだね。それに乗っかった。いまでもやっぱり境界領域で何かを興すって容易なことじゃないでしょ。学会のなかに何とか窓口をこじあけてそこに居候するようなかたちで始まりました。

木造建築研究フォラムを立ち上げるのがなかなか容易じゃなかった。そこで尽力してくれたのは建築センターの澤田光英さん★★★★★★★。澤田さんの部下はツーバイフォーなんかをやってるわけだからね。澤田さんは

★★★　第三章参照

★★★★　一九四三―　建築構造・構法。特に木造構造。東大卒。東大教授などを歴任。

★★★★★　一九二八―二〇一七　建築計画・構法計画。東大卒。千葉工大教授・学長を務める。

★★★★★★　第八章参照

★★★★★★★　第七章参照

ツーバイフォーなんかと別に、伝統建築にも関心をもってくれた。僕が知らなかったのは、民間で懇談会を立ち上げるにはお金がいるんですよ。科学試験研究費があるうちは林野庁の人だったりも集まってくれるんだけど、それもなくなっちゃうでしょ。それでフォラムをつくろうって澤田さんが言い出してくれて、財団法人ができるのかなぁって思っていたんだけども、財団法人をつくろうという動きはツーバイフォーの方にもあって、でもこっちは伝統木造だから一緒になれない。それで苦労したのではないかと思います。その苦労は松木一浩君★がしっかりやってくれた。それで任意団体としてのフォラムを立ち上げました。わけのわからないものだからフォラム。これはフォラムだと言い出したのも澤田さん。

先生が近代木構造の人びとと文化財系の人びとの交流を図ろうと思われたのは、伝統的な構法についてもう少し科学的に考えたいという期待があったのでしょうか?

僕が研究に没頭しようというよりは講座の中に木構造の後継者をつくらなきゃいけないという義務感がありましたよね。それから坂本さんがやりきれない仕事がある。坂本さんに頼まなきゃいけなかったのは松下さんや後藤一雄さん★★がやってた近代木構造なんですよね。それとは別に社寺建築という分野がある。唐招提寺や法隆寺がつまんないっていう人はいない。茶室だってそうで、日本の伝統木構造というのは、なんとなく魅力あるじゃないですか。ただ、近代木構造とは違うでしょ。僕も元々、社寺建築の方には興味があって鈴木嘉吉★★★、[4]なんかとは昔から親しかったんだけど、鈴木さんと後藤さんや松下さんは全く交流がないし、林野庁関係で木材をやってる先生とかともね、みなさん全く交流がないんですよ。それから、今でも昔ながらの大工さんのなかには木構造は敵だと思ってる人がいっぱいいるでしょ。だけど、明治以来大工さんは建築家の下に置かれてるから発言権がまったくない。だから、そこをやっぱりつながなきゃいけない。

いまみたいに木構造の人が夢中になって、伝統木構造をやってくれるような時代になるとは思わなかったわけではないけれども、こんなに早くできるとは思わなかったですよ。

たとえば《唐招提寺南大門》★★★★はねぇ、やっぱり難題だったんですよ。建設省は許可しないから、工作物として通っているわけです[5]。だけど本当はそんな問題が出てくるのはおかしくて、たとえばその前の明治神宮の本殿なんていうのは、基準法の後にできていて、金物も使っていないのに建っちゃっているわけね。このあいだ、金閣寺を見てね、僕は悟りを開いたんで

★　一九四二―二〇〇四　一九六五年東大卒。一九七三年、ドット・コーポレーション設立。住宅工業化などの研究・開発にかかわる。

★★　一九一三―一九六　建築構造。東京工大教授などを歴任。父は建築家後藤慶二。

★★★　一九二八―　建築史、文化財。東大卒。文化庁などを経て奈良国立文化財研究所所長を務めた。

★★★★　開基鑑真和上遷化一二〇〇年にあたる一九六〇年に天平様式で再建。

すよ。これについては関野克先生★★★★が「金閣再建始末記」[6]という文章を書いているけれど、これだけ専門家が揃っているのに建たないはずがないという書き方なの。だから市街地建築物法の時代ではね、社寺建築っていうのは、ちゃんとした棟梁とちゃんとした学者がいれば建つとみなさん確信をもっていたんだな。

それが建たなくなっちゃったから大騒ぎなんですよ。おそらく太田博太郎先生が《唐招提寺南大門》を申請したときに、専門家全部いるんだから建たないはずがないに決まってるんだけど、それが基準法に合わないから駄目だと拒否された。その憤懣《ふんまん》が僕のところへ聞こえてきたのね。

★★★★ 一九〇九—二〇〇一 建築史。東大卒。東大教授・東京国立文化財所長などを歴任。文化功労者。

構法研究と木造

あらためて木造を意識しはじめた時期に戻りたいと思います。一九七〇年のGUP6では木造の継ぎ手・仕口から発想してジョイントを考えたり、一九七八年のGUP10では伝統建築による街並みを現代の木造技術でどうやって実現するかをテーマに研究・設計をされています（第八章参照）。一九七〇年ごろから木造をモデルにして工業化建築にフィードバックさせることを考えられていたように見えますが。

やっぱり日本の伝統建築には、かなりの知識の蓄積と迫力があるでしょ。そして日本の伝統的な街並みには、なんとなく引き込まれていくような魅力がある。それから、システムズビルディングは非常にきちんとしたものだけど、マスプロダクションとは違うからね。だから、システムズビルディングなら、街並みができるんじゃないかという誘惑があって、そっちのほうに引きずられていくんですよ。そのうちにだんだんと、木造というのはプレハブだと思うようになってきた。

僕がプレハブをやっていたころには、プレハブと在来構法とふたつくらいの区別しかなかった。それで、在来構法はプレハブだと言いだす人が出てくる。それはいまでいうプレカットみたいなものがあるから。そう言われてみると、日本の伝統建築のプレハブ化率は九〇パーセントくらいです。左官は現場でやるけど、それを除けばね。あとは一日で建前★ができてしまうわけ。

僕がそれを一番感じたのは、本多昭一君★★の研究です図7。紀伊の熊野川で、材木市場が新宮のあたりにあるんですけど、そこはたびたび洪水になる。これから洪水になるというのは、雨が降るとだいたいわかるそうです。すると半日くらいでパタパタと片づけて(笑)、高いところへ逃げる。それで水が引くと出てきて、すぐまた市場ができる。こんなプレハブはほかにないという考察なんです。

それでわかったのは、プレハブにはふたつあって、ひとつは工場でつくって現場で建てるともう壊れないもので、もうひとつは何べんでもつくったり壊したりできるもの。それからすると、やっぱり在来構法はすごいなと思うようになってきた。

それもきっかけになって、在来構法はプレハブではないかという見方で両者の比較をしているうちに、今度はプレハブがつまらなくなってきた。プレハブというのは、うっかりすると大量生産をして、見渡すかぎり同じものになってしまうでしょ。それに対して、オープンシステムはバラエティがあっていいなと思っていると、やっぱり在来構法はオープンシステムではないかと思いはじめる。それで、ヨーロッパの生産システムより日本の在来構法のほうが進んでいると思うようになって。だから、近代建築のなかで新しいものを探してくると、またその先に在来構法がある。そういう印象を僕はもっているんです。プレハブをやっていたら、在来構法がプレハブを追い越している。オープンシステムにたどり着いたら、またそれも追い越されそうだと(笑)。

工業化を進めて在来にまた出合ったというのは、いつごろのお話でしょうか。

まあ、オープンシステムをやらなかったら、在来構法もオープンシステムだと気づかなかったと思う。それから外国を見てきたことも大きいんじゃないかな。日本のものは遅れているという絶対的な印象を、みんなもっているでしょ。

いまでも建築以外の人たちは、日本の伝統建築は遅れていて現代建築が進んでいると思っている。それは日本の在来建築は寒いし(笑)、電気やガスのあるほうがいいからね。民家などはみんな壊して、新しいのに住み替える。そういうところだけを見ていたら、伝統建築なんて本当に古くて彼方にあるものなんです。しかしつくり方を見ていくと、本当の意味で現代建築を追い越しているものは、少ないけれどもあると思う。

外国の建築、石造の建築などを見ると、アーチやド

★ 柱、梁、棟などの主要な構造部材を組み立てること。またそのための祭祀。上棟式とも。

★★ 第六章参照

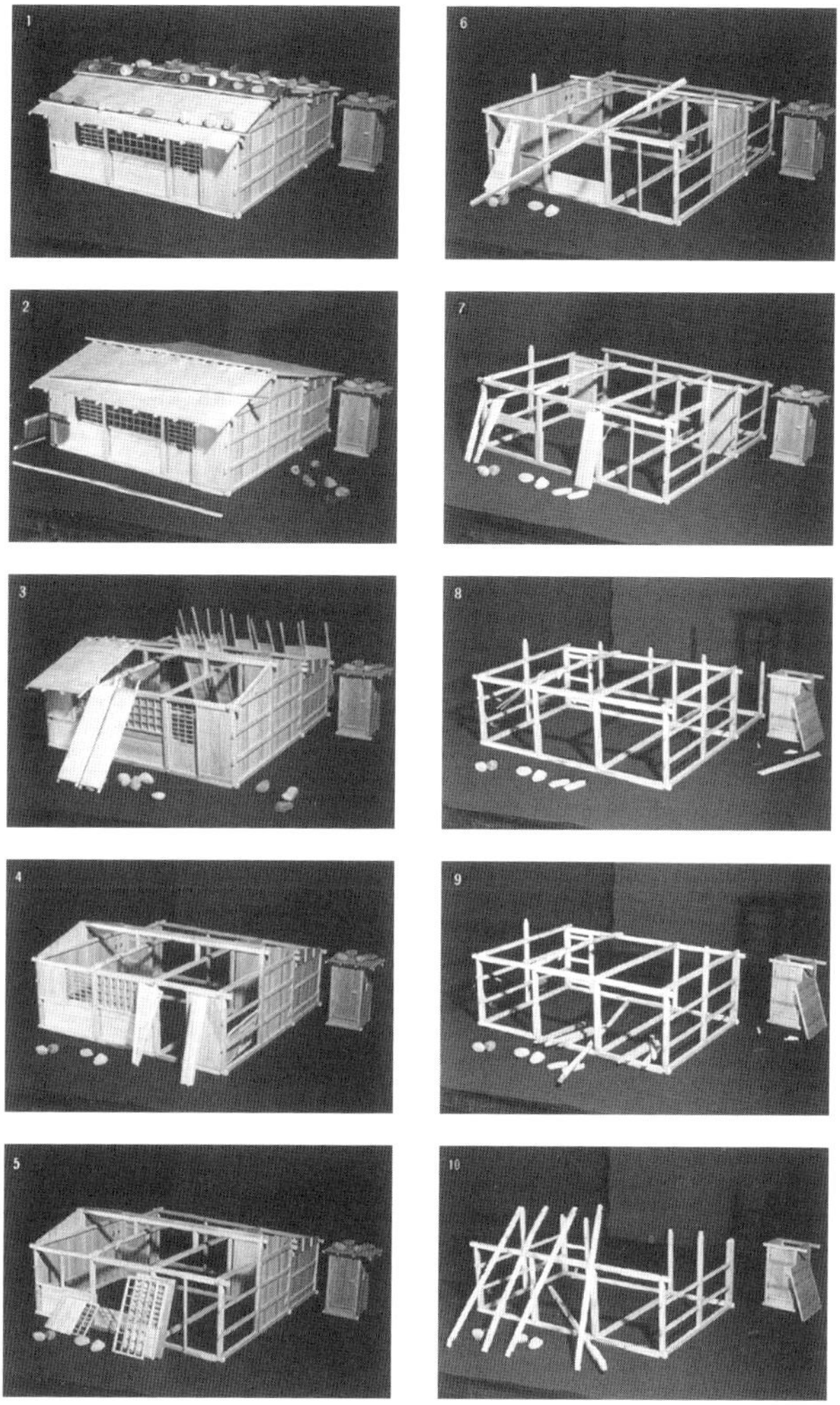

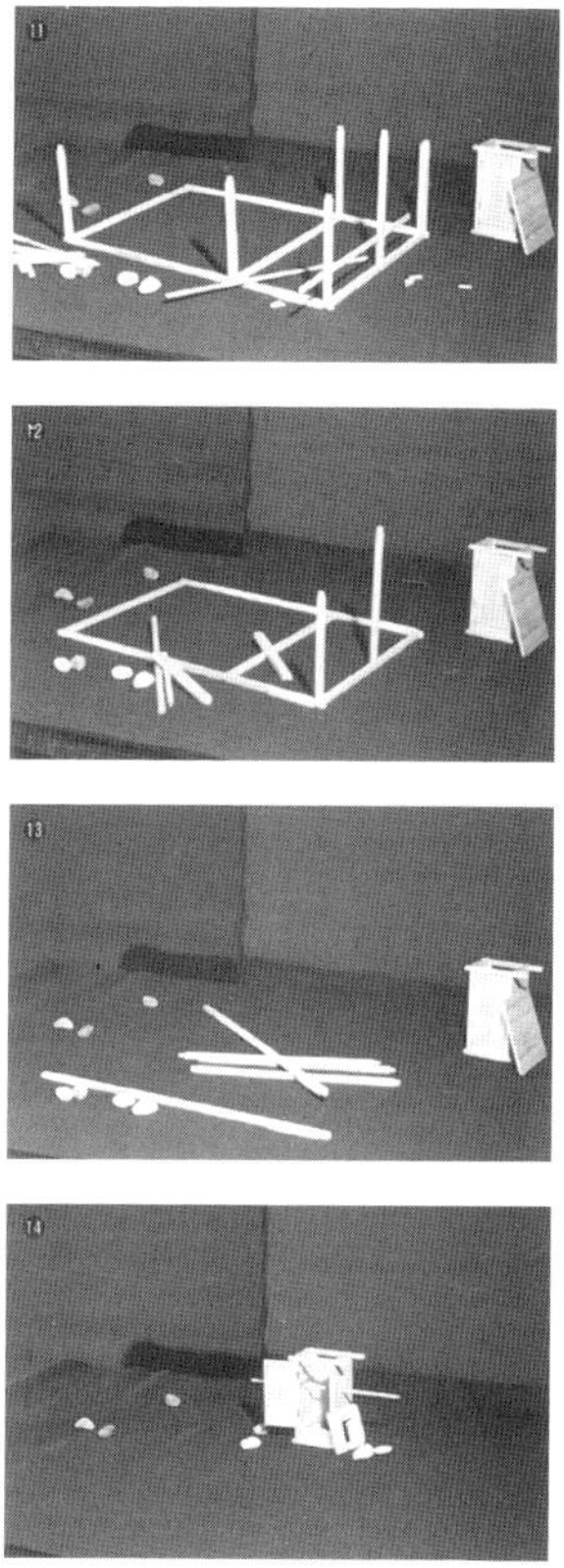

分解の順序 ①家をたたむ前に家財道具は持ち出しておく。
②杉皮の棟の覆いや、おもしの石を外す。
③シューロの縄を解き屋根パネルを落とす。
④破風パネル等パネル類が外せる。
⑤障子や壁板は女でも運べる。
⑥棟木など軸組材を外し始める。
⑦貫を止めている楔は金槌でたたき出す。
⑧細々とした部材は外し終わり構造体だけ残った。
⑨ジョイントのC空間の柱などを外し終る。
⑩梁を運ぶのは男の仕事である。
⑪建てる時は土台に柱を立てる事から始まる。
⑫部材は外すそばから担いで運ぶ。
⑬基礎は川原の石、少し移動させれば平になる。
⑭トイレはキュービクル、2人で担いで運ぶ。

図7 川原町の住宅 川原町とは、和歌山県新宮市熊野川河口付近にかつて存在した町

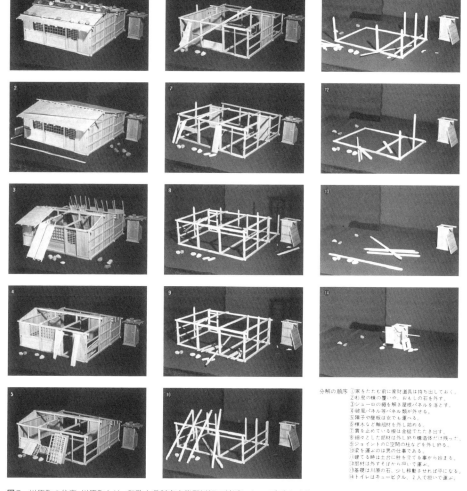

ーム、それから彫刻といった造形的に優れたものはたくさんあります。でもシステムしては日本建築がやはりすごいと思う。それは外国の人も、建築家ならきっと認めてくれる。

先ほどの街並みの話ですが、木や石ではなく近代的な材料や工業技術で一体的な街並みを形成するシステムは可能でしょうか？

いまのところできないと思ってるんだ。いまはもう高いビルがいっぱい建っちゃったけど、お堀端のずっと三一メーターに揃ってたころは、一応きれいに街並みがあったような気がしますね★。でも、イタリアの古い街みたいに全く無秩序であるところが美しいなんていうのあるでしょ。路地入っていくと突然として中庭があったりね。京都なんかはそういう感じよね。だけど街並みは難しいなぁ。たとえばプラハみたいなところは石もあれば木もあれば時代ごとに違うでしょう。カッパドキアやアルベロベッロみたいにひとえにやってるのと全然違う。だけどそこに変な建物が最近できてるでしょ。それが街並みになじんでいくかっていうかっていうと僕は信じがたいから、近代材料は駄目だっていう感じは言いたいけど言い切るまではいかない（笑）。

一九五〇年代の構法研究は、海外からの新建材をいかに在来木造に取り入れるかから始められたと思うのですが★★、こうした新建材の導入がなければ、木と土壁のままだったら、ということはありますか？

街並みとしてはそのほうがよかったのかもしれない。だけど、あの空襲直後の日本で木造なんてことは考えられなかったね。僕は東京に住んでて死者を一人も見たことはないんですよ。だけど、表参道ってね、死者で埋まってたっていうんですよ。それをトラックで運んだっていうくらいですからね。そういう経験の後だとね、とても木造なんてことは考えられなかった。それでアメリカは日本の都市には木造がないってツーバイフォーを売りに来るんだ。何事かと思いましたね。木造禁止決議（一九五九）もね、全会一致でしょ。それは誰かが無理矢理やった結論ではないわけよ。当時はああいう世論だったんですよ。そういうふうに見ないといけない。誰かがやろうっていうとみんながやろうっていう。もう木造は懲りたっていう。

日本建築のモデュールやシステムにも興味があったのですか。

モデュールについては、ハブラーケン★★★が旗上げしているのを見て、なるほどと思ったのが非常に大きい。日本のなかでは三尺、六尺というのは当り前で、それが外国にはないことを僕たちはわからないですからね。モデュールの議論を、彼らは一〇センチ単位でしているけど、こちらは九〇センチなんてばかでかい単位でしている。そのあいだに橋が架からなかったんだけど、

★ 一九六〇年代に建築基準法が改正されて容積率が導入されるまで、建物高さは基本的に三一メートルまでとされた（百尺規制）。

★★ 第三章参照

★★★ 第一一章参照

それをかけてくれたのがハブラーケンだと思います。
そういうことをモデュールのほうでは考えていたにもかかわらず、技術としては在来構法がオープンシステムだとは夢にも思わない時代があった。在来構法のなかにオープンシステムを感じるようになったのは、修理、増改築からでしょう。いま振り返れば、オープンシステムというのは、建設のための技術ではなく、維持管理のための技術だと思っています。

木造の修理や増改築に着目したのは、どのような経験からですか。

住宅不足の時代には思いもつかないことですね。オープンシステムを書いたときには新築の段階で考えているから、なかなかそれが見えてこない。新築ではクローズドシステムのほうが、明らかに能率がいいからね。そこから時間が経ってあちこち駄目になってきたとき、部分を取り替えるところが出てくるけど、近代的なプレハブメーカーではクローズドシステムの親方を連れてこないと仕事がこんがらがってしまう。ところが在来構法では大工や左官を連れてくればいい。それがうまくいかないのは便所や浴室だとわかった。まずそこを単一職業でうまくいくようにするという問題意識から、近代建築と結びついてきたのだと思います。

先生は日本の建築について、柱が動かせるなど平面のフレキシビリティが高いとおっしゃっています。先生が構法研究を始められたころは構法と平面の話は離れていたのに、一九七〇年代の構法計画では両者を同時に解かれるようになったと感じます。そのモデルは日本建築だったのでしょうか。

日本建築の前に、システムズビルディングがイギリスで失敗している例がいくつかあるんです★★★★。そのほうが僕にとっては刺激的でしたね。

その失敗は、システムズビルディングは自由自在にグリッドに沿ったプランがつくれるけれども、できたあとに変えることができなくて困るということです。

かつてはイギリスの小学校に行くと、この建物は「flexible in plan」だけど「flexible in time」にできないから困るんだと言われた。エーレンクランツ★★★★★はアメリカに戻って、「flexible in time」のできる建築をつくって評価されるわけね。ところが、アメリカはどうやっているかというと、大きなスパンをつくって、そのなかに間仕切りは自由にできますと。それで窓のない部屋ができて、そこで教育された子供は後遺症が残るとか言われるようになる。そうすると、外壁も動かなければならない。そこまで考えると、日本の在来構法がその先にあるわけですよ。そういう外国の例を見てくると、日本の過去のすばらしさが見えてくる感じがした。

★★★★　第一一章参照

★★★★★　第一一章参照

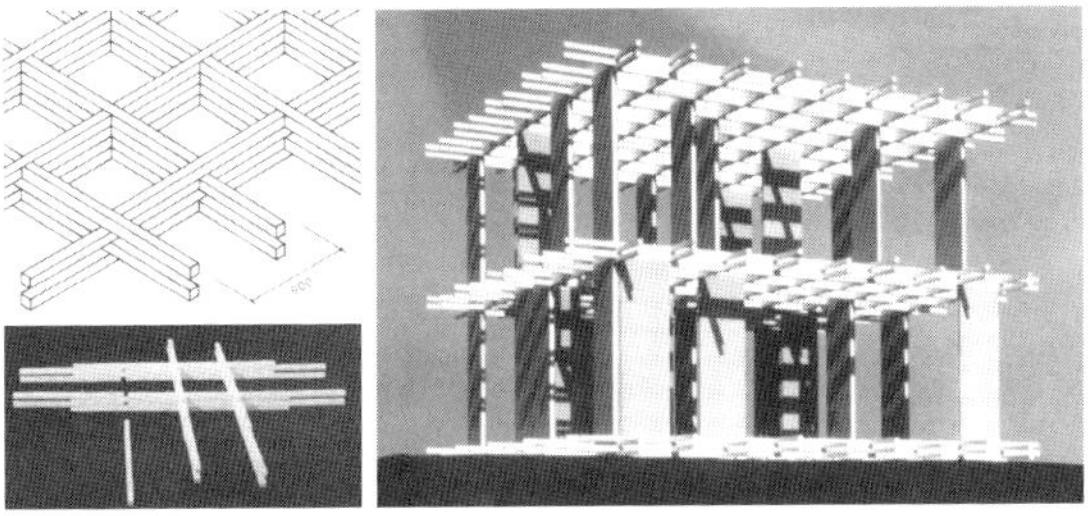

図8　小径材を格子状に積層した住宅構法

アメリカでＳＣＳＤ（School Construction Systems Development）を案内してくれたのは椎名政夫さん★で、エーレンクランツ自慢の学校がカリフォルニア州にロサンゼルスからずーっと建っている。有名な学校のひとつに行ってみたら、家庭科の先生が「夏休みが終わって来てみたら、私の教室が小さくなっていた。これでは狭くてしょうがない」と。でも学校側から「いや、生徒が減ったんだから我慢しなさい」と言われていた。それくらい「flexibility in time」があるんだけど、そのつくりかたと「flexibility in plan」の建物のつくりかたとが、プレハブのなかでは一致しないんですね。それを両方できるのが、日本の木造住宅だということに気がつくわけです。

先生が小径材でつくった格子状の木造システム★★、図8は、エーレンクランツの天井に通じるように思います。

そうそう。あれはグリッドをつくって、柱はランダムに立てられて、理想の床組になると思っていた。あれの難点は延長ができないことだけどね。まあ柱を立てないといっても、住宅なら三六〇〇ミリ飛ばせればいいんだから、そのくらいのことはできる。

それを最初に考えたのはミース・ファン・デル・ローエですよね。だからエーレンクランツとミースのどちらが日本建築に近いかというのは（笑）、難しいところです。ミースも大スパン型だけど、《バルセロナ・パヴィリオン》は壁を使っているでしょ。だから《バルセロナ》のほうが日本建築に近いんじゃないかな。そういうのを見てくると、日本の在来構法はさらにその先に進んでいますよね。地震に弱いとかいうことは別ですけど。

★　一九二八―二〇二一　建築家。早大卒。村田政眞のもとを経て渡米。クランブルック美術大学大学院修了後、ＳＯＭなどに勤務した。

★★　一九八七年に新住宅普及会（現・住総研）の助成を得て進められた。「小径材を格子状に積層した住宅のための木造梁に関する開発研究」『住宅建築研究所報』一三巻、一九八七年九月

1　社殿を木造とするか鉄筋コンクリート造にするかについて、復興準備委員会、造園委員会などで議論があり、鉄筋コンクリート造派としては、佐野利器、小林政一、内田祥三の三名の名があげられている。彼らは不燃化の観点から鉄筋コンクリート造を主張した。最終的には岸田日出刀が木造派に加わることで、明治神宮は木造で再建されることになった。今泉宜子編『明治神宮戦後復興の軌跡』明治神宮社務所発行、鹿島出版会、二〇〇八年

2　中尊寺金色堂に、最初に覆堂がかけられたのは一三世紀の鎌倉時代に遡るとされる。一九六五年には鉄筋コンクリート造の覆堂が再建され、それまで建っていた旧覆堂（室町中期）は境内に移築され、現存している。

3　RC造の電話局の構造体コンクリートについては、一九八二年から八四年にかけて、電電公社による調査が行われている。「既存RC造電話局舎における構造体コンクリートの実態調査——その（1）—（4）『日本建築学会大会学術講演梗概集〈構造系〉』一九八二—八四年

4　内田はしばしば鈴木嘉吉、青木正夫と奈良で会い、日本の伝統建築を教えられたという。また木造建築研究フォラムでは、農林省と建設省の交流を目的として、元林業試験所所長であった上村武の協力を得た。鈴木博之『現代の名匠』建築画報社、二〇一四年

5　社寺建築と建築基準法については、内田祥哉「三題噺」第二四話『ディテール』第一八九号、二〇一一年七月を参照。

6　「この金閣の再建工事には前述のように、古社寺修理四十何年の経験者松本軒吉氏が現場の主任技師として工事に直接当たり、後藤柴三郎技師が監督し、さらに村田次郎京都大学教授が顧問であった」関野克「金閣再建始末記」『日本の美術——第一五三号　金閣と銀閣』至文堂、一九七九年

Column 12

木造禁止決議

一九五九年一〇月の日本建築学会大会において、「防火、耐風水害のための木造禁止」を含んだ「建築防災に関する決議」（木造禁止決議とも呼ばれる）は満場一致で可決された。

「木造亡国」とまで檄を飛ばした田辺平学（一八九八ー一九五四）を代表として、戦中から都市不燃化と木造建築抑制の主張は見られたが、そうした動きは戦後の焦土のなかで産官学に浸透し、一九四八年には都市不燃化同盟、一九四九年には不燃化促進議員連盟も発足、一九五二年には耐火建築促進法の制定、そして一九五六年には耐火構造の建設省告示が出されるなど、不燃化に向けた制度の整備は一気に進む。しかしコスト面の課題からか建築の不燃化は思ったようには進まない。こうした現状に対して、一九五九年九月の伊勢湾台風という未曾有の被害を受け、その翌月に京都大学で開催された日本建築学会大会において木造建築の「禁止」という重い文言を含んだ決議が出されることになった。これ以降も木造建築の衰退は続き、「遂には、関西以西の大学から研究者がいないという状態」（内田祥哉「『構法規定』から『性能規定』へ『国産材木造』から『外材木造』へ」『建築雑誌』二〇〇〇年一一月号）になり、「木材と木造建築にとって暗黒な時代」（「杉山英男の語り伝え1　連載の初めに」『住宅と木材』一九九四年四月号、公財日本住宅・木材技術センター）が訪れた。

それから五〇年以上が経過した二〇一一年八月、日本建築学会大会で再び木造禁止決議が取り上げられた（構造部門パネルディスカッション「『木造禁止』を再考する」）。発端はとある漫画で日本の住宅に国産材を使う割合が低い理由として日本建築学会の木造禁止決議をあげたからである。このパネルディスカッションには内田も登壇した。一聴衆であった著者の記憶のなかから、印象に残ったのは内田の発言は次の二点である。一点めは一九五九年の大会はモデュラーコーディネーションの記憶が強いことであり、パネルディスカッション資料でも「筆者（著者註：内田）はこの決議がされたことを後になって知ったように覚えている」としている。もう一点は、満場一致のもつ意味についてである。伊勢湾台風は主に水害であり不燃化とは直接関係ない。ただ、戦争によって焼け野原になった当時の日本において建築を不燃の材料に置き換えていく方向は大半の建築関係者に共有されていた。内田が指摘するようにＲＣが本建築、木造は仮建築と呼ばれていたことなどと合わせてみても、技術は当時の社会的、歴史的な文脈に即して理解する必要がある。この五〇年の間に木造で建てることを問題視する社会から、木造が少ないことを問題視する社会への劇的な変化があったのである。

（権藤）

〔論考1〕

耐える、応える

戸田穣

設計者であり、また研究者でもあった内田祥哉は、建築家としては決して多作なわけではない。研究、教育に時間を割く中で設計から離れていた時期もあった。しかし寡作であることによって、その都度の内田の関心がかえって率直に建物にあらわれている。内田が建築家として活躍した戦後の日本は、近代主義の受容期を脱し、日本固有の文脈で発展を遂げた時代と重なる。本稿では同時代との関係のなかで、建築家としての内田祥哉の仕事を振り返りながら、その軌跡と時代との距離感を考えたい。

逓信省のなかの内田祥哉

逓信省への就職を内田自身は成り行きのように語っているが、当時から逓信省営繕部の建築家たちの活躍は、日本における建築の近代主義の一極と理解されていた。戦前には山田守と吉田鉄郎というスター建築家を擁し、戦後も小坂秀雄と國方秀男の二人に率いられたこの組織の中で内田の位置を確認したい。生田勉は、逓信省の系譜に静と動のふたつがあることを指摘しており、前者が吉田鉄郎から國方秀男に、後者を山田守から内田祥哉に継承されているとした[1]。

当時、内田は《名古屋第二西電話局》（以下《名古屋》）や《霞ヶ関電話局》（以下《霞ヶ関》）を完成させ、戦後の官庁営繕を担う若手建築家として注目を集めていた（第二章参照）。生田は、この《名古屋》を、山田守の《東京中央電信局》（一九二五）の後継に位置づけている。生田は具体的に分析していないが、山田の《東京中央電信局》と内田の《名古屋》とを結ぶ系譜に対して、吉田の《東京中央郵便局》（一九三三）から、國方の《日比谷電電ビル》（一九六一）の系譜を対置してみれば、その差異は読みやすい。《東京中央郵便局》は、明瞭な柱梁構造のなかで、梁よりも柱型を浮き立たせて垂直性を表現する。その上部に配されたコーニスは、鈍角に湾曲する二面のファサードに沿って、途切れることなく連続して水平性で全体をまとめる。単純に近代主義の建築というのが躊躇われる古典性と現代性を兼備した建物だといえるだろう。そこから三〇年を経て建設された國方の《日比谷電電ビル》にあっては、ファサードと柱は分離され、横連続の水平性がベランダ＝庇によって強調されている。絶対高さ規制時代のオフィスビルの模範的な解答のひとつといえるだろう。近代建築の枠組みの中にあって二つの建物の様式の差異は大きいにせよ、共通するのはファサードの表現の連続性である。

　対して《名古屋》におけるキャンチレバーで持ち出されたカーテンウォールのファサードの表現は複雑である〔第二章図1〕。指向性ガラスブロックを用いた正方形の窓が連なる東―北―西の三面にたいして、南側ファサードは二層分の縦ルーバーとベランダ＝庇から構成されている。これを生田は「ごたごたしている」と評する一方、「一抹のフォーヴィズム〔野獣主義〕」を見いだしてもいた。山田守の《東京中央電信局》のファサードも、様々な意匠が折り重なる複雑なものだった。七連の放物線アーチが連続するファサードが有名だが、隣の面に移れば、巨大な半円アーチに縁取られた開口部と、ゆるく迫り出したエンタブラチュアをいただく柱型の表現に切り替えられている。表現主義的な逓信省の放物線アーチと比される内田のファサードだが、その複合性は内部の機能との対応関係と構造的な合理性から引き出されたものだった。

　また後年、建築評論家の中真己〔佐々木宏〕は、「昭和二九年に竣工した名古屋の笹島電話局は、大胆なデザインによって日本の建築家たちを瞠目させたものであった」とまで記している。中の見立ては生田と多少異なり、内田の建築の中に静と動の双方があるのだと主張する。《霞ヶ関》においては東面は吉田鉄郎の、そして西面は山田守のデザインだと指摘し〔第二章図3、5参照〕、《名古屋》でも「構造を露出して表現のモチーフとする」吉田鉄郎の方法と、山田守に通ずる表現意欲との両方を見いだしている[2]。

　いずれにせよ、山田守的なフォーヴを内田の建築に見いだしたいという生田の願望は、果たされることはなかった。ほどなく内田は逓信省を辞し、設計から離れるわけではなかったが、研究の道を行くことになるからだった。

　また当時、『新建築』誌上に発表された《名古屋》の記事〔一九五四年六月号〕をみて意表をつかれるのは、外壁の指向性ガラスブロックと同じだけの記述が、鉄骨造の自転車置場と階段に割かれていることだ。とくに鉄骨階段はマルセル・ブロイヤーがニューヨーク近代美術館の庭に設計した住宅（一九四九）においてデザインしたもので、内田が好みいくつかの建物に使っている（第二章図10、図18）。一方自転車置場は、一九三六年のオリンピック・ベルリン大会会場のものに着想を得て改良したという。このような工作精神と創意工夫は、後の仕事にもよく現れており、内田の建築を理解する上で重要な側面である。また自分のデザインの着想が外国の建築に学んだことを認めることに衒いがない。中央学園においては全体の配置計画の第一案でこれもブロイヤーのイートン大学アートセンターの平面を参照し、また宿舎においてはル・コルビュジエの《マテの家》を翻案していることを率直に記している。先達の仕事に習い、自身のこれまでの仕事の流れのなかで、新たな主張をそこにこめる。しばしばみずからを単独者として立てようとする建築家たちのなかにあって、稀な資質ではないだろうか。

逓信省の外の内田祥哉

逓信省入省後、間もない頃から、内田はコンペにも積極的に挑戦した。代表的なものは広島の《世界平和記念聖堂》（一九四八年、内田らは選外佳作）、《名古屋放送会館》（一九五二、一等は富田哲輔、内田はユーホングループとして三等二席）、《国立国会図書館》（一九五四、一等はＭＩＤ同人、内田らは三等）。

当時の雑誌に掲載されたこれらコンペの入選案とともに内田案を見ると、同時代の建築表現、建築計画の志向をよく反映していることがわかる。広島では、二等丹下健三案、三等前川國男案とともに内田もシェル構造を提案している（シェルの構想は中央学園講堂につながる）。また《名古屋放送会館》、《国立国会図書館》においても、そのブロックプランの構成は他の応募案と共通するところが多く、逆に言えば当時の日本の建築計画の水準が一定のレベルに到達していたことがわかる（一方で丹下案の異質さが際立ってもいる）。

国会図書館コンペは、戦後の日本において、巨大で高度な機能をもった公共施設に取り組む大きな機会であり、吉武泰水らの研究活動を通じて建築計画的な概念を吸収していた内田は三等入選を果たしている（第五章図12参照）。《国立国会図書館》の設計競技は、建築著作権を巡る運動が展開されたことで有名だが、一等のＭＩＤ同人案には近代的性格に欠けるとして批判が集まり、佳作の丹下案を支持する声もあがった[3]。

入選案を見ると丹下案以外の案はロの字形平面の中央に書庫棟を設ける案が多い。一等のＭＩＤ同人案はロの字形平面の中庭に書庫棟を配置して周囲に光庭を取る点が案の要であった。図書館のハブとなる目録室もここに置いてまず利用者を一旦同じ場所に集めて、そこから利用者をそれぞれの目的の場所に移動させるという中央集約型とすることが眼目であったが、またその点が批判の的となった。一方で、丹下案は横に長い単体の直方体で、その長辺方向に書庫棟とサービス部門とが背中合わせに接して並列している。このため利用者は建物の中をより自由に移動し書庫との行き来ができる。

田中誠・大髙正人らＭＩＤ同人は、多くの批判は近代建築を形のみで議論する表面的な理解であると反論した。彼らは建築計画的な観点から丹下案を批判するとともに、それ以外の案では内田たちの平面計画をよくまとまっていると評価している。図書館計画学を専門とし、当時国立国会図書館の職員として施設計画を担当した佐藤仁[4]も、丹下案は国会図書館の規模の建物には不向きであると結論し、一等案の他には、三等の内田たちの案をとくに支持している。内田案の要点は三点挙げられた。書庫を完全に閉じた空間として自然光を遮断している点、機能を主体としたプランの明快さ、利用者の立場にたって細部まで親切につくられている点。最終的に国立国会図書館は、ＭＩＤ同人案に修正を加えて実現するのだが、内田らの案に近い正方形平面中央に書庫棟が位置するプランとなった。

佐賀前期

この国会図書館の経験が、次の《佐賀県立図書館》〔第五章図13参照〕の仕事へとつながる。県下の中央図書館としての機能、佐賀市の地域図書館としての機能、加えて講堂・展示ホールなどの文化施設、以上三つの機能が要求された。平面計画では、建物中央を南北に貫く中央ホールを設け、一旦ここに多様な目的で訪れる来訪者を集めた。ホールの左右、そして中間階を挟みながら上下に機能が割り振られており利用者の動線には混乱がない。外観においては、一階からはじまるスロープが、テラス階段、二階ベランダ、そして柱梁と絡まり合って上っていく。平面における建築計画的な検討の丁寧さと立体的な建築造形の洗練、そして工芸的な細部とが建物の魅力であろう。建築評論家浜口隆一も絶賛に近い評を残している[5]。本建築は日本建築学会編の『設計製図資料』にも掲載され模範として教育にも供された。国立国会図書館コンペでもその建築計画の丁寧さを評価されていたが、内田と高橋はここに日本における近代主義の正統的な建築を実現した。

一方で当時の図書館長である馬場勇道は全体の設計の練度については感心しながらも、細部については「デザインの色香に迷っててややり過ぎをしたんじゃないか」と建築家にも伝えたといい、それに同意して浜口も、全体としては「キメ細かく神経のゆきとどいた造形」という印象を与えるが、「しかし、神経がゆきとどきすぎて、一歩すぎれば装飾的になりかねない」とも評している。二階ブラウジングルーム手摺に張られた裂地、講堂壁面のパネルの割付や閲覧室の正方形タイル、三角形モチーフの出納カウンター、そして中庭の不思議な風と水のオブジェなど、こうした細部はコンペの図面などには十分に表現されない部分である。内田と高橋は、この図書館の依頼を受けるにあたって一年間の設計期間を条件としたというが、そのあいだに綿密な建築計画だけでなく、存分に造形精神を遊ばせたといえるだろう。

このような内田の造形意欲は《青年の家》に随所にみられる。スリッパ掛けや、吹抜廊下の屏風上手摺は内田もよく語っているところであり、出目地を試したり、有田からもらってきたという陶製タイルの端材を自ら組み合わせて壁画を制作するなど、より自由に組み合わせを楽しんでいる。

《青年の家》では、敷地の高低差にまたがる形で等高線に沿って横一列に建物を配置した。低所に位置する玄関から建物に入ると、高低差を利用した吹き抜けを見上げることとなる。一―二階のあいだには中間階が挿入され、高所側の集会室は中二階と二階のあいだに位置しているので、四層の高さをもつことになる。

《図書館》のコンコースや《青年の家》の吹き抜けは、中間階が設定されたリニアに伸びる幅の広い動線空間である。これによって全体を分割するとともに、その左右に空間を振り分けるという構成は卒業設計にも通じるもので内田の建築語彙といえるだろう。

続く《佐賀県立博物館》について内田自身は、学生運動への対応で力を振るうことができず、高橋靗一が中心であったと述懐している。この建物の構造設計者である木村俊彦は当初「アプローチから建物が近づいていたときに、建物の向こう側の蓮の花をずっと見せたいんだ」と説明されたというが、内田の言葉を借りれば人の動きを妨げない、人の流れに溶け込んだような建物というのが当初のテーマであった[6]。試行錯誤の上、最後には階段室が四方に伸びる十字形という空間の概念が着想された。これに木村のプレグリッドシステムが好適と考えたのは建築家の側であった。これは大高正人の《千葉県立中央図書館》（一九六八）で試みたプレキャストコンクリートを利用した構造システムで、原理的には無方向で無限定な拡張性もつ空間概念に、たしかに好適と考えられた。ただ木村自身は構造的には複雑すぎ、未だ試作段階にあるものだと認識しておりむしろ現場打ちを主張したという。プレグリッドシステムでは、グリッド上に柱は任意に置くことができるように思えるが、実際には構造的にも、また平面計画の上でもその位置に必然性があり容易に動かせるものではない。現場は緊張に満ちたものとなった。内田はこれを最先端技術を駆使した工芸品だと評している。工業化と大量生産／一品生産の対比は、のちに内田の建築生産研究でもテーマとなるところだが、博物館のPC型枠は同じ時期に大髙正人の《静岡市農協センター》にも利用されたといい、高橋などは、これを部品のオープン化の方向性と並行して捉えている。高橋は「ストラクチュラル・イクスプレッショニズム（構造表現主義）に陥らなかった」と自己評価しているが、果たしてどうだろうか。プレグリッドのシステマティックな構造とともに、現場打ちコンクリートで造られた十字形という空間概念の飛翔するイメージと相俟って、この建物はメタボリズムとの同時代性を強く感じさせ、一九六〇年代という近代主義の転換点を象徴する建物となっている。

近代主義の転換点

内田が大学で学び始めた時期は、本格的に日本に近代主義の建築が受容される時期だったと言っていい。近代主義＝モダニズムとはあいまいな言葉だが、建設技術の工業化を前提に大衆への住宅供給・公共施設建設を大きな目標として進められた建築生産・建築表現の変化であり、また都市計画の発展である。ドイツ工作連盟（一九〇六－一九三三年）を経てバウハウス（一九一九－一九三三年）に至る流れと、ル・コルビュジエを中心に数十名の建築家が参集したＣＩＡＭ（一九二八－一九五九年）に代表される流れに収斂していく。これら一九二〇年代の動きはインターナショナル・スタイル展（ＭｏＭＡ、一九三二年）にまとめられいっそう国際的に展開していくことになる。

日本における近代建築の受容は一九世紀後半の同時代のヨーロッパの歴史主義建築の学習から始まり、ごく短期間のうちにこれを習得していく。そして歴史主義の様式を洗練させていくのと並行して、一九世紀末に歴史主義のオルタナティブとして興ったアール・ヌーヴォーやゼツェッション（分離派）などの動きもまた受容していった。これらの一九世紀末の近代建築の動き、あるいは二〇世紀の表現主義までも初期近代主義という形で近代主義に含めるか、別の名前で呼ぶかはひとまず置く。ここで注目したいのは、一九二五年生まれという内田の世代的な位置付けである。

たとえば逓信建築の中だけをみても、分離派宣言からわずか数年後の山田守の《東京中央電信局》は、表現主義の影響を顕著に受けて、国際的な水準に達した最初の日本建築と評される。また吉田鉄郎の《東京中央郵便局》をブルーノ・タウトが肯定的にヨーロッパへ紹介したことも知られている。二人は一九三〇年前後にあいついで渡欧し、山田はＣＩＡＭ第二回大会にも出席している。

一八九〇年代から一九〇〇年代に生まれた建築家たちは、近代運動の推移がはっきりとする以前から建築を学びはじめた世代という言い方もできる。一九世紀に興った建築の様々な動きが、いわゆる近代主義に収斂する以前に、欧米の近代建築を受容した世代ということが言えるかもしれない。それゆえに彼らは近代主義を相対化してとらえることができた。村野藤吾や堀口捨己、あるいは谷口吉郎のような建築家たちと近代主義との距離感の理由のひとつはここにあるだろう。そのなかで前川國男は近代主義の直中で近代主義の葛藤を引き受けようとした存在ではなかったか。

一九六〇―七〇年代の建築も同じような移行期にあったといえるのではないか。日本建築史においては、しばしば一九七〇年の大阪万博が画期として語られる。戦中・戦後の木造建築の時代を抜けて、一九五〇年代には各地の公共建築やオフィスビルが鉄筋コンクリートで建設された。国際的にはブルータリズムの名で呼ばれるだろう、これらの建築表現は一九六〇年代を通じて洗練されていき一九七〇年前後にピークを迎えることになる。内田と高橋も日本建築の近代主義の歴史に《佐賀県立図書館》と《佐賀県立博物館》を残した。

盛期はまた過渡期でもある。チームＸやメタボリズムなど、各国の前衛建築家たちが提示した未来主義的なヴィジョンは必ずしも発展しなかった。その原因のひとつには、彼らが思い描いたほどには科学技術が進展しなかったからだ。プロジェクトの規模は大きくなっていく一方で、近代主義における建築表現の様式的展開は停滞するなか、歴史主義の引用やコンセプチュアルなフォーマリズムなど再び様々な意匠が試みられるようになる。建築メディアでは新しい雑誌が発刊され、一九三〇年代後半以降に生まれた若い建築家たちが誌面を賑わせる。逆に、それ以前から活躍していた建築家たちには岐路となった。従来の近代主義、モダニズムの手法を今後も洗練させていくのか。あるいは新しい表現に踏み込んでいくのか。

耐える建築、応える建築

そのような歴史上の転換点において、内田は学生運動に翻弄されながら、研究に専心していくこととなる。公共施設の設計を再び手掛けるようになるのがアルセッド建築研究所（三井所清典）と共同で取り組む《有田町歴史民俗資料館》（一九七八）であった。そして《佐賀県立九州陶磁文化館》（一九八〇）、《有田焼参考館》（一九八五）が続けて実現する（第一〇章参照）。時を同じくして武蔵学園の一連の計画もはじまっている。この頃には内田のテーマははっきりしていた。長寿命化と耐久性、プレファブリケーションとフレキシビリティである。

内田にとってこれらの仕事は、これまでの研究と、様々な建物の視察・調査の経験から得た実感・知見とを設計にフィードバックする大きな機会となった。ひとつは打放しコンクリートへの疑問。もうひとつが建物の長寿命化という課題である。建物とは畢竟、重力に耐え、地震に耐え、火に耐え、音を防ぎ、風を防ぎ、耐える存在である。《資料館》では、有田の白磁タイルを打ち込んだプレキャストコンクリートの外壁で徹底的に被覆し、断熱、結露、通気に対応した[7]。雨に対する備え、小屋裏空間の利用、屋根面に仕込まれた樋に話が及ぶ。主構造だけでなく各部構造に至るまで、その耐久性を追求していく。（第一〇章図2）。

《陶磁文化館》でも《資料館》と同様に銅板葺の勾配屋根を架け、軒で雨から壁を守り、有田のタイルを打ち込んだPC外壁で被覆する。他にも外壁の刷毛をつかったオープンジョイントや、ホールのタイル製吸音装置など、構造と空間が接する仕切りにおいて工夫が尽くされ、その仕切りに多くの言葉を費やしている[8]。空間の仕切りとその表面の問題は、耐久性の問題を考える上で極めて重要なものであった。

佐賀後期の三部作で採用されたプレキャスト・コンクリートは、三作目の《有田焼参考館》では二階の壁・屋根を一体化したPCアーチへと発展し（第一〇章図5）、さらに内田のPC工法は、二〇〇二年の武蔵大学《八号館》（第九章図4）でPC構造内部の三次元的な設備利用に至る。その立体的な造形はひとつの構造表現にまで洗練されているといってよい。構法・構造に軸を定めた七〇―八〇年代の内田の設計活動は、建築家たちが様々な意匠を追い求めていた絢爛の時代にあって、独自の歩みを辿った。近代主義が技術によって様々な意匠を乗り越えたように、内田もまた技術的なアプローチから建築を再考したのだった。

これらの仕事が有田であったというのも重要だ。空間の仕切りの表面を覆うタイル。それらは仕切りとしての性能をもつとともに、人の感覚にも働きかける。内田は佐賀前期の仕事のうちから、有田の焼き物に強い関心を示しており、そのタイルを利用していた。建築をシステマティックに追求するほど、人間の身体感覚との調和に課題が生まれる。建物全体の構造システムと、人間の目に触れ、また手足に触れる細部の感覚的な表面との調和をどのように図るか。これは、近代建築に限らず、建築におけるごく一般的なテーマである。《佐賀県立図書館》や《青年の家》で、内田がみせた工芸的な細部とともに、内田の先達たちの建物における多様な細部の豊かさが思い起こされる。

　改めて内田のビルディング・エレメント論に戻ろう。BEにおいて重要なのは、それがたんなる部品ではないということだった。ビルディング・エレメントとは、「二つの空間に、何等かの不均衡をもたらす」ために、「二つの空間の自由な交換を防げ、又特定のみを許す」ためのものである。BEは様々なエネルギーの出入りを制御する。この仕切りに払う内田の関心は絶えることがなかった。ビルディング・エレメント論では「空間の仕切り」はスケールをもたないものだったが、有田では存分にその表面と厚みで性能を発揮している。

　この仕切りへの関心は、内田が生来もっていた工芸的性格、タイルや目地への好み、階段の手すりや樋、フレームといった金属的細部へのこだわりに通底する。建物の被覆、仕切りは幾層かの厚みで様々な外力に耐え、環境に対応する装置となる。そしてその表面に、人間の視覚、触覚は応答し、豊かな経験が生まれるのだ。

1 生田勉「逓信省建築の系譜」『建築文化』一九五六年六月号、四八—四九頁。「建築家のしごと4日本電信電話公社建築局　1952〜1956」特集。この文章については下記に触れている。戸田「内田祥哉の野性と感性その複数の水脈」『内田祥哉窓と建築ゼミナール』（鹿島出版会、二〇一七）所収。また『建築文化』同号に寄稿した中村登一は、戦前から続く逓信省建築の伝統を継承する立場に対比して、とくに霞が関電話局を引いて「新しく近代主義建築の立場より再出発しようという方向」を示したものとして評価している。（中村登一「電電公社の設計に思う」）。山田守自身も、岩元禄と吉田鉄郎を対比して逓信建築における静と動の二つの傾向を見ている。（山田守「逓信建築の人柱と巨匠岩元禄さんの事など」『逓信史話』上巻、逓信外史刊行会編、電気通信協会、一九六二年、四二八—四三八頁

2 中真己「模索・展開・継承——逓信建築の流れ——」『近代建築』一九六八年一二月号、六四—七一頁
佐々木宏（一九三一—二〇一九）は、東大院修了後、建築設計と建築史研究・建築評論に活躍した。実名での仕事の他にも中真己の筆名で『現代建築の思想——丹下健三序論』（近代建築社、一九七〇年）を著すなど旺盛な執筆活動を展開した。

3 『新建築』一九五四年九月号

4 佐藤仁は昭和二三年に横浜工業専門学校建築学科を卒業後、国立国会図書館に就職し、図書館計画の専門家として活躍、国立国会図書館の施設計画にはじまり、東京経済大学図書館（鬼頭梓設計、一九六八）、東京都立中央図書館（第一工房設計、一九七三）への設計協力など各地の図書館の設計指導にあたった。一九六三年横浜国立大学に着任。同工学部建築学科教授在職中の一九七五年急逝した。

5 浜口隆一「佐賀県立図書館」『近代建築』一九六三年一〇月号。次の馬場の評言もここから。（『浜口隆一評論集第一　現代建築の断面』近代建築社、一九六七に再録）

6 佐賀県立博物館についてはここでは『新建築』一九七一年三月号、ならびに『建築文化』一九七一年三月号から。

7 『建築文化』一九七九年三月号

8 『建築文化』一九八一年一二月号

〔論考2〕

仕組みと隙間

権藤智之

科学

建築構法や建築生産には、時代や地域に共通する特徴とそれを成立させる原則が存在する。それは建築をつくる社会におけるメカニズムであり、数学や物理のような厳密な自然科学とは異なるとしても、原因と結果の関係について客観的な説明を試みることができるのではないか[1]。別の見方をすれば、建築の形状や表層は設計者や施工者によって変更され、建築生産の大枠はプロジェクト固有の条件に定められたとしても、そうした個人の志向やプロジェクトの特殊性を取り去った下地においては、建築のつくりかたに原則を見いだすことができるのではないか。これが学としての建築構法や建築生産に内田が向けるまなざしである。

もちろん建築学のなかでも構造力学や材料学など、より自然科学に近い領域もある。こうした分野に対して建築構法、建築生産分野を考えるとき、統合の学や従来の縦割りに横串を刺す分野といった言葉が使われてきた[2]。「工業化工法による芦屋浜高層住宅プロジェクト提案競技」の総合評価〔第七章参照〕のように、複数分野をまたぐ評価の重みづけを考えるとわかりやすい。構造の観点から有効な構法は温熱環境の面で有利に働くとは限らないし、逆のベクトルを向くこともあるだろう。このようにトレードオフの関係にあるさまざまな要素を要求性能、コスト、工期などプロジェクトの条件に照らし合わせてモノとして決定していく。これは個々のプロジェクトにおいては設計行為であるが、構法計画学はこうした行為を理論づけようとした。理想と現実に折り合いをつける意味で、建築構法学は建築分野のなかでも工学的な色彩の強い分野とみなしてよい。さまざまな制約条件のなかで、人や材料、時間をマネジメントする建築生産も工学的であることは論をまたない。

いずれにせよ内田はそうした人間くさい工学のなかに、原則を見つけようとする。構法、生産にモノ、コトの違いはあったとしても、いずれも対象は建築がどのように成り立っているのかについてである。これは内田の言うように、どのように全体と部分が関係しているのか、社会構造、論理構造といった意味での「構造」である〔第三章参照〕。葉を光にかざすと葉脈が浮かびあがるように、建築を透かして見れば建築のなりたちが浮かびあがる。複雑で人間くさい構法や生産も、単純な仕組みが背景に存在していたり、その重ね合わせで構成されている。しかし、建築学において一般に構造という用語は、構造力学、構造設計などの分野で使われる。そこで「構法」という言葉が援用された。法という文字が示すように、これは建築をつくるルールや方法であることが含意される。これを破ると、ときには雨漏りが起こり、ある場合には工期が延びることになる。

こうした構法分野は日本に独特のものである。一九五六年に内田が東京大学に戻り着任した建築学第一講座は一般構造、各部構造と呼ばれる分野を担当していた。現在ではあまり使われない言葉であるが、一般構造、各部構造とは建築設計の定石を扱う分野である。対象は鉄筋コンクリート構造や鉄骨構造を除いた木造、組積造に加え、床、壁、天井といった部位別の構法である。下地をどう構成し、仕上げの材料は何か、厚さはどの程度が標準的に用いられているか、といった建築各部の標準的な構成を扱う。

そうした慣習的なディテールの収集から、内田が一般に成り立つ方法論を取り出す方向へ進んだのには時代の影響によるところも大きい。一九五〇年代は、日本の建築において「つくられかた」の変化が大きい時期だった。この転換は、内田が既にさまざまなところで語るように、膨大な建築・住宅需要を前に「外国からなだれ込んでくる新建材」[3]を日本の建築材料と置換していく切実な動機に基づく。定石といわれるように、構法が慣習的に定まる時代であればその選択の方法論は問題にならないが、使われたことのない材料や構法が選択肢に加わるなかで、ある部位において選ぶべき構法を原則に基づいて合理的に選択する方法論がテーマとなった。一九五〇年代に始めたビルディング・エレメント〔BE〕論について内田は後に、「ビルディング・エレメント論というのは、社会の変革時に、材料や技術などが大変革を起こした時に必要な理論だと思います。〔中略〕したがって社会が安定してくれば必要でなくなる、と私はやり始めた当時思っていました」[4]とまで述べた。

当初、内田がBE論でアプローチしたのは性能による評価である。ある建築を設計する際にその部位に求められる性能を定め、それに見合った構法を合理的に選択する。そのためには構法や性能が体系的に資料としてまとめられていなければならない。こうした科学的ともいえるアプローチは、慣習的な構法選択に対するアンチテーゼといってよい。しかし、性能にしても耐震、断熱、遮音などさまざまな性能があるし、その評価も人によって異なる。内田が述べるように、同程度の雨漏りやしみでも気にする人もいればしない人もいる[5]。構法も性能もあげ出すときりがないので、どのような構法があるか、性能があるか手探りながらも具体的・定量的に集めて評価することになる。すべての構法や性能を扱えないにしても実用に供するためには、「大まかな点で間違いのないもの」[6]が必要とされた。

量

このように内田構法学はその始まりにおいて量を指向していた。多種多様な材料や構法を評価するために定量的な指標が必要とされたし、網羅的なデータベースを構築するために量を集める必要があった。ただし、量を増やすといっても同時期の吉武泰水らによる建築計画学のように学校建築、病院建築、住宅といったビルディングタイプごとに手分けして進めることはなかった。部位ごとに屋根の専門家、壁の専門家といった分け方がありえたのかもしれないが、設計する際には屋根も壁も必要になるので極端な細分化は実用的ではない。

内田の著書に共通した特徴は、登場する題材が特定の時代や地域、ビルディングタイプなどによらず多様なことである。高層ビルのカーテンウォールからプレハブ住宅、左官や建具の職人まで、ヒロイックな建築研究のアプローチの届きにくかった対象群を横断しながら、そこに共通する原則や仕組みを見つけ出そうとする。近年の『日本の伝統建築の構法』(市ヶ谷出版社、二〇〇九年)や初期の『プレファブ』(講談社、一九六八年)のように特定の対象に絞った著作もある。しかし、こうした著書においても取り上げられる事例は法隆寺から近年の木造まで、プレハブ住宅からカーテンウォールまでと幅広い。たとえば、大都市に見られる高層ビルのカーテンウォールは建築ごとに一品生産であるが、プレハブ化されている。元々、職人の少ない郊外、つまりは工場にとっては遠隔地のためのプレハブ技術が、なぜ大都市の中心部でしかも建築ごとの一品生産品として見られるかと内田は問う。そこから、高層ビルの上層階と郊外はともに遠隔地であり、どちらにも量産に見合う大量の繰り返しがあることを見いだしていく[7]。

このように内田は一見関係のないもののうちに共通

点を見いだすことで、複雑で多様な構法・生産のなかでも普遍的な原則を抽出しようとした。内田が講義において、ひたすら年代順に建築を紹介したり、ひたすら部位ごとに建築を紹介するといった場合〔第八章コラム参照〕、何らかの原則を、無作為に集めた群のなかから抽出しようとする姿勢がうかがえる。ただし、こうした視点の持ち方を厳密な研究方法論として体系化したり、浮かび上がった仮説を精緻に論証するのは容易ではない。たとえば「材料費と労務費が四対六から六対四程度に収まる」といった内田の説を論証することは難しい。対象とすべき建築は無限にあり、例外も無数に出てくるだろう。そもそもどこまでが材でどこからが工かといった分類からして困難といえる。しかし、労務費の上昇と生産性の上昇が「相互に牽制し合っているため」[8]に、一対九など極端な比にはなりにくいという仕組みの説明は実務者の実感と合う部分も大きいのではないだろうか。こうした表層の裏で原則を成り立たせている仕組みをつかまえたとき、そこには驚きや発見的な感触があり、その説は厳密でないがゆえに実践的である。厳密さを欠けばサイエンスから遠ざかるといわれるかもしれないが、台風の進路予想は厳密にはあたらないにしても、科学的な根拠が裏側にあって社会で実際に使われ役に立っている。材料費と労務費の説明にしても、材料費が上がれば労働集約的な解決策がとられやすいといった仕組みの説明が裏側にあって、先ほどの言葉を借りれば大まかな点で間違いがないように思われる。

BE論

科学に対する内田の興味は、武蔵学園での教育を通じて培われた〔第一章参照〕。父や兄の影響は受けていたにせよ、当時サイエンスを志向した内田にとって、建築学科は病気療養によって成績の不利を負った都合上、消去法で選んだ進路である。大学卒業後、そうしたサイエンスへの興味は当初設計において、中央学園の配置計画における日影図や、《霞ヶ関電話局》の上部にいくほど小さくなる窓に、形態として直接的に反映される。

一方で、電電公社を退職し、設計を教えるよう言われて東大に戻った以上、設計に関連づいた研究テーマを、しかも毎年研究室に入ってくる学生が体系的に取り組めるテーマを模索しなければならない。当初は左官や防水など建築学第一講座教授である松下清夫の一般構造の「端にかかっている」部分〔第三章参照〕を担当していた内田であるが、先にも述べた旺盛な建築需要および新建材の導入といった社会的な要請のなかで、構法決定の方法論を性能との関係として見直し体系化を目指す、いわゆるBE論を試みることになる。

BE論では、片方にどのような構法が存在しているかのデータベースがあり、もう片方には要求される性能のデータベースがある。この二つのデータベースが存在すれば、要求する建築の性能が決まり客観的に最適な構法を選び出すことができるはずである。BEはあくまでも空間的な仕切りであり、そこにさまざまな環境作用が入力され室内側に出力される。そうしたBEの性能によって建築の性能は規定される。BE論を読めば、BEの記号化、分類に多くの労力がかけられ、サイエンスへの関心の残滓に気づく[9]。結果的にアウトプットとして、BEの記号化と同時に膨大な量のBEと性能の例が列挙されることになる[10]。建築に対する即物的な態度といってよい。

現在から見れば、BE論におけるそうした合理的な態度がつまずきの原因であった。建築を部位に分割し、それらごとに性能として最適な構法を選び、部位ごとの性能を統合する。こうした要素還元的な手法は、当初からどこまでが屋根でどこまでが壁かというシンプルな分類の問題にぶつかり、やがて建築を要素に還元することや性能によって総合物としての建築を評価することの不可能性を批判された[11]。当時盛んに行われた工業化住宅などの開発において、新建材、新材料の性能評価は特定の性能や部位に関してだけであっても必要とされていた。しかしBE論という体系化を実務に供しようとしても、建築の市場が拡大するなかで構法の種類は増加しつづけ、性能として評価すべき項目自体も多様化し、データベースを更新しつづけることは不可能になる。時代の要請から生まれたBE論であるが、時代の変化は静的なデータベースを不可能にし、研究と実践との乖離が起こる。さらに、BE論において実践されるのは構法の分類、整理であり、何かシンプルな原則を見いだすような発見性には乏しい。内田がインタビューで答えた「BE論がなくても建築は建つ」という発言のなかにはBE論が手順として複雑なものとなってしまったとの思いも感じられる。

歴史

構法の網羅的な収集、性能による構法の決定に行き詰まり、建築や地域を越えた原則探しの視線は時間軸へと向かう。多種多様な建築に共通項を見いだそうとしたように、歴史的な変遷のなかで底流に続くパターンを探すことになる。

内田の歴史に対する関心の始まりは、堀口捨己、吉田鉄郎、太田博太郎といった歴史家や建築家とのつきあいのなかからでもあり、電電公社において先端技術を扱ってきたところからの反動と考えることもできるだろう。電電公社から東大に戻った内田は「いかにして材料をけちるか」という在来的な建築生産〔第三章参照〕とのギャップにとまどう。その一方で、費用のかかる先端技術のなかには、一般的な建築にはなかなか普及せずに使われないまま消えていくものも多い。後に内田は建築で何を教えるべきかといえば、歴史を教えるべきと答えた[12]。先端技術は変わりつづけ、すぐに古くなる。学生に教えるべきは社会的な要請に技術がどう応えてきたかという社会と技術のやり取りの過程であり、こうした技術が受容される過程の理解は、次々に新たな技術が生み出される未来においても有効である。また、時代の要請によって生まれたとするBE論のように、研究的な方法論すら工学分野では時代による淘汰を受ける。

先端技術をより重視する姿勢は、歴史を進歩的に捉える見方といえよう。これに対して内田の思考には歴史を循環的にとらえる傾向がしばしば見られる。たとえば建築構法の教科書として広く使われる『建築構法』〔内田祥哉編著、市ヶ谷出版社、一九八一年〕のなかで印象的なモデュラーコーディネーションの図〔芯押さえと面押さえ〕がある。これはシングルグリッド芯押さえのモデュラーコーディネーションが、パネルの寸法の統一などを考えていくと、ダブルグリッド面押さえにたどりつくが、両者は形式としては同一であるというものである。段階的に改良を加えていっても、最終的に形式上同じものが違う思想によって実現する。本書のインタビューで繰り返し見られるモチーフは工業化を突き詰めていくと、建具、畳といったサブシステムごとに整然と分割された日本の在来構法に行き着くというものである。

考えてみると、内田が長く研究の対象とした工業化は戦後の数十年のあいだにも、発展的な未来像とその挫折を繰り返してきた。GOD、GSKといった大規模に開発したシステムズビルディングが量を伴わないことによって挫折する過程〔第一章参照〕はその典型であるし、現在残った大手プレハブ住宅メーカー以外にも自己宣伝を伴った多種多様な住宅工業化の提案がこれまでに繰り返され残ったものはわずかである。こうした成長期の日本において繰り返されてきた進歩的な思考にもとづく技術開発と、社会の要請や変化に対応できずに挫折する姿を繰り返し目の当たりにするなかで、その繰り返しそのものの周期性を見いだしたのではないか。言うなれば、技術的に優れたと宣伝されて生まれた技術や構法が必ず普及するわけではないし、使われるためには市場ニーズとの合致やコスト、施工性などの面の配慮が必要となる。建築生産的な裏付けが必要といってもいいだろう。

変遷

内田が『建築生産のオープンシステム』について「(時代の変化に)流されないものを論文としてはつくりたい」(第七章参照)といったのは、一面では構法や生産の流行り廃りを目にしたり、かかわったこともあるであろうし、同時に古くならない原則がどこかにあるはずだという確信をも反映している。『建築生産のオープンシステム』においては、流されない原則はモデュラーコーディネーションを中心に描かれるが、結局のところ原則は構法そのものに属するだけではなく、ある構法が生まれて普及し、やがて廃れていくといった過程そのものにも見いだせる。先述のように内田が教育について「構法の変遷を教えるべき」という場合、構法の変わり方やプロセス自体に地域や時代を超えた原則があることを含意している。

考えてみれば、内田が納まりについて言う「硬い部品は先に、軟らかい部品はあとで」[13]といった原則は、今後を予見するようである。現在は軟らかい部品が先になっていてもやがてそれは置き換えられる。硬い部品が先という不自然な状態も長い時間が経つうちに淘汰されて、自然な状態に近づく。現場でのつくられ方を考えれば現場で加工がしやすい「軟らかい部品」は後にした方がよさそうだ。一方で変化の激しい時代が再び訪れれば、硬い部品を先とする方法が試みられることもあるだろう。フレキシビリティを考えていけば在来構法のような軸組とパネル(壁柱)に近づくだろう(第一二章参照)、モデュールは九〇〇ミリに近づくだろう[14](第八章参照)といった予想は、内田が原則を元に数十年後を見据えた予想である。原則に合わないものは長く使われることはない。

実践

使われることについて考えるとき、内田は設計者、研究者の両面をもち、双方で日本建築学会賞を受賞した。設計と研究との関係を考えた場合、内田の特徴は研究を設計に無理に適用しない点にある。実践の難しさを認識しているからこそ、研究を設計に適用するのは慎重になり、両者を意識的に切り分けているようにすら見える。

わかりやすい例が自邸とBE論である。当時の主たるテーマであるBE論の影響は設計の自由度が高かったであろう自邸には見られない。なぜならば家一軒の設計のためにそこまでの労力は割けないからである。もし内田がより研究を重視する人間であれば、労力やコストを無視してモデュラーコーディネーションやBEを自邸に適用しただろう。このように内田は設計にあたって研究成果を無理に適用しない。先述のように内田の原則的な指摘が厳密な論証を伴わないのも、それが実践を重視したためともいえる。研究から設計へ、さらに設計から施工に移るハードルの高さは設計者であれば認識していることだろう。さらにはそれが広くほかの設計者や施工者にも使われ、量や地域、時代に結びついていくハードルははるかに高い。

ある構法や技術がこうしたハードルを越えるには、建築生産における合理性が必要になる。建築生産とは建築をつくることであるが、狭義には建築施工であり、広義には企画から設計、施工、維持管理や解体までを含めたプロセス全体やそれとかかわる主体、社会を対象とする。都市計画から構造、環境といった各分野の知見が設計に結集した後に、その設計を実現させるのが生産であり、社会との接点において「高いからできない」、「つくれる職人がいない」といった社会の現実と折り合いをつけるのが生産ともいえよう。

内田の主著である『建築生産のオープンシステム』にも、最終講義をまとめた『建築の生産とシステム』にも生産という言葉が使われる。先述のように戦後、部位と構法の関係がそれまでの定石のように安定的ではなくなった時期に構法学やBE論は生まれた。一九七〇年代前後、プレハブやシステムズビルディング構法の開発などが実際に進められるなかで、同じ構法でも現場でつくるか、工場でつくるかのように、どのように生産するのかが安定的ではなくなり、モノとしての構成方法である構法について、その生産方法まで含めて検討する必要が生じた[15]。

定石

構法の定石は、構法自体も安定し、構法に対してどのようにつくるかという生産も安定したものといえる。

歴史的に見れば、有名・無名の人びとが構法の選択を繰り返し、それが材料流通や職人技能といった生産を変化させ、構法と生産がともに進化をするようにして構法の定石は変化してきた。個々の意思決定はその時代や地域にあった合理的なものを目指すため、地域や時代を隔てていても建築やその変わり方には共通する原則を見いだすことができる。BE論において、合理的な構法選択に用いようとした科学は、多くの人がそれぞれの合理を目指した意思決定の集積に見いだされたと捉えられる。

こうした構法観に則ると、ひとつの理想像は日本の伝統的なまちなみである。工業化の手法を用いていかにまちなみのような多様性や深みを実現するかは《NEXT21》でも最後のGUPであるGUP10でも追求された（第八章、第一一章参照）。原則やルールを守りつつ多様性を備えた建築群の実現であり、職人や材料流通といった生産的な合理性がその裏付けとなるだろう。GODやGSKといったシステムズビルディング開発においても部品化と多様化の両立が目指されていた。これらの開発において興味深いのは、建築を躯体や外壁、設備といったサブシステムに分割していったとき、それらだけで建築は成り立たず、ノンシステムという奇妙な分類が必要になったことである。BE論でも問題になったように、建築のすべてを明確に区切ることは難しいし、建築を成り立たせている要素間の隙間のようなところ、「図面では分からないところ」（第八章参照）に建築をつくるダイナミズムやおもしろさがある。

隙間

一種のアナロジーとして、建築構法は隙間の分野と言われる。建築を構造や環境などの分野に、あるいは部位や材料、職種ごとに分けていったとき、それらだけでは成り立たない。それらを組み立てる何かが必要である。そもそも、設立当初に中村達太郎が担った建築学第一講座は、ここから鉄骨およびコンクリート構造や建築原論（現在の環境工学に近い）などが分離していった結果、その残りとして一般構造、各部構造さらに現在の建築構法となった[16]。一般構造、各部構造にしても意匠、構造、環境などで説明できない部分を「定石」と説明したと見ることもできる。構法は隙間から始まった領域がそもそもルーズな分野である[17]。そこから始まって、モノの設計方法における科学化を目指したBE論を突き詰める方向もあっただろう。しかし、構法分野全体としては体系化、精緻化には進まず、その研究領域は社会や他分野の動向によって変化を続けた。

　内田自身の研究テーマを見ても、工業化から在来構法や伝統木造、長寿命化へと大きな展開を見せた。構法研究の始まりは住宅の大量生産や海外からの建材の導入など、戦後初期という時代から強く影響を受けたものである。こうした枠組みは住宅数充足など一九七〇年代に大きな転換点を迎える。構法分野が「社会が安定すれば必要なくなる」BE論から脱皮し、時代の変化のなかでも知的好奇心をかきたてる対象であり続けてこられたのは、分野が体系化、細分化されておらず、新たな建築社会の動きに対しても、建築のつくられ方というルーズさをもった視点から自らの研究対象を変化させてきたからといえよう。それではその隙間とは何なのかといえば、隙間のおかげで全体が柔軟に動いているようだ、という仕組みの大まかかつ実践的な理解で十分であろう。

1　同様の指摘として、たとえば大塚久雄はマルクスの疎外について「経済現象というものは、ほんらいは人間諸個人の営みであり、その成果であるにもかかわらず、それが人間諸個人に対立し、自然と同じように、それ自体頑強に貫徹する法則性をそなえた客観的な運動として現れてくる」と説明している(大塚久雄『社会科学の方法』岩波書店、一九六六年、一五頁)。

2　たとえば、「建築学はその発生の当初は総合の学として進んで来たものであるが、時代の進展と共に他の諸科学と同様に専門化が進み、いわばタテ割り的な性格が強くなっている。(中略)設計を前提とした場合には各専門分野の知見をヨコにつなぎ、総合的な判断を下すことは常に行われていることであり、これを研究する分野も十分成立するはずである」(内田祥哉ほか「構法計画の体系について——構法の位置づけとその構成——」『日本建築学会大会学術講演梗概集』一九七三年、五四九—五五〇頁)

3　「東京大学の研究室に戻って(一九五六)、私が最初に始めた研究は、外国からなだれ込んでくる新建材の性能評価であった。例えば、プラスター、ハードボードなどが、今まで使われていた漆喰や、合板の代わりに使われたときに、建築の性能がどう変わるかという問題である」(内田祥哉「『構法規定』から『性能規定』へ『国産材木造』から『外材木造へ』」『建築雑誌』二〇〇〇年一一月号、三四—三七頁)

4　『戦後建築の来た道行く道』東京建築設計厚生年金基金、一九九五年三月、七五頁

5　内田祥哉『現代建築の造られ方』市ヶ谷出版社、二〇〇二年、一〇四頁

6　「いう迄もなく、Building Elementに要求される機能は非常に複雑で未開拓な分野も多く、全般をおおうことを望むのは無理であろう。従って此の問題の扱い方は常に大まかな目で見ること、大まかな点で間違いのないこと、そして大まかさの程度をはっきりつかまえることが重要と考える」(内田祥哉、学位論文『Building Elementの研究　建築構法の分析と綜合の研究』一九六一年、まえがき)

7　「ここ（筆者注：ニューヨークの国連ビル）もマンハッタンという大変便利な地域でありながら、工事中となると実は職人を運びにくいという点で、山間僻地と同等の不便さをもった所であるわけです」（内田祥哉『建築の生産とシステム』住まいの図書館出版局、一九九三年、三五頁）

8　内田祥哉『建築生産のオープンシステム』彰国社、一九七七年、一〇四頁

9　たとえば、BEの定義に関する内田の初期の論文では、BEを空間を仕切る道具として定義した上で、その表裏で空間が閉じられているか、またその表裏ごとに1／2BEを設定し、水平面垂直面で1／2BEを8種類に分類するなど、従来の床、壁といった用語を厳密に定義しようとする傾向がうかがえる。（内田祥哉ほか「Building Elementの定義に就て」『日本建築学会関東支部第26回研究発表会』一九五九年、八一―八四頁）

10　前掲註6の学位論文など

11　たとえば「性能論の限界」（『建築雑誌』一九七一年五月、二八〇―二八二頁）で鈴木成文は「しかも、さらに、このような項目別のバラバラの性能規定でなく、空間と人間とのかかわりによって規定される居住性について総合的な性能を求めることが、終局の目的であるとすら考えられているようである。（中略）さまざまな方向に進んでいる住様式のいずれもが、おそらくそれぞれ意味をもちうるであろう。その総合的な評価について、何かある統一的な尺度を設定することは、まず不可能であろう」と批判した。

12　「私が今考えているのは、先端的技術はその発展の経過をとりあげることである。（中略）技術を伝える場合には、技術そのものを伝える以上に、それぞれの技術がときどきの社会の要請に如何に応えてきたかを伝えるべきだと考えるようになった」（内田先生の本刊行委員会『造ったり考えたり』一九八六年、五六頁）

13　内田祥哉『建築生産のオープンシステム』彰国社、一九七七年、一六五頁

14　内田祥哉「三題噺、堂堂巡り・立ち居振る舞い・鈍感」『ディテール』一七五号、二〇〇八年一月

15　そうした指摘の例として、「構法が各部構造の範囲だけでは解決し得ない問題となり、生産も含めたビルディングシステム全体に対する検討を必要とするようになった。ここにプレファブ、量産、品質等に関わる建築生産論・組織論が構法計画の重要な軸として登場することとなった」（上杉啓「構法計画研究の現状」『建築雑誌』一九七八年四月号、一七頁）

16　日本建築学会編『近代日本建築学発達史』所収「第十一編建築教育　第三章建築教育の開始と教育の発達変遷」一九七二年、一八一六―一八二一頁

17　これと似た構法分野の説明として林昌二は「例えば、一般に意匠と言われてることを考えてみますと、ものを秩序立ててゆく一つの価値の意識、あるいは美意識ということになるかと思うんですけれども、その中で、フォルムとかプロポーションとかパターンとかカラーとかまでを狭い範囲の意匠としますと、建築の意匠の世界は、さらに広いものがあるはずで、ものの秩序の世界の中で、いま申し上げたようないくつかのものを除いたところにかなり大きな要素があって、構法はその辺の部分を相当カバーしてくるんじゃなかろうか」と述べている。（吉田倬郎、一九七七年度建築学会大会研究協議会「建築設計における構法計画の役割」の報告、林昌二の発言『建築雑誌』一九七八年四月号、九頁）

作品リスト

1 逓信省・電電公社

中央電気通信学園作品群

中央電気通信学園等の名称は以下のように変遷した。一九四九年五月に逓信省が廃止され六月には電気通信省、郵政省が設置され、同月に電気通信学園が開設された。電気通信事業強化のため、一九五一年五月、東京第一電気通信学園を中央電気通信学園と改称し、東村山から北多摩群神代村入間に移転し電気通信訓練所中央学園と改称した。一九五二年八月に日本電信電話公社が発足し、一九五二年一一月より中央電気通信学園と改称された。本書では、実際の名称に変更はあるが一連の建物群であることから誤解を避けるため中央電気通信学園に名称を統一した。また、宿舎や講堂など建物名と合わせた表記では、多くの文献で中央学園の名称が用いられてきたことから中央学園宿舎、中央学園講堂など中央学園という表記も用いる。

宿舎1期（いずれも東京都、一九五〇年）、**2期**（一九五一年）、**宿舎3期**（一九五五年）

中央電気通信学園の宿舎であり、全体の配置計画から各棟の設計まで内田が担当した。1期・2期は二階建て木造、両端の壁とトイレ部分を一部RC造としている。1期では両端の壁は少ない予算のためタイルを貼ることができず打ち放し仕上げとなった。居室は四人一部屋で二段ベッドが採用された。1期のトイレ部分において、内田の設計では初めて鉄筋コンクリートとハブマイヤートラスを使用した。1期、2期では宿舎南側に廊下を設け居室が外気と面するようにし、庇が縁側を覆うように深く延ばされている。これはル・コルビュジエのマテの家を参考にしたものである。設計当時には庇を上向きにするのが主流であったが、そうした潮流と距離をとる姿勢がうかがえる。1期の垂直方向のモデュールは北側が七〇センチで南側が四〇センチとし、階高は公倍数の二八〇センチでそろえている。屋外の階段はマルセル・ブロイヤーの階段を参考にしており、1期では実験ができなかったため、たわみを考慮して太い部材でつくられている。2期の食堂設計時にセメント袋を使用した実験を行い、極限までスレンダーな階段を設計することができた。

3期は全体がRC造であり、1期設計時に想定していたより居住者の使用期間が長くなり荷物が増えたことに対応して二段ベッドをやめ、さらに一人あたりの面積と収納スペースを増やし、奥行きが延びすぎないように廊下をスキップフロアの中二階にとり、そこから半階上るまたは下りて居室に入る断面構成となった。

宿舎全体の配置プランは、父や兄の影響から同潤会やジードルンクを参考として、単調でなく、表情豊かな屋外空間が形成されるよう設計された。また北側に草木の育たない場所ができるのを避けるため、日影図を自ら作図し、永久日影ができないよう配慮した。（『新建築』一九五一年五月号、『国際建築』一九五一年五月号ほか）

食堂（東京都、一九五一年）

同じく中央学園建物群のうちの食堂棟である。一度に最大一〇〇〇人が食事することを想定して設計された。一二メートルのスパンを飛ばすため、上弦材、下弦材に折り曲げた鉄筋を溶接したハブマイヤートラスを利用している。鉄筋を連続して折り曲げる機械がないために上弦材が二本のL型鋼（I型鋼の記述も）、下弦材が二本の鉄筋で、斜材の鉄筋は先を曲げた短い鉄筋である。丸鋼は大量生産に向いていて規格化されていたために使用しやすかった。電気溶接が好ましいが、規模が小さかったためアーク（電弧）溶接としている。緩勾配の屋根を実現するためアルミの屋根葺き材が採用された。ここでもブロイヤー風のパイプの階段が使われている。（『新建築』一九五二年四月号ほか）

浴場（東京都、一九五一年）

食堂と同じく2期工事で建設された。鉄骨および鉄筋コンクリート打ち放しによる設計であり、片流れの屋根が二つ並んで全体が構成されている。樹木が多く崖に面しているため、大きな開口を西側に設けている。段地という地形を利用してボイラー室の位置を設定し、石炭庫は床を低くするなど石油投入の際にも合理的なプランとなっている。浴槽は大小二か所設けられ、宿泊者数に応じて使用するなど建築計画的視点が見られる。（『新建築』一九五二年四月号ほか）

中央学園クラブ（東京都、一九五三年）

松苑亭と呼ばれるクラブハウス。建築用の鋼材がほとんど出回っていない時代に、「鉄を使ったプレハブらしい建築」に挑戦しようと設計された。南向きの斜面地に建ち、大きくベランダがとられている。平面

図1　中央学園 松苑亭

計画は桂離宮の月波楼の逆勝手である。月波楼は数寄屋なので真壁構法であるが、逓信省では大壁に慣れていたこともあり、鉄骨軸組と大壁の組み合わせとなった。真壁と同じ納まりにはならないので、似るように配慮しつつ、システムが破綻しないように入念に寸法の取り方が検討された。（『国際建築』一九五四年五月号）

講堂（現・NTT中央研修センター、東京都、一九五七年）

約一〇〇〇人を収容する中央学園の中心的施設であり、門から続く中心的な軸線の先に建つ。構造はRC造下部に鉄骨シェル構造屋根が載る。当時の日本は、シェル構造建築がつくられはじめたばかりの時期で、丹下健三がコンクリートシェルで愛媛県民館を設計しており、内田はコンクリートではなく鉄骨のシェルを用いたいと考えた。コンクリートシェル構造のMITの講堂の設計者エーロ・サーリネンが「シャーレ（シェル）は単に雨露をしのぐための屋根で、音響的なことは天井に付ける浮き雲で自由に調整できる」と言ったことにヒントを得ており、鉄骨のシェル構造の採用を本格的に決定し、これにより屋根と音響計画を分けることになった。

五角形の平面は、一〇〇〇人分の座席の納まりや屋根面を三角形の統合によって構成することから発案された。その三角形が正三角形であると施工・構造などのさまざまな面での利点が多いが、構築可能な面の種類が限られてしまう。よって、なるべくそれぞれの三角形が同じ面積になるよう底辺と高さを近似させたもので展開を行った。ハブマイヤートラスの下弦材はL字形を四五度振ることで溶接を容易にした。さらに、下弦材が集まる点では、L字を叩いて平らにして、接合部に押し込む形をとっている。それ以外の場所では、逆にL字を広げた接合部となっている。

音響に関して、当時は講堂の残響時間などはあまり考えられていなかった時代であった。講堂の設計では低音の吸音についてロイヤルフェスティバルホールのレゾネーターを参考にした。表面の壁に小穴をたくさん開け、さらに背面に厚みのある空間を設けて仕切り方を変えることでさまざまな周波数の音を吸音する。そのほかに、コペンハーゲンリブと呼ばれる平行四辺形を二つジグザグになるように並べた壁を取り入れた（本来は曲線の断面だが加工が困難であり平行四辺形となった）。これも当時の日本では使われていなかった技術とされる。

図2 講堂 エントランス

また、屋外渡り廊下の屋根はプレストレスのPC板によってつくられており、当時の技術で最も薄くつくることが意図された。両開き戸のスチール中央の竪框は見付け寸法を調整して細くした。中央は二つの竪框が重なるので、通常は両端の倍の幅をとってしまうのだが目に近いところの寸法を重要視し、特別に調整した。（『新建築』一九五七年四月号、『新訂建築学大系40』ほか）

建築学大系編集委員会編『建築学大系40 鉄骨造設計例』彰国社、一九七〇年、一六七頁に一九五七年五月に全工程完了と記載されていることから、一九五七年竣工とした。

電話局など

盛岡電報局（岩手県、一九五〇年）

詳細不明であるが、残された写真を見ると、ファサードには正方形に近い窓と上部の細長い窓が整然と並ぶ。内部には上部が広がった特徴的な柱が見える。（東京大学構法研究室所蔵資料より）

松本電話中継所（長野県、一九五〇年）

詳細不明であるが、残された写真を見ると、開けた敷地に切り妻と片流れのシンプルな形状の建築が並んでいる。（東京大学構法研究室所蔵資料より）

津島電話局（愛知県、一九五一年）

詳細不明であるが、残された写真から二階建ての二棟の建築が二階部分で渡り廊下によって接続されたことがわかる。端正な正面ファサードと、執務スペースの軽快な螺旋階段が印象的である。2期工事と書かれており、一九五〇年機械棟、一九五一年局舎と書かれた資料も見られることから、機械棟、道路側局舎の順に建設され、渡り廊下で接続されたと考えられる。（『INAX REPORT』一三五号、東京大学構法研究室所蔵資料より）

有楽町サービスステーション（東京都、一九五一年）

詳細不明である。東京大学構法研究室所蔵資料には「改造、七五平方メートル」と書かれており、小規模な改修工事であったと考えられる。

江戸川電話局（東京都、一九五一年）

三階建ての局舎。道路側から見ると左右にキャンチレバーで二、三階が張り出している。整形の平面から張り出すかたちで設けられた階段室にはガラスが多く使われている。内部写真を見ると中央学園宿舎と同じくブロイヤーを模した階段が使われ、執務空間の球形の照明と合わせて軽快な印象を与えている。（東京大学構法研究室所蔵資料より）

四国電気通信学園（愛媛県、一九五二年）

『INAX REPORT』No.135に記載があるが詳細不明。

名古屋第二西電話局（愛知県、一九五三年）

名古屋駅近くに現在も建ち、増築が行われているものの、以下に述べる特徴のいくつかは外観から現在でも確認できる。当時、電話局機械室の設計においては、自然採光を取り入れるためできるだけ大きな窓を設置する一方、気密性のためにサッシュを二重にし、さらに防火の問題からシャッターを設置するといった手間のかかる設計をしていた。これにより、開口部まわりで総工費の四分の一を占める現場もあったとされ、その問題の解決方法の一つとして提案されたものが指向性ガラスブロックである。このガラスブロックは外部上方から差し込んだ光を室内上方に向けて透過させ、天井を照らすことができる。これにより照明は人工照明と併用とし、窓を小さくし、壁にガラスブロックを埋め込むこととした。ガラスブロックは現場の床でコンクリートに埋め込まれた後に、PCカーテンウォールとして取り付けられる。外壁をキャンチレバーで出してカーテンウォールとしたことと柱の間隔をそろえることにより、鉄骨の柱断面を一種類に統一した。屋内にはここでもマルセル・ブロイヤー風の階段が使われている。互い違いに立てかけるようにした自転車置き場など随所に工夫が見られる。（『新建築』一九五四年六月号、『建築文化』一九五三年一二月号など）

霞ヶ関電話局（東京都、一九五七年）

日比谷電電ビルや帝国ホテルと隣接して建つ、武藤清の壁式ラーメンを採用した日本で最初の建築である。当時の構造計算では窓のある壁は構造要素とみなしていなかったが、武藤は壁が少しでもあれば耐震性に寄与すると考えていた。よって建物の下階は水平力が大きいので窓を小さくし、上階は窓を大きくして検討し、これが外観デザインとして現れている。しかし水平力に耐えるために壁は厚さを増すこととなり、最終的には三〇センチになった。水平力を考慮し、開口部は「スカートをさかさまにひろげたような」形状となった（『新建築』一九五五年七月号）。壁式ラーメンが採用された理由は、広さが十分にあったため増築の可能性がないためとされている。建物が完成するころになって急遽取り付けが決まった玄関の庇は、トラックの出入りを考慮すると五メートルの軒の出が必要となった。そこでプレストレスをかけたキャンチレバーの庇を設計し、現場打ちで施工した。二三年後の調査ではプレストレスをかけた状態にあった上記の庇と屋上階段の踏み板だけが健全な状態で見つかり、厚さ三〇センチの外壁は中性化が起きていた。気密性を確保するための引き違いサッシは当時東大三年生の井口洋佑（後に内田研、東京理科大学名誉教授）の発案による。（『新建築』一九五五年七月号、建築文化一九五七年一二月号ほか）

2 住宅

山田邸離れ（東京都、一九六〇年）

雑誌には「ある離れ」として発表された。Dφモデュールを初めて使った作品である。一〇畳の和室を中央にし、広縁と廊下でそれを取り囲むプランとした。広縁は、道路に面していることからガラスを取り付け、温室のような空間にしてある。床の間は、堀口捨己の八勝館桜の間の逆勝手で設計されている。西側に道路が通ることからガラス戸と木製の二重の建具で囲み、それぞれモヘヤを入れ、縁側の天井には有孔ベニヤの裏にロックウールを入れるなど、防音性に配慮した。（『建築』一九六一年一月号ほか）

図3 山田邸離れ

自邸（東京都、一九六一年）

山田邸離れの翌年に竣工した木造平屋の自邸である。学生時代より内田は一年に一案（当初は一週に一案）のペースで自邸のエスキスを繰り返してきた。モデュールは南北一〇〇〇ミリと東西一二〇〇ミリによる均等ではないグリッドで設計された。実施設計段階になり、施工する佐藤秀工務店の佐藤秀三のアドバイスを受け、屋根組が和小屋になり竹小舞や漆喰などといった在来的な構法の使用が決まった。またDφモデュールにとらわれすぎず、適宜「必要なところは必要な寸法に」することも佐藤秀三から学んだと内田は述べている。九〇〇×一八〇〇の既製品の畳をグリッドのなかに入れるので、はまらずに余ったスペースには板を敷き家具を置いている。高さ方向は、天井高二四〇〇をDφで割った数で決めている。たとえば三六は窓台、五六は手摺りの高さなど。逓信省時代の経験を生かし、尺寸法で届く木材に対してメートルで寸法をとって施工を行っている。一九七二年に田中文男が開発した校倉構法を使い子供の勉強部屋を増築、一九九七年にはこれを書庫に改修している。（『建築文化』一九六二年三月号、『住宅建築』二〇〇三年九月号ほか）

図4 ドイツ誌『Baumeister』（一九六四年）の表紙（自邸）

中村邸（神奈川県、一九六四年）

逓信病院院長の住宅。内田自邸と似た住宅という施主の希望から、住宅は東西に細長いプランであり、南側にクリニックが併設されている。（『ディテール』一九二号、二〇一二年四月号）

A氏邸（一九七三年）

仕事で付き合いのあった編集者の住宅。オーディオにこだわりの深い施主であり、予算の都合から木造住宅としたが、オーディオルームの防音・遮音に対して施主の不満が残ったとされる。（『ディテール』一九三号、二〇一二年七月号）

原澤邸（東京都、一九七四年、鎌田紀彦と共同設計）

二世帯住宅として設計され、一階に夫婦、二階には医者である内田の友人が住んでいた。一階は医者の友人の助言もあり、極力バリアフリーな設計がされており段差がほとんどない。施主が和室を希望したため、和室でしか実現できない空間のつながりを居間や台所などで考えた。また、戦後住宅における和室は貧弱ですべて長方形とするのが一般的だった。内田はそれに逆らって、床まわりに入り組んだ空間をつくっている。着物の布を使う数寄屋ディテールも、布をパッチワークのようにしてつなげて活用されている。自邸で見られる広縁も同じく南側に設け、伝統的な和風住宅のしつらえとなった。改修が三浦清史によってなされたが、現存しない。（『住宅建築』二〇〇一年二月号ほか）

大木邸（東京都、一九八七年、大庭慶雄と共同設計）

施主からの要望は、和風の家であることと、外から見てそびえ立つようなものにしないこと、外国人来客への考慮などである。和風については、障子が連続してみえる廊下や、所々に着なくなった着物地を貼るといったところに特徴が見られ、外国人来客への配慮は、上下足の区別をしない玄関に表れている。玄関の機能を考えると人工芝が望ましいが、見た目が安っぽくなるのを嫌い床仕上げは「栗ブロック靴墨仕上げ」とした。これは佐藤秀三から学んだ仕上げ方法である。また、内田の軒先へのこだわりもよく表れており、細い軒先を実現するために、無着色の岩綿板を使用して柿葺きの軒付けのように天井材を重ねた。（『住宅特集』一九八九年二月号）

NEXT21（大阪府、一九九三年、全体計画は巽和夫、集工舎建築都市デザイン研究所らと、住戸計画は多くの設計者がかかわる）

大阪ガスが計画した実験住宅プロジェクトであり、内田は建設委員会の総括としての住棟設計から個別の住戸設計までかかわった。全体は三層に分けられ、一層は駐車場・商業施設、二層目は立体格子形状の住戸、三層目は屋上の緑化した部分から成る。二層目は六つの七・二メートル角のメインフレームを三・六メートル間隔で配置し、それらを小梁で結びつけ、南に開いたコの字の形状としている。

住棟設計は構造設計を木村俊彦が担当した。部品の交換やモデュラーコーディネーションなど、武蔵学園の科学情報センターの経験が活かされた。各部品が耐用年数ごとに取り替えられる交換性と長寿命化のシステムをもつ住棟計画、そしてそれをかなえるための徹底したモデュラーコーディネーションに特徴がある。縦シャフトを全体で二か所にまとめて、共用部に集中させ、すべてのメンテナンスをそこから行うことにした。スラブが一段上がった場所に住戸のメイン部分に架構体をつくり、下げた場所をキャナルゾーンと呼び、配管配線を配した。また、インフィルの設計が自由であるためには、外壁を自由に動かせるようにすることが求められた。外壁の仕様や寸法のルールをつくってからインフィル側に設計させることで、全体的なシステムを統一することに成功した。ルールは全く厳しいものではないが、一般の市場で購入できる乾式工法であることを大きな条件として課した。住戸はそれぞれ別の設計者がルールに従って設計した。

住棟の設計者に加えて、内田は「〝き〟がわりの家」の住戸設計を行った。この住戸は、台所をマニュアル上一番つくりづらい場所に設計していることと、伝統的な住戸の典型として設計することに力を入れている。またVフレームを使い、住まいを家具的に仕切ると同時に可変性をもたせた。（『住宅特集』一九九四年一月号、『SD』別冊25など）

『SD』別冊25の四頁に施工期間が一九九三年九月までと記載されており、他誌にも一九九三年一〇月竣工といった記載が見られることから、一九九三年竣工とした。

3　教育施設・学校建築

東京大学工学部一号館図書室増改築
（東京都、一九六九年、二瓶博厚、吉田倬郎と共同設計）

一九三五年に完成した内田祥三設計の建物の壁面に囲まれた長方形の屋上スペースに増築を行うこととなった。屋上であるため、荷重の制約を受けると考えられたが、このことを積極的に表現することで増築の一つのあり方を提案した。既存の建物は当時築四〇年ほどであり屋上外壁面のおもむきを生かしつつ、腐朽の激しいサッシ類も外して新しい図書室の内装に用いた。外壁の大きな開口部に陶板壁画を描き、ホール部分のパラペットの上にガラスブロックを入れて、既存の外壁を新しい内壁として生かす設計とした。構造は、内側と外側の二列の柱によって支えられており、この柱は既存の柱とほぼ直接つながっている。内側の柱の列によって中央ホールの中二階部分の境界を構成しており、事務室以外はほぼ空間的に一体化している。中央ホールは、壁画と高窓のある壁を二方向にもち、天井は白い面によってさっぱりとした印象を与える。これに対して中二階部分は、可能な限り家具造作をビルトインして変化の多い空間とした。外壁は横長の窓がついたPCパネルを斜めに使用してはめ殺しのガラスをつけ、内装パネルを介してダウンライトの役割を果たす。中央学園の設計時に見られたマルセル・ブロイヤーから影響を受けた階段もみられる。（『近代建築』一九七一年一一月号、『現代日本建築家全集14』三一書房、一九七七年）

図5　工学部1号館 図書室増改築 外観

大田区立大森第三中学校（東京都、
一九六〇年、川設計事務所と共同設計）

一般教室棟二棟と特別教室棟からなる。教室棟は四階建てで、対称の卍形のプランであり各層に四教室をもつ。教室は一様に南向きでなく、東向きや西向きなどの教室が存在することとなる。中心点を決めた後に、柱芯、柱の太さ、梁の中心線など細かな寸法をDφモデュールによって割り付けている。六〇〇ミリ角の柱が真壁のように現しで表現されている。共同設計の川設計事務所は大場則夫が設立したものである。（日本建築家協会編『モデュール』彰国社、一九六三年、『文教施設』二〇一五年秋号など）

目黒区立第一中学校（**東京都、**
一九六二年、長谷川吉信、
船越徹、大場則夫、原広司と共同設計）

「プラツーンシステム」を使用した学校建築である。プラツーンシステムとは、一般教室では全校生徒の半分の生徒数に対応できる数を用意し、残りの半分の生徒に対応できる特別教室を用意し、正午に生徒を入れ替える方法である。教室を少なくしてできたスペースには荷物や靴を入れるロッカーを整備する。生徒数が減った場合には教科教室型としても使用できる。目黒区立第一中学校では、北端に普通教科教室ロッカールーム、管理関係諸室からなる四階建ての高い棟を置き、その二階のロッカールームを基点として中央の特別教室からなる低層部に渡り廊下が渡される。低層棟一階は理科、調理、図画などの特別教室が入り、一階の渡り廊下の下には資料室が計画された。内田が平面を計画し、当時学生であった原広司が立面などの設計を行った。両面採光で明るい教室が実現されている。（『建築文化』一九六三年一一月号、『文教施設』二〇一五年秋号など）

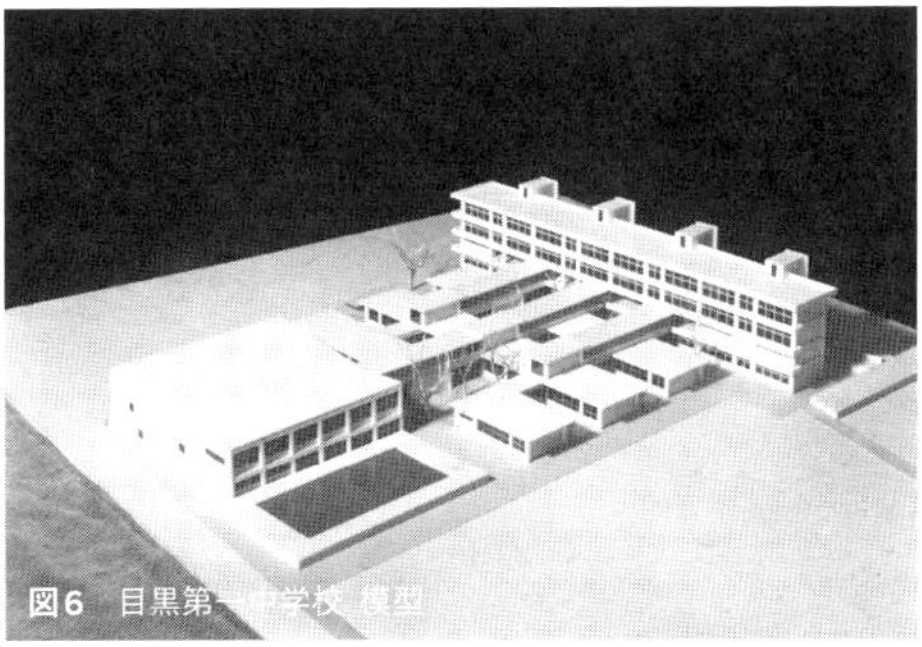

図6　目黒第一中学校 模型

武蔵学園キャンパス
中講堂棟（東京都、一九八〇年、集工舎建築都市デザイン研究所と共同設計）

　武蔵学園キャンパスの再開発の中で最初に建設された勾配屋根のRC造二階建ての建物である。武蔵大学図書館棟のパイロットモデルとして設計が行われ、食堂や喫茶室、合宿所なども含む。それぞれ独立したアクセスを確保している。現場打ちRCのキャンチレバーの柱で工場生産PC板の屋根架構を支持する。そのため、一、二階の食堂は平面中央の柱で分割されるが中講堂部分は無柱としている。屋根型枠はスチールでつくり、図書館棟でもその型枠を転用して屋根PCを製作した。内外の壁は打ち放し仕上げにしてもよいほどに精度よく打設することができたが、メンテナンスを考えて、塗装もしくは吹き付け材での被覆を行った。屋根の三晃板など一般に流通する材料の積極的な使用も見られ、こうした特徴は図書館棟にも引き継がれる。住宅地に隣接した場所での施工で、騒音、重機の限られた配置スペースなど厳しい条件ではあったが、性能面で採用されたPC工法が有利にはたらいたとされる。（『建築文化』一九八二年七月号、『新建築』一九八二年七月号など）

図書館棟（東京都、一九八一年、テイク・ナイン計画設計研究所と共同設計）

　武蔵学園の象徴的な建物である三号館の中庭に接して建つ。コの字型平面の三号館と合わせて中庭の大欅を囲む広場を形成する。南側がせり出し北側をセットバックした断面が特徴である。南側は上層にいくにつれてセットバックするのが一般的であるが、夏の日差しを避け冬に日照を得ることを考えると南側セットバックが合理的である、という考えに基づいて設計された。設計時点の発注者からの要求条件が複雑であったため、使われ方の可変性を考慮し、床はフラットとしている。さらに館内を通り抜けられるような動線と図書館に加えて研究室や資料室も併設することにより、プランはできるだけ単純化された。地下には積層書庫の上に床を張り、空間を二つに分ける方式が使われている。中講堂棟をパイロットモデルとした成果は、各部の精度に現れ、上質な仕上げ材を使ったにもかかわらず、単位面積あたりの工事費を低減することができたと指摘されている。（『建築文化』一九八二年七月号、『新建築』一九八二年七月号など）

教授研究棟（東京都、一九八一年、アルセッド建築研究所と共同設計）

　当初、図書館棟と一体で計画されたが、最終的には別建物となり、図書館棟と渡り廊下でつながれた。三階までは主に会議室が入り、四階から上は個人研究室として計画された。そのため下階はスパン一五・六メートルを飛ばし、上階はその中間部分に二本ずつ柱を設け、階高を抑えている。一〇階建てとキャンパス内では高層の建物であるが、勾配屋根としている。窓台の下にウォールスルーの外気取り入れ口を設け、二重梁の間を通す構成にしており、これによって外壁に陰影が生まれている。アントニン・レーモンドらも依頼した大井工場によるステンレスの火づくり（たたき）の手摺りなど細部の材料の使い方にもこだわりが見られる。（『建築文化』一九八二年七月号、『新建築』一九八二年七月号など）

濯川蘇生計画（東京都、一九八六年、集工舎建築都市デザイン研究所と共同設計）

　一九二三年の武蔵高等学校設置時から流れる濯川の蘇生計画。水源であった千川上水からの分水が断たれていたのを、図書館地下からの湧き水を利用して環流させることで蘇生した。植栽など水辺環境の設計では専門家として渡辺一二らの協力を得ている。濯川に架かる橋のうち四橋は耐久性を考慮してプレキャストコンクリートでつくられ、ビニルレザーをさまざまなパターンで貼り付けた型枠を用いて模様が転写され、洗い出しのような経年変化も見込んでいる。（『建築文化』一九八八年二月号）

科学情報センター（現・九号館、東京都、一九八八年、集工舎、深尾精一と共同設計）

　内部には実験室やコンピュータ演習室が配され、今後の情報化を見越して高いフレキシビリティが求められた建築である。外周に柱をなるべく集め、構造要素の少ない内部空間を構成し、可動間仕切りによってさまざまな平面に対応することを可能とした。徹底されたグリッドプランをもとに、部品の種類を多くしすぎないようにし、かつ多様性を獲得できるような部品の取り合いに工夫を凝らしている。一方で、多くの諸室の用途は教室であるため可動式の間仕切りでも高い遮音性が求められる。この問題の一つの解決策として、天井・床の六〇〇グリッドに三〇〇ずらして天井・床・壁の下地を貫通させることで、真壁のような納まりとした。また、配管をコンクリートの中に入れてしまうと、メンテナンス面だけでなく間取り変更に対応できなくなってしまうので配管を自由に配置するシステムが考えられた。既製品を組み合わせるだけでは単調な建築表現しかできず、建築家の自由を奪うというシステムズビルディングへの批判に正面から挑み、モデュラーコーディネーションによって新たな表現を提案した。外壁は当時あまり注目されていなかったガルバリウム鋼板を使用している。階段の手摺りの折り返し位置もグリッドと合わせるなどシステムズビルディングらしさを細部にまで見せようというこだわりが見える。システマチックなアプローチと雁行した平面や既存の根津化学研究所をピロティ部で覆うようなダイナミックな構成が同居する建物であり、さまざまな工夫がNEXT21にも引き継がれた。(『建築文化』一九八八年七月号、『建築学会作品選集』一九八九年など)

第二学生ホール(東京都、一九八八年、**集工舎建築都市デザイン研究所と共同設計**)

軽食コーナー、会議室などからなる学生ホールであり、建設時点で分解、組み立ても考慮された。対角線方向に平たい三角形

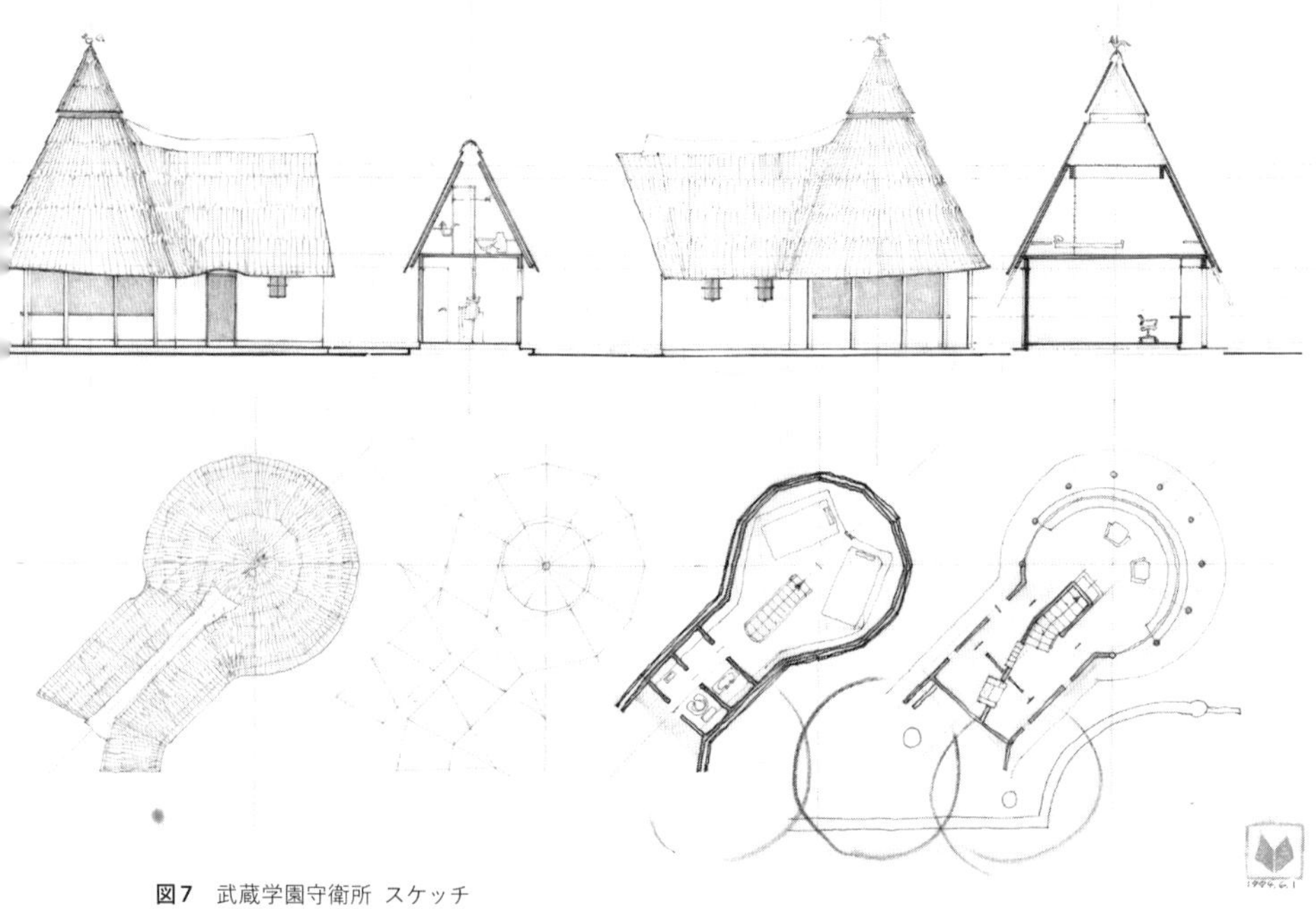

図7　武蔵学園守衛所 スケッチ

の鉄板を二枚クロスさせた二・四メートル角のユニットを床や屋根に用いており、これを組み合わせることで既存樹木を避けながら諸室を配置した。屋根はユニットを階段状に積み上げたピラミッド型の形状をしている。このユニットに合わせて柱も四五度振るといった工夫が見られる。(『ディテール』一〇三号、一九九〇年冬号など)

五号館(東京都、一九九二年、**集工舎建築都市デザイン研究所と共同設計**)

事務室、実習室、研究室などからなる施設である。外壁はコンクリートの上からガラスの下見板風のクラディングで覆っている。透明感を出すとともに耐久性や、熱的な効果も期待している。鉄筋コンクリートをクラディングで覆うのは、有田の作品群やNEXT21でも見られるが、ガラスをクラディングに用いた珍しい事例といえる。(『ディテール』一一七号、一九九三年夏号など)

守衛所(東京都、一九九五年、**集工舎建築都市デザイン研究所と共同設計**)

武蔵学園キャンパス入り口脇に設置された守衛所である。円錐と切妻の屋根を組み合わせた形状をしており、一種類の型枠からつくられたPC平板を上下、表裏反転することで複雑な形状をパズルのように実現している。内田のPC建築のなかでも

最も技巧的な建築と言える。PCの詳細検討は長谷川一美が行った。屋根仕上げ材にはNEXT21の外壁と同じく多色のカラーステンレスの板が用いられている。（渡辺邦夫監修『知られざるPC建築』建築技術、二〇〇四年など）

六、七号館（東京都、一九九七年、集工舎建築都市デザイン研究所と共同設計）

中講堂棟に隣接し、六号館、七号館としてつながりL字型の平面を構成する鉄骨造の建築である。再開発時の一時的な教室などの受け皿としても計画された。六号館二階は講堂として使われることが想定され、比較的大スパンの建築であるが、スパンと直交方向には密に柱が配置されている。七号館地下にはプールが配された。外壁クラディングは、五号館で用いられたガラスクラディングに加えて、押し出し成形セメント板が使われ、オープン部品の使用が意図されている。（『ディテール』一三四号、一九九七年秋号など）

武蔵学園高校・中学新棟（東京都、一九九七年、集工舎建築都市デザイン研究所と共同設計）

クラス編成替えによる定員増に従って計画された増築棟であり、従来の校舎と渡り廊下でつながりグラウンドに面して建つ。四階建ての構造体はオールPCで計画され、現しとなる部分が多いため、スケルトン自体の物理的耐久性を高める方策がとられ、プレストレスをかけたPC梁で一四・四メートルのスパンを飛ばしている。グラウンド側のネットフェンスはツタをはわせ西日除けとしている。（『ディテール』一三四号、一九九七年秋号など）

八号館（東京都、二〇〇二年、集工舎建築都市デザイン研究所と共同設計）

武蔵学園キャンパスを入って左側に建つ八階建ての比較的高層の建築であり、キャンパスのシンボルとして長寿命化が追求された。建物の形状は三〜八階は整形な直方体とし、一、二階は正面両端に広がりをもった逆T字型をしている。大きなテーマは、プレストレスコンクリートを使用することとフレキシビリティの確保である。柱梁による大スパン架構を採用し、室間の間仕切り壁を構造から解放した。できるだけ広い無柱空間をつくり、オフィスビルのように間取りを変えてさまざまな教室の組み合わせが可能となった。天井面に露出した格子状のプレストレスコンクリート架構のセルの中に空調・照明・換気の各システムをユニットとして組み込むことで設備についても最大限のフレキシビリティが確保された。また、勾配のあるコンクリートは現場打ちが難しいためプレキャストとし、さらに、逓信省時代の経験によって信用づけられたプレストレス技術の適用や、切り妻状の屋根を架けて建築を被覆することによって、物理的な長寿命化を目指している。最上階の広間ではプレストレスのコンクリートのシェル架構を採用している。設計の初期段階で、設備設計者と打ち合わせを行い、設備を建築が抱きかかえるような構成としている。渡り廊下では、上弦材である手摺り・手摺子、下弦材の桁を小部材化することで、重量感の払拭を試みた。両サイドの手摺り部分を構造要素とすることで、見上げた際の床板裏の軽快さを創出し、システマティックに組み立てようとする思いが細かな接合ディテールをつくった。（『建築技術』二〇〇二年一一月号など）

4 公共建築

佐賀県立図書館（佐賀県、一九六二年、第一工房と共同設計）

全国的に見ても公共図書館自体が少ないなかで建設され、整理された平面計画などからその後の県立図書館のプロトタイプとなった建築である。風紀と秩序を保つため出納から閲覧室と開架が見渡せるプランニング、館員の環境向上がプラン上のテーマとされた。さらに管理と来館者の動線を完全に区別する建築計画的な視点も重視された。市民図書館の役割を一時的に担うこともあり、講堂や会議室との動線を図書館の機能と分けることも同時に考えられ、整然としたグリットのようにみえる平面にはさまざまな工夫が隠されている。ほかにも、ししおどしを屋上に設置し、噴水から水が噴き出すとぱたんぱたんと音がランダムに響き静かな図書館に音をつくりつつも、屋上に水を撒くことで得られる暑さ対策の効果も期待した。吹き抜け周囲の手摺りは龍村の布地が張られ、和風造作へのこだわりがみられる。モデュラーコーディネーションについては、Dφを使用したとされているが、本書インタビューにあるように八〇センチモデュールが使われている。興味深いのが、設計図の整理方法である。一般的には、部分詳細図は平面詳細図と対応して同じ図面に収められる。しかし、このまとめ方では標準化が進んだ際に図面を探し、見るという作業の繰り返しが多くなるので、

図8『設計製図資料2 S県立図書館』

部分詳細図を別の一冊として独立させた。その際、必要な詳細図の数と種類を確かめ、それを室別にまとめたのちに部位別に整理した。（『設計製図資料2　S県立図書館』日本建築学会、一九六八年、『建築文化』一九六三年三月号など）

佐賀県立青年の家（佐賀県、一九六七年、第一工房と共同設計）

　佐賀市郊外の傾斜地に建つ青少年のための研修施設である。第一工房との共同設計であるが、本館を内田が担当し、講堂を第一工房が設計したとされる。ロビーとベッドルームを敷地の軸に対して長手方向を直角に配置し、どの室にも風が流れ、池が見えるよう配置した結果、傾斜地に宿泊室が配置された。それぞれの部屋から池の眺望を確保できるようにスキップフロアを採用している。自由時間の少ない生活サイクルを考慮し、空き時間をロビーで過ごすようベッドルームは最小空間とした。ロビーには五段の階段があり談話が行える。宿舎は西向きのため、西日を避けながらも眺望と風通しを得るため庇を深くしてある。一方、中庭に面する食堂や研修室は閉鎖的にし、一日の生活に違う景色を取り入れようとしている。また研修室を閉じることで、研修終了後の開放感を生み出している。

　従来の手摺りの取り付けでは、寸法調整に手間がかかることを電電公社時代に経験していた内田は、手摺りのプレハブ化として屏風形状の手摺りを設計した。折り畳んで運ぶことが可能であり、さらに現場での細かい調節が容易で取り付けが簡単になった。スリッパ置き場をつくる際には、青木正夫の下足と上履きの論理をもとに、下足の場所にスリッパ置き場を置いている。これにより上履きと下足が交ざることなく、整然とスリッパが置けるよう工夫がされている。青年の家の屋根は日本の気候風土に合うグレーを計画したが、当時はカラー鉄板の色としてグレーはなかった。そのため、亜鉛鍍鉄板と黒のカラー鉄板を縞に葺いて遠くから見たときに銀色になると予想し施工した。バルコニーの外壁とロビーの天井でも出目地を斫ることで縞模様をつくっている。また、その後長く内田の設計した建築に用いられる有田焼のタイルは壁画や玄関の飛び石に使われている。一三〇〇平米程度と比較的小規模ながら、設計密度の高い建築である。（『建築文化』一九六八年三月号、『造ったり考えたり』内田先生の本編集委員会、一九八六年など）

佐賀県立博物館（佐賀県、一九七〇年、第一工房と共同設計）

　佐賀県立図書館と同じく佐賀城のお堀の内側に建つ県立の博物館である。第一工房との共同設計であり、一九七〇年度の建築学会賞を受賞した。全体のプランは十字形放射状の動線部があり、それに付随するように展示空間と管理空間を配置し、入場者

図9　佐賀県立博物館　施工現場

動線と管理動線を整理している。構造は十字部分の現場打ちのRC壁式造と、展示空間と管理部門の自由でフレキシブルな格子状のPCのプレグリットを用いた構造で、これらを組み合わせることで用途に応じた構造計画を可能としている。これにより生み出された独特な建築形態により、時代が変わっても受け入れられ佐賀市の文化的象徴となることを目指した。なお、プレグリットシステムは木村俊彦によって初めて千葉県立中央図書館（大髙正人設計）で使われたものである。柱の位置は一見無作為にもみえるが、上下のつながりや構造強度といった根拠に基づき配置されている。もともと建築全体の形態は四角、L、Hなどの形が考えられていたが、地盤の問題やそれぞれの展示室を独立させるプランとしての合理性を考慮し、最終的に十字形となった。さらに、原理としては十字の部分の階段を延ばし、展示室を上に増築することも可能であり、そういった多様な建築のあり方のプロトタイプとなることも意識された。

　建築部品の提案として、ピッツバークのアルコアビルから発想を得たアルミの手摺りがある。アルコアビルでは可能な限り材料をアルミとすることを目指しており、手摺りはもともと電線の継ぎ手として使われていたアルミニウムの引っ張り材を採用していた。日本でもすでに同じような技術があったため、その部品を手摺りとして採用している。竣工当初は雨漏りがひどく、原因はカーテンウォールの取り付けに層間変位を考えていなかったことやスラブの薄さにあった。これを一九八二年に、屋根をステンレスの鉄板にして結露しないよう水蒸気の抜け穴をつくって改修を行った。（『新建築』一九七一年三月号、『建築文化』一九七一年三月号など）

有田町歴史民俗資料館（佐賀県、**一九七八年、アルセッド建築研究所と共同設計**）

　歴史的資料を保存する建築は、「世代の歴史が刻み込めるくらい長持ちするべき」との考え方に基づき長寿命化へのさまざまな試みが見られる。耐震性、耐火性の観点から鉄筋コンクリート造を採用し、コンクリートが風雨に露出しないよう外部に面する部分を徹底的に被膜し勾配屋根を架けた。外壁は有田の磁器で、PC板に打ち込むことで磁器タイルの脱落の可能性を低くし、タイルの高い耐久性を生かしている。展示品が入れ替わることを想定し、固定のショーケースは置かず、展示ケースと収蔵庫は鑑賞者が収蔵庫の一部をのぞくようなかたちで一体につくられており、空調も一体に管理される。展示物によっては展示ケースの奥行きも自由に変えることができるフレキシビリティをもつ。ほかに特徴として有田で余ったあり合わせのタイルを使った入り口のタイル模様がある。タイル模様を小面積にして、職人が暇なときに貼ってもらうよう仕様書には「あり合わせタイル暇な時貼り」と書かれた。捨てられるはずのタイルで厚さも大きさも異なっているため、薄いタイルの底を上げる必要があるなど施工には多くの手間がかかったため、実際は職人に嫌がられたディテールでもある。屋根は内井昭蔵の身延山久遠寺収蔵庫を参考に内樋を採用し、タイルの外装で失われたシャープさを軒先で取り戻した。平屋でメンテナンスが容易であることからも、内樋が適していると考えられたものである。同様の勾配屋根と内樋の組み合わせは明治神宮神楽殿でも見られる。（『建築文化』一九七九年三月号など）

佐賀県立九州陶磁文化館（佐賀県、**一九八〇年、アルセッド建築研究所と共同設計**）

　有田町歴史民俗資料館をプロトタイプに設計がなされており、RC躯体をPC板で覆い勾配屋根を架ける構成は同じである。面積は有田町歴史民俗資料館の六四〇平米程度のおよそ一〇倍まで増加し（約六〇〇〇平米）、用途には講堂が追加された。全体は、エントランスホールを中心に四棟の展示棟・管理部門・講堂・収蔵庫が中庭を囲みながら配置される。展示室は企画・一般・常設・固定の四要素が個別としても一連の展示としても観覧できるよう回遊型のクラスター配置がなされた。現代の材料でつくり、現代の職人が普通に施工できる技術を使うことをコンセプトとし、陶磁文化館というプログラムに合わせて仕上げには多くの磁器が使われた。照明のスイッチやドアストッパーも磁器でつくられるほど磁器へのこだわりがみえる。同時に、磁器だけでは硬さが目立つため、肌触りのよい木材がところどころに取り入れられた。

　展示方法としては、磁器類を割らないためにできるだけ展示物を箱に入れたまま展示することができるよう、箱を収納するかたちをとった。床材には落としても割れないよう人工芝が使われている。講堂でも磁器をさまざまな箇所に使っており、一例としてタイルでの吸音装置が挙げられる。磁器に穴を開けたものを取り付けて吸音を可能にすることや、タイルを上向きにすることによって音を閉じ込める工夫が見られる。また、外壁のクラディング（覆い）に加えて、そのPC板の目地部分には刷毛を使ったオープンジョイントをつくり、徹底的にコンクリートを雨水から保護している。実験の結果、刷毛を上向きにすると真ん中の心棒に水が伝わりやすいことがわかり、その刷毛の後ろにシールをしている。コーナーの部分の樋は円筒状にし、両端に返しをつけることでゴミがとりやすくメンテナンスが容易な樋を設計した。（『建築文化』一九八一年一月号、『新建築』一九八一年一月号など）

図10　佐賀県立九州陶磁文化館 2階平面図
西側にクラスター回廊型の展示室が４室並ぶ

先人陶工之碑（佐賀県、一九八二年、アルセッド建築研究所と共同設計）

有田焼を生み出し育てあげた名もなき陶工への感謝を込めて建立された。朝鮮人陶工・李参平が陶石を発見した泉山磁石場に隣接して建つ。有田市で塀などに用いられるトンバイ（古窯に使われていた耐火レンガ）を使い、登り窯をモチーフにとった細長い形状をしている。陶工之碑では、新たにトンバイを掘り出した。八か所の孔にはガラスが配され、覗くと炎のように見える。（『住宅建築』一九八八年九月号など）

有田焼参考館（佐賀県、一九八三年、アルセッド建築研究所と共同設計）

有田町歴史民俗資料館の拡張計画であり、渡り廊下でつながる。現代の蔵の典型を目指して構法の標準化を図った建築である。有田町作品群共通のテーマである長寿命化に対してこの作品では、プレストレスをかけた屋根・外壁一体のPCを石綿スレートの外壁、屋根は三晃板という現代の一般的な建築材料によって覆った。構造は、一階壁柱の厚さを増すことでコンクリート打設を容易にするとともに柱の本数を減らした。鉄筋も本数を減らし、なるべく固いコンクリートを打ち、断面を大きくとることで中性化にも高い抵抗をもたせた。そして、その上部に壁と屋根が一体となった左右対称のPC（幅九〇センチ五四ピース）を並べて緊結した。開いたL型の傾斜のあるコンクリートは打設しにくいため、PCによって質のよいコンクリートでの施工を可能にした。また施工時も雪が降っており、PCでなければ施工が止まってしまっていたとも予測される。全体で三ピンアーチとしながらも、プレストレスをかけ、部材のどの部分も圧縮場になるようにし、コンクリートが引っ張りに弱い弱点を克服した。桁方向にもプレストレスがかかっているので、筒状の構造体全体で梁の役割を果たし、二階床フラットスラブを実現し結果的に一階の天井を高くとることができた。内部は開口からの光がざらざらしたPCの屋根壁を照らす。（『建築文化』一九八四年七月号、渡辺邦夫監修『知られざるPC建築』建築技術、二〇〇四年など）

ふるさとの館（千葉県、一九八九年、アルセッド建築研究所と共同設計）

林野庁のモデル木造施設建設事業により建設された大断面集成材木造建築である。千葉市民に郷土の農業について知ってもらうための施設であり、東西に切り妻屋根の展示ホールと会議室、南北に陸屋根の事務室、研修室などが中庭を囲むように建つ。大断面集成材を構造に用いるにあたっては、接合部に金物が見えないこと、湾曲材を用いないことが目標とされた。展示ホールと会議室は柱と登り梁で構成された広がりのある空間となっている。同時期には、内田が指導し、アルセッド建築研究所が設計した末廬館（佐賀県唐津市、一九九〇年竣工）も鉄筋コンクリート造と木造の混構造で建設されている。（『新建築』一九九一年二月号）

5 教育プロジェクト

GUP

一九六〇年代当時、大学の研究室で設計実務を行うことは困難だった。構法研究のテーマは実践のなかから見つけるという考えに基づき、実施設計の代わりになるプロジェクトとして始まったのがGUPである。GUPでは、内田が設定した構法・生産的なテーマに基づき、上級生が設計し、下級生が精巧な模型を作成した。精巧な模型を作成するためには施工図に相当する図面を描く必要がある。また、構造設計者らの協力を得て実務さながらに開発は進められ、プロジェクトは『建築文化』誌を中心に発表され、模型写真も平山忠治など建築写真家が撮影した。研究は専門化するほど細分化され、研究者は知らず知らずのうちに視野を狭めてしまう。そのため、GUPでは研究が果たす役割を確かめ、建築生産プロセスの全般に広く触れることが目標とされ、特に住宅生産に重心を置いた開発が進められた。以下の記事に加えて、GUP7までの資料は『GLASS & ARCHITECTURE』（一九七二年九月号）のほかに『造ったり考えたり』『INAX REPORT』（一九九八年六月号）にもまとまっており、GUPについて内田にインタビューした映像（松村秀一、井出建による）がDAAS interview Vol.006として公開されている。

GUP1、2（一九六四、六五年）

日本において大型パネルシステム導入が図られていた時期の開発である。中層の集合住宅をコンクリートパネルでつくる方法を国際的なレベルまで向上させることを目標にしたGUP1はエスキス程度で終了したとされる。それを再びプロジェクトとしてまとめあげたものがGUP2である。ティルトアップ構法の現場施工性の悪さを改善するような構造形式が考えられた。一層二スパンで鉛直力のみを途中のピン接合の柱または逆方向の壁に負担させ、水平力は中央のトラスを連ねた壁柱に伝える。梁をなるべく設けないことで現場施工を減らす工夫も見られる。また当時ではまだ一般的には考えられていなかったセルフフォーミング（型枠が部材と一体になる）も取り入れられた。コストを下げるための工夫はそれだけでなく、間仕切りユニットが収納を兼ねており、数種類の収納ユニットをつくり、目的に応じて組み合わせることで収納スペースをつくる。さらに設備のユニット化を行うことに加え、規格構成材による組み立てを目指すためモデュールに統制された空間をつくった。（『建築文化』一九六五年九月号ほか）

GUP3（一九六七年）

大型パネル工法による中層アパート開発が進められるなか、高層アパートへの応用を目指した開発である。開発当時は建物高さが三一メートルに制限されており、一二階建て住宅をプレハブ工法で設計すると、ジョイントによって一層分の高さが失われてしまう。そこでPCと鉄骨の組み合わせによって高さ方向の無駄を極限まで抑えることと、スラブの形状を工夫することにより、三一メートルの高さに在来と同じ階数を設けることを目的とした。住戸は二層で一住戸のメゾネットで、三層で二住戸を一つの単位としている。三層単位の二層目に共用廊下を設け、ここからそれぞれの住戸にアクセスする。これにより、プランのフレキシビリティが増し、基本プランの3LDKのほかにもさまざまな住戸プランを設けることを可能とした。この案はGUP-3NTTとして日本電信電話公社の職員住宅（筑波社宅）として実用化が進められ、同公社建築局、アルセッド建築研究所、高坂構造設計事務所、綜建築研究所の設計により筑波社宅として実現した。GUP3の模型は「ジャパン・アーキテクツ 1945－2010」展（金沢21世紀美術館）でも展示された。（『建築文化』一九六七年二月号、筑波社宅は『新建築』一九七六年一〇月号など）

GUP4（一九六七年）

欧州石炭鉄鋼共同体（ECSC）による鉄鋼を使った工業化住宅開発コンペへの提案。工業生産ベースに乗った基本コンポーネントの組み合わせによって、独立住宅・テラスハウス、四家族住宅および集合住宅の四種類を建設できることが条件であった。自由度が要求される居住空間と、水まわりなどの自由度を必要としない空間の二つに構成要素を分け、後者をCubic unitとして工場生産し、変化する居住空間に適宜付属させるシステムを提案した。さらに、住居スペースの可変性を考え、なるべく構造的負担をCubic unitが行うことも考えられた。床スラブや屋根スラブを一枚の立体トラス状の堅固なスラブとすることで、内部の柱梁を省略した。Cubic unit運搬時のボリュームが極端に大きくならないよう、重量や寸法にも注意して設計が進められた。ユニットを積み上げ、集合住宅とすることも可能であるが、補強を加えても四層が限界となる。原理上は大型鋼材による別の構造骨組みを利用すれば、より高層な建築が可能となる。実装するために企業と共同での提案が求められていたが、内田研究室単独で提案し落選した。（『GA』一六三号、一九七二年九月号など）

ＧＵＰ５（一九六八年）

ＧＵＰ４を四層ごとに大型立体トラス状のフレームに取り付けて高層化した計画。トラスを活用することで、構造的にもコスト的にもより有効な鋼材利用方法となる。住戸のユニットは三種類あり、取り替えることも可能とした。ユニットは、メゾネットとすること、または隣のユニットを同時に利用することが可能であり、一住戸の形成方法は自由である。住戸は、骨組みとコアシャフトが立ち上がってから入れるものとし、骨組みの柱をガイドラインとして使用する。（『建築文化』一九六八年一〇月号など）

ＧＵＰ６（一九七〇年）

ＫＪ部品などのオープン部品の住宅市場での流通を背景として、それらの既存のオープン部品を活用する部品化住宅の計画である。独立した内装・外装・骨組み、三つのサブシステムで全体を構成する。それぞれのシステムは九〇〇モデュールであり、組み合わせ先を選ばないジョイント方法をもっている。三サブシステムを独立して設計し組み合わせるかたちで開発が進められた。また、骨組みのジョイントは溶接やボルトをいっさい使わずにラーメンを構成できるように加工が行われている。外壁システムは、出窓タイプのパネルを使用。出窓となり出っ張ったスペースに開口部、収納、コンセントなどを組み込む。内装のシステムの中に設備ユニットボックスを収めることで天井裏の配線をなくすことに成功している。骨組みシステムは構造実験が行われ、武蔵学園の掲示板としても活用された。（『建築文化』一九七〇年一二月号など）

ＧＵＰ７（一九七二年）

ＧＵＰ６までが建築として一つの全体像をもつ住宅建築の提案だったのに対して、ＧＵＰ７は内部や構造体のユニット化の提案であり、全体形状に縛られず大きな拡張性をもつ提案とも言える。現場作業を減らすためには部品を大型化するべきという考え方に基づき、ボックスユニットで一戸建て・連続住宅・集合住宅、低層・中層・高層の住居すべてを設計するシステム開発を目的とした。ユニットとすることで、なるべく多くの工事を工場で行いプレハブ度九〇—九五％を達成する。ボックスユニットは、平面計画の自由度を失いがちであるため、モデュールは九〇〇ミリとし、ボックスの四辺・隅にジョイントスペースとボイドスペースを設けさまざまな使い方を可能にする。骨組みはオープン性を重視するためにラーメン構造とし、高層化を行う場合にはボイドスペースにＰＣ柱が置かれる。配線・配管は床下、天井裏には行わず、外壁・間仕切りの中に収められた。こういったパネルを使用し、配管器具を集約することによって、より単純性を増しつつ空間のバリエーションも増やすことが可能になった。（『建築文化』一九七二年四月号など）

ＧＵＰ８（一九七三年）

学校建築のシステムズビルディングの提案である。ＧＵＰ７までは住宅を主な対象としてきたが、民間のユニット住宅開発も活発になっていた。次の研究・設計対象として、類型化ができ建設量の多い学校建築が選ばれた。日本の学校建築の近代化については幾度か研究されたものの単発であったので、現場賃金や教育方法の発展も考慮したシステムのありかたを提案することが目標となった。構造は、プレテンションあるいはポストテンションコンクリートによる大型ユニット構造をとった。フレキシビリティを増すために、細かく分割された空間をつくるのではなく、「広いユニフォームな空間」になるよう設計を行った。ユニフォームのような空間は、床と天井が平らでかつ天井高が一定であることが望ましい。ここで、梁形が出ないよう一層分のフィーレンディールトラスを各階ごとに九〇度方向を変えて井桁を組ませ、スパンに広がりを持たせた。内装材に間仕切りシステムとしてΩバーが提案され、容易な改装を可能にしている。（『建築文化』一九七三年五月号など）

ＧＵＰ９（一九七四年）

住宅様式の多様化を見通しつつ工業化を実現する方法を提案した。従来の工業化住宅は、フラットやメゾネットに対応することを謳っていても、断面計画は限られたものだった。その制約を少しでも拡張し、傾斜敷地にもなじむように考えられたプロジェクトがＧＵＰ９である。また、当時のパネル工法は接合部の手間が多く、現場施工ではコンクリートの打設に問題が多かった。これらの問題を解決するための構法として、ＰＣの基礎組みとＵ字型枠による「鉄筋サンドイッチコンクリート」を使用している。ＰＣ基礎は、布基礎に地中梁の曲げモーメントを受けるために張り出しが付き「キ」型をしている。布基礎を独立に扱えるようにすることで工期を短縮する。床板はＰＣ板とし、小型機械で揚重できる最大限まで大型化を行う。このＰＣ板とコンクリート打設用の金属の壁型枠にＵ字型枠を構成する。傾斜地のコンクリート打設はコンクリートが流れにくい課題があるが、型枠内に鉄筋がないことで三層分のコンクリートを一度に打設することが可能である。鉄筋は打ち込んだコンクリートの両側を挟むパネルのようにして設置され、この状態を「鉄筋サンドイッチコンクリート」と呼んでいる。「鉄筋サンドイッチコンクリート」が通常の鉄筋コンクリートと同じ強度になるよう、鉄筋とコンクリートの接合部分の実験が行われた。（『建築文化』一九七四年七月号など）

GUP10（一九七八年）

　GUP9までは、新たなビルディングシステムが開発の目的だった。これに対しGUP10では、社会に存在するビルディングシステム・オープン部品のなかで不十分であるサブシステムを取り出し、それに代わるものを提案することを目的とした。なかでも、構造躯体・屋根・外壁といったシェルター機能をもつ部分に焦点を当てた。特に、建築に構法が素直に表現された木造軸組真壁構法に代わる「設計者が意図のある設計のできうる」システム、また「一つ一つ違う建物のできるシステム」づくりを目指した。そのために、オープン部品を多数使用し、中小規模の業者でも確実な施工が行えるような配慮がなされた。システムとしては、柱、梁、床などの小規模規格部材によるラーメン構造をとる。運搬と施工を容易にするためには、軽量で小型な部品で構成することが要求される。しかし、同時に不燃化や耐久性能の向上を目指すためには、重いコンクリートを採用したいという正反対の要求が生じた。そこで、構造材の鉄筋組立柱に捨て型枠としての機能を付属させ、躯体を先行して施工してから配筋を行い現場でコンクリートによって一体化する方法を採用した。これにより、現場の組み立て作業を簡素化し施工が短期間になるだけでなく、従来のコンクリート施工法より仮設作業などを省くことが可能になり、全体の生産性の向上にも期待ができる。屋根は、コンクリート造でありながら日本の気候に合わせるかたちで陸屋根ではなく勾配屋根の形状をとり、U字形の大型瓦と既存の丸瓦の組み合わせとした。最終的に住宅地の設計は一一人の集団設計とし、開発した構法を使ってさまざまな提案がなされた。（『建築文化』一九七八年七月号など）

Uフレーム、Uポール（一九六五年）

　それぞれ一種類ずつのポールとパネルからなる乾式の可動間仕切りシステム。十字型のアルミ製ポールが並んだ間に等幅のパネルが配置される。ポールは同じ断面材を適当な長さで切断するのみでフレームを構成することができる。日本の襖と同様に、連続面も前後に出入りさせることで等幅のパネルで間仕切りパネルを納めることができる一方、壁面に段差ができる点が普及しなかった原因にもあげられている。パネルフックなどパネルを固定する部品は摩擦力を利用して固定しており、これは自在鉤と同じ原理を用いたものである。（『a＋a現代技術と建築』一九六五年三月号、軽金属協会）

図11　Uポール　東京大学製図室

重ねて並べられる机（一九八七年から、明治大学内田研究室の活動）

　縦横比一対二の長方形の天板が載った机であり、畳のように敷き詰めることができる。最大の特徴は四脚の頂部が卍の方向に天板から外に飛び出している点にある。これによって机を重ねた状態から横にスライドさせる（天板同士を少し浮かす）だけで、机を並べていくことができる。また、この頂部が隣の天板の下に入ることで天板同士を隙間なく並べることが可能である。明治大学内田研究室において脚部や接合部に改良が重ねられ、大学や住宅作品、NEXT21にも納められた。また、天然無垢板の天板を使った机は自邸と大野勝彦邸に分けて納められることとなった。（『住宅建築』二〇〇四年三月号など）

Vフレーム（一九九一年、明治大学内田研究室での活動）

　Uフレームの弱点である段差をなくし、日本建築と同じく柱の面内にパネルが納まるよう開発されたのがVフレームである。Uフレームの十字形のポールを四五度振ったX形の柱に、H形の梁フレームが取りつく。ほかにパネルフックやブラケットなど数種類の金物があり、摩擦力などを用いて乾式で接合するため組み立て、解体の繰り返しが可能である。またパネルフックなどはUフレームと同じ部品を用いている。（『住宅建築』二〇〇四年三月号、『ディテール』一二一号、一九九四年夏号など）

6　寺社

明治神宮神楽殿（東京都、一九九四年、アルセッド建築研究所と共同設計）

　明治神宮鎮座七〇年の記念事業として造営された神楽殿である。神宮林への配慮から主要な機能以外の付属施設は地下に収める計画とした。中庭などを掘り下げ、地下部分にも十分に自然の光を採り入れた。神楽殿の主要部分は木造によって設計する計画であったが、準防火地域であるために大規模木造建築をつくることは当時不可能であった。そこで、純粋の木造に耐火構造の覆屋をかける案が浮かび、さらにその覆屋を軽く透明感のあるものにして御社殿となじませることを意図した。そのため、柱の本数を極端に少なくし、大きなガラスで覆うこととした。ガラスの最大寸法は、幅三メートルで長さは運搬可能な限度とした。横長のガラスの取り付けは前例がなく、治具を新たにつくり現場で取り付けを行った。神宮殿が利用されるのは日の出ている時間とはいえ、神宮林の中では昼でも暗いため人工照明は必須であった。外部では昼の自然光が不安定で、人工照明との美しい兼ね合いが検討された。また、伝統建築のイメージとほど遠い近代的な設備をすべて目につかないように隠すことも大きな目標として掲げられた。有田の作品群などと同じく屋根には内樋が採用され、ケヤキの芽などの細かい種によってつまりを引き起こさないよう、金網を設置することはもちろん、樋の幅を広くして、水が種を流すように設計された。(『新建築』一九九四年一月号、「神楽殿造営工事報告書」明治神宮など)

　明治神宮神楽殿造営委員会編集『明治神宮神楽殿造営工事報告書』明治神宮社務所、一九九四年、三頁に一九九三年一〇月一三日竣功清祓式とあり、一九九三年竣工とした。

顕本寺本堂(**大阪府、二〇〇三年、こうだ建築設計事務所と共同設計**)

　堺市市街地に建つ第二次世界大戦で焼失した寺院の再建である。二種類の型枠によってつくられたPC板によって軒反り付きの寄棟を実現している。平面が長方形の場合、平入りが一般的ではあったが、宗徒が増えたこともあり妻入りの平面も増加していた。瓦屋根の棟の両端を納める際に、鴟尾(しび)を取り付ける伝統的な様式にならうことを考えたが、これを妻入りの正面から見ると鴟尾が後ろ向きになることが気になった。そこで、寺の正面から見ると宝珠にみえるが、側面から見ると鴟尾に見える飾りを新たに作成し設置している。(『ディテール』一七八号、『知られざるPC建築』など)

妙壽寺東祥苑(**東京都、二〇一〇年、こうだ建築設計事務所と共同設計**)

　関東大震災後、烏山に移転した寺院境内に建ち、その移転の際には内田祥三もかかわっている。スケルトンはRC、インフィルは木造軸組で構成され、建具はRC外壁の内側に設けられている。全面開放時には、建具を収納することができ、障子も手動で取り外し、ガラスは柱間に収まるよう設計された。室内側広縁の先に月見台が連続的に広がる。間仕切りシステムを追求した現代的な真壁方式である。軒先をシャープに見せる工夫もされており、軒先はアングル金物によって軽く見せた。さらに、軒先のみを薄い鉄板で葺くために、屋根は錣葺き(一枚の板ではなく、一段の区切りを付けてすぐその下から軒までを葺く形式)にすることで、本棟と違う材料の素材の使用を可能とし、シャープさを実現した。(『ディテール』二〇二号など)

7 コンペ案

世界平和記念聖堂
(**広島県、一九四八年、大沢宏と共同設計**)

　終戦から三年後に実施された戦後初の本格的コンペであり、一等入選該当者なしとなったことから論争を呼び、村野藤吾によって設計がなされた。佳作となった内田らの案は、低いライズのボールト状の屋根が講堂の梁間方向に並ぶ点で前川國男案と共通するがより簡素な表現となっている。塔も細長い矩形平面をしたシンプルなものであり、全体として禁欲的な印象を与える。(『建築設計競技選集』吉田研介+建築設計競技選集編集グループ、メイセイ出版、一九九五年など)

名古屋放送会館(**愛知県、一九五二年、橋爪慶一郎、大場則夫、西野範夫と共同設計**)

　公園の中の一建築として計画され、緑地帯にふさわしい雰囲気をつくることを目的とした。スタジオを中心にした動線計画には合理性を求め、スタジオ群を東南に集約し、道路側は直行するブロックの建物で囲み、残りの部分は公園とすることで、使用・音響の要求を同時に解決し、スタジオと放送課室が相互に利用しやすいよう配慮した。テレビスタジオを併設する場合にも、動線は北の中央ホールから分かれる。二階のホールの吹き抜け部分はギャラリーとしての機能もあり、見学者が一周することができ、技術関係諸室の見学が行える。(『建築雑誌』一九五二年四月号、『新建築』一九五二年六月号など)

国立国会図書館(**東京都、一九五四年、橋爪慶一郎、大場則夫、西野範夫と共同設計**)

　それまでの「書物を保存する」ことに重きを置いた図書館ではなく、「知識を一般大衆に供給する」場としての図書館設計を心がけている。それと同時に「立法、行政、司法の各府に資料を提供」することや「全国の図書館の管理センター」としての機能をもつことが、国会図書館に必要だと考えられた。そのため、サービス部門と呼ばれる一般閲覧室、定期刊行物閲覧室、カード室、総合考査書誌室、出納室それぞれに関係をもたせつつ、すべて主階に配置した。開かれた、訪れやすい図書館の実現のために、大衆は主階に直接導入される。将来、国会図書館の使われ方が変わるものと考え、フレキシビリティのためのモデュラープランニングが行われた。モデュールは、さまざまな用途の机や書架のサイズ、またアメリカで用いられているモデュールも考慮され六・七五×六・七五が採用されている。三等入選。(『新建築』一九五四年九月号、『建築設計競技選集1』吉田研介ほか、メイセイ出版、一九九五年など)

内田祥哉略年表

年	経歴・職歴・受賞歴	設計	著書
一九二五	東京生まれ		
一九三一	麻布小学校入学		
一九三二	笄尋常小学校へ転校 父・祥三設計の新居へ引越し		
一九三八	武蔵高等学校尋常科入学		
一九四二	武蔵高等学校高等科入学		
一九四四	武蔵高等学校高等科卒業 東京帝国大学第一工学部建築学科入学		
一九四七	東京帝国大学卒業 逓信省技術員		
一九四八		世界平和記念聖堂コンペ（佳作）	
一九四九	電気通信省職員	盛岡電報局	
一九五〇		東京中央学園宿舎1期	
一九五一		東京中央学園食堂、浴場、宿舎2期	
一九五二	日本電信電話公社社員	名古屋放送会館競技設計案	『住宅と都市の話』共著、彰国社

一九五三		名古屋第二西電話局	
一九五四	東京大学非常勤講師 結婚	東京中央学園クラブ 国立国会図書館競技設計案（三等） 東京中央学園宿舎3期	
一九五五		大田区立大森第三中学校	
一九五六	日本電信電話公社退職、東京大学助教授	霞ヶ関電話局 日本電信電話公社中央学園講堂	
一九五七			『建築学大系32 学校・体育施設』共著、彰国社
一九五八			『建築学大系40 鉄骨造設計例』共著、彰国社
一九六一	工学博士	山田邸離れ	パウル・ワイドリンガー『アルミニウム建築』共訳、彰国社
一九六二		自邸 目黒区立第一中学校 佐賀県立図書館	
一九六三			『モデュール』彰国社、『工業化への道3』 不二サッシ工業（私家版）
一九六四		GUP1 Uポール、Uフレーム	
一九六五		GUP2	
一九六七		GUP3 GUP4 佐賀県立青年の家	
一九六八		GUP5	「プレファブ」講談社 『現代建築写真集』共立出版

一九六九			『建築家吉田鉄郎の手紙』共著、ジュラ・セベスチェン「大型パネル住宅」監訳、『建築・室内・人間工学』共著、三冊とも鹿島研究所出版会
一九七〇	東京大学教授	GUP6 東京大学工学部一号館建築学科図書室増改築 佐賀県立博物館	
一九七一	「佐賀県立博物館」で第二二回日本建築学会賞（作品）受賞（高橋靗一と連名）		
一九七二		GUP7	『現代日本建築家全集14――吉武泰水、増田友也、内田祥哉、高橋靗一』三一書房
一九七三	芦屋浜高層住宅プロジェクト提案競技（審査）	GUP8	
一九七四	KEP研究開発 GSK委員会、GOD委員会	GUP9 自邸増築 原澤邸	
一九七五	ハウス55提案競技（審査委員会委員長）		「現代建築とその技術の紹介」『ARGUS』連載開始、一九七五年七月―一九九二年一月号
一九七六			『学校建築のビルディングシステム』共著、東京大学出版会
一九七七			『建築生産のオープンシステム』彰国社
一九七八	「建築生産のオープンシステムに関する研究」で第二八回日本建築学会賞（論文）受賞	GUP10 有田町歴史民俗資料館	『学問における価値と目的』共著、東京大学出版会
一九八〇	グスタフトラセンスターメダル賞 日本建築学会に木造在来構法部会設置（主査）		

一九八一	「佐賀県立九州陶磁文化館」で 第二二回ＢＣＳ賞	佐賀県立九州陶磁文化館 武蔵大学マスタープラン、中講堂棟	『建築構法』編著、市ヶ谷出版社
一九八二	日本建築セミナー設立 「佐賀県立九州陶磁文化館」で第三四回日本建築学会賞（作品）受賞（三井所清典と連名） ＣＨＳ高層基本計画発表	武蔵大学図書館棟 先人陶工之碑	『ヨーロッパ・アメリカ新しい住宅建築技術』 共著、工業調査会
一九八三	「武蔵大学キャンパス再開発」で 第二四回ＢＣＳ賞	武蔵大学教授研究棟 武蔵大学キャンパス再開発	『建築構法計画』編著、鹿島出版会
一九八五		有田焼参考館	
一九八六	木造建築研究フォラム設立 東京大学退官、明治大学教授		『造ったり考えたり』私家版
一九八七		大木邸	「小径材を格子状に積層した住宅のための木造梁に関する研究」新住宅普及会 （現住総研）
一九八八	第一回内田賞顕彰	武蔵大学科学情報センター 武蔵学園濯川蘇生計画 武蔵大学第二学生ホール	
一九九一		Ｖフレーム	
一九九二		武蔵大学五号館	『建築施工』市ヶ谷出版社
一九九三	日本建築学会長（一九九四年まで）		『建築の生産とシステム』 住まいの図書館出版局 『在来工法の研究』住宅総合研究財団
一九九四	日本学術会議会員（一九九七年まで）	明治神宮神楽殿 ＮＥＸＴ21	

一九九五	「明治神宮神楽殿」で第三六回ＢＣＳ賞		
一九九六	明治大学退職 内田祥哉建築研究室設立 「建築構法計画に関する一連の研究 および設計活動による建築界への貢献」で 第四七回日本建築学会大賞受賞	武蔵大学守衛所	
一九九七	金沢美術工芸大学特認教授 （二〇〇三年から客員教授）	武蔵大学六、七号館 武蔵高等学校新棟	
二〇〇二			『日本の建築を変えた八つの構法―― 内田賞顕彰事績集』内田賞委員会事務局 『対訳現代建築の造られ方』市ヶ谷出版社
二〇〇三	「内田祥哉展」日本建築学会	顕本寺本堂	
二〇〇九		妙壽寺東祥苑	『日本の伝統建築の構法』市ヶ谷出版社
二〇一〇	工学院大学特任教授 日本学士院会員		
二〇一四	第九回日本構造デザイン賞松井源吾特別賞		「陸墨」『ＡＣｅ建設業界』連載開始、 二〇一四年四月－二〇一五年二月号 『建築家の多様』（建築ジャーナル）
二〇一七			『内田祥哉　窓と建築ゼミナール』鹿島出版会
二〇一八			『ディテールで語る建築』彰国社
二〇二一	逝去		

参考文献リスト

内田祥哉著（共著含む）

・青木正夫、稲垣栄三、内田祥哉『住宅と都市の話』彰国社、一九五二年
・松下清夫、内田祥哉「建築構造：ビルディング・コンストラクション（一九五四年建築界回顧）」『建築雑誌』日本建築学会、一九五五年三月号、一五頁
・松下清夫、内田祥哉、和泉正哲「取付け強度に関する資料（その1）」『日本建築学会研究報告』一九五五年五月
・内田祥哉ほか「Building Elementの定義に就て」『日本建築学会研究報告』第四八号、一九五九年六月、八一―八四頁
・内田祥哉「Dφシステムについて」『国際建築』一九五九年一月号
・内田祥哉『Building Elementの研究建築構法の分析と綜合（学位論文）』一九六一年
・内田祥哉ほか「Building Elementの位置による分類」『日本建築学会論文報告集』日本建築学会、一九六一年一〇月号、二七三―二七六頁
・内田祥哉『プレファブ』講談社、一九六八年
・内田祥哉、木村俊彦、高橋靗一、山本学治「構造デザインとトータル・デザインの結節点」『建築文化』一九七一年三月号、一〇五―一〇八頁
・内田祥哉「日本のパイロットハウスから見た米国のオペレーション・ブレークスルー」『学士会月報』一九七二年四月
・内田祥哉「インダストリアリゼーションの波と建築家の職能」『建築家』一九七二年秋号
・「特集　GUP／東京大学内田研究室」『GLASS & ARCHITECTURE』一九七二年九月号、綜建築研究所
・内田祥哉ほか「構法計画の体系について――構法の位置づけとその構成――」『日本建築学会大会学術講演梗概集』五四九―五五〇頁、一九七三年一〇月
・内田祥哉「ビルディングシステムの評価とそのチェック方法――芦屋浜コンペの場合――上」『建築技術』一九七四年二月
・内田祥哉他「今日の住宅産業の工業化」『Steel & Construction』ＮＫＫ、一九七六年四月
・内田祥哉「設計の機械化はしても機械的設計は困る」『ＳＤ』一九七六年五月号
・内田祥哉『建築生産のオープンシステム』彰国社、一九七七年
・内田祥哉「建築と建築学」竹内啓編『東京大学教養講座　第二巻　学問における価値と目的』東京大学出版会、一九八〇年
・内田祥哉「住宅と性能」『建築雑誌』一九八〇年四月号
・内田祥哉「コンクリート建築は歴史的建造物となり得るか」『新建築』一九八二年二月号
・内田祥哉「最近のコンクリートは１００年耐えられるのか」『新建築』一九八二年五月号
・内田祥哉「鉄筋コンクリート建築を歴史的建築物となし得るか」『新建築』一九八二年八月号
・内田祥哉「鉄筋コンクリート造と歴史的建造物」『新建築』一九八二年一一月号
・内田先生の本編集委員会『造ったり考えたり』一九八六年
・内田祥哉「しょうがく1ねんせい」『造ったり考えたり』、内田先生の本刊行委員会、一九八六、五二―五三頁（初出『電電建築』一九八〇年十月号）
・内田祥哉「コンクリート建築の実態を知りたい」『コンクリート工学』一九八六年一月号
・内田祥哉ほか「大正時代のＳＲＣ造建物の屋根改修――明治神宮宝物殿」『建築技術』一九八六年八月号

- 内田祥哉ほか「小径材を格子状に積層した住宅のための木造梁に関する開発研究」『住宅建築研究所報』一三巻、一九八七年九月
- 内田祥哉『住まい学大系／051　建築の生産とシステム』住まいの図書館出版局、一九九三年
- 内田祥哉「松村さんと学校」松村正恒『無級建築士自筆年譜』住まいの図書館出版局、一九九四年
- 内田祥哉ほか「シンポジウム二　戦後建築を回顧する」『戦後建築の来た道行く道』所収、東京建築設計厚生年金基金、一九九五年
- 明治大学理工学部建築学科内田研究室『造　明治大学内田研究室一〇年のあゆみ』一九九六年
- 内田祥哉「造ったり考えたり——建築教育を考える——」『新建築』一九九六年五月号
- 内田祥哉「建築構法計画に関する一連の研究および設計活動による建築界への貢献（日本建築学会大賞）」『建築雑誌』一九九六年八月号、八八頁
- 「特集モダニズムの軌跡9　内田祥哉」『INAX REPORT』一三五号、ＩＮＡＸ、一九九八年六月
- 内田祥哉「『構法規定』から『性能規定』へ『国産材木造』から『外材木造』へ」『建築雑誌』二〇〇〇年一一月号
- 内田賞委員会事務局『日本の建築を変えた八つの構法』二〇〇二年
- 内田祥哉『現代建築の造られ方』市ヶ谷出版社、二〇〇二年
- 「内田祥哉・一五〇脚目の机　重ねて繋げて並べられる机」『住宅建築』二〇〇五年一月、七二―八三頁
- 内田祥哉「内田祥哉　三題噺」『ディテール』第一六六号（二〇〇五年一〇月号）から第二〇六号（二〇一五年一〇月号）に連載、彰国社
- 内田祥哉「林昌二とその作品」『林昌二の仕事』新建築社、二〇〇八年
- 内田祥哉『日本の伝統建築の構法』市ヶ谷出版社、二〇〇九年
- 内田祥哉『ＫＪ部品からＢＬ部品へ　公共住宅部品のオープン化への起点』ＢＥ建築設備、二〇一一年一〇月
- 内田祥哉『ディテールで語る建築』彰国社、二〇一八年

内田祥哉著以外の文献

- 上杉啓「構法計画研究の現状」『建築雑誌』一九七八年四月号
- 内田祥三先生眉寿祝賀記念作品集刊行会編『内田祥三先生作品集』私家版、鹿島研究所出版会、一九六九年
- 『ＳＤ』別冊25　近未来型集合住宅ＮＥＸＴ21　環境共生をめざした実験のすべて』鹿島出版会、一九九四年
- 金子勇次郎「提案競技と審査：パイロットハウスに則して」『建築雑誌』一九七三年五月号
- 川島智生「内田祥哉による昭和30年代新制中学校校舎の新しい試み」『季刊文教施設』二〇一五年秋号、一般社団法人文教施設協会
- 栗田勇編集著作『現代日本建築家全集14　吉武泰水　増田友也　内田祥哉　高橋靗一』三一書房、一九七二年
- 建設省建築生産企画室監修、日本建築センター編集『工業化住宅への指針　パイロットハウス入選作品集1——戸建・連続建住宅篇——』工業調査会、一九七二年
- 建設省建築生産企画室監修、日本建築センター編集『工業化住宅への指針　パイロットハウス入選作品集2——共同建住宅篇——』工業調査会、一九七二年
- 建設省住宅局住宅生産課監修『工業化工法による芦屋浜高層住宅プロジェクト提案競技』日本建築センター、一九七四年
- 建築学大系編集委員会編『建築学大系32　学校・体育施設』彰国社、一九五七年
- 建築学大系編集委員会編『建築学大系40　鉄骨造設計例』彰国社、一九七〇年
- 澤田光英『わたしの住宅工業化、産業化の源流物語』日本建材新聞社、一九九七年
- 「特集　家づくりのシステム化・考」『住宅建築』二〇〇四年三月号
- 鈴木成文「性能論の限界」『建築雑誌』一九七一年五月号、二八〇―二八二頁
- 鈴木博之『現代の名匠』建築画報社、二〇一四年

・綜建築研究所『規格構成材建築への出発／剣持昤遺稿集』一九七四年
・高橋靗一・第一工房『高橋靗一／第一工房 1960—2005』TOTO出版、二〇〇三年
・田村恭「Building Elementsの評価」『建築雑誌』日本建築学会、一九五七年四月号、九—一六頁
・寺井達夫「黎明期の鉄筋コンクリート構造 武蔵大学本館一部解体調査（上・下）」『施工』一九八一年九月号、一〇月号
・東郷武「日本の工業化住宅（プレハブ住宅）の産業と技術の変遷」『国立科学博物館技術の系統化調査報告 第15集』国立科学博物館、二〇一〇年
・中島直人『都市計画の思想と場所：日本近現代都市計画史ノート』東京大学出版会、二〇一八年
・日本建築学会編『近代日本建築学発達史』丸善、一九七二年
・日本建築センター編『パイロットハウス技術考案集』工業調査会、一九七一年
・花田佳明「内田祥哉および建築計画関係者との関係」『建築家・松村正恒ともうひとつのモダニズム』鹿島出版会、二〇一一年
・N・J・ハブラーケン「支え構造と分離ユニット」『都市住宅』一九七二年九月号、鹿島出版会
・「NEXT21」編集委員会「NEXT21 その設計スピリッツと居住実験10年の全貌」エクスナレッジ、二〇〇五年
・速水清孝「特集 生き続ける建築—6 内田祥三 補遺 内田先生にたずねる」『INAX REPORT』第一七二号、二〇〇七年
・藤森照信「立てれば迷宮、開けばモダニズム 内田祥哉の『自宅』」『藤森照信の原・現代住宅再見3』所収、TOTO出版、二〇〇六年
・船越徹「GODシステム、中小庁舎のシステムズビルディング」『季刊カラム』No.64、新日本製鐵、一九七七年三月
・古川修「住宅部品化のあゆみ」『建築技術』一九七六年一一月号
・松下清夫『建築生産・各部構造』鹿島研究所出版会、一九七〇年
・宮内嘉久『建築ジャーナリズム無頼』晶文社、一九九四年
・明治神宮神楽殿造営委員会編集『明治神宮神楽殿造営工事報告書』明治神宮社務所、一九九四年
・森まゆみ「黎明期の建築家たち（17）内田祥三（その2）——息女、松下美柯さんに聞く」『住宅建築』第三四一号、二〇〇三年八月号
・「有名建築その後 佐賀県立博物館」『日経アーキテクチュア』一九八四年一二月一七日号
・「吉武泰水山脈の人々」編集委員会『吉武泰水山脈の人々：建築計画の研究・実践のあゆみ』鹿島出版会、二〇一一年
・J・A・ライデルバック著、鈴木一訳『モジュラーハウジング』工業調査会、一九七四年

図版クレジット

巻頭ポートレート　撮影：山岸剛

第一章

図1　『内田祥三先生作品集』（鹿島研究所出版会、一九六九年）より作成
図2　東京大学大学院工学系研究科建築学専攻所蔵

第二章

図1　内田家所蔵（撮影：平山忠治）
図2　内田家所蔵
図3　内田家所蔵（撮影：平山忠治）
図4　内田家所蔵
図5　内田家所蔵（撮影：平山忠治）
図6　内田家所蔵
図7　内田家所蔵
図8　内田家所蔵
図9　内田家所蔵（撮影：国際建築協会）
図10　内田家所蔵
図11　内田家所蔵
図14　内田家所蔵（撮影：国際建築協会）
図15　内田家所蔵
図16　内田家所蔵
図17　内田家所蔵
図18　内田家所蔵
図19　内田家所蔵
図20　内田家所蔵
図21　内田家所蔵
図22　内田家所蔵
図23　内田家所蔵
図24　内田家所蔵
図25　出典：『建築学大系40　鉄骨造設計例』彰国社、一九七〇年
図26　出典：『建築学大系40　鉄骨造設計例』彰国社、一九七〇年
図27　編者撮影
図28　編者撮影
図29　内田家所蔵
図30　内田家所蔵
図31　内田家所蔵
図32　内田家所蔵

第三章

図1　内田家所蔵
図2　出典：内田祥哉『建築生産のオープンシステム』彰国社、一九七七年
図3　出典：内田祥哉『日本建築学会論文報告集』第六九・二巻、一九六一年一〇月、二七三―二七六頁
図4　出典：『GLASS & ARCHITECTURE』一九六五年一月号、旭硝子
図5　出典：内田祥哉、宇野英隆、井口洋佑「Building Elementの定義に就て」『日本建築学会研究報告』第四八号、日本建築学会、一九五九年六月

第四章

図1　内田家所蔵
図2　内田家所蔵
図3　内田家所蔵（撮影：平山忠治）
図4　内田家所蔵

図5 内田家所蔵（撮影：平山忠治）
図6 内田家所蔵
図7 内田家所蔵
図8 内田家所蔵（撮影：平山忠治）
図9 撮影：相原功

第五章

図1 内田家所蔵（撮影：岡本茂男）
図2 内田家所蔵（撮影：彰国社写真部）
図3 内田家所蔵（撮影：平山忠治）
図4 内田家所蔵（撮影：彰国社写真部）
図5 出典：『建築文化』一九六八年三月号、彰国社
図6 同章図5と同じ
図7 内田家所蔵（撮影：彰国社写真部）
図8 出典：『ディテール』一九六六年四月号、彰国社（作図：第一工房）
図9 内田家所蔵（撮影：彰国社写真部）
図10 内田家所蔵（撮影：彰国社写真部）
図11 内田家所蔵
図12 出典：『建築雑誌』一九五四年八月号、日本建築学会
図13 出典：日本建築学会編『設計図例2——S県立図書館（設計製図資料2）』彰国社、一九六八年
図14 内田家所蔵（撮影：平山忠治）
図15 内田家所蔵（撮影：平山忠治）
図16 内田家所蔵（撮影：鈴木悠）
図17 内田家所蔵（撮影：村井修）
図18 内田家所蔵
図19 内田家所蔵
図20 編者撮影
図21 内田家所蔵
図22 内田家所蔵

第七章

図1 出典：内田祥哉、大場則夫、菅野義隆、西野範夫「2章計画——断面決定迄の経過」LGS研究会（広瀬鎌二、飯塚五郎蔵ら）『軽量形鋼の断面決定とその応用に関する研究報告』出版年不詳
図2 内田によるスケッチを元に編者作成
図3 同章図1と同じ
図4 出典：澤田光英、金子勇次郎『軽量鉄骨連続住宅——作例と解説』社団法人鋼材倶楽部、一九八五年
図5 出典：建設省建築生産企画室監修、日本建築センター編集『工業化住宅への指針 パイロットハウス入選作品集2——共同建住宅篇——』工業調査会、一九七二年
図6 出典：J・A・ライデルバック著、鈴木一訳『モジュラーハウジング——アメリカの箱型住宅——その発展と技術の実際』工業調査会、一九七四年
図7 出典：建設省建築生産企画室監修、日本建築センター編集『工業化住宅への指針 パイロットハウス入選作品集1——戸建・連続建住宅篇——』工業調査会、一九七二年
図8 出典：内田祥哉「KJ部品からBL部品へ 公共住宅部品のオープン化への起点」『BE建築設備』二〇一一年一〇月号、建築設備綜合協会
図9 同章図8と同じ
図10 出典：建設省住宅生産課監修、日本建築センター編集「工業化工法による芦屋浜高層住宅プロジェクト提案競技」工業調査会、一九七四年六月
図11 出典：建設省住宅生産課監修、日本建築センター編集「工業化工法による芦屋浜高層住宅プロジェクト提案競技」工業調査会、一九七四年六月
図12 出典：内田祥哉『ビルディングシステムの評価とそのチェック方法——芦屋浜コンペの場合——上』建築技術、一九七四年二月

第八章

図1 内田家所蔵（撮影：大橋富夫）
図2 内田家所蔵（撮影：大橋富夫）
図3 内田家所蔵
図4 内田家所蔵
図5 内田家所蔵（撮影：東京大学内田研究室、彰国社写真部）
図6 内田家所蔵（撮影：大橋富夫）
図7 出典：『GLASS & ARCHITECTURE』
一九七二年九月号、旭硝子
図8 内田家所蔵（撮影：大橋富夫）
図9 内田家所蔵
図10 内田家所蔵（撮影：大橋富夫）
図11 撮影：相原功
図12 内田家所蔵
図13 内田家所蔵
図14 内田家所蔵
図15 内田家所蔵
図16 内田家所蔵
図17 出典：明治大学内田研『造』一九九六年三月（撮影：大野繁）
図18 内田家所蔵（撮影：大野繁）
図19 内田家所蔵（撮影：荒井政夫）
図20 出典：『住宅建築』二〇〇五年一月号、建築資料研究社
（撮影：畑亮）
図21 上 内田家所蔵
下 内田家所蔵（撮影：中島喜一郎）
図22 内田家所蔵（撮影：彰国社）
図23 内田家所蔵

第九章

図1 内田家所蔵
図2 出典：『施工——建築の技術』一九八一年九月号、彰国社
図3 出典：寺井達夫「黎明期の鉄筋コンクリート構造
武蔵大学本館一部解体調査報告（上）」『施工——建築の技術』
一九八一年九月号、彰国社
図4 編者撮影
図5 内田家所蔵（撮影：堀内広治）
図6 内田家所蔵（撮影：堀内広治）
図7 出典：『建築技術』二〇〇二年九月号、建築技術
図8 出典：『建築文化』一九八二年七月号、彰国社
図9 出典：『建築文化』一九八二年七月号、彰国社
（撮影：彰国社写真部）
図10 内田家所蔵（撮影：銀聡）
図11 内田家所蔵（撮影：銀聡）
図12 出典：渡辺邦夫監修『知られざるＰＣ建築』建築技術、二〇〇四年
図13 出典：『GLASS & ARCHITECTURE』一九九四年夏号、旭硝子
図14 内田家所蔵（撮影：彰国社写真部）
図15 編者撮影
図16 内田家所蔵（撮影：彰国社写真部）
図17 内田家所蔵（撮影：彰国社写真部）
図18 出典：内田祥哉「三題噺 第五話」『ディテール』一七〇号、
二〇〇六年一〇月、彰国社
図19 内田家所蔵

第一〇章

図1 撮影：相原功
図2 出典：『建築文化』一九七九年三月号、彰国社
図3 出典：『建築文化』一九七九年三月号（撮影：彰国社写真部）
図4 内田家所蔵
図5 内田家所蔵
図6 内田家所蔵
図7 編者撮影
図8 出典：『ディテール』六七号、彰国社、一九八一年

図9 編者撮影

図10 出典：『建築文化』一九七九年三月号、彰国社
（撮影：彰国社写真部）

図11 内田祥哉撮影

図12 出典：『ディテール』六〇号、一九七九年四月号、彰国社
（撮影：彰国社写真部）

図13 出典：『建築文化』一九七九年三月号、彰国社

図14 内田家所蔵

図15 出典：『建築文化』一九八四年七月号、彰国社
（撮影：彰国社写真部）

図16 『プレストレストコンクリート』二〇〇〇年七・八月号、
プレストレストコンクリート技術協会

図17 出典：『建築文化』一九八四年七月号、彰国社

図18 内田祥哉撮影

図19 内田家所蔵

第一章

図1 出典：『建築界』一九七八年九月号、理工図書

図2 出典：『建築界』一九七六年八月号、理工図書（撮影：向井潔）

図3 出典：住宅部品開発センターKEP委員会編
「KEPシステムカタログ」住宅部品開発センター、
一九七六年一月

図4 出典：『建築生産の過去・現在・未来』日本建築センター、
一九八八年（作成：松村秀一）

図5 出典：『SD』別冊25号、鹿島出版会、一九九四年（撮影：輿水進）

図6 内田家所蔵

図7 内田家所蔵

図8 出典：『NEXT21——その設計スピリッツと居住実験10年の全貌』
エクスナレッジ、二〇〇五年（撮影：北田英治）

図9 出典：『NEXT21——その設計スピリッツと
居住実験10年の全貌』エクスナレッジ、二〇〇五年

図10 同章図9と同じ

第二章

図1 内田家所蔵（撮影：エスエス）

図2 内田家所蔵（撮影：エスエス）

図3 出典：『神楽殿造営工事報告書』一九九四年、
明治神宮神楽殿造営委員会、明治神宮社務所

図4 同章図3と同じ

図5 同章図3と同じ

図6 出典：『明治神宮宝物殿改修工事報告書』一九八六年、
明治神宮宝物殿改修工事報告書作成委員会、明治神宮社務所

図7 出典：『GLASS & ARCHITECTURE』
一九七七年二月号、旭硝子

図8 内田家所蔵

作品リスト

図1 内田家所蔵（撮影：国際建築協会）

図2 内田家所蔵

図3 内田家所蔵（撮影：平山忠治）

図4 内田家所蔵

図5 出典：『近代建築』一九七一年一月号（撮影：鳥畑英太郎）

図6 内田家所蔵（撮影：大橋富夫）

図7 内田家所蔵

図9 内田家所蔵（提供：第一工房）

図10 アルセッド建築研究所所蔵

図11 出典：『a＋a』一九六五年三月号、軽金属協会

おわりに

本書を書くにあたっては次の方々にお世話になりました。

内田祥哉建築研究所の平井ゆかさんには、毎回のインタビューにご同席いただくとともに、図版のご提供など、インタビュー、書籍化全般にわたってご尽力いただきました。

財団法人住宅総合研究財団（現一般財団法人住総研）からは二〇一二年度に研究助成「建築構法学・構法計画学の成立・発展史の研究」をいただき、インタビュー調査や現地調査、文献調査を行わせていただきました。その一環として、内田研究室ＯＢの井口洋佑先生（東京理科大学名誉教授）、上杉啓先生（東洋大学名誉教授）からは構法学初期の研究や研究室の様子について、三井造船ＯＢの宮坂公啓様（宮坂建築事務所）からパイロットハウス等についてお話を伺わせていただきました。

首都大学東京（現東京都立大学）権藤研究室の吉川來春さんは卒業論文のテーマとして取り上げ、本書巻末の作品リストの大部分は吉川さん作成のリストを元にしています。二〇一四年秋の研究室合宿で佐賀県の作品群を見学した際には、有田町でアルセッド建築研究所の菅原眞様にご案内いただきました。

鹿島出版会の渡辺奈美さん、前任者の川尻大介さん（現慶應義塾大学出版会）、校閲の佐藤亜紀子さん、豊田正弘さん、そしてデザイナーの白井敬尚さん、江川拓未さんほか多くの方々のお力を賜りました。

何より、お忙しい中時間をとっていただくとともに拙い質問にも真剣にご回答いただいた内田祥哉先生と、先生ご逝去後もご配慮下さりました内田先生御奥様に心より感謝申し上げます。

二〇二一年一一月　編者を代表して　権藤智之

権藤智之　ごんどう・ともゆき

東京大学大学院工学系研究科建築学専攻特任准教授。一九八三年香川県生まれ。二〇〇六年東京大学工学部建築学科卒業。二〇一一年同大学院工学系研究科建築学専攻博士課程修了。首都大学東京（現・東京都立大学）准教授を経て、二〇一七年四月より現職。専門は建築構法、建築生産。共著に『箱の産業　プレハブ住宅技術者たちの証言』（彰国社、二〇一三年）など。

戸田穣　とだ・じょう

昭和女子大学環境デザイン学部環境デザイン学科専任講師。一九七六年大阪府生まれ。二〇〇二年東京大学工学部建築学科卒業。二〇〇九年同大学院工学系研究科建築学専攻博士課程修了。金沢工業大学准教授を経て、二〇二〇年四月より現職。専門は日本とフランスの近現代建築史。共編著に『内田祥哉　窓と建築ゼミナール』（鹿島出版会、二〇一七年）など。

内田《うちだ》祥哉《よしちか》は語《かた》る

二〇二二年三月二五日第一刷発行

編者　権藤智之《ごんどうともゆき》、戸田《とだ》穣《じょう》

発行者　坪内文生

発行所　鹿島出版会
〒一〇四―〇〇二八　東京都中央区八重洲二―五―一四
電話　〇三―六二〇二―五二〇〇
振替　〇〇一六〇―二―一八〇八八三

印刷　壮光舎印刷

製本　牧製本

造本　白井敬尚形成事務所（白井敬尚、江川拓未）

ISBN 978-4-306-04691-7 C3052

本書の内容に関するご意見・ご感想は左記までお寄せ下さい。
URL: https://www.kajima-publishing.co.jp/
e-mail: info@kajima-publishing.co.jp